Jacques Schuster

**Heinrich Albertz – der Mann,
der mehrere Leben lebte**

Jacques Schuster

Heinrich Albertz – der Mann, der mehrere Leben lebte

Eine Biographie

Alexander Fest Verlag

© 1997 Alexander Fest Verlag, Berlin
Alle Rechte vorbehalten, auch das der photomechanischen Wiedergabe
Lektorat: Ulrike Schieder
Register: Brigitte und Klaus Kochmann, Berlin
Umschlaggestaltung: Ott + Stein, Berlin
Buchgestaltung: Lisa Neuhalfen, Berlin
Reproduktionen: Mega-Satz-Service, Berlin
Druck und Bindung: Clausen & Bosse, Leck
Printed in Germany 1997
ISBN 3-8286-0015-8

Inhalt

Meinen Eltern

Vorwort

Wenn man anfängt, über Heinrich Albertz nachzudenken, kommt man aus dem Grübeln nur schwer heraus. War er Missionar oder Politiker? War er konservativ oder linksliberal? Muß man ihn als Anhänger der Brandtschen Ostpolitik bezeichnen oder eher als national denkenden Neutralisten? War er Anwalt unbequemer Minderheiten oder der eisenharte Studentenschreck von 1967? Fragen über Fragen, die sich fortführen ließen.

Die Antworten bleiben unbefriedigend. Heinrich Albertz besaß von allem etwas: Er war Politiker, und ein ehrgeiziger dazu; er war Pfarrer mit gleichsam mosaischem Sendungsbewußtsein, weniger auf religiösem als auf politisch-gesellschaftlichem Gebiet. Obwohl er sich als Konservativer auf der ganzen Linie begriff, hielt er der SPD jahrzehntelang die Treue. Im Kreis um Willy Brandt entwarf er in den frühen sechziger Jahren mit anderen die Grundsätze der späteren Entspannungspolitik, verließ jedoch bald den gemeinsamen Weg und suchte nach neuen Lösungen, die selbst dem sonst so duldsamen Regierenden Bürgermeister zu weit gingen. In den siebziger und achtziger Jahren reihte er sich sogar in die Demonstrationszüge derjenigen ein, die er 1966/67 als »FU-Chinesen« von der Polizei mit Knüppeln vom Kurfürstendamm hatte vertreiben lassen. Kurz, Heinrich Albertz bleibt ein Rätsel.

Nichts ist einfach an diesem kantigen, oft unbequemen Mann, der zeitlebens den Wahlspruch der reformierten Gemeinde seiner Breslauer Kindheit mit sich trug: *Non cedit ponderi, sed contra assurgit* – »Er weicht keinem Druck, sondern erhebt sich gegen ihn«. Albertz riß tatsächlich niemals aus – vor allem vor sich selbst nicht. Uniform kann so ein Mensch nicht sein. Er ist vielschichtig, voller Widersprüche. Brandt sah in seinem Weggefährten einen Mann, der mehrere

Leben lebt. Photos aus verschiedenen Jahrzehnten scheinen diese Wahrnehmung zu belegen; sie zeigen in den sechziger Jahren eine hochgewachsene, breitschultrige und robuste Person, mit selbstbewußtem, ironischem Blick, einen Mann, der nur wenig fürchtet. Nichts weist auf den Pastor, den Mahner und Vermittler späterer Jahre hin. In den Achtzigern dann ein »Knautschgesicht«, wie der »Stern« despektierlich, aber nicht unpassend schrieb, eine Stirn voller Furchen wie verworrenes Gestrüpp, in dem die Jahrzehnte hausen. Neigte Albertz in früheren Tagen zu Ungeduld und Schroffheit, offenbarte sein Porträt nun den väterlichen Seelsorger, nachdenklich an seiner Pfeife ziehend, mit stummem, aber gütigem Blick.

Hauptanliegen dieses Buches ist es, Heinrich Albertz näherzukommen und seine Wandlungen zu verstehen, einen schillernden Charakter also – wie es in Goethes »Dichtung und Wahrheit« heißt, – »in seinen Zeitverhältnissen darzustellen und zu zeigen, inwiefern ihm das Ganze widerstrebt, inwiefern es ihn begünstigt, wie er sich eine Welt- und Menschenansicht daraus gebildet und wie er sie ... wieder nach außen abgespiegelt«. Freilich ist es unmöglich, die gesamte Persönlichkeit mit all ihren Ecken und Kanten zu porträtieren, selbst wenn man zehn Jahre und zwanzig Bände dafür veranschlagte. Diese biographische Studie bemüht sich daher, durch eine ausgewogene Auswahl beispielhafter Züge einen Eindruck der Leistungen wie der Schwächen des Pastors und Politikers zu vermitteln, seine vermeintlichen Widersprüche zu erklären. Sie wird sich vor allem mit Albertz' Berliner Zeit beschäftigen, allerdings nicht ohne nach den Prägungen zu fragen, die sich in der Jugend-, Kriegs- und Nachkriegszeit herausbildeten und sein weiteres Schaffen beeinflußten. Im krisengeschüttelten Berlin traf Albertz nicht nur alle wichtigen politischen und persönlichen Entscheidungen, von den Sicherheitsmaßnahmen nach dem Mauerbau bis zu den Passierscheinprotokollen, vom Entschluß, Brandt zu beerben, bis zu seinem Rücktritt. In Berlin geriet er in seinen größten Konflikt und fühlte sich nach dem 2. Juni 1967 – dem Tod Benno Ohnesorgs während der Anti-Schah-Demonstration – »wie in jenen Tagen, in denen ich ... wieder ganz von vorn anfangen mußte«. Gerade diese

Krise, in der sich Albertz mehr denn je seinem Glauben zuwandte und in langen Nachtsitzungen Trost bei Bischof Scharf suchte, ermöglicht dem Biographen den Blick auf den verwandelten, friedensbewegten, radikalen Albertz. Die Rolle in der Entführung von Peter Lorenz, sein Engagement für Hausbesetzer, Terroristen und Pershing-Gegner lassen sich ohne den 2. Juni 1967 nicht erklären. Die Berliner Zeit also ist die politisch bedeutendste Phase im Leben von Heinrich Albertz gewesen. Mehr als das: Sie offenbart seine Hauptwesenszüge wie unter einem Vergrößerungsglas. Preußentum, Protestantismus und Patriotismus erklären nicht nur die meisten seiner innen- wie außenpolitischen Ansichten, sie bilden die Grundlage seiner Entscheidungen, seines gesamten Tuns nicht allein in Berlin, doch vor allem hier. Mit Hilfe dieser drei Charakterzüge läßt sich ein zuverlässiges Bild von Albertz vermitteln, kann man Aufstieg, Fall und Rückbesinnung nachvollziehen.

Der Aufbau des Buches trägt dieser Entwicklung Rechnung. Zunächst soll untersucht werden, in welchen Tiefen Preußentum, Protestantismus und Patriotismus wurzelten, um zügig zu der wichtigsten Lebensphase von Heinrich Albertz zu gelangen: zu der Zeit, in der er politisch formen und gestalten konnte. Am Anfang jedoch soll der »späte« Albertz stehen, soll nach seiner Wirkung in der Öffentlichkeit gefragt werden, um eine Ahnung von der Ausstrahlung zu bekommen, die er bis zu seinem Tod besaß. Der Rückblick auf die fünfziger und sechziger Jahre wird einen scheinbar anderen Menschen erkennen lassen, den Chef der Senatskanzlei und autoritären Senator für Sicherheit und Ordnung zutage bringen. Wie reagierte Albertz auf den Mauerbau? Wann vertrat er erstmals die Ansicht, die bisherige Deutschlandpolitik müsse einer Entspannungspolitik weichen? Welche Aufgaben besaß er in der »Heiligen Familie«, dem Beraterkreis um Willy Brandt? Welchen Anteil hatte er am Durchbruch bei den Passierscheingesprächen?

Zu alldem, so wird sich zeigen, ist Heinrich Albertz als Pfarrer in der Politik ein Musterbeispiel für den politischen Protestantismus, der nicht nur in der evangelischen Kirche, sondern auch in der bundesdeutschen Gesellschaft deutliche Spuren hinterlassen hat. Wer

Albertz' Herkunft aus der Bekennenden Kirche, seine Verbundenheit mit den Lehren Karl Barths und seine politischen Ansichten kennt, wird auch Politiker, Publizisten und Kirchenleute ähnlicher Prägung – Gustav Heinemann, Martin Niemöller, Helmut Gollwitzer etwa – leichter verstehen können. Darüber hinaus ist Albertz ein Mann der ersten Stunde, ein Gründungsvater der Bundesrepublik. Seit Übernahme des niedersächsischen Flüchtlingsministeriums im Jahre 1948 hat er alle wichtigen Entscheidungen der jungen Republik miterlebt, oft kommentiert, als Minister, Senator und Regierender Bürgermeister nicht selten sogar mitgefaßt. In diesem Sinne erzählt das Buch gleichzeitig eine Geschichte der Bundesrepublik.

»Ein Mann, der
mehrere Leben lebt«

26. Mai 1993, St.-Stephani-Kirche zu Bremen – Beisetzung von Heinrich Albertz. Graue, dünn zerrissene Wolken flattern über den Himmel, als die Trauergäste langsam und feierlich betrübt in das Kirchenschiff treten, um Abschied zu nehmen von dem Politiker, dem Pastor, dem Freund und Vertrauten, der nun im Sarg vor dem Altar liegt, luftdicht verschlossen und von Blumen bedeckt. Nach und nach füllt sich das Haus mit einheimischen und auswärtigen Gästen. Helmut Kindler, der achtzigjährige Verleger, durchmißt mit kurzen Schritten den Mittelgang. Ihm folgt ein großer Mann mit weißen, gleichsam gepolsterten Händen, glattrasiert und vollgesichtig: Walter Momper. Bremens Oberbürgermeister Wolfgang Wedemeyer hat schon Platz genommen und blickt mit Grabesmiene auf den Sarg, während Will Quadflieg patriarchengleich durch die Stuhlreihen schreitet und sich auf einer der hinteren Bänke niederläßt. Die zahlreich erschienenen Kirchgänger aus Albertz' früherer Gemeinde in Berlin-Schlachtensee sitzen bereits. Sie halten Ausschau nach weiteren Bekannten. Hinter ihnen eine Reihe rotwangiger Frauen mit violetten Halstüchern und Gesundheitsschuhen, die ein Flugblatt gegen die Verschärfung des Asylgesetzes lesen. Selbst die beiden Männer, die die Flugblätter am Portal verteilten, haben sich in der Kirche auf eine Bank fallen lassen. Da sitzen sie nun, müde Krieger mit grellgefärbten Haaren, in zerschundenen Jeans und festgeschnürten Springerstiefeln. Plötzlich verstummt alles. Witwe, Kinder, Enkel ziehen ein. Sie setzen sich in die erste Reihe. Nach Orgelklängen betritt Pfarrer Manfred Karnetzki die Kanzel und beginnt zu predigen; sein kunstvolles Organ erfüllt tönend und modulierend das Haus. Gebannt lauschen Politiker wie Punks, Christen wie Atheisten, Alte wie Junge, Mitglieder der Friedensbe-

11

wegung wie Senatsvertreter den Worten des Theologen und Freundes der Familie.

Die Trauergemeinde spiegelt das Leben des Verstorbenen wider. Die ungewöhnliche Zusammenkunft von Amtsträgern und Außenseitern verweist auf den Senator wie den Seelsorger, den Politiker wie den Pastor. Die meisten Kondolierenden haben den Albertz früherer Jahrzehnte vergessen. Sie denken an den Pfarrer, der Terroristen als unser aller Söhne und Töchter bezeichnete, an den Vermittler, der für Hausbesetzer stritt, an den Sprecher der Friedensbewegung, der zum zivilen Ungehorsam aufrief, und schließlich an den Alten und Weisen, der Schwächen zugab, schon den Atem des Todes spürte, darüber sprach und auf diese Weise manch Hoffnungslosem Trost spendete.

Es sind solche Eindrücke, die sich ins Bewußtsein drängen, wenn man sich des Pastors erinnert, Szenen, meist von der Kamera festgehalten, die sein Bild in der Öffentlichkeit bis heute bestimmen. Am Anfang steht ein Photo, aufgenommen am 3. März 1975 auf dem Rollfeld des Frankfurter Flughafens. Es zeigt einen bleichen, angegriffenen Heinrich Albertz mit offenem Hemdkragen und der zum Abschied gehobenen Hand kurz vor dem Flug nach Aden, neben ihm die junge Terroristin Gabriele Kröcher-Tiedemann, ihr Gesicht weiß wie Papier.

Und noch ein Auftritt prägte sich ein, beeindruckte insbesondere junge Menschen: die »Worte zum Sonntag« vom 6. und 20. August 1977. Kurz nach dem Mord an Generalbundesanwalt Siegfried Buback trat Albertz vor die Kamera und ließ keinen Zweifel daran, was er von den Vergehen der RAF hielt. Harsch tadelte er diejenigen, »die immer noch glauben, sich mehr oder minder heimlich über den Tod der Mächtigen freuen zu können, die im Hintergrund oder Untergrund des Terrors helfen. Sie helfen Mördern! Und, was mindestens ebenso schlimm ist, sie helfen jeder reaktionären Wendung weg von Freiheit und Frieden in unserem Lande.«[1] Zwei Wochen später ging Albertz mit der Bundesrepublik ins Gericht. Wer die Mordtaten von Terroristen glaubwürdig verurteilen wolle, müsse sich fragen, wo er Gewalt ausübt, wo er Leben zerstört: »etwa durch

Geldanlagen in Ländern, in denen Menschen gefoltert und liquidiert werden, etwa durch eigene Fahrlässigkeit im Umgang mit der ihm anvertrauten Staatsgewalt, etwa durch Schweigen zu Entwicklungen, die uns wegführen von dem großen Angebot der Freiheit in unserem Grundgesetz ... Ich bleibe also dabei: Wer brutale Gewalt übt, bringt schließlich sich selber und uns alle um. Aber ich füge hinzu: Es ist unsere Gesellschaft, die ihre Mörder produziert.«[2]

Solche Aussagen erregten viele. Sie führten zu wütenden Attacken in Artikeln und Kommentaren, begeisterten gleichzeitig jedoch zahllose, eher kritisch eingestellte Linksliberale und Jugendliche. Überhaupt läßt sich die Wirkung von Heinrich Albertz nicht ohne seine rhetorischen Gaben erklären. Es war die unverstellte, biblische Sprache, die Fähigkeit, Kompliziertes zu vereinfachen, kurz, knapp und treffend zu kennzeichnen, nüchtern und doch einfühlsam, die auch manche Albertz gegenüber skeptisch gesinnte Zeitgenossen bewegte. »Der Prediger Heinrich Albertz ist Zeuge des Christus nicht nur mit seinem Kopf, der kühl bleibt, sondern auch mit ›Herz und Hand‹,« schrieb Manfred Karnetzki einmal. »So wird es ›warm‹ in der Kirche, wenn Heinrich Albertz predigt, und die Hörer bekommen nicht nur etwas zu denken, sondern auch zu spüren.«[3] Das galt nicht nur für den Gottesdienst. Selbst in Rundfunksendungen oder auf Großkundgebungen gelang es Albertz, sein Publikum zu fesseln, und oft brach dabei etwas aus ihm hervor, langsam und schwer: die Geschichte seiner Versäumnisse im Juni 1967. Immer wieder sprach er vom Tod Benno Ohnesorgs, von seinem »Weg durch die Wüste«, dem Hinundhergerissensein, von Bischof Kurt Scharf, seinem Retter, der ihn befreite und in den Schoß der Kirche zurückführte. Niemals scheute sich Albertz, Schwächen zuzugeben, mit sich ins Gericht zu gehen und die Schuld zu benennen, die ihn quälte. Dieser Umgang mit eigenem Leid, mit Sorgen, inneren Kämpfen fand Widerhall bei der vor allem aus jungen Leuten bestehenden Alternativbewegung, die »lügende Politikermäuler« verachtete. In ihren Augen hob sich Albertz ab von jenen fröhlichen Nullen in Rathäusern und Ministerien, die schon lange ihre Glaubwürdigkeit verspielt hatten. Der Pastor, so fanden sie, be-

13

saß eine wirkliche, eine ernstzunehmende Biographie. Er war im Establishment gescheitert, gab seine Mißerfolge preis und stellte Selbstzweifel vor Selbstzufriedenheit. Zudem wandte er sich an die Jugend, ertrug nicht nur ihre Ungeduld, ihren Zorn, sondern teilte auch ihre Trauer, ihre Radikalität und vermochte ihre Ängste in Worte zu kleiden.[4]

Obwohl die Alternativen den atomaren wie ökologischen Untergang fürchteten, sich in Friedens- und Umweltgruppen sammelten, Kommunen und Therapiezentren gründeten und eigene Zeitungen herausbrachten, konnten sie ihren Pessimismus nicht immer artikulieren. Einige von ihnen wußten nicht viel mehr zu sagen als das, was auf ihren Plakaten stand, etwa:»Die Jugend könnt ihr nicht zum Patienten machen, wenn das System krank ist.«[5]

Heinrich Albertz brach diese Sprachlosigkeit. Alle wirklichen und vermeintlichen Übel der Bundesrepublik prangerte er an, vom bornierten Antikommunismus, der den oben Schwimmenden Gelegenheit gebe, Kontinuität zwischen Drittem Reich und Demokratie herzustellen, bis zum Radikalenerlaß, von der Doppelmoral im Umgang mit östlichen Staaten bis zu den Haftbedingungen von Terroristen. Völlig vereinnahmen ließ er sich nie; das verbot ihm der Glaube an den einen Gott, der unabhängig und frei macht. Doch zuweilen erlag er dem Wunsch, geliebt zu werden, dem Ehrgeiz, die Welt in seinen Bann zu schlagen. Dann kam es vor, daß Albertz übertrieb und alle Albträume der alternativen Szene im Alltag Wirklichkeit werden sah.

In seinem Buch»Miserere nobis« beispielsweise beklagte er das »Zeitalter der neuen Barbarei«, in dem es schwer sei,»die Aggression von uniformierten, meist jungen Beamten im Zaum zu halten«. Im ganzen Land gebe es »Zuträger und bezahlte Spitzel«, und alles deute darauf hin, daß»die neue Seuche Aids den Polizeistaat in der Bundesrepublik Deutschland ein kräftiges Stück vorwärtsbringen wird«. Freiheiten existierten nicht, allenfalls die, sich und andere auf Autobahnen zu Tode zu rasen. Kritische Fragen beantworte der Staat nur noch mit Gewalt, und an die Stelle der Gaskammer sei heute der Hochsicherheitstrakt getreten. Wer hat, so Albertz, die

Terroristen eigentlich »nach Stammheim getrieben, wer sie dort umgebracht«? »Haben nicht die recht, die nur noch mit Maschinengewehren und Sprengstoff verändern wollen?« Die Jünger Jesu gingen heute wahrscheinlich »in das, was wir den Terrorismus nennen, in die Verschwörung der Gewalt«. Mit solch düsteren Visionen, niemals oberlehrerhaft, eher tief besorgt vorgetragen, hob Albertz ins Bewußtsein, was seine Zuhörer empfanden. Man spürte: Hier redet einer den Mächtigen ins Gewissen.

Immer wieder wurde der Pastor daher um Hilfe gerufen, und nicht nur von Entrechteten und Außenseitern. Senat wie Bundesregierung nutzten seine Verbindungen zur alternativen Szene, baten um Vermittlung in brenzliger Lage. Man sah den Pfarrer in Stammheim RAF-Häftlinge im Hungerstreik besuchen. Anfang der achtziger Jahre traf man ihn in klatrigen Mietskasernen, versunken ins Gespräch mit Hausbesetzern, verständnisvoll und doch mit der eigenen Meinung nicht zurückhaltend. Hinterher berichtete er den Journalisten von »dem ohnmächtigen Zorn« junger Menschen, die »gegen den Schwachsinn der offiziellen Wohnungspolitik und gegen bestimmte Maßnahmen der öffentlichen Gewalt« protestierten.[6] Als Albertz im November 1980 mit dem Gustav-Heinemann-Bürgerpreis seiner Partei geehrt wurde, gab er die Hälfte der mit der Verleihung verbundenen zwanzigtausend Mark an das »Netzwerk«, einen Verein zur Förderung alternativer Lebens- und Arbeitsweisen in Kreuzberg, der mit Hilfe seiner Beiträge Handwerkskollektive, Kommunen und Frauenhäuser unterstützte. In Presse und Fernsehen konnte man erleben, wie der Verein seinen Wohltäter ehrte. Da saß nun der Pastor, wie stets im dunkelblauen Anzug, zufrieden seine Pfeife schmauchend, inmitten von dreißig Gästen und »Netzwerk«-Mitarbeitern bei Wein, Sekt und Brot und lauschte den Klängen eines Terzetts, das Haydn intonierte und sich an der ›Internationalen‹ versuchte. Anschließend wurde der Brief der Häftlingszeitschrift ›Blitzlicht‹ vorgelesen, die zehntausend Mark des Preisgeldes erhalten hatte. Die Gefangenen dankten für den »Gustav-Heinemann-Heinrich-Albertz-Netzwerk-Bürgerpreis« und erhofften sich vom Spender wie vom Verein, »daß Ihr uns auch weiterhin Eure menschliche Wärme spüren laßt, bis wir vielleicht selbst einmal soweit sein werden, gemeinsam mit Euch diese Wärme weiterzugeben. Wir glauben an Euch und Euer Vertrauen, also können wir auch wieder GLAUBEN und VERTRAUEN! Dafür, und nur dafür, lieben wir euch.«[7]

In der Friedensbewegung stieß Albertz auf ähnliche Zuneigung. Mehr sogar, er wurde einer ihrer Wortführer, neben Erhard Eppler vielleicht der Repräsentant mit der größten Integrationskraft, weil er in ihren Reihen ganz Pastor, Prediger und Seelsorger sein konnte. Jeder, der in jenen Monaten die Zeitungen las, wußte zu Aufrüstung, Erstschlagskapazität, Pershing- und SS-20-Raketen genausoviel zu sagen wie der kantige Pfarrer aus Berlin. Doch nur wenige waren fähig, mit dem Gefühl der Bedrohung umzugehen. Es war kein Zufall, daß gerade Albertz auf dem Kirchentag in Hamburg im Juni 1981 zum gesuchten Prediger, zum Liebling Tausender Besucher wurde, die sich trotzig gegen die Kirchenoberen wandten, weil diese ein Emblem gewählt hatten, das in ihren Augen nicht der Wirklichkeit entsprach.»Fürchte dich nicht!« hieß es auf dem offiziellen Sinnbild, einen Kreuzpoller zeigend, um den ein Seil geschlungen ist. Stürmische Nachfrage dagegen fanden Abzeichen mit dem Aufdruck »Fürchtet euch – wehrt euch!« und der Darstellung verschnürter Atomraketen.[8] Angst und Endzeiterwartungen hingen wie Gewitterwolken über den Hamburger Messehallen und ergriffen Besitz von den meisten Kirchentagsbesuchern. Unter die Weltuntergangsuhr – die Zeiger waren auf vier Minuten vor zwölf gerückt – hatten viele Gläubige ihre letzten Wünsche geschrieben. »Noch einmal das Gesicht zur Sonne wenden«, konnte man dort lesen, oder:»Ich werde mich fest an meinen Freund anklammern und auf Gott vertrauen«.[9] Andere, vor allem Jugendliche, lagerten in der ›Halle der Stille‹, selbstvergessen, eng aneinandergerückt, während wenige hundert Meter weiter Mütter schworen, sich »diesen Selbstmord auf Raten nicht mehr als Frieden verkaufen zu lassen«[10].»Angst liegt in der Luft / große Angst – kleine Angst / meine Angst – deine Angst« erklang es aus der Trinitatis-Kirche, in der Kirchentagsbesucher mit Bundeskanzler Schmidt diskutierten.

Albertz gelang es, diese Gefühle offenzulegen. »Fürchtet euch endlich einmal, ... fürchtet euch vor dem, was ihr anrichtet, was ihr an irrsinnigen Vernichtungsmaschinen produziert, fürchtet euch endlich einmal vor euch selbst«, rief er unter tosendem Beifall dreitausend Gläubigen zu, die bei prasselndem Regen in die St.-Johannis-Kirche nach Altona geströmt waren, um dem Pastor zu lauschen. Ihnen allen wies er einen Pfad aus der Angst: Jesus Christus. »Er ist es. Niemand anders. Kein Kanzler und kein Bischof und kein Lehrer und kein Vater und keine Mutter. Und schon gar keine Ideologie, auch keine fromme. Sondern dieser da: im Stall geboren, am Galgen geendet. Nimmst du das ernst, und hörst du das nicht nur so nebenbei, dann ist das eine alle Wirklichkeit sprengende neue Freiheit.«[11] Solche Sätze trafen den Nerv der Zeit. Wer sich die Gesichter der Gläubigen anschaute, entdeckte eine stille, aber unbeirrbare Bereitschaft, die Bergpredigt ernst zu nehmen. Überhaupt besaßen die meisten Kundgebungen der Friedensbewegung etwas Religiöses. Endzeiterwartungen und moralische Unfehlbarkeit, auch der unbeirrbare Glaube an einen allumfassenden Zusammenhang über die Schranken von Nationen und Rassen hinweg, an die Notwendigkeit, sich in ein Ganzes einzuordnen, und an die Hoffnung auf Erlösung ließen sich auf all ihren Kundgebungen wahrnehmen.[12] Albertz vermochte mit dieser Seelenlage nicht nur umzugehen, er spendete Zuversicht. »Das Ziel muß doch sein«, so der Pastor Anfang der achtziger Jahre, »daß Menschen als Menschen, ich sage in meiner Sprache: als Geschöpfe Gottes miteinander leben können; das Ziel muß doch sein, daß die Erde, auf der wir leben, das bleibt, was sie sein sollte, nämlich eine Schöpfung, in der man leben kann. Und darum möchte ich insbesondere den jungen Zuhörern hier heute einschärfen: Jawohl, seid nüchtern, beschäftigt euch mit dem, was ist, lernt sogar gewisse Zahlen auswendig, Zahlen, was die Rüstung kostet, Zahlen, was es für Opfer geben wird, schreckliche, fremde Namen von Waffen, die kein Mensch versteht, aber laßt euch eure Utopien nicht ausreden. Denn wenn wir das Ziel aus den Augen verlieren, Menschen bleiben zu wollen, dann brauchen wir uns über den Weg zu diesem Ziel keine große Mühe mehr zu geben. Und deshalb wollen wir die Front derer, die dieses Ziel vor Augen haben, so breit wie möglich machen.«[13]

Eine sicherheitspolitische Alternative besaß Albertz nicht. Sie wurde auch nicht verlangt von den hunderttausenden Friedensaktivisten, die nüchternen Argumenten Empfindungen entgegensetzten. Ihnen galt der Pastor als Wortführer, als Prediger und Seelsorger, als einer, der vor Mächtigen nicht flieht und ausspricht, was keiner zu sagen wagt. Sie bewunderten Albertz, als er dem Bundeskanzler auf dem Hamburger Kirchentag fast väterlich riet, endlich einzugestehen, daß selbst sein Einfluß Grenzen habe, weil die Bundesrepublik ein »besetztes Land« sei.[14] Sie bejubelten seine neutralistischen, linksnationalistischen und anti-amerikanischen Äußerungen, weil ihnen machtpolitische Realitäten fremd waren.[15] Als im Oktober 1981 im Bonner Hofgarten die größte Friedenskundgebung der Nachkriegszeit stattfand, beklatschten zweihundertfünfzigtausend Demonstranten die betont national gehaltene Rede des Pfarrers, da sie den Weg aus der Blockkonfrontation zu weisen schien.

»Wir wollen nicht über unsere Köpfe hinweg unser Schicksal und das unserer Kinder und Enkel entscheiden lassen«, rief Albertz mit Donnerstimme durch die 46 000 Watt starken Lautsprecher. Durch NATO-Doppelbeschluß und Neutronenbombe werde Deutschland »Schießplatz der Supermächte« – »und dies im Zustand völliger Abhängigkeit, ohne volle Souveränität, ohne Friedensvertrag, in einem geteilten Land«. Dem Pastor war es unbegreiflich, wie man in dieser Lage »vom Dolchstoß in den Rücken der Regierung, von plattem Anti-Amerikanismus, von Einäugigkeit reden kann. Sind die Damen und Herren taub? Merken sie nicht, welche Stärke sie gewinnen können, wenn sie in ihren Verhandlungen auf uns verweisen: Seht euch diese Massen an, diese Menschen, vor allem diese jungen Menschen! Wann hat es jemals in Deutschland so etwas gegeben? Die wollen keine fremden Länder mehr besetzen – höchstens mal ein rechtswidrig leerstehendes Haus –, die wollen freilich auch nicht auf ewig in einem besetzten Land leben. Warum nehmen die Mächtigen das nicht an und auf?«[16]

Das Gleichgewicht der Kräfte und das System gegenseitiger Abschreckung, das bisher den Frieden bewahrt hatte, ließ Albertz außer acht. Davon wollte im Hofgarten auch niemand hören. Der Pastor argumentierte so, wie die meisten Friedensaktivisten empfanden. In diesem Sinne ergriff er auch in den folgenden Jahren immer wieder das Wort, ja beteiligte sich an Friedensdemonstrationen und Aktionswochenenden.[17] Im »heißen Herbst« 1983 sah man Albertz in Mutlangen im Kreis von Prominenten, die mit etwa tausend anderen Aktivisten den Zugang zur dortigen Luftwaffenbasis blockierten, auf der Pershing-2-Raketen stationiert werden sollten.

Zu diesem Zeitpunkt stand das Bild des Pastors schon lange fest. Alle wußten, hier sitzt jemand, der nicht nur sagt, was er denkt, sondern tut, was er sagt, der sich stets auf die Seite der Schwächeren, der Hilflosen stellt und die Sprachlosigkeit zwischen Staat und Alternativgesellschaft zu überbrücken sucht. Auch im Alter behielt Albertz seinen Ruf als Vermittler, als unbequemer Mahner, als Sprecher der Entrechteten, der Außenseiter. Hinzu kam das Bild vom Weisen, der zur Feder greift und von seinem Schreibtisch aus Menschen auf eine private, sehr persönliche Art tröstet, weil Albertz, nach einem langen Leben mit sich und seinem Gott im reinen, andere an diesem Seelenfrieden teilhaben ließ. Sämtliche seiner Werke – darunter viele Bestseller – waren in Tagebuchform verfaßt, Bücher, in denen er dem Greisenalter offen, furchtlos, fast freudig entgegenzuwandern schien, begleitet von Gedanken über aktuelle Tagesfragen und Erinnerungen an frühere Jahre. Jede seiner Schriften kündete erneut von dem Christen, Mahner und couragierten Helfer, aber auch von dem Politiker, dem »deutschen Patrioten«, dem Mann mit eher konservativen Zügen.[18] Das allerdings wollte niemand erkennen, weil der frühere Albertz nur schwerlich jenem Idol entsprach, zu dem man ihn gemacht hatte. Wer wissen will, wer Albertz wirklich war, muß tiefer graben. Er darf sich nicht mit dem Bild des Pfarrers in den siebziger, achtziger und neunziger Jahren begnügen.

Heinrich Albertz:
Pastor, Preuße, Patriot

Wer war Heinrich Albertz wirklich? Welche Erfahrungen und Eindrücke haben ihn geprägt? Die Antworten fallen schwer bei solch komplexem Charakter. Und doch sind es vor allem drei Wesenszüge, die sein Reden und Tun bestimmen: der Protestantismus, das Preußentum, der Patriotismus.

Der Protestant Albertz war es, der getreu seinem Lehrer Karl Barth die CDU mied, weil ihn ihr christlicher Anspruch störte. Es war der Breslauer von Geburt und der Preuße aus Überzeugung, der Niedersachsen verließ, um in Berlin der Heimat näher zu sein. Es war der nationale Patriot, für den die Bundesrepublik nichts weiter als ein Rheinbund war und der vor diesem Hintergrund Deutschlandpolitik betrieb. Es war der reformierte Pastor, der unbequeme Wahrheiten aussprach, weil es keine Bereiche gebe, in denen der Christ neben der Stimme Jesu auf andere Mächte zu hören habe. Es war wiederum der Preuße, dessen Ansichten von Ordnung, von Dienen und Gehorchen seinen Berliner Genossen auf die Nerven fielen und ihn in der Politik scheitern ließen. Es war der Protestant, der sich in schwerster seelischer Bedrängnis auf seine Kirche besann und dem Leben als aktiver Politiker entsagte.

Wie man den Mann auch dreht und wendet, stets sticht das Preußische, Protestantische und Nationale hervor. Alle drei Wesenszüge bilden die Grundlage seiner Entscheidungen, das Fundament seiner Weltsicht, seines Lebensgefühls.

Sie haben ihren Ursprung in den Tiefen seiner Kindheit, in Breslau, wo Heinrich Albertz am 22. Januar 1915 geboren wurde. Kindheit, Jugend, Studienzeit und Vikarsjahre, alles spielte sich in der Hauptstadt Schlesiens ab. Nur in den Ferien verließ er sie, und als er für

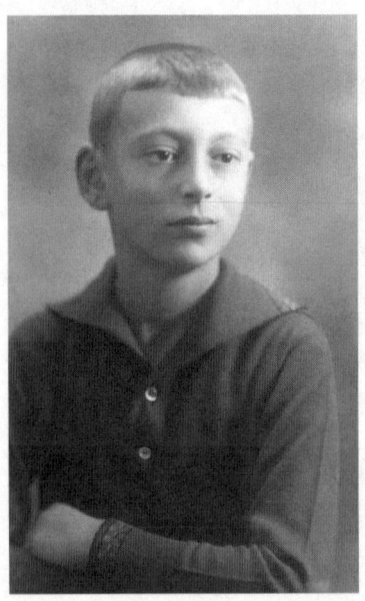

Die Kindheit von Heinrich Albertz war durch Protestantismus und Preußentum geprägt. Sein Vater war ein kaisertreuer Hofprediger in Breslau, der 1918 bei der Abdankung Wilhelms II. den schlimmsten Moment seines Lebens erlebt haben will.

zwei Studiensemester nach Halle und Barmen ging.

Mit ihren rund sechshunderttausend Einwohnern war die Metropole an der Oder nicht nur eine der bedeutendsten Industrie- und Handelsstädte des Landes, sie galt auch als durch und durch preußisch. Spätestens seit 1763, dem Ende der Schlesischen Kriege und den großzügigen Aufbauhilfen der Hohenzollernkönige, war der preußische Geist in Bewußtsein und Unterbewußtsein der Schlesier gedrungen und allmählich in den Volkscharakter eingegangen. Breslau war königstreu, daran ließen Magistrat und Bürger keinen Zweifel. Welch Trubel herrschte, wenn Wilhelm II. in schimmernder Wehr Paraden abnahm, seine Leibkürassiere besuchte, die Technische Hochschule oder die Kaiserbrücke einweihte! Zehntausende von Menschen säumten das Ohlauer Ufer, die Margareten- und Klosterstraße, um »Hoheit« zuzujubeln. Triumphpforten und Girlanden schmückten den Schweidnitzer Stadtgraben, und nach Zedlitz, nach Grüneiche hinaus wehten die Flaggen der Hohenzollern, erklangen die wuchtigen Märsche preußischer Kapellen. Überhaupt liebten die Breslauer Aufzüge und Paraden, und nicht nur solche des Militärs. Auch die Pfadfinder und Studenten in Wichs mit Fahnen in Kaleschen wurden freudig begrüßt, eine Euphorie, von der sich auch die Familie Albertz ergreifen ließ. Zwar bekam Heinrich nichts mit von Kaiser und König, doch verinnerlichte er früh, wie wichtig Vater und Mutter die Monarchie gewesen war. Zu den bewegendsten Augenblicken seiner Jugend gehörte, als seine Mutter ihm 1918 erzählte, wie »mein Vater weinend in seinem Zimmer stand und sagte: ›Ich habe keinen König mehr!‹«.[1]

Doch nicht nur Wilhelm und »Prinz Eitel Friedrich« waren Namen, die Albertz' Phantasie von Preußen und Reich beflügelten, auch Hindenburg brachte Glanz in die Kindheit, die nach des Vaters Tod von Armut und Not gekennzeichnet war. Immer wieder hatte der Junge das Leuchten in den Augen seiner Mutter bemerkt, wenn sie von dem »Herrn Reichspräsidenten« sprach. Gemeinsam waren beide zur Gartenstraße gelaufen und hatten dort stundenlang bei klirrender Kälte auf Hindenburg gewartet, der Breslau besuchen sollte.

Kein Tag verging, an dem Heinrich nicht an Preußen erinnert wurde. Wenn der Junge die elterliche Wohnung im Erdgeschoß verließ, die wenigen Stiegen, wie man auf schlesisch sagt, hinuntersprang und ins Freie trat, öffnete sich ihm eine Welt, die aus Preußen zu bestehen schien. Die Familie wohnte in der Hohenzollernstraße, einer bürgerlichen Gegend, deren Straßennamen den Sieg von 1866 und die Mehrungen des Reiches von 1870/71 verherrlichten. Ob beim sonntäglichen Spaziergang oder beim Herumstreifen mit Freunden, ob auf dem Weg zur Schule oder mit der Elektrischen Nummer 18 in die Stadt, stets kreuzte oder durchfuhr der Schüler die Viktoria-, Elsässer-, Sedan- oder Sadowastraße. Yorck, Scharnhorst, Tauentzien, Clausewitz, auch Blücher, Hardenberg und Schwerin waren Namen, die sich dem Kind einprägten, begleitet von den Geschichten ihrer Heldentaten, die Mutter und Lehrer erzählten. Überall stieß Albertz auf Preußen, in der Kirche wie im alten König-Wilhelm-Gymnasium, dessen Namenspatron als Gemälde »riesengroß in der Aula hinter einem pompösen Rednerpodest« hing[2].

Doch preußisch waren nicht nur die von ernster Sachlichkeit geprägten Straßenzüge südlich der Altstadt, preußisch ging es auch in der Familie zu. Als Geheimer Konsistorialrat und Hofprediger war Hugo Albertz fest mit dem Haus Hohenzollern verbunden, eine Loyalität, die auch seine Frau Elisabeth empfand und die nicht außer-

»Sie war alles für mich«, hat Heinrich Albertz einmal über seine Mutter gesagt. Elisabeth Albertz stammte aus Pleschen und war eine geborene Meinhof, weitläufig verwandt mit der späteren Anführerin der »Roten Armee Fraktion«.

gewöhnlich war für einen Pastor der damaligen Zeit.[3] Im Gegenteil: Selbst noch lange nachdem Wilhelm II. nach Doorn ins Exil gegangen war, bildete das evangelische Pfarrhaus eine Art Fluchtburg der Monarchie. Demokratie und westeuropäischer Modernismus waren den Pastoren soviel wie dem Teufel das Weihwasser. Und Hugo Albertz machte keine Ausnahme. Er hatte seinem König als »Summus Episcopus«, als oberstem Bischof, gedient und war nach dessen Abdankung in stille Opposition zur »schäbigen Republik« getreten.[4] Albertz wuchs in dieser preußisch-konservativen Atmosphäre auf.

Doch wer Preußentum auf eine politische Ansicht oder allein auf das Land zwischen Elbe und Memel beschränkt, greift zu kurz. Preußentum war mehr, »ein Lebensgefühl, ein Instinkt, ein Nichtanderskönnen«, wie es Oswald Spengler einmal beschrieb, die Überzeugung, daß nicht das »Ich« entscheidend ist, sondern das »Wir«, daß es nicht auf den einzelnen ankommt, sondern auf die Gemeinschaft, der es zu dienen gilt.[5] Pflichterfüllung, Gehorsam, Verläßlichkeit und Fleiß waren die Tugenden, die diesem Ziel zugeordnet waren; sie entsprachen den Erziehungsidealen preußischer Pastorenfamilien. Am Vorbild des Vaters erlebte Heinrich, was Form, Haltung und Disziplin bedeuteten. Trotz seines hohen Alters – Hugo war siebzig Jahre alt, als sein Sohn geboren wurde, schon nahezu blind –, blieb der Geheime Konsistorialrat auch im Ruhestand ein anerkannter Prediger, der am Stehpult eisern seine Schreibarbeit verrichtete.

Sein Wirken hielt die Familie im öffentlichen Raum, machte aus ihrem Pfarrhaus das, was es überall gewesen war: ein Gebäude mit »gläsernen Wänden«, in dem Menschen lebten, die Vorbilder zu sein hatten.[6] Keine Familie nahm ihre Mitglieder so uneingeschränkt in Beschlag. Man hatte ein »Beispiel stiller, frommer Ordnung, redlichen Fleißes, guter Kinderzucht, verständiger und billiger Führung« zu sein, wie es in einem Synodalschreiben an die evangelische Geistlichkeit hieß.[7] »Ich wuchs ... in einer Welt auf, die völlig von frommer, konservativer Kirchlichkeit geprägt war: vom Lesen der Losungen der Brüdergemeinde beim spartanischen Frühstück bis zum Abendgebet, vom selbstverständlichen sonntäglichen Kirchgang bis zu dem im wesentlichen aus Pastoren und evangelisch-deutschnationalen Bürgern bestehenden Freundeskreis des Elternhauses.«[8]

In dieser Welt besaß auch das Kind seine Pflichten. Es hatte die Anforderungen eines christlichen Lebenswandels zu erfüllen, und Ordnung, Fleiß, Verläßlichkeit halfen dabei. Diese Tugenden wurden im Elternhaus großgeschrieben und als preußische Werte zu »unverzichtbaren Instrumenten« seines Lebens, sollten ihm als solche aber später zuweilen Unannehmlichkeiten bereiten und Gewissensbisse hervorrufen.[9]

Mit Hilfe dieser Prinzipien war nicht nur das eigene Leben zu bestreiten, auch der Staat bedurfte ihrer, wie Albertz meinte. »Für mich persönlich ist Preußen ein Teil Deutschlands, der durch seine besondere Geschichte (und; d. Verf.) ... Sekundärtugenden ein Stück staatlicher Gemeinschaft aufgebaut hat, das ... eine erträgliche Mischung zwischen Ordnung und Liberalität (sic!)« hervorbrachte.[10] Diese Verbindung aus Liberalität und Ordnung war es, mit der Albertz als Minister, Senator und Bürgermeister seine Behörden zu führen versuchte. Dazu gesellte sich früh eine Ansicht, die viele Historiker ebenfalls mit Preußen verbinden und die Albertz erst Ende der sechziger Jahre aufgab: die Überzeugung, daß alle wichtigen Entscheidungen auf der hohen Ebene des Staates und nicht unten, in der Gesellschaft, fallen müssen. Doch davon später. Für Albertz jedenfalls war Preußen seit seiner Jugend mehr als die Liebe zu einer Landschaft zwischen Elbe, Oder, Weichsel und Memel, es war ihm ein auf festen Grundsätzen und Vorstellungen beruhender sittlicher Staatsbegriff.

Dennoch bedeutete Albertz der Staat nicht alles, und auch dafür liegen die Wurzeln in seiner Kindheit. Wer im Haus eines Hofpredigers heranwuchs, der verinnerlichte nicht nur die preußischen Tugenden, er lebte in einer durch und durch frommen Umgebung. »Die Luft, die ich atmete, war ›christlich‹. Die biblischen Geschichten und die Lieder des Gesangbuches waren die erste Literatur des Kindes, die Maßstäbe der zehn Gebote der Kodex der Familie ... Ich liebte die Erzählungen des Alten und Neuen Testamentes wie Vater und Mutter. Ich fragte nicht nach ihnen. Sie waren da wie Essen und Trinken und der warme Ofen im Winter.«[11] Vor allem das erste Gebot – »Ich bin der Herr, Dein Gott, der dich aus dem Lande Ägypten herausgeführt hat; Du sollst keine anderen Götter neben mir haben«– gab einen festen Halt im Glauben der reformierten Familie. Dein Herr und Gott, dieses unerhörte Possessivpronomen, enthielt alles, was Glauben für Heinrich bedeutete: Gesetz und Evangelium, Herrschaft und Gnade. Zeitlebens nahm Albertz die Worte im zweiten Buch Moses mehr als ernst. Vor dem ersten Gebot blieb nichts bestehen, kein Reichspräsident, keine Ideologie, kein Staat, »weil es die Götter, die die Menschen sich machen ... abwertet, eigentlich sogar wegtut, jedenfalls auf eine ganz massive Weise relativiert.« Schon als Student begriff Albertz das erste Gebot als ein »Politikum ersten Ranges«, als sein »Manifest der Freiheit«.[12] Ob im Dritten Reich oder nach dem Krieg in der Bundesrepublik, der Pastor blieb ein kritischer, ein rebellierender Christ, wenn er fürchtete, von Göttern und Götzen in Anspruch genommen zu werden.

Überhaupt scheute Albertz nie das Unpopuläre. Es machte ihm Freude, gegen den Strom zu schwimmen. Und auch darin liegt etwas Urprotestantisches: die Lust des Bekennens. Immer wieder sorgte Albertz durch seine mit Sarkasmus und Spott vorgebrachten politischen Ansichten für Aufsehen, durch das Unvermögen, aus taktischen Gründen wenigstens für kurze Zeit zu schweigen. Stets klang aus seinen Sätzen die von früh auf vertraute, memorierte und repetierte Sprache der Bibel heraus, wenn er mit Wortgewalt Tabus brach. Dabei war Albertz keineswegs ein engstirniger Missionar, eher ein Querdenker mit Esprit, ein gutmütiger Eiferer, ein Humorist mit missionarischen Tönen und eben ein Preuße mit einem fast monarchisch zu nennenden Staatsverständnis.

Seine Persönlichkeit hatte seit frühster Kindheit zwei Seelen, die zusammengehörten und sich dennoch widersprachen, manchmal auch bekämpften, zuweilen sogar unterdrückten: den Preußen und den Protestanten, den Politiker und den Pastor. Lange Jahre bestanden sie nebeneinander. Doch in Berlin, Anfang der sechziger Jahre, wich der Pfarrer dem preußisch gesinnten Politiker, bis sich der Pastor nach dem Tod Benno Ohnesorgs im Sommer 1967 wieder besann und seinerseits den Preußen verdrängte.

In der Jugend hingegen focht Albertz keine größeren inneren Kämpfe aus. Seine Kindheit blieb weitgehend unbeschwert, auch wenn der Tod des Vaters die Lage der Familie verschlechterte.[13] Die Nähe zur Mutter ersetzte ihm, scheint es, was er an Materiellem entbehrte. Auf sie blieb er fixiert, litt und grämte sich, wenn sie fortging. Erst der tödliche Unfall Elisabeths im September 1935 – sie war im Haus gestürzt und an den Folgen eines Oberschenkelhalsbruchs gestorben – riß den zwanzigjährigen Sohn aus der behüteten Welt seiner Jugend. Nun stand Albertz allein da, bis auf seinen Halbbruder in Berlin hatte er keine nähere Verwandtschaft.

Bisher hatten sich Heinrich und Martin wenig zu sagen gehabt. Dabei lag nicht nur der Altersunterschied von zweiunddreißig Jahren zwischen ihnen, sondern auch die Abneigung, die der Spandauer Superintendent gegen die zweite Frau seines Vaters empfunden hatte. Doch mit Heinrichs Studienbeginn zum Sommersemester 1933 waren sich die Brüder näher gekommen. Und Martin beeinflußte den weiteren Weg Heinrichs entscheidend. Auf einem Spaziergang durch den Brieselanger Forst bei Berlin zu Pfingsten 1933 blieb der Theologe plötzlich stehen, blickte wutentbrannt auf den

27

eben noch von Hitler schwärmenden Jungen, holte aus und ohrfeigte den verblüfft Dreinschauenden mit den Worten:»Ein Albertz kann niemals Nazi sein!«.[14]

Diese handfeste Mahnung und Martins Verbindung zu regimekritischen Theologen in Breslau führten Heinrich in die Arme der Bekennenden Kirche.[15] Im Kreis gleichgesinnter evangelischer Brüder wich seine Sympathie für die »Bewegung« einer unversöhnlichen Gegnerschaft zu Hitler und dessen protestantischen Lakaien, den »Deutschen Christen« unter Reichsbischof Ludwig Müller, die sich bemühten, die kirchliche Botschaft mit nationalsozialistischem Gedankengut zu durchdringen. Gemeinsam las man die Schriften Karl Barths, die in der »Theologischen Existenz heute« herauskamen. Heimlich gingen sie von Hand zu Hand. Der Schweizer Theologieprofessor war es, der Heinrich Albertz die politische »Sprengkraft des ersten Gebotes« in seiner ganzen Tragweite vor Augen führte.[16]

Im ersten Heft der »Theologischen Existenz« erfuhr der Student, was es hieß, das erste Gebot ernst zu nehmen. Gleich am Anfang seiner Schrift hatte Barth klargestellt,»daß das Wort Gottes Alles und Jedes aus dem Felde schlägt, ... daß dieses sein Wort für uns keinen anderen Namen und Inhalt hat als Jesus Christus und daß Jesus Christus für uns in der ganzen Welt nirgends zu finden ist als jeden Tag neu in der heiligen Schrift des Alten und Neuen Testaments.«[17]

Albertz wußte, was damit gemeint war. Barths Worte richteten sich gegen die »Deutschen Christen«, die das Bekenntnis dem Willen Hitlers unterordneten und so umwandelten, wie es »deutschem Luther-Geist und heldischer Frömmigkeit entspricht«[18]. Zusammen mit anderen Theologen stellte Barth solchen Sätzen eine Art Unabhängigkeitserklärung entgegen, die den deutschen Protestantismus verändern sollte: das Barmer Bekenntnis vom Mai 1934.[19] These für These, Satz für Satz brach die Schrift mit den Traditionen der Behördenkirche: Fortan sollten alle irdischen Kirchengesetze, alle Satzungen und kirchlichen Rituale allein dem Evangelium unterworfen sein. Denn »Jesus Christus, wie er uns in der Heiligen Schrift bezeugt wird, ist das eine Wort Gottes, das wir zu hören, dem wir im

Um viele Jahre älter als Heinrich war sein Bruder Martin, Superintendent von Spandau und einer der führenden Männer der Bekennenden Kirche. Auf einem Spaziergang brachte er Heinrich mit einer Ohrfeige bei, daß »ein Albertz niemals Nazi sein kann«. Das Photo zeigt die beiden Brüder Anfang der dreißiger Jahre in Berlin.

Leben und im Sterben zu vertrauen und zu gehorchen haben.«[20] In Zukunft dürfe es deshalb keinen Bereich geben, in denen der Christ neben der Stimme Jesu noch auf andere Mächte höre, weil die Welt bereits unter Christi Herrschaft steht. Barth und seine Mitstreiter glaubten, daß Gott in Christus das Menschsein angenommen, damit den Menschen erhöht, ihm Freiheit und Ehre gebracht und alle Mächte und Gewalten besiegt hat. Wenn der Ewige aber schon jetzt auf Erden herrschte, mußten die Kirche und ihre Mitglieder das Recht besitzen, »allen politischen Konzepten gegenüber ihre Hoffnungen, aber auch ihre Fragen geltend zu machen« und dort Widerstand leisten, wo die »aktuelle Gegenwart Gottes« nicht mehr offenbar wurde.[21]

Heinrich Albertz zog daraus einen Schluß, zu dem alle Pfarrer der Bekennenden Kirche kamen, wenn sie Barths Worte ernst nahmen: Er stellte dem Totalitarismus der Nationalsozialisten die Herrschaft Gottes entgegen und rechtfertigte diese Haltung mit den Worten des ersten Gebots. Ägypten, das war damals für ihn das zu einem Gefängnis gewordene Vaterland, Hitler der Pharao, von dem es sich ohne Kompromisse zu lösen galt. Schon im Sommersemester 1933 geriet der Student in Konflikt mit den Machthabern. Albertz weigerte sich, Veranstaltungen der SA an der Theologischen Fakultät zu besuchen. Außerdem ergriff er das Wort gegen Reichsbischof Müller – mit der Konsequenz, daß er, wie die meisten Pfarrer der Bekennenden Kirche, in die Illegalität gedrängt wurde.

Schon auf der zweiten Bekenntnissynode in Berlin-Dahlem im Oktober 1934 hatten die Bekennenden Christen mit der Barmer Erklärung Ernst gemacht und sich von der Reichskirche gelöst, die unter ihrem Bischof die Landeskirchen gleichzuschalten suchte. Gemeinsam war man zu dem Entschluß gekommen, eigene Leitungsgremien – die sogenannten Bruderräte – und unabhängige Ausbildungsstätten zu gründen, kurz, eine Gegenkirche aufzubauen. Dergleichen duldete das Regime nicht. Im Juni 1937 verschärfte es den Druck auf widerspenstige Anhänger der Bekennenden Kirche. Zahlreiche Mitglieder des preußischen Bruderrates wurden verhaftet, darunter auch Martin Niemöller, der als »persönlicher Gefangener des Führers« bis Kriegsende im Konzentrationslager Sachsenhausen blieb.

Darüber hinaus schlossen die Nationalsozialisten im September 1937 die Seminare der Bekennenden Kirche. Fortan zogen die Studenten von Keller zu Katakombe, um ihr Studium zu beenden, und lebten von der Hand in den Mund, angewiesen auf Spenden verantwortungsvoller Gemeindemitglieder. Albertz war besser dran – zunächst jedenfalls. Noch vor Studienende tat er, womit sich viele Pfarrerssöhne über Wasser gehalten hatten: wie Basedow, Campe, Fichte, Hegel, Jean Paul oder Schleiermacher trat er als Hauslehrer in die Dienste des Grafen zu Castell-Castell in Groß Strehlitz, einer oberschlesischen Kleinstadt an der alten Handelsstraße Breslau-Krakau. Im Schloß fand der Vikar nicht nur Arbeit und Lohn, er lebte im Kreis von Gleichgesinnten. Doch der Einfluß des Patrons war begrenzt. Als der Kreisleiter der NSDAP den Grafen bat, seinen

Hauslehrer zu entlassen, weil er Mitglied der Bekennenden Kirche sei, verließ Albertz das Haus. Von da an lebte er ohne regelmäßiges Einkommen, zuweilen sogar ohne sichere Unterkunft. »Diese ersten Erfahrungen ... haben mich sehr geprägt. Ich habe in dieser ersten Zeit am deutlichsten auch das andere miterfahren, daß in dem Augenblick, wo man sich zusammengeschlossen hatte zu einer Gruppe oder Gemeinde in den Grenzen der Bekennenden Kirche, ... plötzlich Dinge möglich waren, die vorher für völlig ausgeschlossen gehalten wurden; zum Beispiel, daß die Gemeinden aus eigener Kraft – und nicht von irgendwelchen Kirchensteuern, vom Staat eingezogen – leben konnten, daß sie sehr viel besser und glaubwürdiger lebten, als das heute viele Gemeinden in unseren Körperschaften des öffentlichen Rechts tun. Daß überhaupt Gemeinschaft möglich war, wie sie vorher nur erträumt werden konnte, daß Pastoren von diesen Gemeinden getragen waren, wie man sich das heute schwer vorstellen kann, auch wenn meine Frau nie genau wußte, ob sie am 15. einhundertfünfzig Reichsmark aus den Kollekten bekam als Gehalt für ihren Mann.«[22]

Die »Sprengkraft des ersten Gebotes« – du sollst keine anderen Götter neben mir haben – war eine der Grundüberzeugungen von Heinrich Albertz, auch im Politischen. Er hatte sie von dem großen schweizer Theologen Karl Barth, der mit seinem Barmener Bekenntnis von 1933 zum Wortführer des protestantischen Widerstands im nationalsozialistischen Deutschland geworden war. Die Verbreitung und Veröffentlichung der Schriften Barths war ab 1934 denn auch verboten.

Das Gefühl, auch in Zeiten der Bedrängnis nicht fallengelassen zu werden, trug dazu bei, daß sich Albertz nach 1945 zusammen mit anderen Bekennenden Christen darum bemühte, die »verknöcherte Amtskirche« nach Art der Brudergemeinden umzubauen.[23] Dabei mag das Bewußtsein der Illegalität eine besondere Rolle gespielt haben. Immer wieder war Albertz zu Kurierdiensten herangezogen worden, hatte die holländische Grenze überquert, um von dort Briefe nach Genf, London oder Stockholm weiterzuleiten.[24] Erst nach seiner Hochzeit im Juni 1939 und der Geburt seiner Tochter Ilsebill beendete der Vikar die konspirative Tätigkeit. Albertz wollte die Familie nicht gefährden, obgleich ihm seine Missionen wie ein »lustiges Indianerspiel« vorgekommen waren. Nach unzähligen Bewerbungen bekam er schließlich sein erstes Pastorat. Im Januar 1941 übernahm Albertz das Pfarramt der oberschlesischen Kirchengemeinde Röstfelde. Aber die Ruhe dort währte nicht lange; Albertz wurde verhaftet und zu zwei Monaten Gefängnis verurteilt, weil er nach einem Abendgottesdienst seine Gemeinde mit den Worten entlassen hatte, sie könne stolz sein, »daß Martin Niemöller ein Pfarrer unserer Kirche ist und bleibt«[25]. Um dem Zugriff der Gestapo zu entgehen, entschloß sich Albertz noch im Gerichtssaal zum Eintritt in die Armee, lief gleich zum Wehrkreiskommando, ließ sich mustern und entzog sich auf diese Weise der Geheimen Staatspolizei. Seine Strafe mußte er allerdings absitzen, in einem Gefängnis der Wehrmacht, der Festung Glatz am Ufer der Neiße, in der schon Friedrich der Große den Freiherrn von der Trenck eingekerkert hatte.

Nicht nur die Haft verhinderte den Aufstieg in der Armee, der Pastor selbst tat alles, um das eigene Fortkommen zu blockieren. »Heinrich versuchte als unzurechnungsfähig wieder vom Militärdienst befreit zu werden. Er benahm sich wie Schwejk«, erinnert sich Ilse Albertz an den schlaksigen Soldaten in schlechtsitzender Uniform.[26]

An die Front kam er nie. Dafür sorgte Herr von Cramon, sein Patron in Röstfelde, der mit General von Grolmann, dem Chef des Stabes der Heeresgruppe Süd, verwandt war und für seinen Pfarrer ein gutes Wort einlegte. Der General nahm den Pastor zu sich in die Schreibstube nach Satu Mare, dem Hauptquartier der Heeresgruppe Süd im ungarisch-rumänischen Grenzgebiet. Dort blieb

Albertz bis März 1945, leistete Vorzimmerdienste, stellte Telephonverbindungen her. Dann zog er mit Grolmann Richtung Westen. Die Kapitulation erlebte er im bayerischen Grafenwöhr. »Fahrt nach Celle!« hatte er seiner Frau eingeschärft, wo Ilses Patentante lebte. Er hoffte, die Familie werde sich irgendwie durchschlagen. Schon als die ersten amerikanischen Panzer in Bayern einrollten, schwang sich Albertz auf ein Fahrrad, verließ das Dorf zwischen Fränkischer Schweiz und Oberpfälzer Wald und radelte nach Nordwesten. Der Kriegsgefangenschaft entging er nur durch Zufall. Ein amerikanischer Offizier, der Albertz zu verhaften gedachte, ließ ihn weiterfahren, als er hörte, der ausgemergelte Gefreite sei der Bruder des mutigen Spandauer Superintendenten. Nach tagelanger Fahrt erreichte der Pastor Celle, das weitgehend unversehrt geblieben war. Schnell fand er das Haus seiner Verwandten, stürzte zur Türschwelle und schloß Ilse und die Kinder in die Arme. »Jetzt fängt unser Leben erst richtig an!«[27]

Der Wunsch nach einem Neubeginn bezog sich keinesfalls nur auf die Familie. Er bedeutete mehr, schloß die Hoffnung ein, Staat und Gesellschaft würden sich wandeln. Albertz glaubte an die Stunde Null. Er träumte von einer freiheitlichen, sozial gerechten Demokratie in einem vereinten Deutschland und fühlte sich verpflichtet, am Aufbau des neuen Staates teilzuhaben.

Man wird dieses Pflichtgefühl ohne die Erfahrungen, die Albertz in der Bekennenden Kirche machte, nicht verstehen. Spätestens seit dem Barmer Bekenntnis empfand er eine politische Verantwortung für das Gemeinwohl. »Christ sein bedeutet«, schrieb er nach dem Krieg, »die am wenigsten private Sache von der Welt, die strengste Bindung an die öffentliche Verantwortung, das intensivste Mit-Dabeisein bei allen wichtigen Entscheidungen im Leben eines Volkes und der Völker miteinander.«[28] Niemals mehr sollte geschwiegen werden, wenn man fürchtete, der Staat könne verkommen oder gar zur Diktatur entarten. Im Gegenteil, der Protestant hatte ein »rebellierender Partner« zu sein, der Widerstand leistet, falls die Regierung Befehle erteilt, »die den Geboten und Weisungen

Gottes widersprechen«[29]. Künftig hatte man mitzuarbeiten, sich zu engagieren, der Gesellschaft zu dienen. Das hieß keineswegs, der Staat sei nach christlichen Vorstellungen zu reformieren, vielmehr sei er als Teil der göttlichen Ordnung zu begreifen, in der »alle für einen und einer für alle« einzustehen habe.[30] Diese Auffassung ließ Albertz nicht mehr los. Sie wurde zur Triebfeder seines weiteren Handelns, verschloß ihm den Rückzug in die Privatsphäre und machte aus dem Pastor den politischen Protestanten.

Zunächst jedoch forderte die Not ihr Recht. Albertz mußte sich und die Seinen am Leben erhalten. Tag für Tag rollten klapprige Flüchtlingswagen durch Celle. Abgezehrte, hagere Gestalten ließen sich entkräftet am Straßenrand nieder. Nicht wenige von ihnen hatten Hunderte von Kilometern bei sibirischer Kälte ohne Schuhe, nur mit um die Unterschenkel gebundenen Lappen zurückgelegt oder waren Bergen-Belsen entkommen. In diesem Elend Brot, Arbeit und Unterkunft zu finden schien aussichtslos. Doch Albertz hatte Glück. Gerade als er eine Stelle als Paketträger bei den Engländern antreten wollte, erinnerte sich der Celler Superintendent an den schlesischen Geistlichen. Konnte ein Breslauer Pfarrer nicht am besten mit Vertriebenen umgehen? Am 1. August 1945 übernahm Albertz das Flüchtlingspastorat, erhielt ein Büro im Pfarrhaus an der Stadtkirche, durfte Sprechstunden abhalten und jeden Sonntag predigen. Der Dienst am Menschen begann.

Obgleich der Pastor schon in kurzer Zeit Beachtliches geleistet hatte, erkannte er bald, daß seine Aufgaben im kirchlichen Rahmen nicht erfüllt werden konnten. Im Oktober hatte ihm der Magistrat auch noch das städtische Flüchtlingsamt übertragen.[31] Nun war es offensichtlich: Ein Kreis ehrenamtlicher Helfer, eilig hergerichtete Gasthäuser und Notspeisungen reichten nicht aus, um die Masse der Vertriebenen zu versorgen. Für Albertz bestand kein Zweifel: nur eine klare politische Zielrichtung würde das Flüchtlingsproblem lösen.[32] Das hieß nicht etwa, daß die Arbeit auf die örtlichen Stellen abgewälzt werden sollte; eher dachte der Pastor daran, selbst politisch tätig zu werden, um vom Staatsamt aus das Flüchtlingsproblem in den Griff zu bekommen. Im Grunde, fand er, unterscheide sich das Pastorat nur wenig von den Aufgaben des Politikers. Wie jeder Pfarrer seine Gemeinde betreut, Trost spendet und dem hilft, der in Not gerät, müßten sich auch Politiker um Menschen kümmern. »Es sind nicht christliche, sondern ›natürliche‹, weltliche, profane Aufgaben und Probleme, an denen sich die Christengemeinde in Wahrnehmung ihrer politischen Mitverantwortlichkeit zu beteiligen hat«, hieß es bei Karl Barth.[33] Das galt nicht nur für die Kirche, glaubte Albertz, sondern für jeden einzelnen. Der Christ hatte danach zu fragen, wie er in die Öffentlichkeit hineinwirken, wie er dem Menschen um Gottes willen beistehen könne. Albertz gedachte, diesen Auftrag künftig im öffentlichen Raum zu erfüllen. Er trat ein in die Politik, um den Bürgern zu dienen, eine Auffassung, die seinen preußischen Ansichten entsprach. Auch im weltlichen Amt ließ sich Mildtätigkeit üben. Schließlich sei doch jedes gute Gesetz eine Liebestat![34]

Ohne Anhang aber ließ sich nichts bewegen. Zwar hatte die englische Besatzungsbehörde Albertz in das Celler Stadtparlament berufen, doch dort stand er ohne Rückhalt zwischen den Fraktionen. Wollte der Pastor etwas erreichen, mußte er Parteimitglied werden, und so kam Albertz 1946 zur SPD, allerdings nicht als Sozialist im Marxschen Sinne. Vielmehr bewegte ihn die in seinem Glauben wurzelnde Überzeugung, daß nach diesem Krieg mit seinen Millionen Opfern und den Massen an Flüchtlingen die Gesellschaft durch »einen echten sozialistischen Ausgleich der Lasten« gewissermaßen umgebaut werden müsse.[35] Für kurze Zeit hatte er auch mit den Christdemokraten geliebäugelt, die sich in ihrem Ahlener Programm vom Februar 1947 ähnliche Ziele setzten. Doch hinderte ihn schließlich das »C«, sich der Union anzuschließen, da es nach seinem Verständnis keine christlichen Parteien geben durfte. Im politischen Raum hätten sich Christen »nicht gegen irgendwelche, sondern schlechterdings für alle, für die gemeinsame Sache der ganzen Bürgergemeinde« einzusetzen, hatte Barth gelehrt.[36] Albertz besann sich auf diese Worte. Er ging zur Sozialdemokratie, überzeugt, daß Sozialisten sich um leidende und bedürftige Menschen kümmerten und dadurch Gottesdienst betrieben wie die Kirche selbst.

Seiner Ansicht nach verfolgten Christen und Sozialdemokraten ähnliche Ziele. Der SPD ging es um »wahren Sozialismus«, wie Albertz glaubte, also darum, »die verwirrte Menschheit zu ihren ursprünglichen Gesetzen, zur Gerechtigkeit, zur Achtung vor dem Nächsten und zur Toleranz zurückzuführen«.[37] »Sozialisten können Christen sein, Christen müssen Sozialisten sein«, hatte Adolf Grimme einmal geschrieben. Davon war auch der Pastor überzeugt. Bei den Sozialdemokraten, glaubte er, könne er am ehesten für die Menschen streiten. Mehr noch, Albertz ging davon aus, »daß das Schicksal Deutschlands und der abendländischen Welt in einer ehrlichen Begegnung zwischen Christentum und Sozialismus beschlossen liegt«[38]. Das Parteibuch bedeutete für ihn jedoch nicht, daß er in die Niederungen der Basis hinabstieg und sich mit den Genossen verbrüderte. Die Mitgliedschaft diente ihm dazu, ein Staatsamt zu erlangen und von dort aus für die Bürger tätig zu werden. Parteiarbeit interessierte ihn nicht.

Sie war nicht einmal nötig. Der Eintritt des Flüchtlingspfarrers kam den Sozialdemokraten gelegen. »Ein Pastor, ein Schlesier, damals ... schon ziemlich bekannt, machte sich gut.«[39] Der prominente Geistliche, dessen Wirken von allen Seiten gerühmt wurde, konnte der SPD im Wahlkampf nützlich sein. Ohne Kungeleien und Geschiebe rückte Albertz in die vorderen Reihen der Partei. Als Ministerpräsident Hinrich Wilhelm Kopf dem Pfarrer das Amt des niedersächsischen Staatskommissars anbot, stellte der sogar noch Forderungen: Albertz bat darum, Kopf allein unterstellt zu sein, und machte die »klare Weisungsbefugnis in allen Flüchtlingsangelegenheiten bis ins letzte Dorf hinein« zur Bedingung.[40]

Der Wunsch war berechtigt. Für den Pastor handelte es sich nicht um eine beliebige Funktion innerhalb der niedersächsischen Regierung, er wollte das Kommissariat nutzen, um an zentraler Stelle seine Mission zu erfüllen. »Ich bin Pfarrer«, erinnerte er den Ministerpräsidenten nach dessen Anfrage; er werde »niemals vergessen, welches mein eigentliches Amt ist. Ich fasse Ihren Auftrag so auf, daß Gerechtigkeit geschaffen wird, um Liebe üben zu können« – ein Satz, den Albertz zum Leitgedanken seiner gesamten Politik machte, obgleich Kopf sich zunächst für einen anderen Kandidaten entschied.[41]

Die Absage beirrte den Pastor kaum. Das Staatskommissariat verfügte ohnehin über allzu geringen Einfluß, es erwies sich bald als Fehlkonstruktion. Mit oder ohne Amt, an dem Pfarrer kam die SPD nicht mehr vorbei. Fast mühelos gelang es ihm, ein Direktmandat für den Landtag zu erringen, und nun fand seine Stimme erst recht Gehör. Regelmäßig fuhr Albertz von Dorf zu Dorf, hielt Reden, gab Interviews. Dabei half ihm die Wortgewalt seiner Rhetorik. Mit biblisch getönten Sätzen tadelte er das Versagen von Behörden, geißelte die Kälte einiger Parteifreunde oder brandmarkte die Fehler der Regierung. Immer wieder riet er den Genossen, die Vertriebenen nicht zu vergessen, um der Bildung einer Flüchtlingspartei vorzubeugen. Die Sozialdemokraten sollten begreifen, daß »wir in einer sozialen Revolution« stehen, an deren Ende der Wandel der Eigentums- und Machtverhältnisse liegen mußte.[42] Er zögerte deshalb nicht lange und nahm Kopfs zweites Angebot an, als Flüchtlingsminister in die Regierung einzutreten. Am 9. Juni 1948 war es soweit: Albertz saß endlich am Kabinettstisch. Als Minister würde er über den Einfluß verfügen, den er benötigte, um die Not des »fünften Standes« zu lindern.[43]

Dazu war es, schien ihm, hohe Zeit. Seit 1945 waren über elf Millionen Deutsche aus Ost- und Westpreußen, Danzig, dem Wartheland, Schlesien und der sowjetisch besetzten Zone nach Westen geflohen. In Norddeutschland hatten sich die meisten Flüchtlinge niedergelassen, fast zwei Millionen allein in Niedersachsen. Sie kamen in ein Land, das Hunger litt und an Arbeitslosigkeit krankte. Noch immer kauerten viele Vertriebene in den alten Bunkern Hannovers, Braunschweigs und Göttingens, in der Hoffnung, wenigstens in einem der Flüchtlingslager unterzukommen. Die aber waren voll. In den Baracken der großen Durchgangs- und Notaufnahmelager Uelzen und Friedland drängten sich Vertriebene, heimkehrende Soldaten, Zonenflüchtlinge, und es wurden immer mehr. Noch immer überquerten wöchentlich über achthundert Menschen illegal die grüne Grenze und suchten Hilfe bei staatlichen Stellen.[44]

Alle Versuche, den Strom der Flüchtlinge einzudämmen, waren fehlgeschlagen.

Albertz fürchtete eine Katastrophe. Angesichts der Flüchtlingsmassen, blieb ihm kaum mehr als der Appell an das Gewissen der Einheimischen. Alle niedersächsischen Bürger sollten beherzigen, daß »Flüchtlinge immer Schrittmacher gewesen sind für etwas Neues«, und sich bemühen, die »ostdeutsche Kultur auch für Niedersachsen ... aufzunehmen und zu benutzen«.[45] Daß er den Vertriebenen mit Offenheit begegnete, sorgte schon drei Tage nach seinem Amtsantritt für wütendes Protestgeschrei. Vor zahlreichen Journalisten erklärte der Minister, die Flüchtlinge müßten »hier so leben und arbeiten, als ob kein einziger von uns nach Hause käme«.[46] Zwar versuchte er damit, vor allem der Bildung einer Irredenta vorzubeugen, »die im Gestern und Übermorgen lebt und durch eine falsche Hoffnung auf baldige Rückkehr in die Ostgebiete den Vertriebenen von seinem eigenlichen Kampf um das Lebensrecht im Westen ablenkt«. Doch sprach hier auch der Pastor, der das erste Gebot ernst nahm und all das verkündete, was ihm wahr erschien – ein Wesenszug, der in Berlin nach dem Mauerbau besonders deutlich werden sollte.

Der Pfarrer war es auch, der unangemeldet in den Lagern nach dem Rechten sah, der rastlos über die Dörfer eilte, um dort zu helfen, wo Stadtdirektoren und Bürgermeister keine weiteren Flüchtlinge aufnehmen wollten. Ihnen drohte der »schmächtige bleiche Mann, der selbst so aussieht, als wäre er gerade aus russischer Gefangenschaft entlassen«, mit der Intervention eines Staatskommissars.[47] In Besenhausen legte er sogar selbst Hand an, tat das, was ihm die Nächstenliebe zu tun befahl, und bewies einen Mut, der ihn zum Liebling von Presse und Flüchtlingen machen sollte. Als Albertz im März 1950 hörte, daß siebenhundert Deutsche, die aus Polen vertrieben worden waren, im Niemandsland zwischen Ost und West festsaßen, weil die Briten ihnen die Einreise verweigerten, stieg er kurz entschlossen in seinen Dienstwagen und fuhr zum Grenzübergang Friedland. Dort schob er den verblüfften englischen Captain beiseite und bedeutete dem Zollbeamten, der sich weigerte, den

Schlagbaum zu öffnen, es gebe hier nur eine Pflicht, die alle anderen außer Kraft setze: Deutschen den Weg nach Deutschland zu gestatten.[48]

Solche und ähnliche Wagnisse bewiesen nicht nur Mut, sie brachten den Flüchtlingen vor allem die Hilfe, die sie benötigten. Am 6. Juli 1949 ließ Albertz ohne längere Diskussion das Durchgangslager Uelzen schließen, um Druck auf die übrigen Länder der Trizone, namentlich auf Nordrhein-Westfalen und Württemberg, auszuüben, die Niedersachsens Probleme mit Achselzucken verfolgten. Der Minister wußte: Solange weiterhin täglich Hunderte von Landsleuten aus dem Osten um Aufnahme baten und sich andere Regierungen weigerten, einen Teil von ihnen unterzubringen, blieben seine Anstrengungen vergebens. Nur wenn Flüchtlinge von zentraler Stelle aus verteilt würden, könnte Beistand geleistet werden. Die Rechnung ging auf. Nach der Uelzener Aktion des Ministers und anschließenden Verhandlungen mit seinen Länderkollegen gab Hannover über dreihunderttausend Flüchtlinge an seine Nachbarn weiter. Erst jetzt erleichterten Sonderbauprogramme, Überbrückungshilfen und Arbeitsplatzdarlehen die Lage.

Albertz begnügte sich nicht mit diesem Fortschritt. Ihm war es seit Kriegsende darum gegangen, die »bürgerliche Restauration … zu überwinden«[49]. Davon war man meilenweit entfernt, wie er fand, zumal die Bundesregierung nicht daran dachte, die wirtschaftlichen Machtverhältnisse entscheidend zu verändern. In der Verbitterung über diese Politik sieht mancher Beobachter den Ursprung von Albertz' Radikalität in den folgenden Jahrzehnten.

Das klingt plausibel und greift doch zu kurz. Gewiß plagte den Politiker der Fortbestand alter Besitzverhältnisse – aber wirklich all die Jahre hindurch? In Berlin jedenfalls verbarg er seine Enttäuschung, sprach erst nach seinem Rücktritt von einem Geburtsschaden der Republik. Die Wurzeln seines missionarischen Eifers, seines Strebens nach Wahrhaftigkeit, seiner Radikalität liegen tiefer. Sie finden sich wiederum im zweiten Buch Mose in den Worten des ersten Gebots. Wer sie ernst nahm, konnte nicht gleichgültig sein, besaß »ein fast eifersüchtiges Interesse an dem, was geschieht«, ja

Die ersten Nachkriegsjahre hat Heinrich Albertz, der 1945 direkt aus dem Kriegsdienst nach Celle geflohen war, in Niedersachsen verbracht. Zunächst als Seelsorger mit den Vertriebenen aus Schlesien, Pommern und Ostpreußen betraut, begriff er bald, daß sich Probleme wie diese nur im politischen Amt lösen ließen. Ministerpräsident Kopf (SPD) gab ihm dazu Gelegenheit, indem er ihn 1948 zum Flüchtlingsminister machte.

mußte immer dann zum Rebell werden, wenn er den richtigen Weg für Staat und Gesellschaft zu kennen glaubte.[50]

In der Frage der wirtschafts- und sozialpolitischen Neuordnung war das der Fall, noch offensichtlicher jedoch in der Deutschlandpolitik. Die Einheit der Nation war und blieb sein Hauptanliegen, eine Herzensangelegenheit, sein größtes Begehr. Ihr galt seine gesamte Arbeit in Jahren und Jahrzehnten. Um der Einheit willen wurde Albertz zum erbitterten Gegner der Wiederbewaffnung, zum Feind der Westbindung, zum Anhänger der Blockfreiheit und Kämpfer für eine aktive Wiedervereinigungspolitik, die auch sowjetischen Sicherheitsinteressen Rechnung trug.

Adenauers Deutschlandpolitik widersprach nicht bloß Albertz' Ansichten, sie beleidigte den Protestanten, kränkte den Preußen und verletzte den Patrioten. Für ihn bestand kein Zweifel: Der Kölner Katholik hatte die Wiedervereinigung aufgegeben, er wollte sich eine Republik nach seinem Willen formen: einen Rheinbund aus katholisch geprägten Staaten.[51] Ähnlich wie 1805, als Württemberg, Bayern und Baden sich mit Napoleon verständigten und dadurch dem Heiligen Römischen Reich Deutscher Nation den Todesstoß versetzten, war die Bundesrepublik unter Adenauer im Begriff, ihren Frieden mit sich selbst zu schließen. Was interessierten den Rheinländer die Gebiete jenseits von Elbe und Oder? Was bedeutete ihm der kulturelle Reichtum des ehemals preußischen Raums? Der Bundeskanzler, davon war Albertz überzeugt, beobachtete nicht nur ungerührt, wie die alten deutschen Länder zur sowjetischen Kolonie verkamen, er begrüßte die Bildung eines von den evangelischen Regionen abgeschlossenen Weststaates.

Albertz hingegen würdigte zwar die Gründung der Bonner Republik als Schritt nach vorn in der Wiederherstellung deutscher Staatlichkeit, innerlich jedoch lehnte er den Weststaat ab und ergriff Partei für Martin Niemöller. In einem Interview mit der »New York Herald Tribune« hatte der Leiter des Außenamtes der Evangelischen Kirche in Deutschland die Bundesrepublik als ein Kind bezeichnet, »das im Vatikan gezeugt und in Washington geboren wurde«[52]. Albertz sah das ähnlich. Auch er war der Meinung, »daß die augenblickliche Situation Deutschlands zugleich der größte Gewinn für die Politik der römischen Kurie bedeutet«. In einem Leserbrief an die »Welt«, die besonders heftig gegen Niemöllers Äußerung polemisiert hatte, kam er seinem »Bruder« aus der Bekennenden Kirche zur Hilfe: »Wir sollten jedes Wort ernst nehmen, das uns auf eine Wirklichkeit aufmerksam macht, die mit den alten und recht abgetanen Auseinandersetzungen der Jahrhundertwende zwischen Katholizismus und Protestantismus soviel zu tun hat wie ein Kinderspiel mit dem Kampf von Männern. Meine Bonner Erfahrungen bestätigen jedenfalls den ersten Teil des Niemöller-Interviews voll und ganz ... Der Widerspruch gegen diese Niemöllersche These wird nicht mit einer bloßen Entrüstung erschöpft sein, sondern mit der täglichen Bereitschaft, das Provisorium Westdeutschland wirklich für eine gesamtdeutsche und europäische Verantwortung offenzuhalten.«[53]

Erfüllte der Bundeskanzler diesen Auftrag? Nach Ansicht des Ministers nicht im geringsten. Im Gegenteil, Adenauer zementierte die Spaltung durch Wiederbewaffnung und Westbindung, ein Vorgang, über den Albertz nicht hinwegsehen konnte. Wie viele Brüder aus der Bekennenden Kirche empfand der Pastor die Pflicht, seine Stimme zu erheben. Im Dritten Reich hatte man versäumt, offen die

Wahrheit auszusprechen; das durfte nie wieder geschehen. Leisetreterei mußte Bekennermut weichen. Beredt und unbeugsam rief Albertz zum Abwehrkampf auf, wobei er manches Mal über das Ziel hinausschoß. Auf einer Veranstaltung der Bekennenden Kirche in Hamburg am 2. November 1950 sah der Minister bereits den Bundestag brennen, falls der Kanzler die Politik der Aufrüstung fortsetze.[54] Für einen Vertreter des politischen Protestantismus aus dem Lager Karl Barths war diese Wortwahl nicht ungewöhnlich. In Erinnerung an das Versagen der evangelischen Kirche während der Nazizeit fühlten sich manche Bekennende Christen bemüßigt, besonders heftig gegen reale oder vermeintliche Mißstände im neuen Staat vorzugehen, vergaßen in ihrem Eifer allerdings zuweilen, daß aus der einstigen Diktatur eine Demokratie geworden war.

Albertz begnügte sich nicht mit bloßer Rhetorik. Er stellte der Westbindung Adenauers eigene Vorstellungen gegenüber. Der Minister plädierte dafür, die Bundesrepublik aus dem Ost-West-Gegensatz herauszuhalten, sie zwischen den Blöcken anzusiedeln. »Es ist eine Illusion zu meinen«, schrieb er im Februar 1953 an Erich Ollenhauer, »daß eine Verbindung mit den Vereinigten Staaten irgendeine Möglichkeit der freien Handlung und des Offenbleibens für eine Wiedervereinigung geben könnte; es sei denn, man nimmt eine solche Wiedervereinigung in die Kriegsziele auf und läßt sich die östlichen Provinzen versprechen für den Tag nach dem Waffenstillstand.« Das geteilte Deutschland dürfe, so schloß er, »zu einem einseitigen Militärpakt, das (sic!) die eine Hälfte dieses Landes von der anderen durch das Schwert scheidet, nur nein sagen, solange auch noch eine letzte winzige Chance besteht, die beiden Teile wieder zusammenbinden zu können. Das bedeutet keinerlei Fantasie oder irgendeine Form von idealistischem oder religiösem Pazifismus, sondern vielleicht die einzige reale historische Aufgabe, die uns Deutschen in Westdeutschland noch gestellt ist.«[55] Wer die Einheit wiedererlangen wollte, mußte sich, so dachte Albertz, der Westbindung Adenauers im allgemeinen, dem Beitritt der Bundesrepublik zur Europäischen Verteidigungsgemeinschaft und zur NATO im besonderen widersetzen. Um die Politik des Kanzlers zu vereiteln, bemühte sich der Minister, der 1950 in den Bundesvorstand der SPD gewählt worden war, um ein Bündnis zwischen evangelischer Kirche und Sozialdemokratie. Auf seine Initiative hin traf sich Kurt Schumacher mit Martin Niemöller und beriet über ein gemeinsames Vorgehen gegen die Bundesregierung.[56] Am Kurs des Bundeskanzlers änderte sich indes nichts. Er verhandelte mit den Franzosen über den Aufbau einer europäischen Verteidigungsgemeinschaft und trieb den Eintritt der Bundesrepublik in die NATO voran, als die EVG am Votum der Nationalversammlung scheiterte. Am 23. Oktober 1954 unterzeichnete der Kanzler die Pariser Verträge. Sie brachten der Bundesrepublik weitgehende Souveränität und die NATO-Mitgliedschaft.

Albertz gab dennoch nicht auf. Solange der Bundestag nicht endgültig zugestimmt hatte, bestand noch Hoffnung, die Westbindung aufzuhalten, zumal im Kreml Signale der Entspannung häufiger wurden. Zum ersten Mal seit langer Zeit bemühten sich Washington und Moskau ernsthaft, strittige Fragen zu lösen. Mitte Mai 1955 kam das Österreich-Problem vom Tisch, und die ehemaligen Kriegsalliierten entließen die Donaurepublik in die Neutralität. Einen Monat später stand fest, daß sich die Regierungschefs der Sowjetunion, der Vereinigten Staaten, Frankreichs und Großbritanniens in der zweiten Julihälfte in Genf zu einem Gipfeltreffen versammeln würden.

Das Tauwetter ermutigte Albertz. Um die deutsche Frage erneut auf die Tagesordnung der Weltmächte zu bringen, mußte der Druck von unten verstärkt werden. Aus diesem Grund drängte er seinen Parteivorsitzenden zu gemeinsamen Aktionen mit anderen nationalgesinnten Kräften und bemühte sich um ein Wahlbündnis mit Heinemanns neutralistischer Gesamtdeutscher Volkspartei.[57] Vielleicht, so hoffte er, konnte die Bundesregierung auf diese Weise genötigt werden, die Ratifizierung der Pariser Verträge zu verschieben und Viermächteverhandlungen zuzustimmen.

Als Moskau am 15. Januar erstmals freie Wahlen unter internationaler Kontrolle anbot, ergriff Ollenhauer die Initiative. Gemeinsam mit dem DGB-Vorsitzenden Walter Freitag, dem evangelischen Theologen Helmut Gollwitzer und dem Soziologen Alfred Weber lud er zu einer Kundgebung nach Frankfurt ein. Unter dem Motto »Rettet Einheit, Frieden und Freiheit! Gegen Kommunismus und Nationalismus« versammelten sich etwa tausend prominente Gegner der Wiederbewaffnung in der Paulskirche.[58] Sie verabschiedeten ein »Deutsches Manifest«, das »zu entschlossenem Widerstand gegen die sich immer stärker abzeichnenden Tendenzen einer endgültigen Zerreißung unseres Volkes« aufrief. Keiner sollte sich täuschen: Die Bundesregierung führe die Wiedervereinigung zwar im Munde, verhindere sie in Wahrheit jedoch. »Die Verständigung über eine Viermächtevereinbarung zur Wiedervereinigung muß vor der militärischen Blockbildung Vorrang haben«, forderten die Anwesenden.[59]

Albertz, der nach Frankfurt gereist war, um an der Veranstaltung teilzunehmen, maß dem Manifest große Bedeutung bei. Nach seiner Ansicht entsprach die geforderte Neutralität den Sicherheitsbedürfnissen der Sowjets; gegen die Wiedervereinigung konnten sie also nichts mehr einzuwenden haben. »Du weißt gar nicht«, schrieb er seinem Bruder Martin einige Tage später, »wie glücklich wir sind, daß es uns gelungen ist, nun endlich auch nach außen zu einer Kooperation zwischen denen zu kommen, die im kirchlichen und politischen Raum gegen die Versteinerung der Spaltung Deutschlands stehen. Es war für beide Seiten ein großes Ereignis, daß es in der Paulskirche zu diesem gemeinsamen Wort gekommen ist.«[60] An der Ratifizierung der Pariser Verträge änderte sich allerdings nichts. Am 5. Mai 1955 erlangte die Bundesrepublik ihre Souveränität, vier Tage später nahm sie zum ersten Mal an einer NATO-Sitzung teil.

Der Mißerfolg seiner deutschlandpolitischen Bemühungen trug dazu bei, daß Heinrich Albertz sich Mitte der fünfziger Jahre entschloß, Hannover zu verlassen, zumal die SPD in Niedersachsen die Wahlen verloren hatte. Auf den Bänken der Opposition Platz zu nehmen erschien ihm unbequem. Er war in die SPD eingetreten, um Ämter zu bekleiden und auf hoher Ebene helfen zu können; dergleichen war als Abgeordneter nur beschränkt möglich. Vor allem aber verdeutlichte ihm das Scheitern der Paulskirchenbewegung, wie gering die Möglichkeiten der Sozialdemokratie waren, die Einheit Deutschlands wiederherzustellen. Ein Angebot aus Berlin kam da wie gerufen. Dort konnte man noch unmittelbar für die Landsleute im Osten tätig werden, glaubte er. Die ehemalige Reichshauptstadt mit ihrem Bevölkerungsgemisch aus Berlinern, zugewanderten Märkern, Schlesiern und Pommern sowie Hunderten von Pendlern aus der Zone würde das Engagement für die gesamtdeutsche Nation erleichtern. Von dort aus ließ sich müheloser für das geteilte Volk tätig werden. Das Wort der EKD: »Die Mutter will zu ihrem Sohn, und die Tochter will zu ihrem Vater im anderen Teil des Vaterlandes«, sei nur dort in die Tat umzusetzen.

Auch persönlich hing Albertz an der Stadt. Die Spreemetropole war die »Klammer zwischen den beiden Leben« vor und nach 1945.[61] In die frühere Kapitale zog er, um Breslau, der alten Heimat, näher zu sein. Schon als Kind war er immer wieder nach Berlin gefahren, hatte vom Zoologischen Garten den Dampfzug nach Potsdam genommen und an der Hand der Mutter den mückendurchsummten Park von Sanssouci erkundet. Kurzum, Berlin blieb über die Jahre ein Stück Erinnerung, ein Andenken an die Familie, an Preußen und die schlesische Heimatstadt. Und Berlin kündete von der gesamten deutschen Nation. Hier konnte er sich direkt für die Wiedervereinigung einsetzen und die nationale Pflicht erfüllen, die er einst dem Zollbeamten in Besenhausen eingeschärft hatte: Deutschen den Weg nach Deutschland zu gestatten, Deutschen im anderen Teil des Landes zu helfen.

Der Motor im
Rathaus Schöneberg

Der Heimat näher

Im Mai 1955 erhielt Heinrich Albertz einen Anruf. »Otto Suhr war am Telephon. ›Herr Albertz, uns fehlen in Berlin gute Leute. Wir brauchen Sie.‹ Daraufhin soll ich – erzählt meine Frau – die Hacken zusammengeschlagen und erwidert haben: ›Herr Bürgermeister, ich komme.‹«[1]

Obgleich die Schilderung ins Reich der Legenden und Anekdoten gehört, geht sie nicht ganz an der Wahrheit vorbei. Angerufen wurde Albertz tatsächlich, doch nicht vom Regierenden Bürgermeister. Der SPD-Landesvorsitzende Franz Neumann bat den niedersächsischen Genossen, bei Joachim Tiburtius, dem Senator für Volksbildung, Senatsdirektor zu werden.[2] Albertz zögerte nicht lange und nahm das Angebot an. Nach der Niederlage seiner Partei in Hannover und der Enttäuschung über die Ratifizierung der Pariser Verträge hielt ihn nichts mehr im alten »Rheinbund«.[3]

Berlin blieb dem Politiker allerdings zunächst versperrt. Die Christdemokraten rebellierten, als sie von Suhrs Vorschlag hörten, den bisherigen niedersächsischen Sozialminister an die Seite ihres Kultursenators zu stellen. Den streitbaren Pastor mit seiner Polemik gegen die katholische Kirche und ihren Einfluß in Bonn wollten sie nicht dulden, zumal auch das Bischöfliche Ordinariat gegen den protestantischen Querkopf Einspruch erhob. Die Sozialdemokraten unter Franz Neumann allerdings hielten an ihrem Wunschkandidaten fest. Erst als Albertz versicherte, den Katholiken mit derselben »unparteilichen Unbefangenheit und Gerechtigkeit« zu begegnen wie den eigenen Glaubensbrüdern, lenkte die Union ein.[4] Der Weg nach Berlin war frei.

Was Albertz in der Frontstadt des kalten Krieges erwartete, ahnte er nicht. Nur eines war klar: Die Aufgaben und Herausforderungen würden gewaltig sein. Berlin litt noch immer unter den Folgen des Krieges und der kommunistischen Bedrohung. Während sich die Wirtschaft im Westen zügig erholte, siechte sie in der geteilten Metropole dahin. Zahllose Firmen und Fabriken schlossen ihre Tore und zogen in die Bundesrepublik. Sie hinterließen ein Heer von Arbeitslosen.

Deren Not zu lindern hätte Albertz gern auf sich genommen; ihm lag die Sozialpolitik näher als das Kulturressort.[5] Doch auch dort konnte er seine Regierungserfahrungen nutzen, um für die Stadt und die Menschen tätig zu werden. Schließlich diente jedes Engagement in Berlin dem Zusammenhalt der Nation. So versprach Albertz, sich mit ganzer Kraft für die geteilte Kapitale einzusetzen, und dankte den Parteifreunden für »die Mühe, die Ihr Euch um mich schlimmen Mann gegeben habt.«[6] Dabei übersah er, daß ihn Franz Neumann nicht allein wegen seiner Verdienste als Minister an die Spree geholt hatte. Dem mächtigen Berliner Parteichef kam es auf andere Gaben an.

Neumann hatte Albertz schon zu Beginn der fünfziger Jahre im Parteivorstand kennen- und schätzengelernt, auch wenn zwischen dem Pastorensohn und dem Schlosser aus Berlin-Friedrichshain Welten lagen.[7] Albertz mochte den offenen, intellektuell eher anspruchslosen Berliner Landesvorsitzenden, der seine Partei in den Westsektoren vor der Zwangsvereinigung mit den Kommunisten bewahrt hatte. Neumann wiederum bewunderte die sozialpolitischen Leistungen seines niedersächsischen Genossen. Außerdem teilte er dessen außenpolitische Überzeugungen. Wie Albertz hatte sich der Berliner SPD-Chef bis zuletzt gegen Westbindung und Wiederbewaffnung gesträubt und diese Position gegen Reuter und Brandt auch in seinem Landesverband durchzusetzen versucht. Kurzum, Neumann wähnte seinen Parteifreund da, wo er selber stand: im linken sozialdemokratischen Lager. Er glaubte, mit dem einflußreichen SPD-Vorstandsmitglied, ehemaligen Landesminister und Vorsitzenden der Arbeiterwohlfahrt eine loyale, mutige und starke Persönlichkeit nach Berlin gebracht zu haben, die ihm in seinem Kampf um die Macht innerhalb der Partei Beistand leisten würde – eine Hilfe, die er dringend benötigte. Denn Neumanns Tage waren gezählt.

Noch unter Reuter hatte er die SPD fest im Griff gehabt, sie als Arbeiterpartei der Weimarer Tradition zu führen versucht und sich heftige Gefechte mit der Senatsfraktion geliefert, die eine flexiblere Sozialdemokratie vor Augen hatte und die SPD bürgerlichen Schichten zu öffnen gedachte.[8] Damals war es Neumann gelungen, die Politik Ernst Reuters zu blockieren und den populären Bürgermeister in Bedrängnis zu bringen. Der Parlamentspräsident Willy Brandt jedoch akzeptierte die Querschüsse des Landesvorsitzenden nicht: Er machte keinen Hehl daraus, daß er Neumann aus dem Amt drängen wollte.[9] Mehrmals war er gegen den bulligen Parteivorsitzenden angetreten, dem es neben seinen linken Gefolgsleuten – der »Keulenriege«, wie sie genannt wurden – auch noch gelungen war, die »Falken« in sein Lager zu ziehen. Zwar war mit Otto Suhr als Regierendem Bürgermeister ein Mann der Mitte an die Spitze der Stadt gelangt, der durch sein ausgleichendes Wesen für Ruhe zwischen den Lagern sorgte, doch war Brandt keineswegs von seinem Ziel abgekommen, die Mehrheiten zu seinen eigenen Gunsten zu verändern. Schon 1954 war es ihm und seinem wegen ausgiebigen Tabakgenusses als »Pfeifenklub« bezeichneten Anhang gelungen, Neumanns Position zu schwächen. Auf dem Landesparteitag im Mai desselben Jahres hatte er gegen den SPD-Vorsitzenden kandidiert und nur zwei Stimmen weniger erhalten als Neumann. Mit Hilfe des jungen, taktisch begabten Klaus Schütz ging der »Pfeifenklub« nun daran, alle zwanzig Kreisverbände systematisch zu erobern. Schütz entwickelte ein Karteikartensystem, in dem sämtliche politischen Ansichten der Parteitagsdelegierten verzeichnet wurden. Mit Hilfe dieser Informationen ließ sich an jedes einzelne Mitglied herantreten und direkt für Brandt werben. Neumanns Ende also war nahe und die Stärkung seiner Truppe durch einen einflußreichen Genossen bitter nötig.

Heinrich Albertz verfügte zwar über Charisma und innerparteiliches Gewicht, der richtige Mann für Neumanns »Keulenriege« war er jedoch nicht. Ihm war die SPD stets Mittel zum Zweck gewesen. Die Mitgliedschaft in einer Partei, so dachte Albertz, war nötig, um ein Staatsamt zu erlangen und von dort aus für die Bürger tätig zu werden. Die Basis interessierte nicht, und Kungeleien waren ihm suspekt.

»Ich gebe zu, daß ... ich mich mehr in dem sogenannten linken Zirkel bewegt habe«, bekannte Albertz Jahre später, »aber sachlich, politisch hat das keine große Rolle gespielt.«[10] Die alte Bekanntschaft mit Neumann bewog Albertz keineswegs, sich der »Keulenriege« anzuschließen und gegen Brandt zu streiten. Im Gegenteil, der neue Senatsdirektor sympathisierte mit dem Versuch des Parlamentspräsidenten, die Arbeiterpartei zu modernisieren und ihr bürgerliche Wählerschichten zuzuführen.[11] Ähnliches hatte Albertz der SPD schon nach der verlorenen Bundestagswahl von 1953 geraten. Damals forderte er, »die Eierschalen des 19. Jahrhunderts« abzustreifen, die roten Fahnen einzurollen und den »Genossen« und das »Du« in das Wörterbuch der Kampfzeit zu verbannen – wahrlich keine Vorschläge, die Neumann gefallen konnten.[12] Zwar hieß es in der Umgebung des bedrohten SPD-Chefs bald, Brandt hätte den Senatsdirektor »eingekauft«, doch ließ sich Albertz auch vom »Pfeifenklub« nicht vereinnahmen.[13] Er hielt sich von Grabenkämpfen fern. Sie waren ihm zuwider und widersprachen auch seiner religiösen Überzeugung. »Knecht Heinrich«, wie Albertz sich oft nannte, war nur einem verbunden – seinem Herrn. Wen das erste Gebot an Gott band, der konnte sich und andere im letzten nicht wirklich ernst nehmen, der hielt jegliche Machtstruktur für »Mummenschanz« und entzog sich irdischen Zwistigkeiten meist mit beißendem Spott.[14] Die Genossen allerdings verstanden dieses Verhalten nicht, sie hielten den Sarkasmus ihres Parteifreundes für Arroganz. Sicherlich, ein gewisses Maß an Überheblichkeit war Albertz eigen, doch entsprang diese weniger der Geringschätzung anderer als dem Wissen, wie unwichtig der Mensch im Angesicht Gottes ist. Dennoch verletzte seine Ironie manchen gutwilligen Parteifreund. Ob »Keulenriege« oder »Pfeifenklub«, wie alle Menschen vermochten die Genossen nur selten über sich zu lachen.[15]

Seit seinem Wechsel nach Berlin im Jahr 1955 schloß sich Heinrich Albertz eng an
Willy Brandt an und begleitete dessen Aufstieg als enger Vertrauter. 1959 wurde er
Chef der Senatskanzlei, die er mit Umsicht und Strenge leitete. Das Bild zeigt
Brandt und Albertz zusammen mit Bundesminister Ernst Lemmer 1960 auf der
gesamtdeutschen Synode der evangelischen Kirche in Ostberlin.

Doch nicht Hochmut und Hohn allein versperrten Albertz den
Zugang zur Partei, auch seine Herkunft drängte den Pastor in die
Außenseiterrolle. Als Sohn eines königlich preußischen Hofpredigers fehlte ihm der »Proletariergeruch«, den Berlins Sozialdemokraten meist unentbehrlich fanden.[16] Nur Kumpelhaftigkeit hätte diesen Makel ausgleichen können; Albertz aber war die Kameraderie
der Funktionäre ein Graus. Noch Jahre später, als er schon Mitglied
im Parlament war, hielt er sich fern von den Bier- und Skatrunden
der Fraktionskollegen, ein Gebaren, das bei Parteifreunden mindestens Argwohn erweckte.

Albertz war nicht gewillt, dieses Mißtrauen zu verringern. Er war
als Senatsdirektor nach Berlin gekommen, nicht als Parteifunktio-
när. Von jeher hatte er sich als Mann der Exekutive verstanden, dem

es darum ging, ein effektives, funktionstüchtiges Ressort aufzubauen. Genau das wollte er auch beim Senator für Volksbildung
erreichen.

In der Behörde des hochgebildeten, gewandten, in Verwaltungsangelegenheiten jedoch unfähigen Joachim Tiburtius lag vieles im
argen.[17] Der Professor lebte in seiner eigenen Welt, glänzte auf lite-
rarischen, künstlerischen und wissenschaftlichen Gebieten, »verstand jedoch nichts, aber auch gar nichts von Verwaltung und Geld«.

Albertz hatte sich gerade erst in seinem getäfelten Arbeitszimmer
am Funkturm niedergelassen, da wurde sein »preußisches Gemüt
den schwersten Belastungen ausgesetzt«[18]. Das tägliche Chaos zerrte
an seiner Geduld. Amtsräte plusterten sich auf und maßten sich
Rechte an, die ihnen nicht zustanden. Dienstwege schien es nicht zu
geben, Koordination und Abstimmung waren Fremdwörter. Der
Preuße brauchte Monate, um die Behörde in Schwung zu bringen.
Um acht Uhr fünfzehn erschien er voller Tatendrang in seinem Büro,
achtete zunächst auf die Pünktlichkeit seiner Untergebenen und
machte sich zügig ans Werk. Freude an der Arbeit gewann er nicht.
Die Aufsicht über Grundschulen und Gymnasien interessierte ihn
genausowenig wie Berufungsangelegenheiten der beiden Universitäten.[19] Hinzu kam der unverbesserliche Tiburtius, dem es immer
wieder gelang, Albertz' mühsam errichtete Ordnung zu durchkreu-
zen. »Ich sitze hier in Berlin mit einem unmöglichen Senator in den
Haushaltsberatungen«, klagte Albertz seinem Parteivorsitzenden
Ollenhauer und ließ auch bei den Berliner Genossen keinen Zweifel
daran, was er von seinem Dienstherrn hielt.[20] Bald schon stand fest:
Bei Tiburtius würde Albertz nicht alt werden. Die Gelegenheit, das
Amt zu wechseln, ergab sich spät, aber früher als erwartet. Mit dem
Sturz Neumanns stieg Albertz' Stern.

Nach dem Tod Otto Suhrs im August 1957 endete die Waffenruhe
zwischen »Pfeifenklub« und »Keulenriege«. Ein letztes Mal bemühte sich Franz Neumann, den Aufstieg seines Widersachers zu
vereiteln. Um selbst ins Rathaus einzuziehen, fehlten dem Landesvorsitzenden jedoch die Kräfte. Wenige Monate zuvor war Willy

Brandt »Genosse Zufall« zu Hilfe gekommen: An einem trüben Novemberabend 1956 waren Hunderttausende Berliner zum Rathaus geströmt, um gegen den Einmarsch der Sowjets in Ungarn zu demonstrieren. Vom Balkon des Gebäudes aus hatte Neumann eine flammende Rede gegen die brutale Niederwerfung der ungarischen Revolution gehalten, die ohnehin erregte Masse noch stärker aufgeputscht und den Marsch der Demonstranten zum Brandenburger Tor nicht mehr zu verhindern gewußt. Brandt stürzte aus dem Rathaus, sprang in einen Polizeiwagen und versuchte über Lautsprecher, den Demonstrationszug zum Denkmal für die Opfer des Stalinismus am Steinplatz umzuleiten. Er hatte Glück – die Berliner folgten. Ein Teil der Menge aber ließ sich nicht abhalten, zog doch zum Brandenburger Tor und stand nun fackelschwingend russischen Panzern gegenüber. Wieder bestieg der Parlamentspräsident einen Funkwagen, raste über die Straße des 17. Juni zum Platz vor dem Brandenburger Tor und redete auf die meist jugendlichen Demonstranten ein. Erneut gelang es ihm, die Menschen zu beruhigen.[21]

Die Gefahr war vorüber, Brandt der neue Held Berlins. »Wir haben danach gleich versucht, einen Parteitag zu kriegen, um die Stimmung auszunutzen«, erinnert sich Klaus Schütz.[22] Zwar mißlang der Versuch, Neumann aber war angeschlagen. Selbst treue Verbündete hegten plötzlich Zweifel an den Fähigkeiten ihres Vorsitzenden. Manche liefen sogar ins feindliche Lager über.

Brandts Wahl zum Stadtoberhaupt stand nichts mehr im Wege. Im Oktober 1957 wurde er neuer Herr im Rathaus Schöneberg. Die Entmachtung Neumanns in der SPD folgte wenig später; auf dem außerordentlichen Parteitag im Januar 1958 stimmten zwölf der zwanzig Kreise für den neuen Regierenden Bürgermeister, der auch den Parteivorsitz übernahm.[23] Von nun an beherrschte Brandt den Landesverband. Neumann stand da wie ein »erloschener Krater«[24].

In Zeiten des Krieges können auch stille Sympathisanten Verbundete sein. Heinrich Albertz gehörte zu diesen wohlwollenden Neutralen. Obgleich er sich von den Kämpfen zwischen »Pfeifenklub«

und »Keulenriege« ferngehalten hatte, war ihm die Politik des aufstrebenden Parlamentspräsidenten näher als der starre Kurs Neumanns. Brandt wiederum kam die Gewogenheit des Senatsdirektors gelegen, zumal Albertz als Mitglied des SPD-Vorstands über einen nicht zu unterschätzenden Einfluß in der Bundespartei verfügte. Darüber hinaus spürte Brandt die Autorität, die Albertz ausstrahlte, und bewunderte dessen Durchsetzungskraft beim Aufbau der Volksbildungsbehörde. Auf solche Gaben wollte der Bürgermeister nicht verzichten. Früh bekundete er sein Interesse an einer engeren Zusammenarbeit.[25]

Bis zu den Wahlen im Dezember 1958 mußte Albertz allerdings bei Tiburtius ausharren, erst danach durfte er mit neuen Aufgaben rechnen. Doch selbst die absolute Mehrheit befreite Albertz nicht vom Joch der Volksbildungsbehörde.[26] Zwar war er nach Bekanntgabe der Endergebnisse fest davon überzeugt, bald selbst auf Tiburtius' Sessel Platz zu nehmen. Brandt indes beließ den CDU-Senator im Amt[27] – während des Chruschtschow-Ultimatums wollte er die große Koalition nicht gefährden. Albertz schien Senatsdirektor bleiben zu müssen.

Doch einige Tage später bot ihm der Regierende Bürgermeister den Posten des Arbeits- und Sozialsenators an. Tiburtius zu entfliehen gelang Albertz trotzdem nicht. Diesmal hinderte ihn die eigene spöttische Überheblichkeit. Als er vor die Fraktion trat, um den Parteifreunden Rede und Antwort zu stehen, erboste er sämtliche Genossen. Auf die Frage, welcher Gewerkschaft er angehöre, antwortete er flapsig: »Vereinsbeiträge werden von meiner Frau bezahlt«[28] – eine Bemerkung, die sein weiteres Schicksal besiegeln sollte. Aufgebracht geißelten die gewerkschaftsnahen Parlamentarier sein Desinteresse an den Arbeitnehmerverbänden und warfen ihm Willfährigkeit bei Tiburtius vor. Nach einer stürmischen Diskussion stand fest: Sozialsenator sollte Albertz nicht werden. Brandts Interventionen halfen nichts, der Kandidat fiel mit 36 gegen 31 Stimmen durch.[29]

Die Niederlage traf Albertz schwer. Wer Senator werden wollte, den konnte auch die Nachricht aus Bonn nicht trösten, vom Vorstand zum Vertreter der Bundes-SPD in Berlin ernannt worden zu sein. Albertz plante, seinen Abschied zu nehmen, und kündigte Brandt seinen Rücktritt an.[30] Der Regierungschef weigerte sich jedoch, den Senatsdirektor zu entlassen. Er versprach einen baldigen Wechsel, bis zu dem Albertz sich gedulden sollte.

Lange blieb er tatsächlich nicht mehr am Messedamm. Auf Bitten Brandts sprang Albertz im Mai 1959 für den erkrankten Otto Bleibtreu ein. Als der bisherige Chef der Senatskanzlei wenig später starb, übertrug der Regierende Bürgermeister seinem neuen Mitarbeiter die freigewordene Stelle – trotz heftiger Widerstände innerhalb der SPD.

Brandts Entschluß war genial. Albertz schien wie geschaffen für die Rolle des zweiten Mannes, der Haus und Hof bestellt und die Verwaltung auf die Belange der Stadt ausrichtet. Der Preuße verstand die Treuepflicht gegenüber dem Vorgesetzten als Selbstverständlichkeit, und Brandt wußte: Auf Albertz konnte er sich verlassen. Darüber hinaus war sein Kanzleichef in der Lage, selbst über Sachakten und Personalentscheidungen die Politik nicht aus den Augen zu verlieren. Immer wieder wies er Brandt auf neue Problemfelder hin, hielt ihm den Rücken frei für Dinge, die seiner Ansicht nach nur der Bürgermeister selber erledigen konnte. »Tun Sie nichts, was auch andere und vielleicht besser tun können«, war Albertz einmal von Geheimrat Zechlin, dem Pressechef der letzten preußischen Regierung, empfohlen worden.[31] An diesen Rat hatte er sich stets gehalten, und er war gewillt, ihn auch Brandt nahezubringen.

Dazu mußten »eine seriöse Senatskanzlei« aufgebaut und der Regierende Bürgermeister »von den Frühstücks- und Pressereferenten befreit« werden, »die dort zur Zeit als einzige Mitarbeiter herumlaufen und viel Geld verdienen«.[32] In der Tat glich die Behörde eher einer Kreisverwaltung als der Regierungszentrale einer Großstadt. »Die Senatskanzlei war damals nicht organisiert«, erinnerte sich ein früherer Mitarbeiter Suhrs: »Als ich 1955 anfing, gab es einen General- und dann noch etwa fünf andere Referenten, die für alles zuständig waren und auch alles taten ... Albertz hat da erst

Ordnung hineingebracht und die ganze Kanzlei durchorganisiert.«[33] Am meisten störte den neuen Kanzleichef, daß Brandt für jeden zu sprechen war. Täglich »latschten« Sozialdemokraten in das große Eckzimmer im Rathaus Schöneberg und baten den »Genossen Brandt« um Hilfe.[34] Den Regierenden schienen solche Besuche nicht zu stören, Albertz jedoch verbat dem Chef, seine knapp bemessene Zeit allzu freigebig zu opfern. Er richtete nicht nur sein eigenes Büro unmittelbar vor den beiden Zimmern des Stadtoberhauptes ein, sondern wies Brandts Mitarbeiter an, Termine außer der Reihe nur über ihn laufen zu lassen. Wer nun zum Regierenden wollte, kam an Albertz nicht vorbei, scheiterte oft sogar schon an dessen Sekretärin – eine Maßnahme, die viele Sozialdemokraten dem Kanzleichef übelnahmen. Außerdem gelang es Albertz, die Leitung des gesamten Hauses zu übernehmen: Auf sein Bitten unterstellte Brandt ihm sämtliche Geschäftsbereiche.[35]

Nun verfügte der Kanzleichef über die nötige Autorität, den Beamtenapparat nach seinen Vorstellungen zu formen. Dazu gehörte auch, die Arbeit der Referenten zu professionalisieren. Albertz gewann Spezialisten für das Rathaus, um ein Gegengewicht zu den Fachressorts der Senatoren zu schaffen, »weil wir ja von nichts eine Ahnung hatten und die abenteuerlichsten Dinge passierten«[36].

Schritt für Schritt vermochte Albertz, die winzige, schlechtorganisierte Behörde in einen effektiven Führungsapparat umzuwandeln. Alle sekundären Entscheidungen wurden dem Stadtoberhaupt abgenommen, sämtliche Akten zur Unterschrift vorbereitet und Personalprobleme von Albertz meist selber gelöst.

Nur eine Reform reute den Kanzleichef: auf Brandts morgendliche Anwesenheit bestanden zu haben. Immer wieder hatte er dem Regierenden Bürgermeister in den Ohren gelegen, mit gutem Beispiel voranzugehen und pünktlich im Büro zu erscheinen. Als Brandt sich schließlich geschlagen gab und früher als sonst das Rathaus betrat, mußte Albertz erkennen, wie hinderlich die frühe Gegenwart war. »Brandt war ein Morgenmuffel. Meist war er gar nicht richtig wach und sprach nur wenig.«[37] Ihm mißfiel der morgendliche Aktivismus seines Kanzleichefs. Wenn Albertz um neun

Uhr zum Vortrag in das Büro des Stadtoberhauptes trat, war »der arme Kerl mürrisch und kaum ausgeschlafen …, wollte … gar nicht hören, was alles passiert war, sondern sagte nur: ›Mach du das mal oder laß das den mal machen, das ist doch alles gar nicht so schrecklich wichtig.‹ Das laufende Geschehen in der Stadt war ziemlich weit weg von ihm.«[38]

Nicht zuletzt aus diesem Grund brauchte der Abendmensch den Frühaufsteher, war der nervöse Zigarettenraucher auf den seine Pfeife schmauchenden Kanzleichef angewiesen. Während Brandt zu langen Diskussionen im Kreis seiner Mitarbeiter neigte, schloß Albertz gelangweilt die Augen, wenn Referenten abschweiften; stets drängte er zu schnellen Entscheidungen. Seine zügige und effektive Arbeit ermöglichte Brandt, in der Bundespolitik Fuß zu fassen und für seine Partei als Kanzler zu kandidieren. Um die Senatskanzlei jedenfalls mußte er sich nicht mehr kümmern.

Überhaupt störten die Unterschiede zwischen Brandt und Albertz nicht. Im Gegenteil, beide ergänzten und beflügelten sich, kamen oft zu denselben Ergebnissen. Brandt schätzte die Verläßlichkeit seines Mitarbeiters und bewunderte dessen Ausgeglichenheit. In seinen Augen besaß Albertz ein »inneres Geländer« aus christlicher Überzeugung und Ethik und ruhte in sich selbst.[39] Zudem gefielen ihm dessen zurückhaltende, selbstironische Art und seine oft geistreichen Bemerkungen.[40] Befreundet waren beide jedoch nie.[41] Trotz aller Solidarität mit seinen Untergebenen umgab Brandt eine Distanz, eine Sphäre von Einsamkeit, Abstand und Reserve, die Albertz selten zu durchbrechen verstand. »Brandt ist scheu«, hieß es bei Familie Albertz, seitdem Tochter Regine nach einem Kinderfest ihren Eindruck vom Regierenden Bürgermeister wiedergegeben hatte, der zufällig neben ihr gesessen und kein Wort herausgebracht hatte.[42] Auch Albertz nahm die Verschlossenheit seines Bürgermeisters wahr. Dennoch schätzte er Brandt und empfand zu dem zwei Jahre Älteren eine fast väterliche Zuneigung.[43]

Oft saßen Bürgermeister und Kanzleichef beieinander und kamen in ihren Gesprächen schnell über Tagesfragen hinaus. Dabei offenbarten sich ähnliche deutschlandpolitische Ansichten. Anders als Albertz war Brandt zwar von jeher westlich orientiert und von einem leidenschaftlichen Antikommunismus erfüllt, doch hatte auch er darüber nachzudenken begonnen, wie man die Spaltung der Nation aufhalten und die willkürlich gezogene Grenze durchlässig machen könne. Albertz bestärkte dies in seinen eigenen deutschlandpolitischen Vorstellungen, ja ihn ermutigte Brandts Entschlossenheit, im Zuge des Chruschtschow-Ultimatums eigene Wege in der Berlin- und Deutschlandpolitik zu gehen. Im Gegensatz zu Albertz hatte Brandt die Ankündigung des sowjetischen Parteichefs, einen Separatfrieden mit der DDR zu schließen[44], ernst genommen und zunächst erwartet, Washington werde mit Härte auf die Drohung reagieren. Als nichts dergleichen geschah und der Bürgermeister erkennen mußte, daß er von den Alliierten weitgehend übergangen wurde, wuchs auch bei ihm die Gewißheit, Entspannungsbemühungen nie den Verbündeten allein überlassen zu dürfen. Die Bundesrepublik müsse endlich die Realitäten akzeptieren, da nicht zu erwarten sei,»daß die Zone ganz einfach aus dem sowjetischen Machtbereich entlassen wird«[45]. Mit Albertz stimmte der Regierende Bürgermeister darin überein, fortan nichts unversucht zu lassen, die wichtigsten Fragen zwischen beiden Teilen Deutschlands selbst regeln zu wollen. Wie das zu erreichen sei, ließ Brandt und seinem Kanzleichef schon vor dem Mauerbau keine Ruhe.

Albertz genoß diesen berlinpolitischen Gedankenaustausch. In der nahen Umgebung Willy Brandts besaß er endlich die Möglichkeit, die Politik der Stadt zu beeinflussen und von Berlin aus für das ganze Land tätig zu werden. Zwar hatte sich Albertz auch beim Senator für Volksbildung bemüht, nie die gesamtdeutsche Orientierung zu verlieren; Berlin- und Deutschlandpolitik aber ließen sich nicht am Funkturm, sondern nur im Rathaus Schöneberg betreiben. Schließlich war er nach Berlin gekommen, um auf neuen Wegen zu erkunden, wie die Einheit der Nation aufrecht erhalten werden konnte.[46] Die Arbeit im Rathaus erleichterte dieses Vorhaben, auch wenn Berlinpolitik zunächst vor allem eines bedeutete: Krisenmanagement.

Der Mut zur Wahrheit.
Heinrich Albertz und der
Bau der Mauer

Sonntag, 13. August 1961, 1.11 Uhr. Albertz war bereits zu Bett gegangen, da veröffentlichte die ostdeutsche Nachrichtenagentur ADN eine Sondermeldung. Minuten vergingen, ehe die wachhabenden Beamten im Polizeipräsidium begriffen, was als »Erklärung der Regierungen der Warschauer Vertragsstaaten« über den Ticker lief. Ulbrichts Verbündete schlugen den »Werktätigen der Deutschen Demokratischen Republik« vor, eine »Ordnung einzuführen, durch die der Wühltätigkeit gegen die Länder des sozialistischen Lagers zuverlässig der Weg verlegt und rings um das ganze Gebiet Westberlins, einschließlich seiner Grenze mit dem demokratischen Berlin, eine verläßliche Bewachung und eine wirksame Kontrolle gewährleistet wird«.[1] Keiner der Polizisten ahnte, daß Ulbricht noch in derselben Nacht den Rat des Warschauer Pakts beherzigen würde. Erst als die Polizeipatrouillen von allen Kontrollpunkten der Sektorengrenze den Aufmarsch von DDR-Kampftruppen meldeten, erfaßten die Diensthabenden den Ernst der Lage. Sie weckten den Kommandeur der Schutzpolizei, Erich Duensing, und gaben eine erste Einschätzung der Lage. An sämtlichen Straßen, die in den Ostsektor führten, waren Panzerspähwagen aufgefahren. Volkspolizisten bildeten Ketten, zogen Stacheldraht. Sie rissen Schienen wie Pflastersteine aus Fahrdämmen und Wegen, versperrten die Übergänge mit spanischen Reitern. Duensing zögerte nicht lange und rief Bürgermeister Franz Amrehn an. Der stand sofort auf und holte den Chef der Senatskanzlei aus dem Schlaf.

Minuten später verließ Albertz das Haus, stieg in einen wartenden Wagen und fuhr durch die nächtliche Stadt ins Rathaus Schöneberg. Zwar hatte man seit Wochen erwartet, daß die DDR nicht länger mit ansehen werde, wie täglich Tausende von Menschen mit der

S-Bahn nach West-Berlin flohen. Daß Ulbricht aber so bald losschlug, hatte Albertz nicht für möglich gehalten. Noch am Donnerstag hatte er Brandt prophezeit, daß in den nächsten vierzehn Tagen keine spektakulären Aktionen Pankows zu befürchten seien.[2] Die Nachrichten vom Brandenburger Tor, dem Potsdamer Platz und der Bernauer Straße belehrten ihn eines Besseren. Eilig schritt der Kanzleichef die Freitreppe des Rathauses hinauf. Der Gedanke an die nunmehr eingesperrten Ostberliner ließ ihn nicht los.

Zunächst mußte der Regierende Bürgermeister verständigt werden, der sich auf Wahlkampftour zwischen Nürnberg und Kiel befand. »Die anderen sind dabei, die Sektorengrenze abzusperren«, berichtete Albertz der verschlafenen Rut Brandt, in der Hoffnung, sie werde ihren Mann am schnellsten erreichen.[3] Danach nahm der Kanzleichef Verbindung zu den Alliierten auf. Bis zum Eintreffen Brandts – er hatte versprochen, die erste Maschine nach Berlin zu nehmen – sollte Albertz die Verantwortung dafür tragen, daß die Weisungen der Alliierten den Berliner Behörden übermittelt wurden. Aus Dahlem aber vernahm man nichts. Die westlichen Soldaten blieben in ihren Kasernen.

Albertz hingegen wurde aktiv. Immer wieder holte er Berichte über die Lage an der Sektorengrenze ein und bemühte sich, möglichst viele Genossen der kleinen Ost-SPD nach West-Berlin herauszuschmuggeln. Viel mehr allerdings konnte nicht getan werden. »Theoretisch wäre möglich gewesen, die sowjetische Seite zu zwingen, durch entsprechende alliierte Aktionen an der Zonengrenze ihre unmittelbare Verantwortung zu bekennen«, schrieb Albertz später – schließlich hatte das SED-Regime den Viermächtestatus der Stadt verletzt. Das Wagnis einer westlichen Militäraktion aber wollte auch der Senat nicht eingehen. »Jedenfalls hat niemand etwas Entsprechendes … vorgeschlagen.«[4]

Die Untätigkeit der Alliierten mißfiel Albertz dennoch. Keine Sonderpatrouille ließ sich blicken, kein Protest der drei westlichen Stadtkommandanten war zu hören. Kurz nach seiner Ankunft fuhr Brandt deshalb zusammen mit seinem Stellvertreter und dem Kanzleichef nach Dahlem, um die Stadtkommandanten zu energischem

13. August 1961: Mitten in der Nacht wurde Berlin geteilt. Die Mauer trennte
Männer und Frauen, Mütter und Kinder, Brüder und Schwestern und brachte
Heinrich Albertz um den Schlaf.

Vorgehen zu drängen – vergeblich. Zwanzig Stunden vergingen, bis Militärstreifen an der innerstädtischen Grenze erschienen. Vierzig Stunden verstrichen, bis die Kommandanten bei ihrem sowjetischen Kollegen in Karlshorst protestierten. Zweiundsiebzig Stunden dauerte es, ehe Washington, London und Paris in Moskau vorstellig wurden.

Die aufgewühlten, erschreckten Berliner aber wollten Taten sehen. Über eine viertel Million Menschen strömte am Nachmittag des 16. August vor das Rathaus Schöneberg und erwartete endlich Hilfe. »Hau auf die Pauke, Willy!« und »Vom Westen betrogen« hatten sie auf ihre Plakate geschrieben, verzweifelt riefen sie nach amerikanischem Beistand.[5] Brandt mußte handeln, ohne durch markige Sprüche Unheil anzurichten. Mit heiserer Stimme brandmarkte er die »Kerkermeister unseres Volkes«, vermied jedoch jede Andeutung einer absehbaren Wiederherstellung der städtischen Einheit.[6] Außerdem unterstrich er den Friedenswillen der Berliner und teilte der empörten Menge mit, er habe an Kennedy geschrieben. Der unbeugsame, gleichwohl abwiegelnde Tonfall erreichte sein Ziel: Nach tosendem Applaus zerstreuten sich die Demonstranten.

Während die Menschen vor dem Schöneberger Rathaus ungeduldig auf ihren Bürgermeister gewartet hatten, ließ Brandt sich mit dem Brief an den Präsidenten Zeit. Immer wieder las er seine Zeilen, strich Passagen, fügte neue hinzu und besprach den Text mit seinen Mitarbeitern.

Diese hatten Brandt darin bestärkt, die Stadtkommandanten zu übergehen und sich direkt an das Weiße Haus zu wenden. Noch im März hatte der Präsident dem Bürgermeister bei dessen Besuch in Washington gestattet, jederzeit persönlich an ihn heranzutreten, falls es brennen sollte. Vielleicht, so dachte Brandt, würde es jetzt nützlich sein, an das amerikanische Staatsoberhaupt zu schreiben. Albertz jedenfalls, der ohnehin wenig von den »Heiligen Drei Königen« in Berlin hielt, hoffte, das persönliche Schreiben werde Kennedy zu einem härteren Vorgehen bewegen.[7]

Der Erfolg blieb aus. Mit kalter Höflichkeit ließ der Präsident den Appell des Bürgermeisters ins Leere laufen, hob die Grenzen der deutsch-amerikanischen Gemeinsamkeiten hervor und wies sämtliche Maßnahmen zurück, die Brandt gefordert hatte.[8] Lediglich die Anregung, eine Volksbefragung über die Bindung an den Westen abzuhalten, begrüßte Kennedy. Weitere Schritte sollten nicht unternommen werden.

Besonders Heinrich Albertz bewegten die Zeilen des Präsidenten. Plötzlich begriff er, daß selbst Washington untätig bleiben werde. Dort nahm man die Teilung der Stadt geradezu mit Erleichterung auf. Albertz, der nach Berlin gekommen war, um am letzten Ort gesamtdeutscher Wirklichkeit für die Einheit der Nation zu streiten, mußte mit ansehen, wie der Eiserne Vorhang nun auch hier die Stadthälften trennte. Hinzu kam die Erkenntnis, von den Schutzmächten allein gelassen zu sein – der Chef der Senatskanzlei verlor »die Eierschalen der Besatzungszeit«.[9] Die Halbgötter der alliierten Mission, die Albertz nie ganz ernst genommen hatte, schrumpften endgültig auf die Maße höchst irdischer Wesen.

Auch Adenauers Ansehen konnte nicht tiefer sinken. Obwohl Albertz die Reaktion des Bundeskanzlers auf die Spaltung Berlins keineswegs überraschte, erboste sie ihn noch mehr als die Passivität der Alliierten.[10] In Bonn waren die Berliner auf einen »windelweichen Kanzler« gestoßen.[11] Der Regierungschef spielte nicht nur den Mauerbau herunter, er setzte auch den Wahlkampf fort und attackierte seinen Rivalen Brandt. Drei Tage nachdem die DDR die Westsektoren abgeriegelt hatte, empfing er den sowjetischen Botschafter Andrej Smirnow und garantierte ihm, keine Schritte zu unternehmen, welche die Beziehungen zwischen Bonn und Moskau trüben könnten.[12] Erst allmählich fand Adenauer schärfere Worte. Am 18. August versprach er, gemeinsam mit den Verbündeten »die erforderlichen Maßnahmen vorbereiten und durchführen zu wollen«.[13] Was das bedeutete, wußte niemand – Albertz am wenigsten.

Eines jedoch stand für den Leiter der Senatskanzlei fest: daß »diejenigen, die normalerweise die größten Worte am lautesten benutzten, in der Krise und danach am stillsten waren«.[14] Schon seit Wochen hatten Brandt und seine Vertrauten nach Möglichkeiten gesucht, zusammen mit der Bundesregierung das Gesetz des Handelns an sich zu ziehen, Zeit zu gewinnen und die Beschränkung der Krise auf Berlin zu verhindern. Wiederholt waren sie im Palais Schaumburg vorstellig geworden, um den Bundeskanzler zu einem offensiven Kurs gegenüber Chruschtschow zu bewegen. Vergebens, Adenauer war weder Brandts Empfehlung gefolgt, die Wiedervereinigung Berlins vorzuschlagen, noch hatte er seinen Rat beherzigt, Chruschtschow beim Wort zu nehmen und zu einer Konferenz aller ehemaligen Kriegsteilnehmer einzuladen, um einen Friedensvertrag mit Gesamtdeutschland auszuhandeln.

Selbst den Dialog auf unterster Ebene hatte der Kanzler zu verhindern gewußt. Gut zwei Wochen bevor Ulbricht Berlin auseinandermauern ließ, hatte Albertz darauf gedrungen, mit Friedrich Ebert zu reden.[15] Am 31. Juli war der Ostberliner Bürgermeister an Brandt herangetreten und hatte in einem Brief vorgeschlagen, über die vielen Grenzgänger zu verhandeln. Auf Bitten Willy Brandts hatte Albertz noch am gleichen Tag den Leiter der Treuhandstelle für den Interzonenhandel, Dr. Kurt Leopold, beauftragt, bei seinem nächsten Gespräch in Ostberlin auch dieses Problem anzusprechen. Wenig später »hörte ich, daß die Bundesregierung eine solche Ermächtigung nicht erteilt habe, weil sie einen derartigen Schritt für nutzlos halte«, erinnerte sich Albertz.[16]

Der Chef der Senatskanzlei mußte erleben, was er schon als Minister in Niedersachsen erfahren hatte: Adenauer legte auf Verhandlungen keinen Wert. Bis zum Nato-Beitritt der Bundesrepublik hatte Albertz gehofft, durch eine Konferenz der vier Mächte die Spaltung des Landes aufhalten, ja überwinden zu können. Wie damals war der Bundeskanzler auch nach dem Chruschtschow-Ultimatum zu Verhandlungen nicht bereit, obwohl der Kanzleichef glaubte, die sowjetische Seite auf diese Weise positiv beeinflussen zu können.

Das Verhalten des Kanzlers empörte Albertz, aber nicht nur das. Es bestärkte ihn, in der Berlinpolitik fortan eigene, von Bonn unabhängige Wege zu gehen. Überhaupt unterbrach der Mauerbau seine deutschlandpolitischen Bemühungen keineswegs. Im Gegenteil, er schärfte seinen Blick für die Realität; er zerstörte die Illusionen, daß die staatliche Einheit in absehbarer Zeit wiederherzustellen sei.

Hatte der Chef der Senatskanzlei die Bonner Sonntagsreden zur Wiedervereinigung vor dem 13. August schon nicht ernst genommen, so sperrte er sich nun erst recht dagegen. In einem Brief an Helmut Gollwitzer versicherte er,»daß ich Deine Beurteilung über die falsche Empörung, die gelegentlich mit besonders häßlichen Tönen zur Mauer geäußert wird, voll teile«.[17] Ihm wurde klar: Wollte man in Berlin etwas erreichen, mußte man sich von den »gesamtdeutschen Klugscheißern« in Bonn lösen, wie Brandt sie nannte.[18] Weder der Bundeskanzler noch die Alliierten versuchten, die betonierte Spaltung rückgängig zu machen. Albertz nahm sich von dieser Kritik keineswegs aus. Auch er hätte schneller und mutiger den Tatsachen ins Auge sehen sollen. War es nicht naiv gewesen, den Garantieerklärungen der Westmächte zu glauben? Hätte er Adenauers Floskeln zur Wiedervereinigung nicht lauter widersprechen müssen? Die Erkenntnis, daß Bonn und Washington den Status quo in Berlin nicht wiederherstellen konnten, befreite Albertz von sämtlichen Hemmungen. Opportunistisches Taktieren durfte nicht mehr geduldet werden. Aufrichtigkeit war nicht nur gefragt, sie wurde zur religiösen Pflicht des Protestanten.

»Zu unserer Verantwortung in Berlin gehört der Mut zur Wahrheit«, sollte Albertz nach dem Mauerbau häufig wiederholen.[19] Damit meinte er alles auszusprechen, was er seit langem wußte: Der auf Millimeter festgelegte Status quo war eingefroren, das deutsche Volk auseinandergebrochen worden. Die westliche Welt hatte den Glauben an die Wiedervereinigung aufgegeben, sie war an der Einheit nicht mehr interessiert. Jede Supermacht hatte den von ihr eroberten Teil zu einem Staat werden lassen und in ihr Paktsystem eingefügt. Nun standen sich zwei Staaten als Speerspitzen der Machtblöcke gegenüber und trugen im kleinen die Konfrontation ihrer Herren aus. Deutschland – West wie Ost – war ein besetztes Land. Auf diese Tatsache wies Albertz nach dem Mauerbau immer wieder hin – wenn auch zunächst behutsam, da von Willy Brandt gebremst.

Unter diesen Umständen wollte er verhindern, »daß es in ... absehbarer Zeit kein Volk mehr gibt, das sich wiederzuvereinigen wünscht«.[20] Für ihn bestand kein Zweifel: Der Weg dorthin führte nur über Berlin. Beide Stadthälften sollten Beziehungen zueinander aufnehmen und sich zum »Treffpunkt aller Deutschen« entwickeln.[21] Dafür war der Kanzleichef sogar gewillt, sämtliche überkommenen Rechte Berlins zu opfern. Das Viermächtestatut der Stadt – nach dem Mauerbau ohnehin nichts mehr wert – hätte Albertz am liebsten aufgegeben. West-Berlin wurde nun von den drei westlichen Stadtkommandanten regiert. Womöglich konnte man mit ihrer Hilfe den unliebsamen Adenauer übergehen und immer dann die alliierte Verantwortung ins Spiel bringen, wenn sich der Kanzler der neuen Berlinpolitik widersetzte. Kurzum, Albertz' Anliegen wurde es, Mittel und Wege aufzuspüren, um die Not der gespaltenen Stadt zu lindern. Der Schlüssel dazu lag in Ost-Berlin.

Wie an ihn heranzukommen sei, hatte Otto Suhr vorgemacht. Der frühere Regierende Bürgermeister hatte die Lage der Berliner durch thematisch begrenzte Verhandlungen mit dem Ost-Magistrat zu erleichtern gesucht. In seiner Regierungserklärung vom 3. Februar 1955 war er für ein Nebeneinander der beiden Stadthälften eingetreten. Gleichzeitig hatte Suhr seine Bereitschaft angekündigt, mit dem Osten über technische Verbesserungen zu sprechen.[22] Friedrich Ebert wünschte zwar ebenfalls, »zur Milderung der Spaltung Berlins« beizutragen, zuvor hatte er jedoch die Anerkennung seines Magistrats gefordert.[23] Suhr winkte ab. Auch weitere Briefe brachten keinen Erfolg.

Aus diesen Erfahrungen zog Albertz den Schluß, Ulbricht würde nur dann zu Absprachen bereit sein, wenn man sein Regime als Verhandlungspartner akzeptierte. Suhr konnte sich dem noch widersetzen, Brandt und die Westberliner hatten inzwischen mit der Mauer zu leben. Wer Stacheldraht und Straßensperren dulde, erkenne ohnehin die DDR an, müsse folglich mit ihr ins Gespräch kommen, um in Berlin beweglicher zu werden. Für Albertz bestand kein Zweifel: Senat wie Bundesregierung hatten das Regime in Pankow zu akzeptieren. Wenn dazu die Anerkennung notwendig sei, müsse der Westen auch darauf eingehen. Die Einheit der Nation lasse sich nur bewahren, wenn man von zwei deutschen Staaten ausgehe, von zwei Regierungen, die miteinander verhandelten. Albertz wurde somit zum »Zwei-Staaten-Patrioten«[24]. Immer die Nation vor Augen, trat er fortan für direkte Verhandlungen zwischen Senat und DDR-Regierung ein. Allein konnte er jedoch nichts bewegen: Die Suche nach Verbündeten begann.

Von den Berliner Sozialdemokraten erwartete Albertz keine Unterstützung. Viele Genossen bewegten sich, klagte er, »in intellektuell magerer Preisklasse«. Sie waren nicht bereit, ihm Rückendeckung zu gewähren. Im Rathaus Schöneberg sah die Lage anders aus; hier hatte Willy Brandt die wichtigsten Posten mit fähigen Leuten besetzt. Seine Neigung, in langen Gesprächen brennende Fragen hin und her zu wenden, hatte darüber hinaus ein Klima geschaffen, das unverblümtes Reden – freilich im kleinen Kreise – zuließ. Vor allem Egon Bahr vertraute der Kanzleichef beinahe grenzenlos. 1960 war es dem Regierenden Bürgermeister gelungen, den bisherigen Chefkorrespondenten des RIAS zum Leiter des Informationsamtes zu machen.

Zuvor hatte sich Bahr bei Albertz vorstellen müssen. Brandt hoffte, daß sein Kanzleichef auf diese Weise die Vorbehalte gegen den Journalisten verliere. Denn der Leiter der Senatskanzlei hatte sich lange gegen die »Flause« des Regierenden Bürgermeisters gesträubt, das »hohe Tier vom RIAS« in die ohnehin schon chaotische Senatskanzlei zu holen.[25] Wieviel Mühe hatte es ihn gekostet, wenigstens in die Vorzimmer Ordnung zu bringen! Einen Journalisten, der keinerlei Verwaltungserfahrungen mitbrachte, womöglich erst gegen Mittag zur Arbeit kam, wollte Albertz nicht dulden. Verbindlich, aber entschieden belehrte er Bahr über die Pflichten und Rechte im öffentlichen Dienst und warnte ihn, das gerade bestellte Haus durcheinander zu bringen. Trotz offener Worte schmolz das Eis dahin. »Es entschied sich immer schnell, wen Albertz mochte und wen nicht.«[26] Egon Bahr schätzte er auf Anhieb, das Gespräch über kommende Aufgaben und Probleme brachte sie einander näher. Ihre gemeinsame Herkunft aus dem ostelbischen Raum, ihre Gegnerschaft zu den Nationalsozialisten und ihre Liebe zu Berlin, dem letzten Ort Gesamtdeutschlands, erleichterten den Umgang miteinander.[27]

Was beide schließlich unzertrennlich werden ließ, kam in langen Diskussionen unter vier Augen heraus: das Bewußtsein gleicher nationaler Überzeugung. Bei beiden stand die Nation im Mittelpunkt des Denkens, wenn Bahr auch weniger emotional, taktisch klüger und konzeptioneller dachte und bei ihm die christliche Triebfeder fehlte. Seit Kriegsende war ihm die Deutschlandpolitik nicht nur ein Anlaß unaufhörlichen Nachdenkens, sondern zugleich Lebensaufgabe, Leidenschaft: Bahrs Mission.[28] Sein Nationalgefühl beeindruckte Albertz. In Bahr fand er die Person, der er sich uneingeschränkt mitteilen konnte.

Wie Albertz hatte sich der Journalist nicht mit der Westbindung der Republik abgefunden. Adenauers Fehler sei es gewesen, die verschiedenen Chancen zur Wiedervereinigung versäumt zu haben. Schon für die Berliner Außenministerkonferenz im Februar 1954 hatte Bahr eine Strategie entworfen, wie man die Spaltung Europas überwinden könne. Der Bau der Mauer und die Tatenlosigkeit der Amerikaner ließen auch ihn erkennen, daß die westliche Welt die Wiedervereinigung aufgegeben hatte und die Teilung in zwei Staaten lange Zeit eine unverrückbare Tatsache bleiben würde. Deshalb plädierte auch Bahr für Verhandlungen mit der DDR. Während Albertz den Status quo anerkennen wollte, um Erleichterungen für die Menschen im anderen Teil Deutschlands zu erreichen, dachte der Pressechef weiter. Sein Ziel war es, die Spaltung der Stadt, des Landes und des Kontinents zu beheben. Am Ende sollte eine eigenständige deutsche Macht in der Mitte Europas stehen, wie Bismarck sie geschaffen hatte.[29] Bis dahin war der Weg allerdings weit.

Zunächst hieß es, das größte Hindernis wenn nicht zu beseitigen, so doch zu überwinden: die Mauer. Dazu mußte mit Ostberlin Verbindung aufgenommen werden. Albertz und Bahr fiel es zu, ihre seit langem gehegten Ansichten zu einer Politik zu formen, die Ost- wie Westdeutsche einander näher bringen sollte. Beide ergänzten sich: Der Kanzleichef ohne Sinn für diplomatische Finesse brauchte den vorsichtigen, zur Geheimniskrämerei neigenden Bahr, um auszuloten, was möglich war und was nicht. Der grüblerische Chef des

Zusammen mit Egon Bahr und Klaus Schütz gehörte Heinrich Albertz zu jenem vertrauten Kreis um Willy Brandt, der in der Berliner Politik die »Heilige Familie« genannt wurde. In langen Geheimgesprächen erörterte man dort, wie man in der deutschen Frage vorankommen und die Mauer durchlässiger machen könne; damit schuf man die Grundlagen der späteren Ost- oder Entspannungspolitik. Das Bild zeigt Willy Brandt, Egon Bahr, Franz Amrehn, Klaus Schütz, Karl Schiller und Heinrich Albertz (von links nach rechts) 1961 auf der Berliner Senatsbank.

Presseamtes wiederum wurde angespornt durch die knappen, bohrenden Fragen seines Kollegen. Albertz zwang – ein wesentliches Merkmal seines Charakters – zur Stellungnahme, zum persönlichen Engagement. Wenn Bahr einem Gedanken nachhing, brach Albertz nach kurzer Zeit das Schweigen mit einem freundlichen, aber knappen: »Egon, jetzt ziehst du wieder eine lange Nase.«[30] In vielen Gesprächen, mal zu Hause, mal im Rathaus, entwickelten die beiden die Strategie, die als »Politik der kleinen Schritte« schon wenige Monate nach dem Bau der Mauer ins Werk gesetzt werden sollte. Das Tempo, mit dem sie zu Ergebnissen kamen, beweist, daß viele

ihrer Grundsätze schon vor dem 13. August feststanden. Die Sperrmaßnahmen in Berlin und die enttäuschende Antwort des amerikanischen Präsidenten ließen beide endlich »Klartext« sprechen.[31]
Brandt hatte dagegen nichts einzuwenden. Im Gegenteil, auch
ihn beschäftigte, wie sich die Folgen der Teilung mildern ließen.[32]
Das Krisenmanagement zwischen Berlin-Ultimatum und Mauerbau, der Bundestagswahlkampf und die Rücksichtnahme auf den
Koalitionspartner boten dem Regierenden Bürgermeister allerdings
nur wenig Gelegenheit, neue berlin- wie deutschlandpolitische
Schritte zu erwägen. Diese Aufgabe fiel Albertz und Bahr zu. Sie
standen im Hintergrund, konnten ihre Gedanken in den Büros des
Rathauses Schöneberg reifen lassen. Erst als beide das Für und Wider ihrer Argumente ausgetauscht und auf Stichhaltigkeit überprüft
hatten, traten sie an ihren Chef und die anderen engeren Mitarbeiter, Klaus Schütz und Dietrich Spangenberg, heran. In diesem Kreis
wurde erneut abgewogen und diskutiert. Besonders Albertz' Mut,
unbequeme Wahrheiten auszusprechen und Schlußfolgerungen
ohne Rücksicht auf taktische Erwägungen knapp zu formulieren,
beflügelte die einen und reizte die anderen zum Widerspruch.

Die »Rathausgruppe« war alles andere als homogen, keineswegs
die verschworene Bruderschaft, für die sie vom christdemokrati-
schen Koalitionspartner und der eigenen Partei gehalten wurde.
Was die Berlin- und Deutschlandpolitik anging, stand Bahr dem
Regierenden Bürgermeister am nächsten. Der Pressechef befand
sich stets in der unmittelbaren Umgebung des Bürgermeisters. Anders als Albertz, der für Brandt eher väterliche Zuneigung empfand,
war er hingerissen von dem jugendlichen Regierungschef. Er bemühte sich, dem Stadtoberhaupt mit all seinen Fähigkeiten zu dienen und ihm den Aufstieg in die Spitze der Bundespolitik zu ebnen.
»Wenn Brandt Zahnschmerzen bekommt, hat Bahr sie in derselben
Sekunde«, scherzte man im Rathaus Schöneberg.[33]
Albertz störte diese Vertrautheit nicht. Für die Umsetzung seiner
deutschlandpolitischen Vorstellungen war sie vielmehr entscheidend. Brandt kannte den Wagemut seines Kanzleichefs und zauderte, wenn Albertz neue entspannungspolitische Gedanken ohne

Rücksicht auf taktische Erwägungen zu verwirklichen gedachte. Bei Bahr war das anders; den Regierenden Bürgermeister beeindruckte das ruhige, strategischen Überlegungen verpflichtete Wesen seines Pressechefs. Bahr war geschickter als Albertz, wenn es darum ging, den vorsichtigen Brandt aus der Reserve zu locken. Und Albertz wußte, daß Bahrs Überzeugungsgabe manches in der Berlinpolitik erreichbar machte, was in der »Rathausgruppe« zunächst auf Widerstand stieß.

Bedenken hatte vor allem einer, der älteste Vertraute Willy Brandts und der jüngste im Kreis: Klaus Schütz. Er hatte Brandt schon 1947 im Kreisverband Wilmersdorf kennengelernt – eine Begegnung mit Folgen. Auf der Suche nach einem politischen Mentor hatte der einundzwanzigjährige Student, der im Krieg seinen Vater verloren hatte und selbst schwer verwundet nach Berlin zurückgekehrt war, in Willy Brandt eine Art Ersatzvater gefunden. Brandt verstand es, dem sechzehn Jahre Jüngeren Halt zu geben, mehr als das: Er war in der Lage, sich in seinen jugendlichen Freund hineinzuversetzen. Hatte er nicht selbst in Julius Leber einst einen Vater gesucht und – später – in Ernst Reuter gefunden? Brandt ahnte, was Schütz für ihn empfand, und es gelang ihm, den Jungsozialisten für seine politischen Ideen zu begeistern. Schütz fühlte sich ernst genommen, war bereit, seine intellektuellen Fähigkeiten dem machtbewußten SPD-Politiker zur Verfügung zu stellen. Brandt wiederum beauftragte Schütz, in Washington und London die Techniken des modernen Wahlkampfes zu studieren, um sie für eigene Zwecke in Berlin und Bonn einzusetzen. Loyal und zuverlässig befolgte der Jüngere jede Weisung seines Vorbilds. Er hatte nur ein Ziel: Brandt den Weg an die Spitze zu ebnen. Zugleich entging ihm nicht, daß Brandts Aufstieg seiner eigenen Karriere förderlich sein würde, und auch deshalb mußte alles verhindert werden, was das Fortkommen des Regierenden Bürgermeisters bremste. Neue deutschlandpolitische Vorstellungen, die den Wähler verärgerten, konnten nur stören – egal, ob sie richtig waren oder nicht.

Nicht zuletzt deswegen begegnete Albertz seinem jungen Kollegen mit Distanz und hielt dessen Einfluß auf Brandt für schädlich. In dieser Einschätzung traf er sich mit Egon Bahr. Beide teilten die Bedenken, Brandts Kanzlerkandidatur, die Schütz emsig betrieb, komme 1961 zu früh; sie befürchteten, eine Niederlage werde Brandt in Bonn wie in Berlin schwächen.[34] Doch auch persönlich war Albertz gegen den Wahlkampfmanager eingenommen. Ihn störte, daß Schütz dem Regierenden in nahezu allen Bereichen nachzueifern suchte. Vor allem aber mißfiel ihm die Skepsis, mit der Schütz seine eigenen deutschlandpolitischen Vorschläge bewertete. Im Kreis um Brandt war es allein der Wahlkampfexperte, der Albertz bremsen wollte.[35]

Dem Regierenden Bürgermeister oblag es, Albertz zu mäßigen, Schütz zu ermutigen und alle anderen zu weiteren Überlegungen anzuspornen. Brandt blieb die unbestrittene Autorität. Er war es, der die Gruppe zusammenhielt.[36] Sie bestand aus Männern, die – bis auf Schütz – aus Ostelbien stammten, national gesinnt waren und die Liebe zum verlorenen Teil Deutschlands nicht aufgegeben hatten. Alle waren sich im Grundsatz einig, daß die bisherige Deutschlandpolitik gescheitert war. Albertz und Bahr hatten zu erörtern, welche neuen Wege man einschlagen müsse. Unermüdlich drängte der Chef der Senatskanzlei, selbst den geringsten Spielraum zu nutzen, um ein Auseinanderbrechen der Nation nach der Spaltung zu verhindern. Nur die Anerkennung der Realität, davon war Albertz überzeugt, konnte die Mauer durchlässig machen.

Die erste Möglichkeit dazu bot sich zehn Tage nach Beginn der Sperrmaßnahmen. Am 23. August schlug Friedrich Ebert dem Senat vor, »in Westberlin Zweigstellen des Deutschen Reisebüros der DDR zu eröffnen«.[37] Sie sollten berechtigt sein, Westberlinern Aufenthaltsgenehmigungen für den Ostteil der Stadt zu erteilen. Vier Tage später, pünktlich um acht Uhr morgens, öffneten zwei provisorisch eingerichtete Passierscheinstellen ihre Tore in den S-Bahnhöfen Zoologischer Garten und Westkreuz.

Albertz war begeistert, deckte sich Eberts Angebot doch mit seinen Vorstellungen: »Ich dachte schon damals: Wer sich eine S-Bahnkarte kauft, erkennt die Regierung in Pankow ein Stück weit an.

Warum sollte man dann nicht gleich diese Fahrkarte als Passierschein benutzen?«[38] Er begriff den östlichen Vorschlag als erste Chance, die Berliner zusammenzuführen. Egon Bahr teilte seine Auffassung – der Rest der Gruppe nicht. Noch am selben Tag ließ der Regierende Bürgermeister die Ostberliner Dienststellen schließen. Brandt fürchtete den Aufstand der eigenen Fraktion, die von den Gedankenspielen im Rathaus nichts ahnte. Ihm war klar: Die Duldung von Ostberliner Hoheitsakten auf westlichem Gebiet wenige Tage nach der Abriegelung hätte nicht nur einen Proteststurm in den eigenen Reihen ausgelöst, sondern den Bruch mit der CDU bedeutet. Brandt pfiff Albertz zurück. Noch sollte strenge Vertraulichkeit gewahrt werden, nichts aus dem Rathaus an die Öffentlichkeit dringen. Dennoch drängte die Zeit: Niemand wußte, wie lange der Osten noch etwas für seine De-facto-Anerkennung geben würde.

Was Albertz und Bahr in ihren Gesprächen diskutiert hatten, wurde in den folgenden Monaten zu einer Strategie geformt. Brandt hielt sich vorerst zurück – als Regierender Bürgermeister und Chef einer Koalitionsregierung durfte er keine Risiken eingehen. Das Stadtoberhaupt nahm die Rolle des Moderators ein, ließ Albertz vortasten, um herauszufinden, was möglich war. Hielte sich der Protest im Rahmen, sollte Brandt selbst das Wort ergreifen, die neuen Positionen erläutern und weitere Argumente durch seine Mitarbeiter in die Diskussion streuen. Käme es aber zum Aufschrei der eigenen Genossen, des Koalitionspartners oder der Bevölkerung, sollte sich der Regierende vorsichtig distanzieren und zur Ruhe mahnen.[39]

Egon Bahr, Taktiker und Planer, war der Modellist der Runde. Ihm oblag es, seine Vorschläge wie die des Kanzleichefs in realistische Bahnen zu lenken und durch Veröffentlichungen zu flankieren. Dietrich Spangenberg, der Mecklenburger Protestant und spätere Nachfolger von Albertz in der Senatskanzlei, sollte seine Verbindungen zu ehemaligen Kommilitonen aus Studientagen an der Humboldt-Universität nutzen, um Kontakte zur anderen Seite herzustellen. Und Klaus Schütz, Skeptiker, Wahlkampfleiter und Bundessenator, hatte die neue Politik in Bonn zu verteidigen.

Albertz hingegen wurde zum Motor der Gruppe. Seine protestantische Auffassung von Wahrheit und Mut, sein Wunsch, die Einheit der Nation zu retten, beflügelten die Kollegen. Mit ihm glaubte man, die Bevölkerung in den nächsten Monaten auf die Wende in der Berlinpolitik vorbereiten zu können. Albertz fiel es zu, die ersten Versuchsballons steigen zu lassen.

Kampagnen der Aufklärung

Am liebsten hätte Heinrich Albertz dabei keinen Tag verstreichen lassen. Gegenwärtig war die SED in der Offensive und konnte stündlich neue Angebote zu ihren Gunsten unterbreiten. Wie die West-Berliner auf die Vorschläge im Reiseverkehr reagieren würden, ahnte Albertz nicht. Nur eines war ihm klar: Es mußte bald gehandelt werden. Dem Vorstoß Friedrich Eberts folgten in den Wochen und Monaten nach dem 13. August neue ostdeutsche Initiativen. Immer wieder ließ das Innenministerium der DDR verlauten, wie einfach die Einreise von West-Berlinern in die Hauptstadt sein könnte, wenn der Senat Filialen des staatlichen Reisebüros auf seinem Gebiet zuließe.[1] Der Chef der Senatskanzlei befürchtete, Pankow würde erneut, diesmal vielleicht zu Weihnachten, Passierscheinstellen einrichten. Ob die Berliner die Schließung dieser Büros zu den Festtagen dann protestlos hinnehmen würden, schien ihm fraglich. Also mußte man Ostberlin zuvorkommen und eigene Vorschläge machen.

Brandt hielt nichts davon. Die zahllosen Kundgebungen empörter Demonstranten nach dem Bau der Mauer verboten, so schien ihm, einen direkten Dialog mit der anderen Seite. Er hielt es für klüger, abzuwarten und Albertz zu zügeln. Brandt behielt die harschen Worte des kalten Krieges zunächst bei. Sein martialischer Ruf »Die Mauer muß weg!« erklang noch auf vielen Protestversammlungen. Doch langsam, kaum merklich, änderte er seinen Ton. Nur aufmerksame Zeitgenossen vernahmen die diskreten Hinweise auf einen neuen Kurs, als Brandt am 22. September 1961 im Abgeordnetenhaus sprach. Kämpferisch rief er den Parlamentariern zu, Mauer und Stacheldraht müßten verschwinden, um wenig später leise zu geloben, alles Erdenkliche zu tun, »damit die Mauer, solange sie nicht beseitigt ist, wenigstens durchlässig wird«.[2]

Heinrich Albertz billigte diese Vorsicht, ohne viel von ihr zu halten. Bloße Besonnenheit habe den Senat in der Berlinpolitik nicht weitergebracht. Auch Brandts Versuch, Otto Suhrs Berlinpolitik wiederaufzunehmen, beeindruckte Albertz nicht – schließlich war Suhr schon 1955 an der starren Haltung der SED gescheitert. Nach seiner Ansicht mußte Ulbricht mehr geboten werden als bisher.

Mit Rücksicht auf den Koalitionspartner beließ es Brandt indessen bei dem Versuch, in Verhandlungen auf unterster Ebene dem Osten Zugeständnisse abzuringen. Mitte November bat er das Internationale Rote Kreuz, in Ostberlin vorstellig zu werden. Gleichzeitig sollte der amerikanische Stadtkommandant, General Watson, bei den Sowjets vorfühlen, ob West-Berliner ihre Verwandten wenigstens über die Weihnachtstage besuchen dürften. Daneben bemühte sich der Regierende Bürgermeister um Unterstützung durch die Treuhandstelle für den Interzonenhandel. Im Auftrag von Senat und Bundesregierung sollte ihr Leiter, Dr. Kurt Leopold, die Kreditwünsche der DDR an die Bundesrepublik zum Anlaß nehmen, ein Besuchsrecht für West-Berliner zu fordern – vergeblich.

Nach neunmonatigen Verhandlungen gab Leopold auf. Ulbricht war zu keinerlei Kompromissen bereit. »Die reale Lage erfordert Verhandlungen zwischen der Regierung der Deutschen Demokratischen Republik und dem Westberliner Senat zur Vereinbarung einer Regelung des Grenzverkehrs«, erklärte er im Januar 1962.[3]

Albertz hatte recht behalten. Dauer und Ergebnislosigkeit der Gespräche bestätigten seine Überzeugung, nur über die Anerkennung des Status quo voranzukommen. Wenn der Dialog zwischen Mittelsmännern nichts brachte, mußte etwas Neues, Unerhörtes gewagt werden: die direkte Kontaktaufnahme auf höherer Ebene. Mehr denn je drängte Albertz auf direkte Verhandlungen mit den kommunistischen Machthabern.

Die DDR offen anzuerkennen hätte den Senat allerdings in Turbulenzen gestürzt. Zu stark waren die Vorbehalte der Bevölkerung gegen das SED-Regime. Dennoch mußte man Ulbricht wenigstens einen Schritt entgegenkommen. Mit Vertretern des Roten Kreuzes, mit Kirchenbeamten oder der Treuhandstelle waren den Kommunisten keine Konzessionen zu entlocken. Der DDR ging es um die Anerkennung nicht nur des eigenen Staates: Sie stritt für die Durchsetzung der Dreistaatentheorie, die West-Berlin neben Bundesrepublik und DDR als eigenen Staat etabliert sah.

Heinrich Albertz hatte lange gegrübelt, wie man trotz scheinbar unüberwindlicher Gegensätze in Verhandlungen treten könne. Es mußte eine Formel gefunden werden, die es Senatsbevollmächtigten ermöglichte, einen Dialog mit SED-Vertretern zu beginnen, ohne die staatsrechtliche Existenz der DDR dadurch zu bestätigen. Die Lösung kam ihm im Gespräch mit Egon Bahr. Im Umgang mit dem Osten sollten alle strittigen Rechtsvorstellungen ausgeklammert werden. »Was Anerkennung heißt, bestimmen wir« – diese in ihrer überzeugenden Schlichtheit für Albertz typische Wendung bildete als »salvatorische Klausel« die Grundlage der späteren Entspannungspolitik.[4]

Sie leuchtete dem Regierenden Bürgermeister sofort ein. Im Januar 1962 erklärte Brandt, er werde mit jedem sprechen, der mithelfen könne, die Lage in und um Berlin zu verbessern, auch wenn ihm der Dialog mißfalle.[5] Albertz' »agree to disagree« beseitigte die juristischen Hindernisse im Umgang mit der DDR. Der direkten Kontaktaufnahme stand nun nichts mehr im Wege.

Fast nichts. Denn in Pankow herrschte Funkstille: Brandts Interview hatte zu keinerlei Reaktion geführt. In dieser Lage einen Schritt weiter zu gehen und offene Verhandlungen zu propagieren war dem Regierenden Bürgermeister zu riskant. Noch immer brodelte die Stadt vor Aufregung und Gespanntheit; täglich vernahm man Hiobsbotschaften über gescheiterte Fluchtversuche und Erschossene am frischbetonierten »Schutzwall«. Studenten gruben Tunnel unter den Sperranlagen, organisierten Demonstrationen an symbolträchtigen Orten. Inmitten dieser Krise Gespräche mit dem Regime zu beginnen, das für das Leid von Millionen von Menschen verantwortlich war, wäre – salvatorische Klausel hin, salvatorische Klausel her – einem politischen Selbstmord gleichgekommen. Zumal die Landesregierung zunehmend ins Schußfeld der öffentlichen

Die gelöste Stimmung täuscht. Brandt vergaß die persönlichen wie die politischen Attacken Adenauers nie. Auch zwischen den deutschlandpolitischen Ansichten der beiden Männer klafften Welten. Die Abbildung zeigt die Feierlichkeiten anläßlich der Verleihung der Ehrenbürgerschaft von Berlin an Konrad Adenauer im Oktober 1963.

Kritik geriet, weil sie tätliche Angriffe auf die Mauer oft mit Härte abwehrte.

Besonders Albertz empörte viele Landsleute. Im Dezember 1961 war er Nachfolger des verstorbenen Innensenators Joachim Lipschitz geworden und als solcher oberster Dienstherr der Polizei mit der unerquicklichen Aufgabe, die Sektorengrenze vor Heißspornen zu schützen. Einige Journalisten warfen dem neuen Senator vor, als Handlanger Ulbrichts die Geschäfte der kommunistischen Machthaber zu besorgen.[6] Auch unter den Genossen stießen die Maßnahmen des Parteifreundes auf Protest. Immer wieder mußte Albertz sich rechtfertigen. Im Kreuzfeuer der Kritik blieb ihm daher wenig Spielraum, von sich aus Verhandlungen mit Ostberlin vorzuschlagen. Albertz war jedoch Politiker genug, dem Rat seiner Kollegen zu folgen und zunächst Ruhe zu bewahren.

Der Tod Peter Fechters am 17. August 1962 stimmte Albertz um. Dessen qualvolles Ende erschütterte ihn sehr, wurde zur schmerzlichsten Erfahrung nach der Spaltung Berlins. Als den achtzehnjährigen Bauarbeiter aus dem Ostsektor der Stadt die Maschinengewehrsalven in Rücken und Bauch trafen, er im Todesstreifen zusammenbrach und um Hilfe flehte, bis er verblutete, saß Heinrich Albertz in seinem Büro am Fehrbelliner Platz. Der Meldung, in dem betreffenden Mauerabschnitt seien Schüsse gefallen, maß er keine besondere Bedeutung zu; Vorfälle dieser Art kamen häufig vor. Erst eine halbe Stunde später erreichte ihn die Nachricht von dem grausigen Geschehen. Albertz stürzte aus dem Amt, um dem Verwundeten zu helfen, dessen Sterben die anwesenden amerikanischen Offiziere scheinbar teilnahmslos verfolgten. »Ich war so aufgeregt, weil ich da nicht hinkam, ich hatte kein Fahrzeug zur Verfügung ... und mußte mit meinem zivilen Wagen durch den Verkehr von schwatzenden und einkaufenden Berlinern dahindrängen. Und kam zu spät. Es war vorbei.«[7] Hätte Albertz die Zimmerstraße rechtzeitig erreicht, »so hätte ich, eine Rote-Kreuz-Fahne in der Hand, mich über die Mauer geschwungen«.[8] Doch er verlor den Wettlauf mit der Zeit. Der junge Mann war gestorben.

Die eigene Hilflosigkeit ließ Albertz keine Ruhe. Sie stellte seine Existenz als Politiker in Frage. »Ich bin Pfarrer«, hatte er Hinrich Wilhelm Kopf schon 1946 geschrieben; er werde »niemals vergessen, welches mein eigentliches Amt ist«.[9] Der Christ war überzeugt, den Menschen auch als Polizeisenator dienen zu können, indem er sich für Mauerflüchtlinge einsetzte, Tunnelbauern mit Wohlwollen begegnete und alles tat, damit die Berliner ungehindert von einem Teil der Stadt in den anderen gelangen konnten. Der Tod Peter Fechters erschütterte diesen Anspruch. Zum ersten Mal hatte Albertz nicht helfen können. Der Dienst am Menschen war mißglückt, weil auch er versagt hatte: Albertz zermürbte der Gedanke, den Berlinern die neue Lage nicht ausreichend verdeutlicht zu haben. Als Pastor im politischen Amt, als glühender Verfechter von Wahrheit und Offenheit durfte er die Verschleierung der Wirklichkeit keinen Tag länger dulden. Wollte man die Nation vor der Entfremdung bewahren, mußte Klartext gesprochen werden. Die Bürger sollten wissen, daß die Teilung der Stadt für lange Zeit nicht zu ändern sei und die alliierten Sicherheitsgarantien am Stacheldraht auf ihre Grenzen stießen.

Diesmal ließ Brandt den Innensenator gewähren. Heinrich Albertz hätte sich von seinem Vorhaben, endlich die Stimme zu erheben, ohnehin kaum abbringen lassen. Auch Brandt empfand Peter Fechters Tod als besonders schmerzliches Ereignis seit der Absperrung des Ostsektors.[10] Die schwere Depression, in die Berlin nach dem Vorfall stürzte, ließ den Regierenden Bürgermeister manche Hemmschwelle überwinden. Nun war auch er bereit, die Öffentlichkeit energischer auf die Wende in der Berlinpolitik einzustimmen. Trotz der weltpolitischen Gewitterwolken, die sich über Kuba zusammenzogen, entschloß er sich zum Kurswechsel, den Albertz einläutete.

Drei Wochen nach dem Tod Peter Fechters ließ der Innensenator durchblicken, daß nur die Anerkennung der DDR die Mauer durchlässig machen könne.[11] In einem »Spiegel«-Gespräch mit Peter Merseburger und Karlheinz Vater im September 1962 deutete Albertz die Bereitschaft an, im Kontakt mit der DDR auf nichtstaatliche Unterhändler zu verzichten und selbst »einen bevollmächtigten Beamten für derlei Unterhandlungen zur Verfügung zu stellen«.[12] Um einen gegenseitigen Grenzverkehr zwischen den Stadthälften zu ermöglichen, sollte der Senat garantieren,»daß Mitbürger von drüben auch wieder zurückgehen müssen«.[13] Der Skandal war da. Denn Merseburgers Nachfrage, ob der Innensenator unter diesen Umständen für die Einschränkung des Asylrechts sei, drängte Albertz in die Enge. Er mußte zugeben, all denen Asyl verweigern zu wollen,»die mit einem Permit der anderen Seite Westberlin betreten und von denen drüben erwartet wird, daß sie zurückgehen«.[14] Der »Spiegel« war noch nicht ausgeliefert, da erhob sich schon allgemeine Empörung und entfachte wütendes Protestgeschrei. Brandt blieb nichts weiter übrig, als sofort zum Rückzug zu blasen. Dabei nutzte er die Taktik, auf die man sich insgeheim geeinigt hatte: Vorsichtig distanzierte sich der Regierende Bürgermeister von den Äußerungen seines Kollegen, schützte ihn aber vor Rücktrittsforderungen.[15] Die Christdemokraten akzeptierten diese Vorgehensweise. Sie gaben sich damit zufrieden, daß Albertz' Aussagen mißbilligt wurden.[16] Den Senator indes verletzte selbst die verhaltene Kritik. Der Vorwurf, er wolle flüchtende Deutsche der Diktatur ausliefern, traf ihn schwer, weil er seine Nächstenliebe und nationale Verbundenheit in Frage stellte. Dennoch verzichtete Albertz auf Selbstverteidigung. In seiner Rede vor dem Abgeordnetenhaus zog er sich statt dessen hinter Brandt zurück und beteuerte, die Verhandlungen des Roten Kreuzes zu unterstützen, obwohl er wußte, daß sie in eine Sackgasse geraten waren.

Die Rückkehr zum Konsens änderte nichts am Erfolg der Offensive. Endlich waren die lange gehüteten berlinpolitischen Ansichten an die Öffentlichkeit gelangt und dort als Alternative zur bisherigen Konfrontationspolitik wahrgenommen worden. »Die Zeit« schrieb damals von »Brandts neuer Welle« – genau das war es, was Albertz, Bahr und der Regierende Bürgermeister erreichen wollten.[17] Nun ließ sich Weiteres wagen, auch wenn man behutsam bleiben und zunächst die Wogen glätten mußte.

Besonders auf die CDU war zu achten. Immer wieder warnte Franz Amrehn davor, die Koalition durch entspannungspolitische Eskapaden zu gefährden. Die meisten Sozialdemokraten dachten ähnlich. Den Erinnerungen an Zwangsvereinigung und Blockade verhaftet, nahmen sie die Bemerkungen ihres Genossen im Rathaus mit Befremden zur Kenntnis. Vielleicht wären die Funktionäre den Vorschlägen des Senators gegenüber aufgeschlossener gewesen, hätte er mit ihnen enger zusammengearbeitet. Aber nichts dergleichen geschah. Albertz dachte nicht daran, den Landesvorstand über seine Ansichten zu informieren.[18]

Brandt wußte von dieser Schwäche und beeilte sich, die verstimmten Parteifreunde zu versöhnen. Drei Tage nach dem »Spiegel«-Gespräch lud er wichtige Genossen zu einer Klausurtagung nach Kladow, auf der Albertz die Prinzipien der neuen Politik erläuterte. Die SPD stellte sich danach knurrend hinter ihren mißliebigen Innensenator.

Der Rückhalt ermutigte Albertz, seinen Kurs fortzusetzen und in der Diskussion weitere Initiativen anzudeuten, um endlich Verhandlungen mit der anderen Seite zu erreichen. Brandt hingegen blieb vorsichtig. Seiner Meinung nach mußte die neue Berlinpolitik erst abgesichert werden, und zu diesem Zweck wollte er Verbündete suchen. Für den Regierenden Bürgermeister kam da nur einer in Frage: der amerikanische Präsident. John F. Kennedy genoß nicht nur hohes Ansehen in der deutschen Bevölkerung, sein Plädoyer für ein friedliches Nebeneinander der Supermächte entsprach auch den Ansichten der Berliner »Rathausgruppe«. Fortan berief sich Brandt allenthalben auf die amerikanischen Entspannungsbemühungen, um die »Strategie der kleinen Schritte« wenigstens teilweise aus der Schußlinie deutscher Angriffe zu nehmen.[19]

In der Tat stand das Rathaus Schöneberg dem Weißen Haus näher als das Palais Schaumburg, wo ein altersstarrer Bundeskanzler mit seiner unerbittlichen Haltung den Sowjets gegenüber Kennedy auf die Nerven fiel.[20] Schon wenige Monate nach dem Mauerbau hatte der Präsident eine Wende in der Deutschlandpolitik vorgeschlagen, im Juni 1963 sogar eine »Strategie des Friedens« entworfen, die auf der Grundlage einer Anerkennung des Status quo Verhandlungen mit Moskau vorsah.[21]

Im Gegensatz zum Bundeskanzler stellte Brandt sich umgehend hinter Washingtons neuen Kurs. In einer Vortragsreihe an der Harvard-Universität im Oktober 1962 empfahl er sich der amerikanischen Öffentlichkeit als Juniorpartner des Präsidenten; schon der Titel seiner Vorlesungen sollte zeigen, daß er ganz im Sinne Kennedys die »Koexistenz als Zwang zum Wagnis« begriff. Der Regierende Bürgermeister hatte vor allem das deutsche Publikum vor Augen, als er für Verhandlungen zwischen den Supermächten warb und die Politik der kleinen Schritte propagierte. An seinen deutschlandpolitischen Ausführungen war bemerkenswert, daß er Ost-Berlin nicht mehr ausklammerte. Im Gegenteil, genau wie Albertz rechnete nun Brandt langfristig mit der Existenz eines zweiten deutschen Staates und war bestrebt, auf dieser Grundlage die Folgen der Teilung zu mildern. Kennedys Name half dabei. »Mit dem amerikanischen Präsidenten waren wir uns einig. Das war ungeheuer wichtig, denn wir waren eingemauert; eingemauert im doppelten Sinne, eingeschlossen nicht nur in Berlin, gefangen auch im Rathaus Schöneberg. Der mächtigste Mann der Welt stand nun auf unserer Seite«, erinnerte sich Heinrich Albertz.[22] Mit Kennedy im Hintergrund trat auch Brandt beherzter auf.[23] Er ermutigte Albertz zu weiteren Initiativen und wurde sogar selbst aktiv.

Mitte Januar 1963 ließ Brandt durchblicken, mit Chruschtschow sprechen zu wollen, der anläßlich des VI. Parteitages der SED in Ost-Berlin weilte. Albertz und Bahr hatten Brandt schon seit geraumer Zeit geraten, mit den Sowjets Kontakt aufzunehmen. Sie hofften, im direkten Dialog mit dem zweitmächtigsten Mann der Welt etwas für die Stadt herausholen zu können. Über Verbindungen zu »TASS«-Korrespondenten hatte der Pressechef einen geheimen Kanal zu sowjetischen Diplomaten aufgebaut und sich regelmäßig mit Viktor Beletzki, einem Botschaftssekretär der Moskauer Vertretung, Unter den Linden getroffen.[24] Mal beim Hors-d'oeuvre, mal beim Souper hatten beide in langen Sitzungen das Treffen ihrer Chefs vorbereitet und verabredet, die Begegnung in der Residenz des sowjetischen Botschafters im Osten stattfinden zu lassen.

Als Egon Bahr seinem Chef am Abend des 15. Januar 1963 die Nachricht übermittelte, Chruschtschow sei zu einem Gespräch bereit, kamen die Getreuen im Rathaus überein, daß Brandt den Besuch wagen sollte – vorausgesetzt, Bonn und die Alliierten stimmten zu.[25] Nach hektischen Verhandlungen willigten alle Beteiligten ein.[26] Brandts Fahrt nach Ost-Berlin stand nichts mehr im Wege – so schien es. Denn mit dem Widerstand des Koalitionspartners hatte niemand gerechnet. Buchstäblich in letzter Stunde zog Franz Amrehn die Notbremse. In einer eilig einberufenen Senatssitzung zwang der Berliner CDU-Vorsitzende den Regierenden Bürgermeister, den Termin abzusagen.[27] Obwohl Albertz drängte, standhaft zu bleiben, beugte sich Brandt der Forderung seines Stellvertreters, der drohte, andernfalls die Koalition platzen zu lassen. Brandt wollte vermeiden, daß die von Krisen zermürbte Stadt zusätzlich durch Parteiengezänk belastet wurde.

Amrehn hatte das Spiel freilich zu weit getrieben. Nach Ansicht von Albertz, Brandt und Bahr durfte der Senat nie wieder in eine Situation geraten, in der hoffnungsvolle, entspannungspolitische Signale deshalb ignoriert werden mußten, weil der kleinere Koalitionspartner meuterte. Noch im selben Monat kündigte Brandt das Bündnis mit der CDU. Die Wahlen am 17. Februar 1963 brachten ihm einen überwältigenden Sieg. Mit 61,9 Prozent erreichte die Berliner SPD ihr zweitbestes Ergebnis nach dem Krieg.

Das Resultat bewies der »Rathausgruppe«, daß die Berliner Bevölkerung Brandts Besuchsplan begrüßte. Gestärkt durch die absolute Mehrheit, unterstützt von den entspannungsbereiten Liberalen unter William Born, wagte sich der Regierende Bürgermeister erneut aus der Reserve. Ohne Bedenken übernahm er einen von Bahr verfaßten berlinpolitischen Text in seine Regierungserklärung für die neue Legislaturperiode. Sie enthielt die bis dahin bedeutendste Darlegung der entspannungspolitischen Grundsätze der »Rathausgruppe«.

Doch nicht allein der Wahltriumph beflügelte Brandt. Der Besuch des amerikanischen Präsidenten im Juni 1963 bestärkte ihn darin, so schnell wie möglich zu einer »Zwischenlösung« in der Berlinfrage zu kommen.[28] Kennedy hatte in seiner Rede vor Studenten der Freien Universität am 26. Juni Prinzipien vorgetragen, die auch Albertz, Brandt und Bahr vertraten. Es hätte also der Innensenator mit seinem Anspruch auf Wahrheit sein können, der im Auditorium Maximum von seinem Publikum zweierlei verlangte: den Tatsachen ins Auge zu sehen und die Verbindung mit dem östlichen Teil der Stadt, wo immer dies möglich war, nicht abreißen zu lassen.[29]

Kennedys Appell gab Brandt erheblichen Auftrieb. Schon wenige Wochen später gestattete er seinem Innensenator, die »Kampagne der Vernunft« fortzusetzen.[30] Mitten in den Sommerferien, als sich die Berliner im Strandbad Wannsee oder im Bayerischen Wald von den Strapazen der letzten Krisenjahre erholten und mancher geplagte Abgeordnete der Stadt für ein paar Wochen den Rücken kehrte, startete Heinrich Albertz einen weiteren Vorstoß gegen verbreitete Illusionen. In einer Rede zum zweiten Jahrestag des Mauerbaus, die im Hessischen Rundfunk und von beiden Berliner Sendern ausgestrahlt wurde, legte er seine berlinpolitischen Vorstellungen erstmals in ganzer Breite dar. Satz für Satz, Wort für Wort offenbarte Albertz die Triebfedern seines Handelns. Hier sprach nicht allein der Berliner Senator, hier äußerte sich der protestantische Pfarrer, der preußische Patriot, der nationale Adenauer-Gegner. Vielleicht war es das Gemisch aus persönlichen Erfahrungen und absoluter Aufrichtigkeit, das viele Berliner empörte. Denn Albertz stellte nicht mehr die Brutalität der Mauer in der Vordergrund, er prangerte die Versäumnisse des Westens an: Die Alliierten etwa hätten über die Wahrung von Rechtstiteln hinaus keinen Schritt über die Linie getan, »die heute als Wall aus Steinen und Stacheldrahtverhau die beiden Teile der deutschen Hauptstadt trennt«[31]. Hatten die Schutzmächte dem Mauerbau auf diese Weise sogar Vorschub geleistet? Albertz ließ die Frage offen. »Aber jeder, der sich ein Gefühl für die Wirklichkeit in Deutschland erhalten hatte, konnte sich der Erkenntnis kaum entziehen, daß eines Tages das kommunistische Regime vor dem Zwang stehen könnte, entweder durch immer neue Scharen von Flüchtlingen eine Regierung ohne Volk zu sein oder das Risiko auf sich zu nehmen, den Kessel zu schließen.«[32]

Es waren die Passivität am 13. August und die Hilflosigkeit eines jungen Offiziers in der Zimmerstraße, der Peter Fechters Tod mit der Bemerkung:»Not our problem« kommentiert hatte, die Albertz so deutlich wie verbittert reden ließen.[33] Einseitige Schuldzuweisungen lagen ihm freilich fern. Auch die Bundesdeutschen hätten die Last der Verantwortung zu tragen, auch sie müßten sich vorwerfen lassen, nicht mutiger bekannt, nicht offener gesprochen, nicht fröhlicher gehofft und nicht stärker beigestanden zu haben. Sie alle hätten es hingenommen, »daß der schmutzigste Satellit Moskaus unter Mißachtung bestehender interalliierter Abmachungen darüber entschied, ob und wo sie Ost-Berlin betreten können«.[34]

Für Albertz bestand kein Zweifel: Besonders Adenauer trug dafür die Verantwortung. Seit der Gründung der Bonner Republik habe der Kanzler nichts unternommen, um die Spaltung zu verhindern. Außerdem sei die Wiedervereinigung von ihm längst abgeschrieben worden. Nur auf diese Weise konnte Albertz sich die Gleichgültigkeit erklären, mit der Adenauer auf den Bau der Mauer reagierte. Schlimmer noch: Nach seinem Verständnis hatte Adenauer »das tiefste Elend der Deutschen« zu einer innenpolitischen Streitfrage herabgewürdigt und die wahren Hüter der Nation – Willy Brandt und seinen Senat – im Bundestagswahlkampf angegriffen. Er habe sich mit dem Weststaat begnügt, die Menschen hinter dem Eisernen Vorhang aber vergessen. Daher appellierte Albertz an die Berliner, der Bundesrepublik klarzumachen, daß sie »eben nicht das ganze Deutschland ist ..., daß der perfektionistische Staat, den wir zwischen Elbe und Rhein neu errichtet haben, nichts Endgültiges sein kann und sein darf.«

Albertz beließ es nicht bei bloßen Klagen. In biblischer Diktion, die an Moses Worte am Sinai gemahnte, wies er seinen Zuhörern den Weg aus »der Finsternis des deutschen Elends ohne Trost«. Er entwarf eine entspannungspolitische Gesamtstrategie, die neben Bahrs Rede über den »Wandel durch Annäherung« zur Grundlage der Brandtschen Berlin- und Deutschlandpolitik wurde. Seine Landsleute sollten endlich den »Stoß in die Wirklichkeit« wahrnehmen und die betonierte Spaltung als Tatsache akzeptieren. Mit dieser Forderung schwor Albertz keineswegs der Wiedervereinigung ab; im Gegenteil, nachdrücklich bekannte er sich zur Einheit. »Wir wissen nun, daß das Zusammenfügen der auseinandergebrochenen Stadt und die Wiedervereinigung Deutschlands ein Ziel auf lange Frist geworden sind, das nur mit unendlich viel Mühsal und Geduld, nur mit großen Opfern und nur Schritt für Schritt zu erreichen sein wird. Aber eben diese Schritte müssen gegangen werden.« Die Konfrontationspolitik, wie Adenauer sie betrieb, habe die Spaltung zementiert. Er selber hoffte, den Status quo durch direkte Kontakte mit der anderen Seite zu überwinden.

Den Versuch der Amerikaner, den kalten Krieg zu beenden und

mit Moskau ein risikoärmeres, kooperatives Verhältnis zu begründen, sollte Bonn nachahmen. Ziel sei, zu neuen deutsch-deutschen Beziehungen zu kommen. Demgemäß hieß es in seiner Rede:»Zu unseren Füßen liegen die Aufgaben der nächsten Stunde: die zivilen Zugangswege nach Berlin zu sichern, den innerstädtischen Verkehr in der deutschen Hauptstadt wieder in Gang zu bringen, den Verkehr der Menschen zwischen den beiden Teilen Deutschlands überhaupt möglich zu machen, die menschliche Situation der Gefangenen in Mitteldeutschland – und das sind sie alle, die dort eingesperrt leben – langsam, aber spürbar zu verbessern und mit dem allen den Graben, der uns trennt, nicht noch breiter zu machen, sondern zu verengen. Dafür sind die Möglichkeiten offen, wenn wir die Chance der Stunde, in der die Weltmächte sich um des Friedens willen einander nähern, mit unserer Hoffnung auf mehr Freiheit konfrontieren. Dazu müssen wir uns selbst etwas einfallen lassen, eigene Vorschläge machen, eigenen Mut beweisen und nicht darauf warten, daß sich andere für uns die Köpfe zerbrechen.«

Das Problem der staatsrechtlichen Anerkennung der DDR, das sich aus solchen Initiativen ergab, gedachte Albertz mit Hilfe der salvatorischen Klausel zu beheben, auf die er zwischen den Zeilen anspielte. Gelinge es nicht, in kleinen Schritten aufeinander zuzugehen, bleibe»Mitteldeutschland« eine»sowjetische Kolonie« und die Bonner Republik, wie bisher, ein»Rheinbundstaat«.[35]

Der Vorwurf, die Bundesrepublik sei ein Rheinbund, schockierte Freund wie Feind und führte zu leidenschaftlichen Debatten. Hatte sein Interview im»Spiegel« einen Proteststurm entfacht, so brach über der Stadt diesmal ein Orkan los. Im Juli war es Brandt noch gelungen, die Aufregungen um Egon Bahrs Rede vor der evangelischen Akademie in Tutzing, in der erstmals die Formel vom»Wandel durch Annäherung« zur Sprache kam, mit dem Hinweis zu dämpfen, sein Mitarbeiter habe als Privatmann gesprochen; bei Albertz aber gelang ihm solch Kunststück nicht.[36] Als Senator, der nach dem Koalitionsbruch mit der Union auch noch Bürgermeister und damit Stellvertreter Willy Brandts geworden war, gehörte

Albertz zur ersten Garde der Landesregierung: Seine Worte besaßen offiziellen Charakter. Um so mehr erregte sich die CDU über den »gefährlichen Richtungswechsel«[37].

Insbesondere die Tatsache, daß Albertz vom Stil der üblichen Gedenkrede abgewichen war und im Rundfunk vor Hunderttausenden von Hörern nicht nur die bisherige Gemeinsamkeit zwischen den Berliner Parteien in der Deutschlandpolitik aufgekündigt, sondern dem Bundeskanzler indirekt mangelnden Patriotismus vorgeworfen hatte, veranlaßte die CDU, ihrem Groll endlich Luft zu machen. Albertz sollte dabei gleich die Prügel mit beziehen, die Egon Bahr für seine Tutzinger Rede zugedacht waren. Auf einer eilig einberufenen Vorstandssitzung entschlossen sich die Christdemokraten unter Franz Amrehn und Peter Lorenz, eine parlamentarische Vernichtungsschlacht gegen den Senator zu beginnen. Anders als Bahr war der Bürgermeister dem Abgeordnetenhaus verantwortlich, konnte also zur Rechenschaft gezogen werden.

Bereits einen Tag nach der Rundfunkrede des Senators verlangte Lorenz in einem Brief von Albertz, zur »überparteilichen Zusammenarbeit« zurückzukehren. Darüber hinaus forderte er die SPD auf, sich von den Äußerungen ihres Bürgermeisters zu distanzieren.[38] Als beides unterblieb, ging Lorenz einen Schritt weiter. Auf seine Initiative hin beschloß die Union, das Parlament aus den Ferien zurückzurufen und einen Mißtrauensantrag gegen Albertz zu stellen. Zwar rechneten die Christdemokraten nicht wirklich damit, den Bürgermeister aus dem Amt zu treiben. Doch hofften sie, ihn immerhin bloßzustellen und seinen weiteren Aufstieg zu verhindern. Außerdem baute die CDU auf den heimlichen Beistand einiger sozialdemokratischer Abgeordneter, denen Albertz' unorthodoxe, spöttische, zuweilen arrogante Art auf die Nerven fiel.

Tatsächlich hatten sich die Genossen von der Rathausmannschaft im allgemeinen, von Heinrich Albertz im besonderen ausgeschlossen gefühlt. Weder Pressechef noch Bürgermeister hielten es für nötig, ihre Vorstöße mit dem Landesvorstand oder dem neuen SPD-Chef abzusprechen: Kurt Mattick tappte im dunkeln. Schon wenige Wochen nach Bahrs Debattenbeitrag in Tutzing hatte er seinem

Ärger freien Lauf gelassen und sich bei Albertz über die verwegenen Äußerungen des Pressesprechers beschwert.[39] Der Bürgermeister fand keine Zeit, dem verbindlichen, doch eher schlichten Mattick Bahrs Grundsätze näherzubringen. Er hätte die Prinzipien der neuen Berlinpolitik sowieso nicht verstanden, nahm Albertz an.[40] Selbst auf den Sitzungen des Fraktions- und Landesvorstandes begnügte sich der Senator mit Andeutungen und brachte nicht mehr als die Versicherung heraus, in der Berlinfrage zu einer »Zwischenregelung« mit der anderen Seite zu kommen.[41] Die Genossen durften raten, was das bedeutete. Der Ärger schwelte weiter.

Aus diesem Grunde sah Albertz dem Mißtrauensvotum keineswegs zuversichtlich und mit dem »heiteren Erstaunen« entgegen, das er in der Öffentlichkeit an den Tag legte.[42] Benommen begab er sich am Morgen des 3. September ins Abgeordnetenhaus. Wieder einmal hatte er seinen »breiten Buckel« für die neuen Ideen der Berlinpolitik hingehalten, diesmal aber mehr als Prügel einstecken müssen.[43] Jetzt ging es um seinen Kopf.

Die Sitzung eröffnete Peter Lorenz mit einer klugen, analytisch scharfen Rede, die den Mißtrauensantrag der CDU vor dem Parlament begründete. Von Anfang an bezog Lorenz sämtliche Vorstöße des Innensenators in seine Beweisführung ein und fügte die vielen Bemerkungen, die Albertz seit dem Mauerbau gemacht hatte, zu einem Mosaik der Entspannungspolitik zusammen. Somit kam er den deutschlandpolitischen Ansichten des Bürgermeisters nahe, auch wenn er dessen Motive mißverstand. Lorenz warf Albertz vor, schon im »Spiegel« für die »De-facto-Anerkennung« der DDR eingetreten zu sein. Außerdem beschuldigte er ihn, die Bundesrepublik »als ein Werkzeug fremder Machtpolitik« hingestellt zu haben, und leitete daraus die Notwendigkeit zum Rücktritt ab. Denn »ein Mann, der solche inneren Vorbehalte gegen den Staat hat, dessen Staatsbürger er selbst ist, und der so wenig Vertrauen in die Aufgabe und in die Kraft der Politik dieses Staates hat, … ist nicht für das Amt eines Bürgermeisters in der deutschen Hauptstadt geschaffen.«[44]

Gewiß, Albertz hatte die Bundesrepublik als »Rheinbund« bezeichnet und den Kanzler beschuldigt, nichts für das Deutschland jenseits der Elbe getan zu haben. Doch war es ungerecht, ihm mangelndes Nationalbewußtsein vorzuwerfen. Gerade wegen seiner nationalen Überzeugung war der Breslauer nach Berlin gekommen und hatte seither alles darangesetzt, die Menschen in der geteilten Stadt zusammenzuführen. Die Bezichtigung, das Vaterland verraten zu haben, traf ihn tief – seine Entgegnung auf die Rede des stellvertretenden CDU-Vorsitzenden belegt es. Albertz sprach nachdenklich, zögernd, beharrte jedoch auf den Aussagen, die er in seiner Rundfunkrede gemacht hatte. Immer wieder sprach er Amrehn persönlich an. In Abwesenheit Brandts hätten sie beide die Nacht des 13. August erlebt und beratschlagt, was zu tun sei. Habe nicht auch Amrehn »die Mauer um den Schlaf« gebracht?[45] Habe nicht auch er erfahren müssen, daß niemand den eingeschlossenen Berlinern helfen konnte – weder im Bundeskanzleramt noch in den Stäben der Alliierten? Vor diesem Hintergrund habe sich für ihn selbst nur eine Konsequenz ergeben: »Mut zur Wahrheit«.[46]

Was sich hinter jenem Appell verbarg, blieb nicht nur der CDU unklar, auch Parteifreunde wußten nicht, worauf Albertz hinauswollte. Diesmal allerdings ahndeten sie die Einsilbigkeit nicht, die er in der Entspannungspolitik vor ihren Gremien an den Tag gelegt hatte. Die wütenden Attacken der Union und Brandts unermüdliche Intervention zugunsten seines Stellvertreters schweißten die Fraktion zusammen. Selbst eingefleischte Albertz-Gegner deckten Albertz: Von 121 abgegebenen Stimmen sprachen sich ganze 87 Parlamentarier gegen das Mißtrauensvotum aus.[47] Der Versuch der CDU, den Senator wenn nicht zu stürzen, so doch zu demontieren, scheiterte; Albertz setzte sich durch. Die SPD hatte zu ihm gehalten – ein Wunder, auf das er trotz aller Mehrheitsverhältnisse nicht recht zu hoffen gewagt hatte.

Die Ungewißheit hatte den sonst so burschikos wirkenden Bürgermeister mit einem Prankenschlag niedergestreckt. Erst nach der Parlamentssitzung nahmen seine Mitarbeiter wahr, wie angespannt ihr Chef in den letzten Wochen gewesen war. Blaß verließ Albertz den Plenarsaal und ging in sein Büro. Dort legte er der verblüfften Sekretärin einen Briefumschlag mit seiner Rücktrittserklärung auf

Je höher Heinrich Albertz in der Berliner Politik kam, desto mehr wurde er in die Querelen seiner Partei verstrickt. Das Photo zeigt ihn zusammen mit Werner Stein neben den mächtigsten Sozialdemokraten der Stadt, Kurt Neubauer und Kurt Mattick, hinter deren Kumpelhaftigkeit sich ein eiserner Machtwille verbarg.

den Tisch. »Den können Sie jetzt wegwerfen«, sagte er tonlos, trat in sein Zimmer und schloß die Tür hinter sich.[48] Er wollte nicht gestört werden.

Das Mißtrauensvotum hatte Albertz überstanden, den Wutausbruch der Genossen noch nicht. Die Sozialdemokraten schienen blind vor Zorn. Am Nachmittag des 9. September wollten sie sich ihren Bürgermeister im Landesvorstand vornehmen. Im kargen Sitzungssaal des Kurt-Schumacher-Hauses war die Atmosphäre zum Zerreißen gespannt, als Albertz den Raum betrat. Mit argwöhnischen Blicken lauerten die Genossen auf den geeigneten Zeitpunkt, gegen den Parteifreund vorzugehen, und nur mit Mühe gelang es, den ersten Tagesordnungspunkt zu diskutieren. Die Beherrschung hielt nicht lange an. Bei Top 1. B. brachen die Dämme. Mattick überschwemmte Albertz mit Vorwürfen, beschwerte sich über die Informationspolitik des Senats. Nie wieder wollte er ein Mißtrauensvotum niederschlagen, ohne zu wissen, worum es ging.[49] Als der Innensenator die Genossen erneut mit »orakelhaften Andeutungen« zu besänftigen suchte, riß selbst der mütterlichen Ella Kay der Geduldsfaden. Energisch unterstützte sie Matticks Forderung, die Berliner SPD endlich umfassend zu unterrichten.[50] Auf einer Klausurtagung sollten Brandt und die Seinen die Partei über ihre Pläne in Kenntnis setzen. Der Regierende Bürgermeister akzeptierte, ohne weitere Details seiner Pläne preiszugeben.

Keinen Zweifel ließen Albertz und Brandt allerdings an der Tatsache, daß sie weitere Schritte gen Osten gehen würden. Die Wogen um die Äußerungen des Bürgermeisters waren noch nicht geglättet, als Willy Brandt erneut seine Bereitschaft bekundete, »technische Fragen innerhalb Gesamt-Berlins vernünftig regeln zu helfen«[51]. Der Senat war nunmehr offen zu direkten Gesprächen mit der anderen Seite bereit. Politische Verhandlungen hätte er nicht vorschlagen können. Brandt nannte deshalb »technisch«, was politisch war.[52]

Immer wieder versuchte man im Rathaus, Ost-Berlin so diskret wie möglich seine Dialogbereitschaft zu signalisieren. Seit Februar trafen sich Bahr und Beletzki zu regelmäßigen Geheimgesprächen in West-Berlin.[53] Auch Spangenberg nutzte seine Kontakte im Ostteil der Stadt. Doch Brandt und sein Beraterstab mußten vorsichtig sein: Sie standen zu weit in vorderer Linie. Klüger war es, heikle Missionen Personen anzuvertrauen, die dem Senat zwar eng verbunden waren, ihm aber nicht angehörten. Ihnen war es eher möglich, auf Cocktailempfängen oder Stehparties unbemerkt mit östlichen Diplomaten oder SED-Vertrauten ins Gespräch zu kommen. Die Botschaft der Landesregierung war überall dieselbe: Zerstört durch eure Passivität nicht das Pflänzchen der Bereitschaft zur Annäherung, das gegenwärtig in West-Berlin wächst! Mehr konnte der Senat nicht tun. Alles weitere hing von Pankow ab.

Berlin – »Treffpunkt aller Deutschen« Heinrich Albertz und das Passierscheinabkommen

Schon seit geraumer Zeit hatte Heinrich Albertz geglaubt, Ost-Berlin werde über eine Vereinbarung des Besucherverkehrs mit sich reden lassen. Seiner Ansicht nach hatte die DDR einen großen Fehler begangen, den sie bereits wenige Tage nach dem 13. August bereuen mußte: Sie hatte den West-Berlinern als einzigen Bürgern der Welt den Zugang zu ihrer Hauptstadt verboten. Mit der Eröffnung von Passierscheinstellen auf West-Berliner S-Bahnhöfen kurz nach Beginn der Sperrmaßnahmen hatte sich die SED bemüht, dieses Versäumnis wiedergutzumachen. Damals allerdings war Brandt gegen die ostdeutschen Reisebüros vorgegangen und hatte sie kurzerhand schließen lassen. Das freilich hielt die andere Seite nicht davon ab, immer wieder zu beteuern, wie unbürokratisch ein Besuch für West-Berliner sein könnte, wenn der Senat nur Kontakt mit der DDR-Regierung aufnehmen würde.

Die Voraussetzungen dafür waren nun gegeben. Der Senat hatte der SED über verschiedene Kanäle signalisiert, daß man zu direkten Gesprächen bereit war. Eine Antwort aus Ost-Berlin stand aus. Dennoch stellten sich Albertz, Brandt und Bahr auf baldige Verhandlungen ein.

Um Überraschungen zu vermeiden, beschlossen sie, die Verhandlungsstrategie rechtzeitig festzulegen. In der zweiten Novemberhälfte 1963 luden Albertz, Bahr und Spangenberg wichtige Beamte der Senatskanzlei zu einem Seminar auf die Havelinsel Schwanenwerder vor der Wannseebucht.[1] Fern von Stadtverkehr und Rathausklatsch spielten die Anwesenden das Gespräch mit der Ost-Berliner Delegation durch. In wechselnden Rollen simulierten Albertz und Bahr Rede und Gegenrede der anderen Seite. Auf diese Weise überprüften sie die eigenen Positionen und verdeutlichten den Kollegen, welche Kriterien sie am Verhandlungstisch zu beachten hätten.

Die Diskussionsrunde verlief alles andere als friedlich. Im Kreis der Seminaristen übernahm vor allem einer – und das aus Überzeugung – den Part der Bonner Regierung: Horst Korber. Der junge Chef der politischen Abteilung in der Senatskanzlei hatte größte Bedenken gegen die Pläne der »Heiligen Familie«. Immer wieder ergriff er das Wort, verwies auf Schwächen in der Argumentation von Bürgermeister und Pressesprecher. Seine scharfsichtigen Einwände, seine präzisen Kommentare beeindruckten Brandts Mitarbeiter.

Albertz schätzte Korber. Dessen Verbundenheit mit seiner alten Heimat östlich der Elbe nahm den Bürgermeister für ihn ein. Horst Korber war im thüringischen Stadtroda geboren, hatte dort seine Jugend verbracht und zusammen mit seinem Vater nach dem Krieg den SPD-Ortsverein aufgebaut. Auch die Zwangsvereinigung der Sozialdemokraten mit den Kommunisten hielt ihn nicht davon ab, in seiner Vaterstadt zu bleiben, und zunächst wurde er Mitglied der SED. Erst als die Kommunisten die eigenen Reihen säuberten und aufmüpfige Sozialdemokraten unter Druck setzten, floh der Zwanzigjährige nach West-Berlin. Hier lernte er Willy Brandt kennen, der sich für den Jurastudenten zu interessieren begann. Als Brandts Bundessenator Günter Klein einen persönlichen Referenten suchte, legte ihm der Regierende Korber ans Herz. Der Jurist, mittlerweile Richter am Landgericht, bekam die Stelle und entwickelte sich in dieser Position zu einem engagierten Experten der völkerrechtlichen Stellung Berlins.

Als solcher war Korber von Albertz nach Schwanenwerder eingeladen worden, neben den Brandt-Getreuen spielte er dort die wichtigste Rolle. Seine loyale, aber distanzierte Art, deren Ansichten in Frage zu stellen, ließen Albertz und Bahr zu dem Entschluß kommen, den schlagfertigen Juristen mit der Leitung der Verhandlungsdelegation zu betrauen. Beide waren überzeugt, daß es den Zielen des Senats nicht schaden könne, wenn der gewitzte Skeptiker am Verhandlungstisch Platz nahm. Wie kein anderer würde Korber darauf achten, jenen Risiken zu entgehen, die er am Wannsee schonungslos offengelegt hatte. Zudem erfüllte er eine weitere wichtige Voraussetzung: Korber war nur Senatsrat. Zwar hatte Albertz bewußt nach einem politischen Kontaktbevollmächtigten Ausschau gehalten, um dem Ost-Berliner Streben nach Anerkennung entgegenzukommen. Doch durfte keinesfalls ein Senatsdirektor verhandeln: Den ostdeutschen Versuchen, die »Dreistaatentheorie« mit dem Hinweis festzuschreiben, hier verhandelten Regierungsdelegationen, mußte die Grundlage entzogen werden.

Korber eignete sich also in jeder Hinsicht für den bevorstehenden Dialog. Noch auf Schwanenwerder begann seine Vorbereitung für das Tauziehen mit der anderen Seite. Immer wieder gingen Albertz und Bahr Position für Position mit dem Senatsrat durch, erläuterten, welche Konzessionen er seinem Gegenüber anbieten durfte. Die Lektionen waren schnell gelernt. Bald zeigte sich der Jurist glänzend vorbereitet: Albertz brauchte nur einen Satz zu beginnen, und der Senatsrat wußte, wie er enden würde. Die West-Berliner Verhandlungslinie stand damit fest, und Korber konnte sie darlegen.

Doch noch immer rührte sich die andere Seite nicht. Erst Ende November nahm man durch einen Mittelsmann Kontakt zu Dietrich Spangenberg auf. Im Auftrag von Ministerpräsident Willi Stoph erhielt der Chef der Senatskanzlei einen Anruf von Hermann von Berg, einem ehemaligen Kommilitonen an der Berliner Friedrich-Wilhelm-Universität. Berg hatte sich schon des öfteren als vertraulicher Sendbote seiner Regierung betätigt. Bereits kurz nach dem Mauerbau war er an Spangenberg herangetreten, um im Namen Ulbrichts die Bereitschaft zu bekunden, negative Folgen des Mauerbaus pekuniär regeln zu helfen.[2] Diesmal verabredeten sich die beiden Männer zu einem Gespräch unter vier Augen »am Hintereingang des Senats bei den Mülltonnen«.[3] Auf einem Spaziergang durch das Bayerische Viertel schlug Berg Kontakte durch beiderseits bevollmächtigte Vertreter vor. Außerdem kündigte er ein Schreiben des Stellvertretenden Ministerpräsidenten Alexander Abusch an, das am 5. Dezember übermittelt wurde:

Sehr geehrter Herr Regierender Bürgermeister!

Die Regierung der Deutschen Demokratischen Republik hat Ihnen und dem Senat von Westberlin mehrfach Vorschläge gemacht, wie über eine Reihe offener Fragen, darunter auch die der Ausgabe von Passierscheinen für Westberliner Bürger zum Besuch der Hauptstadt der Deutschen Demokratischen Republik, zwischen der Deutschen Demokratischen Republik und Westberlin eine Verständigung herbeigeführt werden könnte. Sie, Herr Bürgermeister, und andere Vertreter des Senats von Westberlin haben in der letzten Zeit mehrfach davon gesprochen, daß Regelungen wünschenswert wären, die es Westberlinern ermöglichen würden, während des bevorstehenden Weihnachts- und Neujahrsfestes ihre Verwandten in der Hauptstadt der Deutschen Demokratischen Republik zu besuchen.

Geleitet von dem Bestreben, die Voraussetzungen für den Besuch von Westberliner Bürgern in der Hauptstadt der Deutschen Demokratischen Republik während der bevorstehenden Feiertage zu schaffen, hat die Regierung der Deutschen Demokratischen Republik mich beauftragt, Ihnen mitzuteilen, daß sie auch eine solche zeitweilige Regelung für möglich hält.

Ungeachtet der weitergehenden notwendigen Regelung der Beziehungen zwischen der Deutschen Demokratischen Republik und Westberlin ist die Regierung der Deutschen Demokratischen Republik bereit, für die Zeit vom 15. Dezember 1963 bis zum 5. Januar 1964 in Westberlin Ausgabestellen einzurichten, bei denen Westberliner Bürger Passierscheine für Besuche in der Hauptstadt der Deutschen Demokratischen Republik erhalten könnten.

Wir hoffen, daß Sie diesem konstruktiven Vorschlag, der den Besuch der Westberliner Bürger in der Hauptstadt der Deutschen Demokratischen Republik in der genannten Zeit ermöglichen würde, Ihre Zustimmung geben werden.

Falls Sie es für notwendig halten, die Durchführung dieser Maßnahme mit mir zu besprechen, wäre ich zu einer Begegnung in der Hauptstadt der Deutschen Demokratischen Republik oder in Westberlin bereit. Sollten Sie eine solche Begegnung nicht wünschen, so wäre ich auch einverstanden, wenn Sie einen Vertreter für eine derartige Besprechung benennen würden.

In der Hoffnung, daß Sie dem Bestreben der Regierung der Deutschen Demokratischen Republik, den Westberliner Bürgern für den Weihnachts- und Neujahrsverkehr Erleichterungen zu schaffen, Aufgeschlossenheit und Verständnis entgegenbringen, erwarte ich Ihre baldige Antwort.

Mit vorzüglicher Hochachtung

gez. Alexander Abusch

Berlin, den 5. Dezember 1963[4]

Offiziell nahm man Abuschs Brief mit spitzen Fingern entgegen, insgeheim jedoch freute sich jeder im Rathaus über die Botschaft, auch wenn sie der Dreistaatentheorie Vorschub leistete. Allein zwölfmal hatte Abusch Hauptstadt und Regierung der DDR erwähnt. Der Senat ahnte, was ihn in Verhandlungen erwarten würde: Ost-Berlin hoffte, mit Hilfe des kleinen Grenzverkehrs dem Ziel der »Freien Stadt« und damit der eigenen Anerkennung näher zu kommen.

Heinrich Albertz kümmerten solche Erwartungen nicht. Erstmals, davon war er überzeugt, schien es möglich, für die Stadt und die gesamte Nation eine »neue Markierung«[5] setzen und »zur gesamtdeutschen Wirklichkeit vorstoßen«[6] zu können. Warum sollte man sich da mit völkerrechtlichen Fragen aufhalten? Sie ließen sich doch durch die salvatorische Klausel übergehen.

Brandt und Bahr dachten genauso. Noch am Abend des 5. Dezember traf die »Heilige Familie« im Rathaus Schöneberg zusammen, um das weitere Vorgehen zu erörtern. Natürlich mußte Bonn sofort informiert werden; den zaudernden, eher skeptisch gestimmten Ludwig Erhard, der Adenauer am 16. Oktober 1963 abgelöst hatte, wollte man jedoch keinesfalls zuerst benachrichtigen. Brandt und die Seinen übergingen den Bundeskanzler, weil sie fürchteten, daß er ihr Ansinnen zurückweisen werde. Sie wandten sich statt dessen an den liberalen Vizekanzler und Minister für gesamtdeutsche Fragen, Erich Mende. Kurz vor Mitternacht erhielt Mende einen Anruf von Hans-Günter Hoppe. Der Finanzsenator las seinem Parteifreund die Botschaft Abuschs vor und bat ihn um Unterstützung bei der Aufnahme von Kontakten zwischen Senat und DDR.[7] Mende billigte Brandts Vorhaben im Namen der Bundesregierung und versprach, seine Zustimmung auch im Kabinett zu verteidigen.

Die Rechnung der Berliner war aufgegangen. Erhard hätte dem Senat schon am Abend eine klare Absage erteilt. In einem vertraulichen Gespräch warf er Mende vor, die Entgegennahme des Briefes akzeptiert zu haben. Doch nach langem Hin und Her gab der Bundeskanzler nach.[8] Er ließ die Berliner gewähren.

Die erste Hürde hatte der Senat genommen; weitere Hindernisse standen noch im Weg. Zwar hatte Erhard den Briefwechsel geduldet, den direkten Dialog mit der SED jedoch keineswegs gestattet. Eine Bitte des Senats, in eigener Regie verhandeln zu dürfen, hätte der Kanzler wohl zurückgewiesen. Deshalb ersann man eine List: Brandt schlug der Bundesregierung vor, die Treuhandstelle für den Interzonenhandel mit dem Gespräch über eine Passierscheinregelung zu betrauen. Im Kreis der Getreuen wußte man, daß damit nichts zu erreichen war. Und wirklich: Schon am ersten Verhandlungstag erhielt Leopold eine Abfuhr. Über Passierscheine gedachte die DDR ausschließlich mit Bevollmächtigten des Senats zu verhandeln;[9] mürrisch ließ der Kanzler Brandt daraufhin gewähren. Kurz vor Weihnachten wollte er nicht als Gegner humanitärer Bemühungen erscheinen. Die Initiative lag nun beim Regierenden Bürgermeister. Brandt mußte Abusch nur antworten.

Nur? Die Antwort bereitete selbst den in Ostfragen mittlerweile routinierten Politikern Albertz und Bahr Schwierigkeiten. Wie sollte man Abusch anreden, wie den eigenen Text unterschreiben, um von der nach Anerkennung heischenden SED nicht schon vor Beginn der Gespräche überspielt zu werden? Heinrich Albertz kam auf die Lösung: Brandt sollte seine Antwort durch mündliche Verlautbarungen ohne formale Anrede kundtun – eine Idee, die auch in Bonn auf Sympathie stieß.[10]

Der Regierende Bürgermeister von Berlin läßt mitteilen:
Es ist die Bereitschaft zur Kenntnis genommen worden, in der Weihnachtszeit Passierscheine für Westberliner Bürger zum Besuch von Ostberlin auszugeben. Hierzu wird erklärt, daß die praktische Durchführung eines solchen Vorschlages selbstverständlich unterstützt werden wird. Zur technischen Vorbereitung der angekündigten Passierscheinerteilung und der damit verbundenen Verkehrsvorgänge stehen Experten zur Verfügung.

Herr Senatsrat Korber steht bereit, am 10. oder 11. Dezember 1963 im Rathaus Schöneberg, Zimmer 1007/8, mit einem oder mehreren Beauftragten über diese Fragen zu sprechen. Es wird um Mitteilung gebeten, wann die Beauftragten hier eintreffen werden.

Berlin 62, den 10. Dezember 1963[11]

Die DDR reagierte umgehend, bat allerdings, das Eröffnungsgespräch im Ost-Berliner Haus der Ministerien führen zu dürfen. Brandt akzeptierte.[12] Fortan hielt sich der Regierende Bürgermeister allerdings zurück. Die Verhandlungen mußten auf niedriger Ebene gehalten werden, um Pankow keine Gelegenheit zu geben, den Meinungsaustausch als Gespräch souveräner Regierungen propagandistisch auszuschlachten.

Nicht nur im Umgang mit Ost-Berlin blieb Brandt auf der Hut, auch vor der »Rathaus-Kolchose«, den bei der Landesregierung akkreditierten Journalisten, nahm er sich in acht. Kein Wort sollte nach außen dringen, um den lauernden Gegnern aus Medien und Politik die Möglichkeit zum Angriff zu nehmen. Heinrich Albertz verordnete höchste Geheimhaltung und veranlaßte, die Verhandlungsdelegationen nicht im Rathaus Schöneberg, sondern beim Verkehrssenator in der Fasanenstraße zusammenkommen zu lassen. Außerdem ließ er die Senatssitzungen auslagern: Während der Gespräche mit Ost-Berlin sollten sie nahe der Sektorengrenze in einem Dienstgebäude an der Invalidenstraße stattfinden. Keine Widrigkeit durfte den lang ersehnten Dialog gefährden. Auch deshalb bat Albertz

Senatsrat Korber nach jedem Gespräch mit der Ost-Berliner Delegation zu sich. Er hoffte, auf diese Weise alle Hindernisse so schnell wie möglich notfalls selbst beseitigen zu können. »Die kalkulierbaren Risiken waren auf ein Mindestmaß reduziert«, erinnerte sich Albertz.[13] Was in seiner Macht stand, hatte er getan. Den Verhandlungsmarathon mußte Korber durchstehen.

Wie mit Ost-Berlin vereinbart, traf der Senatsrat mit zwei weiteren Mitarbeitern am Morgen des 12. Dezember auf der westlichen Seite der Sandkrugbrücke ein, passierte ohne Kontrolle die Übergangsstelle und fuhr, eskortiert von einem Begleitwagen, direkt zum Verhandlungsort in der Otto-Grotewohl-, heute wieder Wilhelmstraße. Dort empfing ihn Erich Wendt, der östliche Delegationsleiter und Staatssekretär im DDR-Kultusministerium. So eisig wie das Wetter war auch das Klima der ersten Begegnung. Ohne große Vorreden vertieften sich die Delegationen in die Gespräche.[14] Die Stimmung blieb frostig, da half auch das gemeinsame Mittagessen nichts. Zwischen Korber und Wendt herrschte bedrückende Stille, dann und wann unterbrochen vom »Klirren der Messer und Gabeln«[15].

Dennoch, schon die erste Verhandlungsrunde verlief vielversprechend. Wendt beteuerte immer wieder, zu einer einvernehmlichen Regelung der Passierscheinfrage kommen zu wollen. Gleichzeitig ließ er keinen Zweifel daran, daß die DDR Passierscheinstellen errichten würde, und zwar jeweils in einem der drei West-Berliner Sektoren und mit eigenem Personal. Hoheitsakte sollten die Ost-Berliner Beamten allerdings nicht ausüben, hob Wendt hervor. Sie dürften die Besuchsanträge nur entgegennehmen und am Abend nach Ost-Berlin transportieren, um sie über Nacht zu bearbeiten. Am nächsten Morgen sollten die West-Berliner ihre Passierscheine wieder abholen können.

Wie mit Albertz vereinbart, versuchte der Senatsrat, seinem Gesprächspartner den Dienst ostdeutscher Beamter auf West-Berliner Hoheitsgebiet auszureden. Zu diesem Zweck ließ man auch Spangenberg bei Berg intervenieren und bat den östlichen Emissär, seine Regierung zur Errichtung von Ausgabestellen auf Ost-Berliner Gebiet zu bewegen.[16] Der Senat fürchtete, die ständige Präsenz kommunistischer Behördenvertreter werde die Bundesregierung zur Ablehnung einer möglichen Besucherregelung zwingen. Doch ähnlich wie in den Geheimgesprächen zwischen Spangenberg und Berg stießen Korbers Einwände bei Wendt auf taube Ohren. In dieser Frage ließ der Staatssekretär nicht mit sich reden. Allerdings räumte er ein, eventuell Postbeamte mit der Schaltertätigkeit zu betrauen, falls der Senat statusrechtliche Bedenken gegen andere Hoheitsträger hege.[17]

Mit der Forderung Ost-Berlins, Passierscheinanträge von DDR-Bevollmächtigten entgegennehmen zu lassen, hatte Albertz gerechnet – nicht jedoch mit dem Vorschlag, Postbeamte einzusetzen. Obgleich er in den Uniformen der Postler Stasiagenten vermutete, kam ihm das Angebot wie gerufen,[18] denn niemand würde Verwaltungspersonal ohne politische Machtbefugnisse als Hoheitsträger der Ulbricht-Regierung betrachten. Auf diese Weise konnte der Senat dem Vorwurf entgehen, mit der Duldung ostdeutscher Beamte auf West-Berliner Gebiet die DDR anzuerkennen. Unter Brandt und seinen Beratern bestand kein Zweifel: Korber sollte Wendts Vorschlag annehmen. Kompromißlos blieben Brandt, Albertz und Bahr dagegen in der Frage, wie eine mögliche Vereinbarung festgeschrieben werden sollte. Der Senatsrat bekam die Weisung, Wendts Versuche abzuwehren, der Besucherregelung die Form eines Abkommens zu geben. Er sollte darauf bestehen, daß lediglich Aktenvermerke ausgetauscht würden.

Was die technische Seite der Passierscheinregelung anging, einigten sich Korber und Wendt schon in den nächsten Verhandlungsrunden am Nachmittag, die erheblich entspannter verliefen. Dem Senatsrat gelang es nicht nur, die Gruppe der Besuchsberechtigten zu erweitern, sondern Wendt akzeptierte auch seine Forderung, anstelle von drei Büros insgesamt zwölf Passierscheinstellen einzurichten. Überrascht zeigte sich der östliche Delegationsleiter über Korbers Wunsch, das gesamte Verfahren unter die Verantwortung der Landespostdirektion zu stellen, widersprach ihm aber nicht. Im Sinne von Albertz hatte Korber den östlichen Vorschlag so nicht nur aufgenommen, sondern weitergeführt und erreicht, daß die DDR selber den Transport ihrer Beamten innerhalb West-Berlins in westlichen Postfahrzeugen billigte.[19]

Einer Fixierung der Vereinbarungen schien nichts mehr im Wege zu stehen. Doch erst jetzt begann das Tauziehen der Verhandlungspartner. Den unkomplizierten Gesprächsrunden folgten lange, harte Auseinandersetzungen über die juristische Form der erzielten Ergebnisse. Zwar hatte Wendt immer wieder durchblicken lassen, man möge das »schöne Abkommen« doch in rechtlich angemessener Form würdigen, die Frage der endgültigen Niederschrift hatte er jedoch nie zum Gesprächsthema gemacht. Das änderte sich bei der dritten Begegnung am 13. Dezember. Nach der Erörterung einiger letzter technischer Details zog der östliche Delegationsleiter plötzlich den Entwurf eines Abkommens aus der Tasche, der fast zum Abbruch der Gespräche führte.

Übereinkommen

Ungeachtet der notwendigen weitergehenden Regelung der Beziehungen zwischen der Deutschen Demokratischen Republik und Westberlin hat sich die Regierung der Deutschen Demokratischen Republik bereit erklärt, für die Zeit vom 16. Dezember 1963 bis zum 5. Januar 1964 in Westberlin Ausgabestellen einzurichten, bei denen Westberliner Bürger Tagesaufenthaltsgenehmigungen für den Besuch ihrer Verwandten in der Hauptstadt der DDR erhalten können. Von dieser Möglichkeit können Bürger Westberlins Gebrauch machen, die zu Bürgern der Hauptstadt der Deutschen Demokratischen Republik in einem der nachfolgenden Verwandtschaftsverhältnisse stehen:

Eltern, Kinder, Großeltern, Enkel, Geschwister, Tanten und Onkel, Nichten und Neffen sowie Ehepartner dieses Personenkreises.

Voraussetzung für die Genehmigung eines Antrages zum Besuch der Hauptstadt der Deutschen Demokratischen Republik ist, daß der Antragsteller nicht gegen die Gesetze der Deutschen Demokratischen Republik verstoßen hat.

Im Ergebnis des schriftlichen Meinungsaustausches, der zwischen dem Stellvertreter des Vorsitzenden des Ministerrates der Deutschen Demokratischen Republik, Herrn Alexander Abusch, und dem Regierenden Bürgermeister, Herrn Willy Brandt, geführt wurde und der darauf basierenden Verhandlungen zwischen den bevollmächtigten Vertretern beider Seiten, Herrn Staatssekretär Erich Wendt und Herrn Senatsrat Korber, die in der Zeit vom 12. Dezember 1963 bis ... stattgefunden haben, wurde folgendes Übereinkommen erzielt: ...

Berlin, den ... Dezember 1963

Für den Senat   Für die Regierung der DDR«[20]

Die östliche Verhandlungsseite hatte Korber nicht nur eine in Vertragsform verfaßte Übereinkunft präsentiert, sie hatte allein ihre Rechtsauffassung dem Text zugrunde gelegt. Darüber hinaus verlangte Wendt eine Form der Unterzeichnung, die für den Senat nicht akzeptabel war. Der Staatssekretär forderte, das Übereinkommen von Abusch und Brandt selbst unterzeichnen zu lassen oder aber von Vertretern, die eine von den jeweiligen Regierungschefs unterschriebene Vollmacht besaßen.[21] Nichts dergleichen konnte und wollte Korber gewähren. Mit dem Senat werde Ost-Berlin niemals zu einer Regelung kommen, die»die Anerkennung der Dreistaatentheorie der DDR mit einschließt«, erklärte der Senatsrat gereizt.[22] Wendt blieb dennoch bei seinem Entwurf. Nach fünfstündigen Verhandlungen, die sich bis in die frühen Morgenstunden hinzogen, vertagten sich die Delegationen auf den nächsten Mittag.

Die Zeit drängte. Ursprünglich hatte man verabredet, bis zum 15. Dezember die Gespräche zu beenden, um pünktlich vor Weihnachten Passierscheine ausgeben zu können. Jetzt, am 14. war man weiter denn je davon entfernt. Aus diesem Grund traf sich der Schöneberger Krisenstab noch in derselben Nacht im Zimmer des Regierenden Bürgermeisters, um nach Auswegen aus der Sackgasse zu suchen. Die Brandt-Mannschaft mußte eine Formel finden, mit der sie der DDR entgegenkam, ohne ihr völkerrechtlich nachzugeben.

Albertz' Ziele waren erreicht: Nach dem Abschluß des ersten Berliner Passier-
scheinprotokolls am 17. Dezember 1963 öffnete sich die Mauer für einige Tage.

Wiederum ersann Heinrich Albertz die Lösung. Sein alter Gedanke, strittige Fragen mit Hilfe einer salvatorischen Klausel auszuklammern, sollte in einer Präambel der Vereinbarung vorangestellt werden. Dergestalt ließen sich untragbare Formulierungen dulden, ohne der Anerkennung Ost-Berlins Vorschub zu leisten. Zusammen mit Egon Bahr formulierte Albertz den Grundsatz, daß »eine Einigung über gemeinsame Orts- und Behördenbezeichnungen nicht erzielt werden konnte« und man sich »ungeachtet der unterschiedlichen politischen und rechtlichen Standpunkte« auf eine Besucherregelung einlassen werde.[23]

Der Bürgermeister hoffte, den Dialog auf diese Weise voranzubringen. Er hatte nicht mit der Unerbittlichkeit Wendts gerechnet, der von Ulbricht die Order erhielt, in der Frage der Unterschriften wie der Orts- und Amtsbezeichnungen an der ursprünglichen Vertragsform festzuhalten.[24] Trotz massiver Proteste Korbers bewegte sich Wendt auch in der fünften Begegnung keinen Zentimeter, forderte von der westlichen Seite sogar eine Abschlußvollmacht, um »vor der ganzen Welt« klarzustellen, daß die »Westberliner Seite die reibungslose Durchführung der Aktion garantiert«.[25] Wieder verstrich die Begegnung ohne Einvernehmen.

Im Rathaus herrschte derweil hektische Betriebsamkeit. Albertz gab noch nicht auf. Nach seiner Überzeugung blieb die DDR trotz ihres Pokerns an einer Vereinbarung interessiert. Vielleicht, so glaubte er, mußte man Ulbricht noch ein Stück entgegengehen, freilich ohne eigene Grundsätze aufzugeben. In diesem Sinne bedrängte er den Regierenden Bürgermeister. Albertz riet, in einer öffentlichen Erklärung dem Osten Kompromißbereitschaft zu demonstrieren und keinen Zweifel an der Ernsthaftigkeit des westlichen Verhandlungswillens zu lassen. Albertz und Bahr hatten die nötige Presseerklärung bereits verfaßt; Brandt akzeptierte sie und ließ sie noch am Sonntagabend über die Fernschreiber gehen. Darin berichtete der Regierende Bürgermeister von der in »technischer Hinsicht« erreichten Einigung, der nun, am Montag, auch die politische folgen könne.[26] Mit Blick auf Ost-Berlin bekräftige Brandt außerdem die Legitimation des westlichen Unterhändlers.

Damit nicht genug, veranlaßte Albertz eilig, eine Reihe von Dokumenten zu erstellen, die Ulbricht noch in derselben Nacht übermittelt werden sollten. Korber bat den östlichen Verhandlungsleiter fernschriftlich zu einem kurzen Treffen um 23 Uhr am Übergang Invalidenstraße. Im Winternebel, in dem sich matt die Lichtkreise der Laternen abzeichneten, überreichte er einem Stellvertreter des Staatssekretärs die Presseerklärung des Regierenden Bürgermeisters und eine Mitteilung Brandts, in der dieser seine Hoffnung bekundete, bis zum 17. Dezember den Durchbruch zu erzielen. Ferner übergab Korber die Durchschrift eines Erlasses, in dem Albertz die Sicherheit der Ost-Berliner Beamten und den ordnungsgemäßen Ablauf der Passierscheinausgabe garantierte. Überdies versprach er, noch am Montag eine schriftliche Vollmacht des Chefs der Senatskanzlei zu erbringen, um letzte Zweifel an der Rechtmäßigkeit seiner Verhandlungsführung auszuräumen. Mehr konnte nicht getan werden. Jetzt hieß es abwarten.

In Ost-Berlin schien man wenig beeindruckt. Die sechste Besprechung im Haus der Ministerien dauerte über neun Stunden, verlief zäh und keineswegs einmütig. Wendt genügte die Vollmacht Korbers nicht, die Spangenberg ohne Hinweis auf seinen Rang und seinen Dienstherrn, den Regierenden Bürgermeister, unterschrieben hatte.[27] Außerdem übergab Wendt dem Senatsrat einen neuen Entwurf der Passierscheinvereinbarung, der noch immer einem Staatsvertrag glich. In Gesprächen unter vier Augen beschwor Korber den Staatssekretär, die salvatorische Klausel in die Vereinbarung aufzunehmen und sich in der Unterschriftenformel kompromißbereit zu zeigen. Vergeblich – Wendt blieb hart.

Brandt, Albertz und Bahr waren an die Grenzen ihrer Möglichkeiten gelangt. Einzig in der Frage der Vollmacht besaßen sie noch geringen Spielraum, den Albertz nun mit Zustimmung des Regierenden auszuschöpfen gedachte. Er versprach Korber, ihm, wenn nötig, eine Vollmacht des Chefs der Senatskanzlei mit dem Briefkopf des Regierenden Bürgermeisters zu beschaffen. Mit diesem neuen Kompromißangebot trat der Senatsrat in die nächste Verhandlungsrunde. Er garantierte Wendt außerdem, sich bei Brandt dafür zu verwenden, daß sich die Unterschriftenformel »inhaltlich mit dem Wortlaut der Vollmacht deckt« und auf diese Weise der Regierende Bürgermeister als oberster Dienstherr wenigstens am Ende des Dokuments genannt wird.[28] Ungerührt versprach der Staatssekretär, den neuen Vorschlag zu prüfen. Kurz nach Mitternacht gingen die Verhandlungspartner auseinander.

Der Arbeitsag war damit längst nicht beendet. Kein Mitglied der »Heiligen Familie« verließ das Rathaus in dieser Nacht. Immer wieder besprachen die Getreuen die Lage. Stunde um Stunde rasten Fernschreiben von West nach Ost und retour, mußten ausgewertet und beantwortet werden. Am frühen Morgen war es soweit: Mit geringen Korrekturen akzeptierte die SED die West-Berliner Vorschläge.

Nun mußte Bonn überzeugt werden. Um drei Uhr früh klingelte Schütz den Staatssekretär im Bundeskanzleramt, Ludger Westrick, wach, der schlaftrunken im Namen der Bundesregierung seine Zustimmung gab.[29] Noch in derselben Minute telegraphierte Korber das westliche »Okay« nach Ost-Berlin. Der Unterzeichnung der Vereinbarung stand nichts mehr im Wege. Um 11.45 Uhr trafen sich die völlig übermüdeten Verhandlungsleiter zur Paraphierung der Weihnachtsregelung.

Protokoll

Nach einem Meinungsaustausch, der durch einen Brief des Stellvertreters des Vorsitzenden des Ministerrats der DDR, Herrn Alexander Abusch, vom 5. Dezember 1963 an den Regierenden Bürgermeister von Berlin, Herrn Willy Brandt, eingeleitet wurde, sind Staatssekretär Erich Wendt und Senatsrat Korber vom 12. bis zum 17. Dezember 1963 zu sieben Besprechungen über die Ausgabe von Passierscheinen für Bewohner von Berlin (West) zum Besuch ihrer Verwandten in Berlin (Ost)/Hauptstadt der DDR in der Zeit vom 19. Dezember 1963 bis 5. Januar 1964 zusammengekommen.

Ungeachtet der unterschiedlichen politischen und rechtlichen Standpunkte ließen sich beide Seiten davon leiten, daß es möglich sein sollte, dieses humanitäre Anliegen zu verwirklichen. In den Besprechungen, die abwechselnd in Berlin (West) und Berlin (Ost)/Hauptstadt der DDR stattfanden, wurde die als Anlage beigefügte Übereinkunft erzielt.

Beide Seiten stellen fest, daß eine Einigung über gemeinsame Orts-, Behörden- und Amtsbezeichnungen nicht erzielt werden konnte.

Dieses Protokoll mit seiner Anlage wird von beiden Seiten gleichlautend veröffentlicht.

Berlin, den 17. Dezember 1963

Auf Weisung des Stellvertreters des Vorsitzenden des Ministerrats der Deutschen Demokratischen Republik gez. Erich Wendt Staatssekretär	Auf Weisung des Chefs der Senatskanzlei, die im Auftrag des Regierenden Bürgermeisters von Berlin gegeben wurde gez. Horst Korber Senatsrat[30]

Nach fast dreißigstündigen Verhandlungen hatte man das Ziel endlich erreicht. Auf den ersten Blick war der Erfolg bescheiden: Die Besuchserlaubnis, die am nächsten Tag in Kraft treten sollte, galt nur für einen Teil der West-Berliner, nur für die Feiertage und nur für Ost-Berlin. Brandt und seine Mitarbeiter waren sich der Dürftigkeit des Erreichten durchaus bewußt.[31] Dennoch gelang es dank der Vereinbarung erstmals, die Mauer für drei Wochen wenigstens in einer Richtung zu öffnen.

Das Ergebnis bedeutete der Rathausmannschaft viel, Heinrich Albertz alles. Seine Bemühungen waren nicht umsonst gewesen. Sein Streben nach Wahrhaftigkeit, sein Einsatz für die Nation hatten sich ausgezahlt. Tag für Tag hatte Albertz für die Einheit der Stadt gestritten und sich zwischen alle Stühle gesetzt, um nicht vergessen zu lassen, daß die Berliner »in einer Hauptstadt ohne Land« und die Bundesbürger »in einem Land ohne Hauptstadt« lebten.[32] Immer wieder hatte Albertz die Bevölkerung mit unkonventionellen Vorschlägen irritiert, verunsichert, aufgebracht, wilde Proteststürme ausgelöst, um zu verhindern, daß die einstige Reichshauptstadt der bundesdeutschen Selbstzufriedenheit zum Opfer fiel. Unermüdlich versuchte er, die starren Fronten aufzulockern, damit die Mutter wieder zu ihrem Sohn und die Tochter zu ihrem Vater im anderen Teil des Vaterlandes gelangen könne, wie es in der von ihm vielzitierten Erklärung der EKD von 1948 hieß. Jetzt, nach all den Jahren, stand er vor dem Ergebnis seiner Bemühungen: Berlin war »eine Stadt geblieben«[33].

Der 17. Dezember wurde Albertz' persönlicher Festtag. Trotz der Strapazen der letzten Nächte rief der Bürgermeister alle beteiligten Kollegen in sein Amtszimmer und ließ die Sektkorken knallen. Im Büro drängte sich die euphorisch gestimmte Schar, surrte und säuselte fröhlich durcheinander. Gewirr von Frauen- und Männerstimmen, Scherze und lautes, behagliches Lachen drangen in die Gänge des Rathaus Schöneberg. »An diesem Tag machten wir die große Sause.«[34] Das kam nicht häufig vor in den heiligen Hallen des Bürgermeisters und zeigt, welche Bedeutung Albertz der Regelung beimaß. Sie wurde zu einem der bewegendsten Ereignisse in seinem politischen Leben.

Zwar wußte Albertz nicht, wie die Bürger die Weihnachtsregelung aufnehmen würden – immerhin hatten fast alle großen Blätter gegen die Verhandlungen gewettert –, doch hoffte er auf einige hunderttausend Besucher. Das genügte seiner Ansicht nach, um die »verhärteten Fronten in Deutschland« zu erschüttern.[35]

Seine Erwartungen sollten noch übertroffen werden. Die ganze Stadt war auf den Beinen. Hunderttausende Berliner schritten bei bitterer Kälte zu den Turnhallen, die eilig zu Passierscheinstellen hergerichtet worden waren. Zehnmal so viele »Postbeamte« wie geplant mußten Tag und Nacht arbeiten, um die Papiere rechtzeitig ausgeben zu können. Am Morgen des 20. Dezember war es soweit. Erstmals nach über zwei Jahren öffneten sich die Schlagbäume an den Grenzübergängen. Schon im Morgengrauen passierten die ersten Besucher mit der S-Bahn, zu Fuß oder im Wagen die fünf Kontrollpunkte. In einem fünf Kilometer langen Stau schoben sich die

Heinrich Albertz war in seinem Element: Mit dem Passierscheinprotokoll von 1963 wurde Berlin endlich, was er seit Mitte der fünfziger Jahre erhofft hatte: »Treff-punkt aller Deutschen«. Am Ende der nur wenige Tage währenden Aktion zählten die Berliner Behörden mehr als 1,2 Million Besucher im Ostteil der Stadt. Auf dem Photo begrüßt Heinrich Albertz die ersten Antragsteller für eine Einreise in den Ostsektor Berlins.

Autos zum Grenzübergang Chausseestraße. Am Ende der Aktion zählten die Behörden mehr als 1,2 Millionen Besucher.[36]

Natürlich versuchte die ostdeutsche Propaganda, die Gesamt-berliner Euphorie auszunutzen. Kein Tag verging, ohne daß Karl Eduard von Schnitzler im »Schwarzen Kanal« den wahren Urheber des weihnachtlichen Wiedersehens, Walter Ulbricht, feierte. Sämtliche ostdeutschen Presseorgane wiesen auf die konsularische Tätigkeit der DDR-Beamten in West-Berlin hin und betonten den völkerrechtlichen Charakter der Vereinbarung.[37]

Brandt vernahm diese Agitation mit Unbehagen. Er fürchtete, die offensiv vorgetragenen Phrasen würden den Bundeskanzler dazu bewegen, sich weiteren Besucherregelungen zu verschließen. Heinrich Albertz war weniger bekümmert; die nach Ost-Berlin strömenden Menschen hätten »eine Kraft freigesetzt ..., die stärker ist als alles, was selbst die größten Optimisten in der deutschen Frage zu glauben gewagt haben«[38]. Wenn Ulbricht das Protokoll nicht brechen wolle, müsse er eine unerwartete Millioneninvasion hinnehmen. Aus der ganzen DDR eilten die Menschen in die Hauptstadt, um ihre West-Berliner Verwandten zu treffen.[39] Damit sei man – kommunistische Propaganda hin, kommunistische Propaganda her – in Berlin endlich »zur gesamtdeutschen Wirklichkeit vorgestoßen«.[40] Mehr noch: Man habe »den ersten offensiven Erfolg in den anderen Teil der Stadt hineingetragen«[41]. Endlich sei es gelungen, in die Zone hineinzuwirken. Vielleicht könne man auf diese Weise Wandlungen im westlichen Sinne, womöglich langfristig sogar eine Liberalisierung erreichen.

Albertz verstand die Passierscheinvereinbarung als Element einer offensiven Entspannungspolitik, die, konsequent weitergeführt, irgendwann zur Wiedervereinigung führen könnte. Mit Genugtuung las er die Analyse des Verfassungsschutzes über die Lage in der DDR nach der Weihnachtsregelung. Viele Arbeiter großer Kombinate hätten auf Parteiversammlungen ihrerseits ein Besuchsrecht in West-Berlin gefordert, berichtete der Geheimdienst.[42] Albertz glaubte sich also auf dem richtigen Weg.

Bestätigt fühlte Albertz sich auch durch Meinungsumfragen im Westteil der Stadt. 89 Prozent der West-Berliner sprachen sich für erneute Kontakte zwischen Senat und DDR-Regierung aus.[43] Für den Bürgermeister ergab sich daraus nur eine Konsequenz: weitermachen. Die Durchgänge der Mauer waren noch nicht versperrt, da bekundete Albertz schon seine Bereitschaft zu neuen Vereinbarungen mit der DDR.[44] Aus dem Ministerrat vernahm man ähnliche Signale: Die Passierscheinfrist war noch nicht abgelaufen, da schlugen Alexander Abusch und Erich Wendt schon weitere Treffen vor. Außerdem deuteten sie an, die Besuchsregelung auf Potsdam und Frankfurt (Oder) auszudehnen.

Albertz sah keinen Grund, darauf nicht einzugehen. Im Auftrag des Regierenden Bürgermeisters rief er noch in den letzten Dezembertagen alle Kollegen der Rathausmannschaft zusammen, um weitere Verhandlungspositionen abzustecken. Am juristischen Rahmen der Vereinbarung ließ sich zugunsten West-Berlins wenig verändern, um so deutlicher sollten die technischen Absprachen verbessert werden. Alle hofften, zusätzlich zu den zwölf bisherigen weitere Passierscheinstellen zu eröffnen. Viele Berliner hatten Stunde um Stunde bei eisigem Wind ausgeharrt, bis sie die warmen Turnhallen erreicht hatten. Das sollte anders werden. Diesmal wünschten Brandt und seine Mitarbeiter, in allen West-Berliner Postämtern Passierscheinschalter mit eigenen Beamten einrichten zu können – nicht nur um die unzumutbaren Warteschlangen zu vermeiden, sondern auch um die Präsenz ostdeutscher Beamter in West-Berlin zu unterbinden. Darüber hinaus beabsichtigte man, dem Ulbricht-Regime künftig Dauerpassierscheine abzutrotzen und selbst West-Berlinern, die in den östlichen Sektoren keine Verwandte besaßen, den Besuch zu ermöglichen.

Brandt, Albertz und Bahr ahnten nicht, wie die Bundesregierung ihre Pläne aufnehmen würde. Mit Ausnahme von Klaus Schütz, der als Bundessenator die Lage in Bonn genauer überblickte, hoffte die Rathausmannschaft, ähnlich vorgehen zu können wie Mitte Dezember. Vor allem Albertz plädierte für unabhängiges Handeln; von Bonn erwartete er keine konstruktive Deutschlandpolitik. Nach seiner Ansicht sollte das Kanzleramt zwar auf dem laufenden gehalten werden, in die Verhandlungen eingreifen aber sollte es nicht.

Diesmal allerdings war Erhard keineswegs bereit, sich mit der Rolle des Handlangers zu begnügen. Zwar verbot ihm die Zustimmung der Berliner Bevölkerung, neue Gespräche gänzlich zu unterbinden. Der Kanzler ließ Brandt jedoch wissen, er werde niemals –

»weder für einen Tag noch für eine Stunde« – damit einverstanden sein, »daß wieder dasselbe Verfahren wie vor Weihnachten angewandt wird«.[45] Selbständig geführte Gespräche des Senats kamen für Erhard nicht mehr in Frage. Fortan diktierte er das Verhandlungsprogramm und forderte von Ulbricht nicht weniger als die Wiederherstellung der völligen Freizügigkeit in und um Berlin.

Brandt und Albertz wußten, daß Erhard mit dieser Forderung auf Granit stoßen, mehr noch: den weiteren Verlauf der Verhandlungen gefährden würde. Und wirklich – die Bedingungen des Bundeskanzlers provozierten die andere Seite nur zu propagandistischen Gegenangriffen. Pankow ließ verlauten, weitere Passierscheine allein dann zu gewähren, wenn West-Berlin die Agententätigkeit unterbinde, sämtliche Flüchtlingslager schließe und in Zukunft für die Sicherheit der Mauer sorge. Ferner erhielt Brandt ein Schreiben Willi Stophs. Darin sprach sich der stellvertretende Ministerratsvorsitzende für direkte Verhandlungen mit dem Regierenden Bürgermeister »zum Abbau des kalten Krieges, zur Entspannung und Normalisierung der Beziehungen« aus.[46]

Ohne die Einflußnahme der Bundesregierung wäre man im Schöneberger Rathaus wie üblich verfahren; Brandt hätte an die salvatorische Formel gedacht, Stophs Brief zu den Akten gelegt, Korber nach Ost-Berlin geschickt und wäre dann zur Tagesordnung übergegangen. Jetzt allerdings hatte Bonn das Sagen. Man verlangte die Rückgabe der unverschämten Zeilen.

Albertz kochte vor Wut über die Anweisungen der Bundesregierung. »Ich halte die Rückgabe für völlig unvertretbar. Hat Schütz dem etwa zugestimmt?« schrieb er an den Rand des Bonner Forderungskataloges.[47] Seiner Meinung nach führte Erhards Trommelwirbel keinen Zentimeter weiter. Im Gegenteil, in seiner Unkenntnis der Berliner Lage drängte der Kanzler den Senat hinter die Prinzipien der Dezemberregelung zurück. Erhard verhinderte nicht nur eine schnelle Einigung, er unterdrückte auch die entspannungs- und deutschlandpolitische Offensive, die hinter dem humanitären Anliegen steckte.

Noch am 30. Dezember hatte der Bürgermeister versichert, auf der Grundlage der bisherigen Vereinbarung eine weiterreichende Regelung zu erzielen. Daraus wurde nichts. Der Bundeskanzler hatte seinen Forderungen eine weitere hinzugefügt: Er verlangte, den Chef der Treuhandstelle über Passierscheine verhandeln zu lassen. Das konnte nur scheitern, wie Albertz aus Erfahrung wußte.

Und tatsächlich, schon beim ersten offiziellen Gespräch der Delegationen am 10. Januar erteilte Wendt dem Bonner Vorstoß eine Abfuhr. Er ließ keinen Zweifel daran, »daß die DDR in den hier zur Rede stehenden Fragen nichts mit dem Bund zu tun haben will«.[48] Erhards Wunsch, den juristischen Rahmen des Protokolls zu ändern, versagte sich Wendt mit entwaffnender Logik: Was Weihnachten gut war, könne Ostern und Pfingsten nicht schlecht sein. Albertz, Brandt und Bahr sahen das ähnlich. Sie blieben geneigt, Wendts Vorschlag zu akzeptieren, in einer Zwischenregelung für das Oster- und Pfingstfest alles so zu belassen wie bisher. Nach ihrer Überzeugung sollte danach über Dauerpassierscheine verhandelt werden.

Die Ansichten der »Heiligen Familie« gelangten allerdings nicht über das Rathaus hinaus. Am 11. Februar lehnte der Ausschuß der Staatssekretäre in Bonn die Pläne ab und sprach sich für eine Verschiebung der Verhandlungen aus.

Die Getreuen im Rathaus gaben sich dennoch nicht geschlagen. Brandt, Albertz und Bahr beschlossen, auf ihrer Haltung zu beharren. In einem Telephongespräch erklärte der Regierende Bürgermeister dem Bundeskanzler, an dem vorgesehenen Gesprächstermin seines Senatsrates festhalten zu wollen. Brandts Hartnäckigkeit beeindruckte Erhard allerdings nicht. Der Kanzler wollte weiteren Treffen zwischen Korber und Wendt nur zustimmen, wenn der Senat den Vorschlag für eine Zwischenregelung auf der Basis der Dezembervereinbarung zurückzog. Brandt sollte außerdem garantieren, die Präsenz von DDR-Bediensteten in West-Berlin nicht mehr zuzulassen.

Im Rathaus dachte man nicht daran, klein beizugeben. Besonders Albertz bedrängte den Regierenden, standhaft zu bleiben. Selbst nach kühlem Abwägen konnte er keine politischen Gefahren erkennen, die es rechtfertigten, das humanitäre Anliegen preiszugeben. Im Gegenteil, eine zweite Passierscheinaktion würde noch einmal »frischen Wind in die Zone« bringen und »weitere erhebliche politische Wirkungen im anderen Teil Deutschlands« erzielen.[49] Nur davon sollte man die nächsten Schritte abhängig machen. Auf einer Sondersitzung des Senats, die Albertz in Vertretung Brandts leitete, plädierte der Bürgermeister auch vor den Kollegen aus der FDP für die Fortsetzung der Berliner Linie. Korber sollte sich auf jeden Fall mit Wendt treffen. Die Kollegen indessen waren sich in diesem Punkt nicht so sicher. Zwar befürworteten alle Senatoren eine Oster- und Pfingstregelung ähnlich der Dezembervereinbarung, ohne die Zustimmung der Bundesregierung allerdings wollten sie nichts unternehmen.

Noch immer gab Albertz nicht auf. Nach langen Gesprächen mit Brandt konnte er den Regierenden Bürgermeister für ein beherztes Vorgehen gewinnen. Trotz aller Widerstände beschloß man, Senatsrat Korber nach Ost-Berlin fahren zu lassen. Dort sollte er im Sinne des Kanzlers die Präsenz ostdeutscher »Postbeamter« zwar ablehnen, ansonsten aber konziliant auftreten.

Am 13. Februar traf Horst Korber seinen Verhandlungspartner Erich Wendt im Ost-Berliner Haus der Ministerien. Der Staatssekretär schlug Korber für Ostern eine neue Vereinbarung mit zahlreichen technischen Verbesserungen vor, blieb allerdings in der Frage ostdeutscher »Postbeamter« auf West-Berliner Gebiet hart.[50] Korber wußte: Eine solche Vereinbarung würde der Kanzler nicht akzeptieren. Er lehnte Wendts Angebot ab.

Dieses Mal hatte Goliath David besiegt. Der Kanzler war nicht bereit, ein neuaufgelegtes Weihnachtsprotokoll zu dulden. Er nahm das propagandistische Zwischenspiel der DDR von Anfang Januar zum Anlaß, eine Ostervereinbarung abzulehnen. »Das SED-Politbüro«, so lautete seine Begründung, »hat in diesem Zusammenhang Forderungen angemeldet, die, wenn sie erfüllt wurden, tief in das politische Leben Berlins und in die Freiheit seiner Bürger eingreifen würden. Die Bundesregierung und der Senat von Berlin wenden sich energisch gegen jeden solchen politischen Mißbrauch. Die vom Osten vorgeschlagene Regelung für Oster-Besucher ist *daher* (Hervorhebung durch den Verf.) nicht annehmbar.«[51]

Brandt und die Seinen fügten sich dem Machtwort Erhards, nicht jedoch ohne verhalten Protest anzumelden. Auf Betreiben von Bürgermeister Albertz ließen sie in der gleichlautenden Ablehnungserklärung das »daher« der Bonner verschwinden. Alle Welt sollte erfahren, daß sich die Bundesregierung keinesfalls wegen der längst vom Verhandlungstisch gefegten Forderungen der SED gegen die simple Fortführung der Passierscheinregelung sträubte. Doch Eigensinn half nichts. Die Gespräche mit Ost-Berlin wurden für sechs Wochen ausgesetzt.

Die Bundesregierung behielt auch danach das Heft in der Hand. Freilich mußte Erhard im Laufe des Sommers erkennen, daß Ulbricht zwar in technischen Fragen zu Kompromissen bereit, keineswegs jedoch gewillt war, die Grundprinzipien des Protokolls vom 17. Dezember aufzugeben. Die Gespräche zwischen Korber und Wendt zogen sich bis in den September hinein und wurden von Mal zu Mal zäher, ohne daß der Kanzler seine ursprünglichen Forderungen durchsetzen konnte. Den Dialog konnte Bonn nicht abbrechen, da Ost-Berlin zu wendig war. Immer wieder köderte es mit verlockenden Angeboten, die eine erhebliche Verbesserung gegenüber dem Vorjahr in Aussicht stellten. Als die DDR schließlich eine gemischte Präsenz in den Passierscheinstellen vorschlug, entschloß sich der Kanzler zum »ehrenvollen Rückzug«. Er gab den Weg für eine neue Vereinbarung frei.[52] Nach fast neunmonatigen Verhandlungen konnte Korber das Protokoll am 24. September 1964 unterzeichnen.

Die Übereinkunft brachte viele Erleichterungen. Zwar hatte die Bundesregierung weder die Verhandlungen auf die Treuhandstelle verlagern noch eine günstigere Unterschriftenformel durchsetzen können, immerhin aber, was die »Postbeamten« anging, einen Kompromiß erzielt. In Zukunft sollten in den Passierscheinstellen genauso viele westliche wie östliche Beamte Dienst tun. Zudem gelang es, die neuen Antragsformulare mit dem Hinweis zu versehen, daß auch hier die salvatorische Klausel gelte. In technischer Hinsicht war man ebenfalls weitergekommen. Während die erste Vereinbarung eine Besuchsfrist von nur drei Wochen vorsah, galt die neue Regelung für ein ganzes Jahr und erstreckte sich auf vier Zeiträume. Darüber hinaus hatte Ost-Berlin eine Passierscheinstelle für Härtefälle gebilligt, die West-Berlinern bei besonderen Familienangelegenheiten den Besuch ihrer Verwandten binnen vierundzwanzig Stunden ermöglichen sollte.

Die Neuerungen befriedigten Albertz, obwohl er die schleppenden Verhandlungen als lästig empfunden hatte. Hätte der Bundeskanzler dem Senat mehr Freiheiten gelassen, wären die Berliner, davon war er überzeugt, schon Ostern in den Genuß der neuen Regelung gekommen.[53] Doch auch die zweite Vereinbarung würde die gespaltene Nation ein Stück voranbringen, hoffte er. Schließlich verhinderten die Passierscheine, daß der Status quo einfror, und diese Tatsache bedeutete ihm unermeßlich viel: Sie erfüllte nicht nur den Patrioten und Nationalen, sondern auch den Protestanten in ihm mit Genugtuung. Die menschliche Tragödie, die sich täglich »für achtzehn Millionen Deutsche in der sowjetisch besetzten Zone abspiel[te]«, bestärkte ihn in seinem Willen, sich »von niemandem in seinem Eifer, in seinem Ernst, aber auch in seiner fröhlichen Unbekümmertheit übertreffen« zu lassen.[54] Unbeugsam hatte er für eine Wende in der Deutschlandpolitik plädiert, weil er die Mauer, diese »ständige Herausforderung …, uns mit den gegenwärtigen Verhältnissen wirklich nicht abzufinden«, durchlässig machen wollte.[55] »Bekennerwut« nannte Klaus Schütz die wortgewaltigen Kampagnen seines Kollegen verächtlich und traf damit genau den Punkt.[56] Albertz wollte bekennen, weil der Christ und Patriot es nicht ertragen konnte, daß die DDR der alten Reichshauptstadt eine »Wunde … ins lebendige Fleisch geschnitten« hatte.[57]

Doch nicht mit lautem Wort allein war Albertz darangegangen, die Nation zusammenzuhalten. Im verborgenen hatte er Brandt und seine Kollegen seit Jahren zu weiteren Schritten in der Berlinpolitik gedrängt. Sein genialer Einfall, die salvatorische Klausel, ermöglichte schließlich, Berlin wenigstens auf begrenzte Zeit, über sämtliche rechtlichen Hürden hinweg, zur »Brücke aller menschlichen Bindungen« und zum Mittelpunkt der Nation zu machen.[58] Mit ihrer Hilfe gelang das wohl größte Kunststück der Passierscheinregelung: Ost-Berlin eine Vereinbarung abzuringen, die keine Ähnlichkeit mit einem völkerrechtlichen Vertrag haben durfte.

Der Zwischenmeister

Die entspannungspolitischen Vorstöße der Rathausrunde waren von den Getreuen des »Pfeifenklubs«, Brandts Machtbasis in der Berliner SPD, nie wirklich mitgetragen, eher zögernd, knurrend, wohl oder übel geduldet worden. Immer wieder mußte der Regierende Bürgermeister seine Parteifreunde besänftigen und in Gesprächen und Seminaren auf Kurs bringen. Überzeugen ließen sich die Genossen nicht, doch Brandt zu schwächen, wagte keiner. Nach dem Wahltriumph vom Februar 1963 stand der Regierende Bürgermeister im Zenit seiner Macht. Ihm war gelungen, was Reuter vergeblich versucht hatte: die alte Weltanschauungs- und Arbeiter-SPD in eine Volkspartei umzuwandeln. Der Popularität des Regierenden Bürgermeisters schienen keine Grenzen gesetzt, und in Umfragen überragte Brandt selbst Ernst Reuter, den Helden der Blockadezeit. Auf die Frage, welcher Partei die Berliner den Vorzug gäben, entschieden sich 68 Prozent für die SPD.[1] Bei Sympathiewerten dieser Größenordnung verstummten die innerparteilichen Gegner der neuen Berlinpolitik.

Irgendwo jedoch mußten sie ihren Groll loswerden. Heinrich Albertz eignete sich dafür wie kein anderer. Sein Beharren auf Abstand und Reserve, seine distanzierte Art, die sich jede Jovialität zu verbitten schien, hatten schon manchen einflußreichen Parteifreund erbost und ließen Albertz immer wieder ins Fadenkreuz der Kritik geraten. Außerdem hatten viele Sozialdemokraten den raschen Aufstieg des Senators nicht verkraftet. Albertz, im Berliner Landesverband stets Außenseiter geblieben, hatte von Brandts Triumph am meisten profitiert, wie sie zähneknirschend bemerkten.

Tatsächlich war Albertz nach den Wahlen zum Abgeordnetenhaus fast wie von selbst in den Vordergrund gerückt. Brandt hatte den Erfolg zum Anlaß genommen, seinen Anspruch auf die Kanzlerkandidatur für die kommende Bundestagswahl zu erneuern. Mehrmals in der Woche flog er nach Bonn, um dort die Genossen auf sich einzustimmen. Die Regierungsarbeit in Berlin überließ er Heinrich Albertz, indem er seinem Innensenator das Amt des Bürgermeisters mit erweitertem Aufgabenfeld antrug und beschloß, diesen Kompetenzzuwachs auch institutionell zu verankern. Als Bürgermeister und Senator für Sicherheit und Ordnung sollten Albertz künftig nicht nur die Polizeikräfte unterstehen, er sollte auch die Senatskanzlei verwalten und den Regierungschef bei den Alliierten und den Bezirksbürgermeistern vertreten. Als zweiter Mann hinter Brandt kam Albertz damit nicht nur eine Schlüsselposition zu; der Regierende Bürgermeister bot ihm zudem die Möglichkeit, sich der Stadt als Thronfolger zu präsentieren. Denn anders als die übrigen Mitglieder der Rathausrunde war der Senator nicht daran interessiert, mit Brandt nach Bonn zu wechseln. Er wollte auf Dauer in Berlin bleiben, um das deutschlandpolitische Erbe des Regierenden anzutreten. Auch aus diesem Grund gab es zu Albertz keine Alternative.

Die Genossen dachten anders. Sie verwahrten sich gegen die Erweiterung seiner Befugnisse und empörten sich über Brandts Versuch, Albertz mit der Nachfolge zu betrauen.[2] In Neukölln begehrten die Funktionäre sogar offen auf und drohten, Verkehrssenator Otto Theuner zum Bürgermeister zu nominieren. Allein Brandts Warnung, er werde zurücktreten, falls die Partei gegen Albertz stimme, ließ die Genossen nachgeben, freilich nicht ohne Albertz einen Denkzettel zu verpassen. Während alle anderen Kandidaten für den Senat von der Fraktion offen nominiert wurden, votierten gegen Albertz 22 Sozialdemokraten in geheimer Abstimmung.[3] Seiner Wahl am 11. März 1963 verweigerten sie sich allerdings nicht, auch wenn der neue Stellvertreter vielen Parteifreunden ein Dorn im Auge blieb.

Albertz hielt solche Querelen für die üblichen Berliner Flügelkämpfe – der Irrtum offenbart, wie flüchtig der Senator seinen Landesverband kannte. Trotz jahrelanger Mitgliedschaft in der Berliner

SPD war Albertz ein »Fremdkörper« geblieben.[4] Ihm war es stets um das Staatsamt gegangen, nicht um Parteiposten. In Berlin gab es für ihn Wichtigeres, als auf die Genossen Rücksicht zu nehmen. Hier galt es, die in seinen Augen bedeutendste nationale Aufgabe zu erfüllen: die einstige Reichshauptstadt vor dem Untergang zu bewahren. In der Müllerstraße, dem Sitz der Berliner SPD-Zentrale, hingegen drehte sich alles um die Machtbedürfnisse einiger zu kurz gekommener Funktionäre, die sich allzu wichtig nahmen, wie Albertz fand. Er sah in den Genossen bloße Erfüllungsgehilfen seiner Politik: Sie hatten ihr zuzustimmen, sonst aber im Hintergrund zu bleiben.

Als Chef der Senatskanzlei und Senator für Sicherheit und Ordnung konnte sich Albertz diese Ansicht erlauben. Als Stellvertreter des Regierenden Bürgermeisters mit der Aussicht, Brandt zu beerben, hätte er auf die Partei stärker Rücksicht nehmen und versuchen müssen, eine Hausmacht aufzubauen. Nichts dergleichen geschah. Im Gegenteil, das neue Amt beflügelte ihn, seine Vorstellungen noch unverhohlener zu artikulieren. Er hoffte, als Bürgermeister offener für die Belange der Stadt eintreten zu können: Berlin sollte weder zum Freilichtmuseum verkommen noch seinen Charakter als lebendiger Treffpunkt der Nation verlieren. Gleich nach der Amtsübernahme regte Albertz innenpolitische Reformen an und brüskierte seine hauptsächlich im öffentlichen Dienst tätigen Genossen, als er forderte, die Verwaltung in den Bezirken abzubauen und den Beamten Kandidaturen für das Parlament zu verbieten.

Andere Sozialdemokraten erboste nach wie vor sein Mangel an innerparteilicher Solidarität. Noch immer war Albertz selten bereit, verantwortliche Funktionäre in seine Entscheidungen einzubeziehen oder ihren Rat zu beherzigen. Vor allem Kurt Mattick, Brandts Nachfolger im Amt des Berliner SPD-Landesvorsitzenden, wurde von Albertz vor den Kopf gestoßen. Mattick hatte sich in der Berliner SPD hochgedient und treu zu den jeweiligen Parteivorsitzenden gestanden. Daran änderte sich auch nach Beginn der neuen Berlinpolitik nichts, obwohl er Brandts Kurs nicht folgen konnte. Mattick empfand die Entspannungspolitik als Verrat an den Genossen, die in der Zone gelitten hatten. Deshalb versuchte er, Brandt und dessen Mitarbeiter von einer Kursänderung zu überzeugen.

Der Landesvorsitzende drängte den Regierungschef, die neue Berlinpolitik aufzugeben und sich statt dessen in Verhandlungen darum zu bemühen, »anstelle der Insel Westberlin eine Halbinsel zu schaffen«. Zusammen mit der Bundesregierung sollten die Alliierten versuchen, der DDR einen tausend Meter breiten Korridor zwischen Dreilinden und Marienborn abzukaufen, um Berlin von dem »unmittelbaren Würgegriff« zu befreien.[5] Niemand im Rathaus gab solchen Plänen eine Chance. Doch Brandt verstand es, Mattick bei der Stange zu halten. Immer wieder schrieb er ihm seitenlange Briefe, suchte Rat und bewies dem Berliner SPD-Chef, wieviel Wert er auf dessen Meinung legte.

Anders Heinrich Albertz. Zwar hatte er Mattick von Mallorca aus zum eben von Brandt übernommenen Landesvorsitz gratuliert und ihm versichert, jederzeit für eine »Cooperation ohne Einschränkungen« zur Verfügung zu stehen, doch verwehten seine Versprechungen im Wind. Albertz empfand den Austausch mit Mattick als überflüssig, obwohl der SPD-Chef dem Senator ursprünglich wohlgesinnt war.[6] Seit langem hielt Albertz den Landesvorsitzenden für begriffsstutzig. Häufig witzelte er über »Dog-Mattick« und dessen geistige Unbeweglichkeit. Auch Matticks Wunsch, von jedem Schritt in der Berlinpolitik unterrichtet zu werden, fiel Albertz auf die Nerven. Und während sich der Regierende Bürgermeister bemühte, Mattick wenigstens den Anschein zu vermitteln, in alle Aktionen des Rathauses eingeweiht zu sein, rang sich Brandts Stellvertreter nur nichtssagende, oft frostige Bemerkungen ab. Ihm widerstrebte es, Mattick von Vorstößen zu unterrichten, die seiner Auffassung nach nur den Senat etwas angingen. Wie kam überhaupt ein Parteipolitiker dazu, vom Bürgermeister Berichte über die Passierscheinaktionen zu fordern, zumal Mattick sie, davon war Albertz überzeugt, weder mittrug noch verstand? Das Anliegen des SPD-Chefs, allzeit informiert zu werden, widersprach Albertz' Vorstellung vom Staatsamt und konnte daher nur abschlägig beschieden werden.

So demütigte er den Parteivorsitzenden immer wieder, indem er ihn vor vollendete Tatsachen stellte. Albertz hielt es sogar für überflüssig, Mattick von der Einstellung eines neuen Referenten zu unterrichten, und ließ mehrmals in großer Runde verlauten, daß in der »Lieschen-Müller-Straße« lediglich der Kaffee etwas tauge.[7] Hätte Albertz den SPD-Chef eingebunden, ihn zuweilen sogar mit Informationen versorgt, wäre ihm Matticks Wohlwollen gewiß gewesen. So aber machte er ihn sich zum Gegner. Mattick war nicht mehr bereit, sich widerstandslos übergehen zu lassen; er ließ den »lieben Heinrich« wissen, was er von dessen Umgangsformen hielt.

Lieber Heinrich,
gewohnt, wenn es die Zeit erlaubt, Ärger 24 Stunden zu überschlafen, habe ich gestern darauf verzichtet, Dich anzusprechen. Außerdem hatte ich nicht daran gedacht, daß Du verreist. Daher schreibe ich Dir jetzt.

Daß Du mit dem Landesvorstand 3 1/2 Std. debattierst, ohne ihm mindestens zu sagen, daß ein Brief des Herrn Stoph angenommen und weitergeleitet wurde, ist ein Ausdruck äußersten Mißtrauens gegen den Landesvorstand. Noch ist aus unserem Landesvorstand keinesfalls mehr herausgekommen als aus dem Senat.

Wenn Du aber wirklich glaubtest, der Landesvorstand darf nicht unterrichtet werden, Du dann (sic!) nicht wenigstens den Landesvorsitzenden unterrichtet hast, kann nur bedeuten, daß der Landesvorsitzende der Soz.d. Partei nicht in den ins Vertrauen zu ziehenden Kreis der Führung dieser Stadt gehört. Ich bitte dringend, daß wir darüber mit Willy Brandt gemeinsam sprechen.

Du brauchst nicht zu befürchten, daß ich mich in die öffentliche polemische Auseinandersetzung drängen lasse, wie es Fr. Neumann während seiner Amtszeit getan hat. Allerdings werde ich mir überlegen müssen, wie die Partei unter meinem Vorsitz ihre Aufgaben erfüllen kann. Ich bedaure diese Entwicklung.

Anfänglich hatten wir beide vereinbart, täglich auf Gegenseitigkeit zu telefonieren. Ich war damals in dem Glauben, daß unser täglicher Kontakt auch von Willy Brandt akzeptiert war.

Inzwischen wurde die Vereinbarung zu einem einseitigen Bemühen meinerseits. Ich war bisher der Meinung, daß Dein Verhalten mehr aus der Einstellung herzuleiten war, daß Du mehr belastet bist als ich.

Als ich Dich am Montag 6.I. (sic!) früh anrief, sagtest Du, daß es nichts Neues gibt. Als ich Dich am Montag abend ausdrücklich noch einmal danach fragte, mit welchem Ergebnis Korber zurückgekommen sei, verzichtest (sic!) Du ebenfalls auf jede Information.

Ich ziehe wohl zu Recht den Schluß, daß es so gewollt war. Ich bin durchaus für ein faires Verhalten gegenüber dem Koalitionspartner, aber damit läßt sich Dein Verhalten zu mir wohl nicht halten (sic!).

Übrigens sind Kurt Neubauer und Theo Thiele in dieser Frage mit mir einer Meinung.

Demungeachtet wünsche ich Dir gute Erholung und grüße Dich herzlich

Dein Kurt Mattick[8]

Albertz gelobte Besserung und versprach einen ausführlichen Dialog. Mattick wartete vergeblich darauf. Er fühlte sich vom Bürgermeister »unerträglich behandelt«[9]. Dabei hätte Albertz den Landesvorsitzenden gerade jetzt einbinden müssen, weil er als Stellvertreter des oft in Bonn weilenden Regierenden Bürgermeisters genauer darauf zu achten hatte, daß die SPD dem Kurs des Senats folgte. Aber er versäumte es, sich mit den tonangebenden Funktionären seiner Partei zu arrangieren, sie als Stützen seiner Politik zu gewinnen.

Nach den Wahlen zum Abgeordnetenhaus und dem Wechsel im Landesvorsitz wäre die Gelegenheit dafür günstig gewesen. Brandts Anhänger in der Berliner SPD fühlten sich ohne ihren langjährigen Vormann verlassen. Viele Genossen trauten Mattick nicht zu, den linken Flügel um Harry Ristock, Erwin Beck und Günter Abendroth in Schach zu halten, die in Charlottenburg und Tiergarten die Kreisvorstände der SPD erobert hatten. Sie hätten es lieber gesehen, wenn Brandt seinen erprobten Grabenkämpfer, den mächtigen Kurt Neubauer, als Landesvorsitzenden vorgeschlagen hätte. Hätte Albertz sich in dieser Situation um die Partei gekümmert und Mattick gestützt, wäre es dem Bürgermeister vielleicht gelungen, über kurz oder lang die Bataillone des »Pfeifenklubs« um sich zu scharen. Doch Albertz dachte nicht daran, sich in die Kungeleien seiner Genossen einzumischen und für irgend jemanden Partei zu ergreifen. Er blieb im Abseits – beargwöhnt von den Rechten, die sein berlinpolitisches Engagement nur halbherzig mittrugen, isoliert aber auch von den Linken um Harry Ristock, denen der »Standortpfarrer« aus innenpolitischen Gründen unsympathisch war. Mit Albertz, dem »harten Knochen«, konnte sich niemand identifizieren.[10] Seine rigiden Vorstellungen von Befehl und Gehorsam erschienen untragbar.

Die Kritik seiner Parteifreunde hinderte Albertz nicht daran, den neuen Posten als Brandts mächtiger Stellvertreter zu übernehmen. Zwar hatte er sich nicht um das Amt mit dem erweiterten Aufgabenfeld gerissen, doch begriff er das Angebot als Chance, nun die Geschicke Berlins deutlicher nach seinen Vorstellungen zu bestimmen. Und Brandt gab ihm dazu alle Möglichkeiten. Dem Regierenden Bürgermeister war Berlin zu eng geworden; drei Tage in der Woche – meist von Montag bis Mittwoch – zeigte er sich seinen Mitarbeitern und flog dann in die Bundeshauptstadt. Nachdem er Mitte Februar 1964 auch noch Erich Ollenhauer als Bundesvorsitzenden der SPD abgelöst hatte und offiziell zum Kanzlerkandidaten seiner Partei nominiert worden war, beschäftigte er sich kaum noch mit lokalen Themen. Der Bundestagswahlkampf erforderte seine ganze Zeit.

Während der SPD-Chef von einer Kundgebung zur anderen eilte und im Bundesgebiet um Wählerstimmen warb, leitete sein Stellvertreter in Berlin die Senatssitzungen, koordinierte die Passierscheinverhandlungen und erfüllte repräsentative Pflichten. Am

13. Februar veröffentlichte die »Berliner Morgenpost« auf ihrer Titelseite eine bissige Karikatur mit dem Kommentar »Der neue ›Regierende‹«.[11] Sie zeigte das Zwitterwesen »Willy Albertz«, das beflissen die Amtsgeschäfte erledigt – eine Gemeinheit zwar, aber nicht übertrieben. Fast wie von selbst war Albertz zum »heimlichen Regierenden Bürgermeister« geworden.[12] Er hatte in Berlin das Regiment übernommen und rückte nun mehr und mehr in den Vordergrund. Ob als Festredner oder Ehrenkleingärtner, als berlinpolitischer Vordenker oder Gastgeber bei Staatsempfängen – der Bürgermeister war schon jetzt Stadtoberhaupt.

Die neuen Aufgaben legten noch deutlicher die Stärken und Schwächen des Bürgermeisters bloß. Öfter als bisher ergriff Albertz das Wort und dachte laut über Alternativen zur bisherigen Politik nach. Damit erregte er so manches Gemüt, nicht nur in der Passierscheinfrage. In einer Rede vor dem Verein für die Geschichte Berlins kam Albertz plötzlich vom vorbereiteten Text ab und bedauerte die Auflösung Preußens durch die Alliierten: »Ich sage das mit besonderer Betonung …, weil ja immer vergessen wird, wie sich gerade in dieser Stadt unter den damaligen furchtbaren Gegebenheiten eine Mehrheit der Bevölkerung bis zum letzten, auch bei der letzten Möglichkeit mit dem Stimmzettel, gegen das gewehrt hat, was durch einige Österreicher und Bajuwaren über uns gekommen war. Ich will damit nicht die Österreicher und die Bayern diffamieren, aber ich will deutlich machen, daß das Unglück der deutschen Geschichte nicht ein preußisches Unglück ist.«[13] Hunderte von bösen Briefen waren die Folge. Der kürzeste kam aus Bayern und lautete schlicht: »Schamst Di net, Du Saupreiß?«

Dieser für Albertz typische Exkurs zeigt erneut den Preußen. Den Bürgermeister faszinierte nicht nur die preußische Geschichte als eine Mischung aus »Ordnung und Liberalität«, für ihn waren die Sekundärtugenden »unverzichtbare Instrumente«.[14] Verläßlichkeit und Fleiß, Treue und Gehorsam wurden ihm zum Maßstab, nach dem er sein Verhalten und das anderer beurteilte.[15] Darunter fiel auch ein autoritäres Amtsverständnis: Als Statthalter des Regierenden Bürgermeisters hatte ihm keiner hineinzureden. Zuweilen ließ

Albertz sogar die Kollegen spüren, wer der Herr im Rathaus war. Wenn Brandt die Senatoren zusammenrief, um wichtige Beschlüsse zu fassen, kam es selten zu Abstimmungen. Er stellte die Probleme zur Diskussion, vernahm geduldig jedes Für und Wider und suchte schließlich den Konsens. Heinrich Albertz hingegen hielt Besprechungen ab. Nach seiner Überzeugung waren alle Mitarbeiter rapportpflichtig.

Es blieb nicht aus, daß solches Gebaren zu Reibereien mit den Senatoren führte, denen Albertz' autoritärer Führungsstil auf die Nerven fiel. Vor allem mit Karl Schiller geriet der Bürgermeister immer wieder aneinander. Der ebenso brillante wie überhebliche Wirtschaftssenator war nur auf Bitten Brandts und nach beträchtlichen finanziellen Zusagen von Hamburg nach Berlin übergesiedelt und hatte sich hier bald Meriten um die brachliegende Wirtschaft erworben. Dennoch ließ er keinen Zweifel daran, daß ihm die Halbstadt zu eng war und seine Tätigkeit kaum von langer Dauer sein würde. Schillers Blick richtete sich gen Westen: zunächst auf die Hansestadt, in der seine Familie lebte, dann nach Bonn, wo er hoffte, über kurz oder lang Heinrich Deist, den Wirtschaftsexperten der SPD, abzulösen. In Berlin mißfiel ihm manches, vor allem aber, daß er die Hälfte der Woche mit Brandts Stellvertreter auskommen mußte.

Albertz hatte aus seiner Abneigung gegen den »westdeutschen Paradiesvogel« nie einen Hehl gemacht. [16] Ihn ärgerte, daß der Professor oft gerade den Senatssitzungen fernblieb, denen er selbst vorstand. Der Bürgermeister rächte sich auf eine für ihn typische Weise: Er ließ seinen Referenten bei Schiller anrufen und ihm ausrichten, daß solch Verhalten ein Unding sei. Schiller wiederum verstimmten diese Umgangsformen. Er ließ die Kränkung nicht lange auf sich sitzen. Mehrmals tadelte der Wirtschaftssenator diejenigen, die in den Beziehungen mit dem Osten »so leicht ihre Gefühle nicht mehr beherrschen oder die den bittersüßen Geschmack der Ketzerei ihrer eigenen Worte genießen«. Jeder wußte, wer gemeint war. Zugleich betonte er öffentlich, er sei in die Mannschaft Brandts eingetreten, folglich auf keinen »Zwischenmeister« wie Albertz angewiesen. [17]

Mehrmals hatte der Regierende Bürgermeister die Wogen zu glätten, und nicht nur zwischen Albertz und Schiller. Auch andere Genossen murrten über den Stellvertreter und ihren »Dreitagechef«, der sie mit dem gestrengen Preußen allein ließ.[18] Kritik kam ebenfalls aus der CDU. Schon 1961 hatte Franz Amrehn seinen Wahlkampf unter das Motto »Ständig in Berlin« gestellt, um sich vom reiselustigen Brandt abzusetzen. Jetzt, vier Jahre später, sollten die Berliner erneut zur Kenntnis nehmen, wie wenig sich Brandt um die Stadt sorgte, wie oft er die Regierungsgeschäfte dem »Garnisonspfarrer« überließ.[19] Brandt blieb nichts weiter übrig, als sich öffentlich vor seinen Bürgermeister zu stellen, die Gerüchte um das Zerwürfnis zwischen Schiller und Albertz zu dementieren und der Opposition ihre »provinzielle Beckmesserei« anzukreiden.[20] Vor dem Abgeordnetenhaus schrieb er allen Parlamentariern ins Stammbuch, daß er an der Stellvertreterfunktion nichts ändern wolle.

Wie auch? Der Bundestagswahlkampf lief auf Hochtouren. Die Sozialdemokraten rechneten mit einem Sieg im Herbst 1965, obwohl Meinungsforscher ein Kopf-an-Kopf-Rennen zwischen Brandt und Erhard vorausgesagt hatten. Brandt selbst sprach vom »aussichtsreichsten Wahlkampf in der SPD-Geschichte« und sah den »Sieg zum Greifen nahe«.[21] Viele Berliner gewannen daraufhin den Eindruck, der Regierende Bürgermeister werde die Stadt verlassen. In dieser Lage bekam der Landesparteitag im Mai 1965 eine besondere Bedeutung. Journalisten wie Politiker erwarteten, daß Brandt in seiner Rede vor den Delegierten endgültig und offiziell seinen Nachfolger benennen werde. Beide Parteiflügel versuchten daher, ihre Positionen für den Tag X zu verbessern. So stand der Parteitag von Anfang an im Zeichen der Personaldebatte, obgleich Brandt politische Themen in den Vordergrund rücken wollte.

Zwar hatte Kurt Mattick in seinem Eröffnungsreferat vor den Genossen betont, die Nachfolgefrage werde sich erst stellen, wenn Brandt ins Palais Schaumburg eingezogen sei. Doch hatte auch er schon nach einer Alternative gesucht, um die Kandidatur von Heinrich Albertz zu verhindern.[22] Seine Wahl fiel auf Bausenator Rolf

Schwedler. Wie Mattick gehörte Schwedler zum »Pfeifenklub«; zudem hatte er mehrmals sein Interesse am Posten des Regierenden Bürgermeisters bekundet. Der Landesvorsitzende wollte Schwedler zu einem seiner Stellvertreter in der Partei küren, um ihm die Möglichkeit zu bieten, sich vor dem Parteivolk als wahrer Kronprinz darzustellen.

Die Linken versuchten ebenfalls, ihre Fronten zu verstärken. Zwar hatten sie im Vorfeld schon eine Schlappe einstecken müssen, als Mitglieder des »Pfeifenklubs« von Ristocks Wahlmanipulationen in Charlottenburg erfuhren und der Landesvorstand die Wahlen wiederholen ließ.[23] Doch konnten sie auf dem Landesparteitag ihre Macht demonstrieren, indem sie Matticks Wunschkandidaten im Verbund mit den wenigen Getreuen um Heinrich Albertz durchfallen ließen. Während der Landesvorsitzende ohne Schwierigkeiten in seinem Amt bestätigt wurde und auch Kurt Neubauer als einer seiner Stellvertreter die Hürde des Parteitags nahm, unterlag Schwedler dem Senator für Wissenschaft und Kunst, Werner Stein, vom linken Flügel.

Die Niederlage hatte sich der Bausenator zum Teil selbst eingebrockt. Als Schwedler seine Wahlchancen schwinden sah, versuchte er noch im letzten Moment, Genossen auf seine Seite zu ziehen, die Albertz nahestanden. Einem Verschwörer gleich gab er den Delegierten eine Vereinbarung preis, die er im Vorfeld des Parteitages mit dem Bürgermeister getroffen habe. Beide seien übereingekommen, niemals um das Amt des Stadtoberhauptes zu konkurrieren.[24] Die Funktionäre nahmen Schwedlers Geständnis mit Empörung auf. Sie lehnten Geheimabsprachen als Einschränkung ihrer Rechte ab und verpaßten dem Bausenator eine Ohrfeige.

Heinrich Albertz kam unbehelligt davon. Er hatte sich um kein Amt beworben, nicht einmal das Wort ergriffen, und doch verließ er die Kongreßhalle im Tiergarten als Sieger. An dem »Zwischenmeister« führte kein Weg mehr vorbei, zumal sich Schwedler in den folgenden Wochen noch tiefer in die Erfolglosigkeit manövrierte. Nach einem Betriebsausflug, einer beschwingten Dampferfahrt mit den Beamten seiner Behörde, hatte der angetrunkene Bausenator auf seinen Dienstwagen verzichtet. Die Fahrt im Polizeiauto schien ihm und seinen Kollegen angemessener. Unter dröhnendem Gelächter knackte die heitere Schar den verwaisten Funkwagen Dora, verschenkte die Haltekelle und schaltete Signalhorn wie Blaulicht ein. Über Polizeifunk »drangen Scherze bis in die Zentrale«.[25]

Schwedlers Kapriolen wären augenzwinkernd hingenommen worden, hätte er in dieser Nacht nicht ausgerechnet Heinrich Albertz vertreten müssen. Bei einem amtierenden Senator für Sicherheit und Ordnung indes war solch Schabernack nicht zu dulden. Der Leichtsinn versperrte Schwedler endgültig den Weg ins Rathaus: Er hatte seinen Anspruch auf das Amt des Regierenden Bürgermeisters verspielt.

Albertz stand nun ohne Konkurrenz da. Mehr noch: Obwohl er sich niemals um Verbündete gekümmert hatte, verfügte er mittlerweile über Anhänger, denen es auf dem Parteitag gelungen war, einen hohen Anteil an Beisitzerposten für den Landesvorstand zu erringen. Die Gruppe hatte sich um den Berliner ÖTV- und stellvertretenden Fraktionsvorsitzenden Dieter Schwäbl gebildet.[26] Sie bestand aus Genossen, die sich vor allem ein Ziel gesteckt hatten: »die Politik der Vernunft« fortzusetzen, das heißt den neuen berlinpolitischen Kurs auch nach Brandts Weggang zu halten.[27] Der »Schwäbl-Kreis«, auch »Mitte-Gruppe« genannt, setzte sich vornehmlich aus Mitgliedern des »Pfeifenklubs« zusammen, die – anders als die rechten Genossen – die Passierscheinverhandlungen billigten. Zu den Spitzen dieser Vereinigung gehörten Schulsenator Carl-Heinz Evers, der intellektuelle Kopf des Klubs, Horst Korber, Wolfgang Büsch und Dietrich Spangenberg, der Spandauer Kreisvorsitzende Franz Ehrke, der stellvertretende Senatspressesprecher Hanns-Peter Herz sowie Heinz Strieck, Senatsdirektor in der Finanzverwaltung. Man traf sich meist vierzehntäglich im Büro des Berliner ÖTV-Chefs in der Joachimstaler Straße, zuweilen aber auch privat, um weitere Schritte in der Berlinpolitik zu diskutieren. Heinrich Albertz kam fast ohne eigenes Zutun in den Genuß, vom »Schwäbl-Kreis« unterstützt zu werden. Als enger Vertrauter des Regierenden Bürgermeisters und Anwärter auf dessen Nachfolge betrachteten ihn die Mitglieder als Garanten für die Fortsetzung der Brandt-schen Politik.

Zwar nahm Albertz oft an den Treffen der »Mitte-Gruppe« teil, lud die Genossen gelegentlich sogar in die eigenen Amtsräume ein – die Möglichkeiten, die ihm der lose Debattierverein bot, nutzte er jedoch nicht. Anstatt sich von den Mitgliedern des »Schwäbl-Krei-ses« zur Galionsfigur aufbauen zu lassen und von dieser Position aus Rückhalt in der gesamten Partei zu gewinnen, blieb Albertz auch gegenüber den eigenen Gefolgsleuten distanziert. Hatte er sich nicht sogar auf einem Parteitag durchgesetzt, auf dem er selbst keine Rolle spielte? Nicht Schwedler, der Mann der Ochsentour, hatte sein Ziel erreicht, sondern er: der Bürgermeister. Kungeleien in Hinter-zimmern geziemten sich nicht für den künftigen Landesvater, fand Albertz, selbst wenn es das eigene Büro war, in dem sich die »Schwäbl-Leute« trafen. Der Bürgermeister dachte nicht daran, sich eine Basis zu schaffen, obgleich ihm die Unterstützung der Partei-freunde schmeichelte. Ihm ging es allein um eines: die Politik zu verwirklichen, die er zum Wohl der Stadt für sinnvoll erachtete. Daß er dazu Verbündete aus den eigenen Reihen benötigte, ließ er außer acht. Wenn er im September das Amt des Regierenden Bürgermei-sters übernahm, sollte die Stadt sehen: Er würde über den Parteien stehen, Volksregierender sein und sich fernhalten von parteipoliti-schen Erwägungen. Diese entsprachen nicht seinem Bild vom Staats-mann, paßten ebensowenig zu dem von Karl Barth geprägten Chri-stenmenschen, der jede Ideologie, jede parteipolitische Bindung grundsätzlich ablehnt, weil er nicht den »Göttern des politischen Geschehens« dient, sondern nur einem: dem Allmächtigen. Albertz also behagten die Zusammenkünfte der »Mitte-Gruppe« nicht.[28] Seine Vorbehalte ließen eine Vasallentreue der »Schwäbl-Leute« nie aufkommen, auch wenn sie fortan in der Partei zur Albertz-Kama-rilla gezählt wurden.

Wie schon im Umgang mit dem »Pfeifenklub« wiederholte Al-bertz den Fehler, sich nicht um die verschiedenen sozialdemokrati-schen Lager zu kümmern. Zwar wurde er nach dem Parteitag im Mai 1965 tatsächlich zum »Zwischenmeister«, der in Vertretung

Willy Brandts vor der Versammlung der Westeuropäischen Union in Paris sprach, Reibereien innerhalb der Senatskanzlei schlichtete und die Genossen vom Stand der Passierscheinverhandlungen unterrichtete, doch vermochte er nicht, Brandt als Parteimann zu ersetzen. Unter Bürgermeister Albertz blieb die Berliner SPD ohne Orientierungshilfe aus dem Rathaus. Während der »Pfeifenklub« geschwächt, da führungslos dastand und sinnierte, wie er Albertz wenn nicht loswerden, so doch zumindest einbinden könne, bemühte sich die Linke immer offener, verlorenes Terrain wiederzugewinnen.

Den Bürgermeister aber interessierten die Genossen wenig. Ihm ging es vor allem um die Berlinpolitik: Vielleicht würde es ihm gelingen, nach dem nächsten Sitzungsmarathon zwischen Korber und Wendt allen West-Berlinern, ob sie Verwandte im Ostteil der Stadt hatten oder nicht, die Möglichkeit zu eröffnen, die Grenze zu passieren. Womöglich ließen sich dem Verhandlungspartner auch Tagesfahrten in die für Westreisende bisher verschlossene DDR abringen. Kurzum, Albertz' Ehrgeiz konzentrierte sich auf die Passierscheingespräche. Er hoffte, die Verbesserungen gleich bei seiner Amtsübernahme bekanntgeben zu können, um sich auf diese Weise als Volksregierender einzuführen. Daraus freilich wurde nichts. Brandt verlor die Bundestagswahl und kehrte nach Berlin zurück.

Bei aller Loyalität gegenüber dem Regierenden Bürgermeister hatte Albertz gehofft, endlich aus der zweiten Reihe hervorzutreten. Die Amtsgeschäfte führte er ohnehin schon in nahezu eigener Verantwortung. Doch dachte er nicht daran, seine Kandidatur zu betreiben. Bisher war er stets auf Bitten anderer in die nächsthöhere Position gehoben worden. Es war dieser Automatismus, der ihm das Gefühl vermittelte, ins Amt berufen worden zu sein, damit er den Dienst am Nächsten verrichten könne. Diesmal allerdings blieb der Ruf aus. Der Bürgermeister begrub seine Hoffnung, in absehbarer Zeit die Nachfolge Brandts anzutreten.

Brandt selbst ließ verlauten, daß er nicht noch einmal in den Ring der Kanzlerkandidaten steigen werde. Zwar hatte er für seine Partei das beste Ergebnis nach dem Krieg errungen, doch die CDU blieb stärkste Fraktion im Bundestag und stellte erneut den Regierungschef. Nicht allein diese Tatsache machte Brandt zu schaffen – ihn bedrückte vor allem die »Niedertracht«, mit der die Union seine Zeit als Emigrant in den Schmutz gezogen hatte.[29] Schon kurz nach Bekanntgabe der Endergebnisse kehrte er der Bundeshauptstadt den Rücken, igelte sich in seiner Villa im Grunewald ein und versuchte, seine Enttäuschung im Alkohol zu ertränken.

Heinrich Albertz war es, der ihn wiederaufrichtete. Mehrmals besuchte er den Regierenden und bat ihn, im Amt zu bleiben. Nach einem Urlaub an der Côte d'Azur war Brandt wiederhergestellt und bereit, sich der Stadt mit neuen Kräften zu widmen.

Die Aufgaben waren gewaltig. Der Regierende Bürgermeister hatte nicht nur den Senat umzubilden, er mußte auch aufmüpfige Genossen zur Räson bringen. Im Rathaus hingegen blieb dank seines Stellvertreters alles beim alten. Nur Karl Schiller und Adolf Arndt mußten ersetzt werden. Nach ständigen Auseinandersetzungen mit Heinrich Albertz waren sie nach Bonn gegangen. Trotz des Wechsels im Senat behielt Brandt die früheren Regelungen bei. Albertz sollte ihn weiterhin im Rat der Bürgermeister, bei der Dienstaufsicht über die Bezirksamtsmitglieder und in den Kommandanturbesprechungen vertreten. Außerdem betraute ihn Brandt mit der Innenverwaltung, die zuvor Verkehrssenator Otto Theuner unterstand. Brandt selbst übernahm die Aufsicht über Rechnungshof wie Verwaltungsgericht und versprach, sich fortan mehr um Kommunales zu kümmern. Anfang November war das Haus bestellt. Nun galt es, das größere Problem zu lösen: die SPD wieder in den Griff zu bekommen.

»Pfeifenklub« und »Schwäbl-Kreis« machten Brandt keine Schwierigkeiten. Die rechten Genossen um Mattick und Neubauer hatten stets zum Regierenden Bürgermeister gehalten, obgleich sie seiner Berlinpolitik reserviert gegenüberstanden. Auch die »Mitte-Gruppe« blieb Brandt treu ergeben. Kopfzerbrechen bereitete ihm die Linke. Sie hatte seine zeitweilige Abwesenheit genutzt, um ihre Position zu festigen. Seit 1960 bemühte sich der fruhere Vorsitzende der Falken, Harry Ristock, die vom »Pfeifenklub« aufgeriebene »Keulenriege« zu sammeln und ihr neue Mitglieder zuzuführen.

Mit Hilfe systematischer Kaderarbeit war es ihm gelungen, eine linke Plattform zu schaffen, von der aus die Kreis- und Funktionärsversammlungen beeinflußt werden konnten.[30] Ristock und seine Freunde gründeten einen Schattenvorstand aus zwölf Personen. Außerdem riefen sie den »Sechziger Kreis« ins Leben. Getarnt als »Freundeskreis des Hauses der Sozialistischen Jugend« kam hier die gesamte innerparteiliche Opposition zusammen, immerhin etwa fünfhundert Personen. Die Parteiführung erfuhr davon erst spät, weil Ristock einen Fehler vermied, der Franz Neumann noch den Kopf gekostet hatte: die offene Gegnerschaft zu Willy Brandt. Der linke Pragmatiker hatte begriffen, daß er dem populären Regierenden Bürgermeister nicht viel entgegenzusetzen hatte. Er bediente sich daher einer List: Ristock zählte Brandt zu den Seinen und bezeichnete sich als »Neo-Brandtianer«.[31] Mit dem Anspruch, das Gedankengut des Parteivorsitzenden in die Tat umzusetzen, zogen die linken Sozialdemokraten in den Kampf und stritten für ein Idol, das damit gar nicht einverstanden war.

Solange Brandt im Wahlkampf stand, fand er keine Zeit, sich um Ristock zu kümmern. Nach seiner Rückkehr allerdings ging er in die Offensive. Kurz nach der verlorenen Bundestagswahl hatten die Linken eine Wahlanalyse verfaßt, in der sie Herbert Wehner, den mächtigsten Mann der SPD, kritisierten. Die Berliner Jungtürken warfen Wehner vor, »kriechend und vor jedem Gespenst der bürgerlichen Ideologie katzbuckelnd«, allein die Regierungsübernahme im Sinn zu haben und die »natürlichen Partner« der Sozialdemokratie zu vernachlässigen.[32] Wehner und Erler hätten das Ziel verfehlt, der SPD neue Wählerschichten zu öffnen. Nur Brandt sei mutig genug gewesen, andere Wege zu gehen.

Die Attacke richtete sich gegen die gesamte sozialdemokratische Rechte, traf aber vor allem den »Pfeifenklub«. Mit Hilfe der Denkschrift versuchten Ristock und seine Genossen, Brandt von seinem Anhang zu trennen und seine Getreuen als rückständig zu diffamieren. Unter Drohungen gelang es dem Regierenden Bürgermeister jedoch, die Linken zum Schweigen zu bringen. Anschließend herrschte wieder Ruhe.

Albertz' Reaktion auf die Taktik der Jungtürken wirft erneut Licht auf seine Persönlichkeit. Er hielt es für unangemessen, sich überhaupt mit Ristocks Vorstoß zu befassen. Während Brandt, Schütz, Mattick und Neubauer ausheckten, wie sie die Linken in die Schranken weisen könnten, dachte Albertz streng hierarchisch: Der Landesvorstand dürfe sich nicht vorschreiben lassen, wie eine Wahlanalyse auszusehen habe. Dieser Verweis auf die Satzung war treffend, brachte die Haudegen jedoch nicht zum Schweigen. Andere Mittel mußten her, das wußte der »Pfeifenklub« aus früheren Erfahrungen.

Das Verhalten des Bürgermeisters verdeutlicht auch, wie unbeholfen Albertz im Kampf um die innerparteiliche Macht gewesen ist. In der Senatskanzlei ließen sich seine Untergebenen mit der Androhung von Disziplinarmaßnahmen einschüchtern, die Rabauken in der SPD hingegen nicht. Für den »Zwischenmeister« und Stellvertreter Brandts war diese Schwäche harmlos. Geschützt durch den Regierenden Bürgermeister, konnte sich Albertz ohne Rücksicht auf parteipolitische Bindungen allein dem Staatswohl widmen. Oft beschwerte er sich über aufmüpfige Senatoren, die Interna an die Gremien der SPD weitergaben und damit die politische Marschroute gefährdeten. In solchen Fällen bat er Brandt – zuweilen mit unterschwelliger Rücktrittsdrohung –, die Schuldigen zur Rechenschaft zu ziehen. Als Stadtoberhaupt allerdings wäre Albertz auf sich gestellt gewesen. Mit jeder Intrige, jedem Komplott hätte er allein fertig werden müssen, stets in Gefahr, Schaden zu nehmen, weil ihm zwei wichtige Dinge fehlten: Er wußte nur ungenügend mit den Waffen des innerparteilichen Grabenkampfes umzugehen und verfügte über keinen Anhang, der – notfalls bis zum Äußersten gehend – bereit war, für ihn aufzustehen.

Noch gehörten solche Probleme in die Welt von morgen. Heinrich Albertz glaubte nicht mehr daran, anstelle Brandts auf der Regierungsbank Platz zu nehmen. Zudem gab es Wichtigeres als den Gedanken an das eigene Fortkommen. Das Ergebnis der Bundestagswahlen ließ Albertz keine Ruhe. Er fürchtete, Erhard werde in seinem »bundesrepublikanischen Staatsbewußtsein« weiter dazu beitrag, den Status quo zu zementieren, und damit den Zusammenhalt der Nation endgültig zerstören.[33] Mit Billigung Brandts ging Albertz abermals an die Öffentlichkeit, um auf seine größte Sorge hinzuweisen: daß die alte Reichshauptstadt ihre gesamtdeutsche Aufgabe verliere und zu einem »Museum« werde, »in dem man Willy Brandt, die Freiheitsglocke und die Mauer besichtigen kann«.[34] Der Bürgermeister forderte »mehr Mut« im Umgang mit den Machthabern der DDR,[35] und hoffte, die festgefahrenen Passierscheingespräche aus der Sackgasse zu führen.

Albertz hatte mit Sorge zur Kenntnis nehmen müssen, daß Ost-Berlin den Beginn der nächsten Verhandlungsrunde nutzte, um härtere Bedingungen zu stellen. Aufgrund »verschiedener Provokationen« – etwa durch eine Sitzung des Bundestages in West-Berlin – bot der neue DDR-Unterhändler Michael Kohl entgegen früheren Vereinbarungen nur eine Passierscheinregelung bis zum 31. Januar 1966 an. Außerdem lehnte er einen Besuchszeitraum für den Herbst ab.[36] In künftigen Protokollen sollte ferner jeglicher Hinweis auf Verlängerungsmöglichkeiten fehlen.

Die neue Schärfe der anderen Seite beanspruchte Albertz' ganze Aufmerksamkeit. Immer wieder drohten die Gespräche zwischen Kohl und Korber zu scheitern. Am 2. Oktober erreichten die Verhandlungen ihren Tiefpunkt. Da es trotz intensiver Geheimgespräche zwischen Spangenberg und Berg nicht gelungen war, sich über die strittigen Punkte zu einigen, schloß die DDR noch am selben Abend ihr Büro am Hohenzollerndamm.[37] Der unkomplizierte Besuch bei dringenden Familienangelegenheiten blieb den Berlinern bis auf weiteres versperrt. Dennoch gelang es der Rathausmannschaft, wenigstens den politisch-rechtlichen Teil des Protokolls zu retten, den Kohl zunächst ebenfalls in Frage gestellt hatte. Nach dreiundzwanzig oft frostigen Treffen zwischen Korber und Kohl konnte die neue Regelung am 25. November 1965 unterschrieben werden. Die West-Berliner besaßen nun wieder die Möglichkeit, wenigstens über die Weihnachtsfeiertage in den Ostteil der Stadt zu fahren.

Trotz des Erfolges war Ulbricht an einem langfristigen Abkommen nicht mehr interessiert. Der Staatsratsvorsitzende hatte gehofft, durch Konzessionen und Kompromißbereitschaft die Anerkennung der DDR zu erringen sowie Chruschtschow zu gefallen, der nach Bonn zu reisen wünschte.[38] Als Chruschtschow stürzte und die Verhandlungen mit dem Senat nicht die Ergebnisse brachten, die sich die SED erhofft hatte, ging Ulbricht erneut auf Konfrontationskurs. Seine Argumentation war: Wer sich um normale menschliche Beziehungen bemühe, müsse auch normale staatliche Beziehungen wollen. Dies aber war nicht durchzusetzen. So glichen die weiteren Gespräche zwischen Kohl und Korber eher Rededuellen als ernstgemeinten Verhandlungen. Kam es einmal doch zur Annäherung, verhinderte die Bundesregierung den zäh ausgehandelten Kompromiß, indem sie sich gegen die Wünsche des Senats stellte. Trotz aller Widrigkeiten versuchten Albertz, Brandt und Bahr, die Mauer auch 1966 für einige Wochen zu öffnen, und noch zweimal gelang es ihnen, der DDR Passierscheine abzutrotzen. Dann jedoch schlossen sich die Grenzübergänge für lange Zeit.

Je verfahrener die Lage wurde, desto deutlicher vertrat Albertz seine ursprüngliche Idee, weiteren Ballast abzuwerfen und der DDR entgegenzukommen. Nach Ansicht des Bürgermeisters konnte man mit der salvatorischen Klausel nahezu alle Wünsche Pankows dulden.[39] Außerdem drang er darauf, sich endlich von den »Rheinbundpolitikern« loszusagen, die von Bonn aus die Politik der kleinen Schritte zu hintertreiben suchten. Fortan sollten die Westalliierten die Aufsicht über die Verhandlungen übernehmen. Sie würden dem Senat mehr Freiräume zugestehen, hoffte Albertz.

Mit dem Rücktritt Erhards Ende 1966 waren solche Gedanken entbehrlich geworden, denn die SPD trat als Koalitionspartner der Christdemokraten in die Bundesregierung ein. Albertz erwartete, daß eine von den Sozialdemokraten mitgetragene Regierung endlich Bewegung in die Entspannungspolitik bringen werde. Ob Brandt dem neuen Kabinett angehören würde, schien ihm keineswegs ausgemacht; er jedenfalls rechnete nicht damit, Regierender Bürgermeister zu werden.[40]

Der SPD-Chef schien die Ereignisse um den Sturz des Kanzlers eher teilnahmslos zu verfolgen. Vier Tage vor dem Rücktritt der liberalen Regierungsmitglieder war er nach einem schweren Erstickungsanfall bewußtlos aufgefunden und mit dem Notarztwagen ins Krankenhaus eingeliefert worden. Brandt erholte sich schnell, verspürte aber keinen Ehrgeiz, in Bonn Karriere zu machen. Zwar nahm er wenig später an den Koalitionsverhandlungen teil, dachte allerdings nicht ernsthaft daran, einer Regierung unter Kiesinger anzugehören, zumal ihm ein sozialliberales Bündnis lieber gewesen wäre.[41]

Erst kurz vor Abschluß der Gespräche ließ sich Brandt von Wehner in die Pflicht nehmen. Am 29. November rief er Albertz von Bonn aus an und teilte ihm mit, er werde den Posten des Außenministers und Vizekanzlers in einer CDU-SPD-Regierung übernehmen. Über Nacht war Heinrich Albertz Regierender Bürgermeister geworden – allerdings mit einem Nachteil: Er stand allein da. Die meisten Getreuen der Rathausmannschaft hatten Hals über Kopf die Stadt verlassen, waren nach Bonn aufgebrochen. Egon Bahr schien es am eiligsten zu haben. Als der SPD-Chef ihn rief, ließ er alles stehen und liegen, ja vergaß sogar, den Geheimcode seines Tresors zu hinterlegen. Albertz, der im Panzerschrank wichtige Passierscheinunterlagen vermutete, brauchte Stunden, um die Kombination zu knacken. Als sich der Safe endlich öffnen ließ, war die Enttäuschung groß. Außer der Dienstanweisung für den Umgang mit Geheimunterlagen und einer leeren Colabüchse fand Albertz nichts Brisantes. Erst die Durchsuchung des gesamten Büros brachte des Rätsels Lösung: Bahr hatte nicht einmal Zeit gefunden, die geheimen Memoranden und Wortprotokolle wegzuschließen; sie lagen verstaubt im Regal.[42]

Vom engeren Kreis der Rathausrunde war einzig Dietrich Spangenberg in Berlin geblieben, obwohl auch ihn ein Angebot Brandts lockte. Doch nicht alle konnten die Stadt verlassen. Seinen Entschluß, in Berlin zu bleiben, vergaß Albertz nie. Spangenberg wurde sein wichtigster Vertrauter.

Offiziell übernahm Heinrich Albertz das Amt des Regierenden

Die Ernennung zum Regierenden Bürgermeister stieß nicht auf ungeteilte Freude im Hause Albertz: Ilse Albertz, die immer einen Pastor zum Mann haben wollte, tat sich schwer mit dem neuen Amt. Das Photo zeigt das Ehepaar nach der Vereidigung Ende 1966.

Bürgermeisters am Tag von Brandts Rücktritt, dem 1. Dezember 1966. Er stand nun an der Spitze einer Stadt, die mit gravierenden politischen, wirtschaftlichen und gesellschaftlichen Problemen zu kämpfen hatte. Brandt hatte sich in dieser Lage wenigstens auf die SPD verlassen können. Albertz erhielt den neuen Posten ohne sicheren parteipolitischen Beistand. Keines der großen sozialdemokratischen Lager fühlte sich dem neuen Regierenden Bürgermeister verpflichtet. Allein der »Schwäbl-Kreis« hielt zu ihm, weil er Brandts Erbe zu sichern suchte. Die rechten und linken Genossen hingegen warteten mißtrauisch ab. Sie hielten die Dolche griffbereit, falls der unliebsame Nachfolger seine Alleingänge zu weit treiben sollte.

Regierender für 285 Tage

Von der Berlin-Krise zur Krise Berlins. Heinrich Albertz und die geteilte Stadt

Mit dem Abschied Brandts trat Heinrich Albertz aus der zweiten Reihe hervor. Endlich konnte er die taktische Zurückhaltung ablegen, die ihm sein Vorgänger so manches Mal, gerade in der Ostpolitik, auferlegt hatte. Vielleicht würde er, hoffte Albertz, mit seiner Offenheit sogar mehr für die Stadt herausholen können als der bisherige Regierende Bürgermeister. Tatsächlich jedoch verschärften sich schon kurz nach seiner Amtsübernahme die Widrigkeiten, an denen Heinrich Albertz schließlich scheitern sollte: seine zunehmend selbstherrliche, dünkelhafte Art, die Führungslosigkeit der Berliner SPD, die sich mehr und mehr in innere Machtkämpfe verstrickte, sowie das Elend der krisengeschüttelten Stadt. Die Chancen, sich zu bewähren, waren angesichts dieser Situation gering, und der am Anfang so frohgemute neue Regierende Bürgermeister konnte keine seiner Vorstellungen in die Tat umsetzen. Selbst seine berlinpolitischen Initiativen, denen er gefühlsmäßig die größte Bedeutung beimaß, verkümmerten. Am Ende blieb nur noch der Rücktritt.

Einen Teil des Mißerfolges indessen hatte Heinrich Albertz selbst zu verantworten. Er versäumte es, sich mit den Berliner Sozialdemokraten zu arrangieren und eine Hausmacht zu gewinnen. Mehr noch, das neue Stadtoberhaupt glaubte, unabhängig von der SPD, diesem »Verein von Karrieristen des öffentlichen Dienstes«, schalten und walten zu können.[1] Der Politiker verdrängte, daß er als Erbe Brandts angetreten war und ohne ihn niemals Herr in Berlin geworden wäre. Der scheidende Regierende Bürgermeister hatte den Genossen seinen Stellvertreter gleichsam testamentarisch vermacht. Noch auf dem Landesparteitag am 10. Dezember 1966, auf dem Albertz nominiert werden sollte, warb Brandt für seinen einstigen Mitarbeiter. Dann jedoch verließ der neue Außenminister die Niederungen der Berliner Lokalpolitik.

Albertz stand nun allein zwischen den Flügeln seiner Partei, nur gestützt auf eine kleine Gruppe von Senatsmitgliedern, Gewerkschaftsfunktionären und hohen Beamten. Dieser Beistand genügte nicht, um unbehelligt regieren zu können. Doch Albertz tat nichts, um seinen Anhang zu vergrößern. Zwar hatte er gelobt, fortan eng mit der SPD zusammenzuarbeiten, allerdings nicht wirklich daran gedacht, Partei und Fraktion Informationen über ein Mindestmaß hinaus zukommen zu lassen. Warnsignale aus den eigenen Reihen übersah er. Die »Berliner Stimme« etwa hatte den Regierenden Bürgermeister in einem ungezeichneten Artikel wenige Tage nach der Zusammenkunft der sozialdemokratischen Delegierten auf seine Pflichten der SPD gegenüber hingewiesen: Albertz dürfe sich der Unterstützung seiner Partei gewiß sein und werde den Stil schon finden, mit den Sozialdemokraten richtig umzugehen. Er sei schließlich kein Träumer und Schwärmer. Er wisse doch, »daß parlamentarische Demokratie von der Funktionsfähigkeit demokratischer Parteien abhängig ist«.[2]

Albertz wußte es, er handelte bloß nicht danach. Er fühlte sich von Gott ins Amt berufen, um den Menschen zu dienen.[3] Als Regierender Bürgermeister trug er diese Aufgabe schon im Titel, wie er immer wieder betonte: Meister der Bürger zu sein.[4] Und das schloß die Berücksichtigung von Parteiinteressen weitgehend aus. »Knecht Heinrich« stand nun an der Spitze der Stadt, und da hieß es, einzig ihr Wohl zu mehren – die Belange der eigenen Parteifreunde mißachtete er. Aus diesem Grund blieb Albertz der mißliebige Außenseiter, und er bemühte sich wenig, diesen Zustand zu ändern. Vielmehr verdeutlichte er den Genossen durch seine Alleingänge noch, daß sie sich auch künftig mit einem Schattendasein zu begnügen hätten.

Kurzum, der neue Regierende Bürgermeister verwechselte seinen Stuhl im Rathaus Schöneberg mit einem Königsthron. Albertz war überzeugt, daß alle wichtigen Entscheidungen auf der hohen Ebene des Staates und nicht in den Niederungen der Gesellschaft zu fällen seien. Für ihn stand fest: Politik wird für das Volk, nicht vom

Volk betrieben. Wie der Soldatenkönig, Albertz großes Vorbild in seiner aktiven politischen Zeit, wollte er ein gütiger, zugleich aber gestrenger Landesvater sein, der sich pflichtbewußt um seine Untertanen sorgt. Mehr und mehr schlüpfte er in die Rolle des Erziehers, in der Jochen Klepper Friedrich Wilhelm I. in seinem Roman »Der Vater« beschrieben hat – Albertz' Lieblingsbuch, aus dem er gern und ausgiebig zitierte. Ähnlich dem preußischen Monarchen suchte er die direkte Verbindung zum Volk, fühlte sich als »Hirte, um den sich die Schäfchen scharen sollten« – aber nur die weißen, schwarze hatten in seiner Herde nichts zu suchen.[5]

»Ordre parieren – nicht räsonieren«, läßt Klepper seinen Helden häufig herauspoltern. Das hätte auch Albertz von sich geben können, wenn er Entscheidungen für die Stadt traf. Keiner sollte ihm hineinreden, die »Räubersynode« aus der Müllerstraße schon gar nicht.[6] Er selber hörte nur auf einige wenige Berater. Ansonsten vertraute er der Stimme seines Gewissens, wie es ihm das erste Gebot vorschrieb, das ihn schon in der Ostpolitik von so manch taktischer Rücksichtnahme befreit hatte. Diesmal jedoch erwies sich die Verbundenheit mit dem biblischen »Manifest der Freiheit« als Hindernis.[7] Immer öfter übertrieb er seine Selbständigkeit, verschloß sich den Ratschlägen seiner Freunde, traf Entscheidungen im stillen Kämmerlein.

Doch es war nicht nur der Hang zu Alleingängen, der seine Genossen in Rage versetzte. Auch sein Spaß an witzigen, oft sarkastischen Formulierungen, die nach Brandts Weggang ungefiltert das Rathaus Schöneberg verließen, erboste Parteifreunde wie Mitarbeiter. Schon immer hatte Albertz Lust an beißendem Spott auf Kosten anderer, der – meist ungewollt – so manchen langjährigen Vertrauten verletzte. Hinzu kam seit der Übernahme des Polizeiressorts eine autoritär wirkende Resolutheit, mit der er viele Personen seiner näheren Umgebung vor den Kopf stieß.

Nachdem dem Kanzleichef von Brandt das Amt des Sicherheitssenators übertragen worden war, hatte sich Albertz verändert, langsam »einen Sinn fürs Soldatische« bekommen.[8] Von jeher setzte der

Politiker Preußentum mit Ordnung, Treue, Zuverlässigkeit und Fleiß gleich, maß diesen Tugenden jedoch keinen größeren Wert an sich bei, sondern machte sie vielmehr für den Dienst am Menschen nutzbar. Ob im Flüchtlingspastorat oder im Sozialministerium, immer benutzte er seine Stellung, um mit Strenge und Autorität Menschen zu helfen, die in Not geraten waren. Grundsätzlich änderte sich daran auch im Rathaus nichts, doch in der Funktion des Senators für Sicherheit und Ordnung gefielen ihm die Sekundärtugenden plötzlich als solche, behagte ihm die Macht, die er besaß. Brandt hatte Albertz auf dem Höhepunkt der Mauerkrise zum Innensenator gemacht, weil der protestantische Preuße christliche Nächstenliebe mit Entschlossenheit und Härte zu verbinden wußte. Im Umgang mit seinen Schutzbefohlenen bei der Polizei verlor Albertz dieses Gleichgewicht, und seine preußischen Tugenden gewannen nun eine eigene, unselige Dynamik. Der Senator war nicht mehr der Diakon im Staatsdienst, für den er sich hielt.

Ohne es selbst wahrzunehmen, wurde der Urzivilist zum »Oberbefehlshaber«.[9] Auf einmal machte es Albertz Freude, in einer Verwaltung tätig zu sein, deren Mitarbeiter uniformiert waren und genau das taten, was man ihnen sagte. »Ich hatte ja bisher nur zivile Haufen ... wo man nie genau wußte, was dann unten rauskommt ... Die Berliner Polizei ist doch ... immer mehr und anders gewesen, sie ist in ihrem großen Block der Bereitschaftspolizei nichts weiter als ein motorisiertes und doch schon sehr erheblich bewaffnetes Infanteriebataillon.«[10] Es waren seine Männer, »meine Polizei«[11], deren Sorgen und Wünsche ihm von jetzt an besonders am Herzen lagen. In den Kasernen der Sicherheitskräfte herrschte ein militärischer Geist, den Albertz zu schätzen begann, und mehrmals im Monat fuhr er hinaus nach Schulzendorf und Lankwitz, um sich vom »Palaver« seines Spandauer Wahlkreises zu erholen und auf dem Exerzierplatz die »Kerls« bei ihren Übungen zu beobachten, immer in Begleitung von Erich Duensing, dem strammen Polizeipräsidenten mit dem Feldwebelton.

Albertz und Duensing kannten sich schon aus dem Krieg. Beide hatten unter General von Grolmann in derselben Einheit gedient;

Heinrich Albertz und »seine Jungs«: In Berlin hatte Heinrich Albertz eine Vorliebe für alles Militärische entwickelt und seine Polizei stets mit besonderer Aufmerksamkeit bedacht. Seine Untergebenen dankten es ihm mit einem Abschiedsständchen, als er 1966 vom Inneren Ressort ins Rathaus Schöneberg wechselte und Regierender Bürgermeister von Berlin wurde.

das verband und schuf eine verhängnisvolle »Kameraderie«. Der Berliner Oberbefehlshaber vertraute seinem »Stadtkommandanten« nahezu blind, ja bewunderte, daß der Polizeipräsident bedingungslos zu seinen Männern hielt. Vor allem spürte er, daß Duensing ihm selber treu ergeben war. Außerdem besaß der Polizeipräsident den militärischen Schneid, der Albertz plötzlich so imponierte. »Sieh dir die Polizisten an. Das sind noch richtige Kerle«[12], gab er seinem jungen Referenten Hans-Peter Hempel zu bedenken und drang darauf, daß sein Chauffeur so oft wie möglich durch einen Polizisten ersetzt wurde.

Seine Bewunderung für alles Soldatische ging weit. Noch vor der Amtseinführung wünschte er, daß ihm, dem neuen Regierenden Bürgermeister, eine Ehrenformation der Schutzpolizei zugeordnet werde, die im Rathaus Wache schieben sollte. Wenn dann der diensthabende Polizist schludrig dastand oder gar vergaß, dem vorbeieilenden Chef die Ehrenbezeigung zu erweisen, die ihm als Stadtoberhaupt zustand, nämlich militärisch korrekt zu grüßen, ließ Albertz alles stehen und liegen und lehrte den Sünder Mores. Selbst Weihnachten konnte er nicht umhin, die Truppe zu sehen. Nach der Bescherung im Kreis der Familie verließ er mit seinem Polizeipräsidenten das Haus, »um die Männer an der Front zu besuchen«.[13]

Albertz behagte der Respekt, der ihm bei solchen Ausflügen entgegengebracht wurde. Mehr und mehr verlor er dabei jedoch die Relationen und trat im Amt wie in der Familie als Oberbefehlshaber auf. Auf den Kasernenhöfen mochte seine herrische Art Gefallen finden, in den Gängen der Senatskanzlei nicht. Albertz' schneidender, oft verletzender Ton stieß viele Weggefährten und Mitarbeiter vor den Kopf und zerstörte zahlreiche Loyalitäten.

In gewisser Weise galt das auch für das Verhältnis zu Willy Brandt. Albertz hatte sich zwar zur politischen Kontinuität bekannt; dennoch setzte er sich jetzt von dem mächtigen Übervater ab und betonte, daß mit Brandts Wechsel ins Auswärtige Amt der Senat keine »Außenstelle der Bundesregierung« geworden sei, es folglich andere Akzente als zuvor geben werde.[14] Der neue Regierende beließ es nicht bei dieser Distanzierung. Er riskierte vielmehr, seinen Vorgänger zu verärgern. Sicherlich lastete dem neuen Stadtoberhaupt Brandts Renommee bleischwer auf den Schultern. Es war unbequem und kränkend, gerade von SPD-nahen Journalisten immer wieder mit dem Festungshelden von Chruschtschow-Ultimatum und Mauerbau verglichen zu werden. Doch hätte Albertz es vermeiden müssen, sich von seinem einstigen Förderer zu distanzieren, selbst wenn ihn die »fünfte Kolonne« von Brandt-Anhängern störte, die auch nach dem Weggang ihres Helden dem SPD-Chef Zuträgerdienste leistete.[15] Noch nämlich war Brandt der einzige, auf den Berlins Sozialdemokraten hörten. Nur er hätte seinem Nachfolger Beistand leisten können.

Albertz hingegen dachte nicht in solch taktischen Kategorien, sondern legte die Fronten fest. Er ließ sich blenden von dem neugewonnenen Einfluß, verlor zunehmend den Sinn für die realen Machtverhältnisse. Der Soldatenkönig konnte es sich erlauben, ein absolutes Regiment zu führen und mit einem Stab von Kabinettsräten die Macht zu zentralisieren. Der Regierende Bürgermeister einer den demokratischen Prinzipien verpflichteten Stadt hingegen hatte ein Spiel mit vielen Kugeln zu beherrschen: Er mußte auf den mächtigen SPD-Chef in Bonn achten, die Belange von Partei und Fraktion berücksichtigen, nicht zuletzt die Bevölkerung bei Stimmung halten. Albertz aber glaubte, sich nur auf die Buchstaben der Verfassung und den Beamtenapparat stützen und Entscheidungen weitgehend allein treffen zu können.

Vor allem seine geharnischten Bemerkungen trugen ihm viele Feindschaften ein oder führten dazu, daß am Ende kaum noch jemand gewillt war, sich für Albertz zu engagieren. Brandt jedenfalls unternahm nichts, um den Untergang seines einstigen Vertrauten abzuwenden. Und auch die wenigen Getreuen in der Fraktion hatten es schwer, dem Regierenden Bürgermeister kritisch gesinnte Abgeordnete auf ihre Seite zu ziehen. Albertz konnte einfach nicht den Mund halten; zu häufig setzte er wichtige, einflußreiche Genossen in aller Öffentlichkeit herab, ja scheute nicht davor zurück, die Fraktionsspitze unter dem gutmütigen Alexander Voelker zu schmähen. Als der Fraktionsvorstand im Vorzimmer des Regierenden um ein Gespräch in kommunalpolitischer Angelegenheit bat, erfuhren die verdutzten Parteifreunde, welches Ansehen sie bei Albertz genossen. Lauthals erkundigte sich der Regierungschef bei seiner Sekretärin, was »die Pachulken« nun schon wieder von ihm wollten. Dieser Sarkasmus festigte nicht unbedingt das Treueverhältnis zwischen Partei und Regierendem. Er zerstörte vielmehr die Bande der Annäherung, die der »Schwäbl-Kreis« zu knüpfen suchte. Der neue Regierungschef legte keinen Wert auf den Beistand der Sozialdemokraten, weil er meinte, ohne die parteipolitische Plattform besser regieren zu können. Er ließ daher jede Gelegenheit verstreichen, sich mit der SPD zu arrangieren und eine solide Machtbasis zu erringen. In der Halbstadt aber genügte es nicht, populärer Provinzfürst zu sein.

Doch auch ein Parteimann mit richtigem Stallgeruch hätte es auf dem Sessel des Regierenden Bürgermeisters schwer gehabt. Schon seit Jahren boten die nach außen hin starken Sozialdemokraten ein kümmerliches Bild, das in der Öffentlichkeit nur vom Glanz ihres Volkstribuns Brandt überstrahlt wurde. Mit der Amtsübernahme von Heinrich Albertz ließ sich dieser Schein nicht mehr aufrechterhalten: Die Berliner SPD glich einem Boxverein, in dem interne Entscheidungen durch Kinnhaken gefällt werden. Zwar war es auch unter Willy Brandt zu Flügelkämpfen zwischen Rechten und Linken gekommen, doch hatten größere Auseinandersetzungen verhindert werden können – dafür hatte schon der beliebte Parteichef gesorgt. Hinzu kam, daß die jahrelange äußere Bedrohung Berlins inneren Zwist nur unterschwellig zugelassen hatte. Kontroversen waren in der Partei seit Brandts Regierungsübernahme nie hart und klar ausgefochten worden. Albertz hatte das Pech, sein Amt in einer Zeit außenpolitischer Windstille anzutreten, und der Nimbus seines Vorgängers fehlte ihm. Brandt hatte mit dem Parteiapparat noch umspringen können, wie es ihm beliebte. Einem anderen wollte man solche Freiheiten nie wieder einräumen – Heinrich Albertz schon gar nicht.

Als Willy Brandt den Rathausschlüssel seinem bisherigen Stellvertreter übergab und mit seinen Beratern von dannen zog, sahen die gewieften Taktiker des »Pfeifenklubs« sofort ihre Chance, neue Machtpositionen zu erobern. Noch bevor Albertz seinen Eid vor dem Plenum des Abgeordnetenhauses leisten konnte, hatten sie beschlossen, dem neuen Bürgermeister das Leben schwerzumachen. Vom ersten Tag an verfolgten sie eine »Destabilisierungsstrategie«, um Albertz in die Enge zu treiben.[16] Gerade aus ihren Reihen kam es mehrmals zu gezielten Indiskretionen, drangen immer wieder Vertraulichkeiten an die Presse. »Sie wollten Löcher in den Senat reißen«, stets in der Hoffnung, daß Albertz irgendwann werde aufgeben müssen.[17] Selbst das Wahlergebnis kreideten die Genossen dem Regierenden Bürgermeister an, obwohl er – mit Einbußen – die absolute Mehrheit bewahrt hatte. Auch die Senatoren blieben nicht verschont und gerieten in manchen Hinterhalt. Die Berliner Verfassung begünstigte solche Angriffe: Da sie den Regierungschef fest an das Parlament und damit an die eigene Partei bindet, muß das Stadtoberhaupt sogar seine Regierungserklärung von den Abgeordneten billigen lassen und sämtliche Senatoren einzeln zur Wahl stellen. Auf diese Weise konnte ihm die eigene Fraktion, selbst bei absoluter Mehrheit, den Spielraum eng begrenzen. Albertz hätte nur klein beigeben müssen, um die machtlüsternen Parteifreunde ruhigzustellen. Doch opportunistisches Taktieren lag ihm nicht. So hörte man nicht auf, seine Regierung zu demontieren.

In dieser von Ehrgeiz, Konkurrenz und Neid belasteten Atmosphäre innerhalb der Berliner SPD besaß Albertz nur geringe Möglichkeiten, sich zu bewähren. Auch wenn es seiner Eigenständigkeit zuwiderlief, mußte er immer wieder auf die Machtverhältnisse Rücksicht nehmen. In der Berlinpolitik etwa zauderte er, als sich die Gelegenheit bot, einen Schritt voranzugehen, weil er seine rechten Genossen nicht vollends auf die Barrikaden treiben wollte. Noch im Januar und Februar 1967 hatte er sein Ziel bekräftigt, den entspannungspolitischen Kurs weiterzuführen. Unter seiner Regierung sollte Berlin »Brücke« werden, auf der Begegnungen zwischen West und Ost wieder möglich würden.[18] Als die Fortsetzung der Passierscheingespräche jedoch von der Antwort auf einen Brief abhing, den der stellvertretende DDR-Ministerpräsident Alexander Abusch an den Regierenden Bürgermeister geschrieben hatte, schützte Albertz Bonner Bedenken vor. Die Erwiderung des Schreibens blieb aus, weil »ich schon damals in einer so schwachen Position war. Die SPD hatte doch nur darauf gewartet, mich umzubringen. Da konnte ich mir den direkten Kontakt nicht erlauben.«[19] Wieder einmal hatten ihm die eigenen Genossen eine Chance verbaut, sich zu profilieren.

Die Felder, auf denen Albertz Erfolge verbuchen konnte, waren ohnehin kümmerlich bestellt. Nach dem Mauerbau war der Alltag in Berlin eingekehrt, die Jahre akuter Bedrohung waren vorüber. Die Möglichkeiten, sich Anerkennung zu verschaffen, schwanden in dem Maße, wie die Schützengräben des kalten Krieges verödeten.

Welch überwältigende Szene war es gewesen, als Ernst Reuter während der Blockade am 9. September 1948 vor Hunderttausenden von Berlinern auf dem Platz der Republik ausrief: »Völker der Welt, schaut auf Berlin! Und Volk von Berlin, sei dessen gewiß, diesen Kampf, den wollen, diesen Kampf, den werden wir gewinnen!« Reuter war es gelungen, die Blicke der Welt auf die gefährdete Stadt zu richten, als die Wogen kommunistischer Bedrohung über Berlin zusammenbrachen.

Auch auf Willy Brandt fiel noch der Ruhm des Festungshelden: Er hatte Berlin durch Chruschtschow-Ultimatum und Mauerbau geführt, hatte bewiesen, daß er wie Reuter »das Volk von Berlin« fest im Griff hatte – auch dann, wenn die Emotionen hier und da zu explodieren drohten. In aller Welt galt der Regierende Bürgermeister als der zweitwichtigste deutsche Politiker. Ob im Weißen Haus oder in Downing Street, überall öffneten sich die Türen der Mächtigen, wurde Brandt begeistert empfangen, und die Ovationen, die er bekam, schallten nach Berlin zurück.

Heinrich Albertz hingegen half keine Krise, sich der Völkergemeinschaft als Staatsmann zu präsentieren. Was ihm auferlegt war, hieß Kleinkram, Kleinkrieg, Kleinformat. Hatte Brandt die kommunistische Bedrohung abzuwehren, mußte Albertz sich mit Strukturproblemen und der Berliner Perspektivlosigkeit herumschlagen. Er war willens, diese Aufgaben so schnell wie möglich anzugehen, denn er begriff, daß Berlin nach dem 13. August 1961 seine Funktion als Frontstadt verloren hatte und die Metropole im Vakuum zwischen West und Ost zu ersticken drohte.[20] Nach seiner Überzeugung sollte Berlin »endgültig heraussteigen aus den Gräben des kalten Krieges«.[21] Jahrelang hatte sich die Stadt als Vorkämpferin des Westens verstanden und in der Illusion gelebt, noch immer Hauptstadt Deutschlands zu sein. Damit war jetzt Schluß. Berlin befand sich in einer Notlage ganz anderer Art: Es steckte tief in einer Identitätskrise bei gleichzeitiger Abnahme der Wirtschaftskraft.

Albertz hoffte, aus dieser Talsohle mit Hilfe der Ostpolitik her-auszukommen. Die einstige Kapitale sollte der Gefahr entgehen, Museum, zoologischer Garten oder Altersheim zu werden, und sich auf ihre Funktion als Mittlerin zwischen Ost und West besin-nen. Die Stadt hatte wieder Vorreiterin in der Entspannungspolitik zu sein. Dabei übersah er allerdings, daß Berlin selbst auf diesem Gebiet längst von Bonn überholt worden war. Mit dem Fortgang Brandts hatte sich das Zentrum jener »Politik der kleinen Schritte« in die Bundeshauptstadt verlagert. Nun wurde vom Rhein aus die Öffnung nach Osten betrieben. Albertz blieb der große Wurf ver-sagt.

Tag für Tag mußte er erleben, daß die Insel im roten Meer bei Windstille schwerer zu regieren war als im Orkan der Krisen. Die Berliner hatten vieles ertragen: Siebzig Millionen Kubikmeter Trümmerschutt wurden beseitigt, während der Blockade hatten sie elf Monate lang bei Tagesrationen von dreißig Gramm Fett, vierzig Gramm Büchsenfleisch, fünfzig Gramm Nährmitteln und fünf Gramm Käse, die in über zweihunderttausend Luftbrücken-Flügen in die Stadt gebracht wurden, gehungert, bei zwei Stunden Strom am Tag die meiste Zeit im Dunkeln gesessen und in den Winter-monaten gefroren. Trotz Drohungen, Ultimatum, Mauerbau hatten sie ausgeharrt. Nun aber, als sich der kommunistische Würgegriff lockerte, wurden sie unsicher, besannen sich auf die inneren Pro-bleme der Stadt und bemerkten, daß Berlin an seiner dahinsiechen-den Wirtschaft krankte, unter inneren Spannungen ächzte, an einem Mangel an Jugendlichkeit litt.[22]

In der Tat hatte die Metropole einen gewaltigen Niedergang er-lebt. Von den 17000 Industrie- und Handelsgesellschaften, die noch 1938 in der Stadt existierten, waren 1967 nur dreitausend übrigge-blieben. Während in der Bundesrepublik nach der Währungsreform bald ein schneller Wiederaufbau einsetzte, stagnierte in West-Berlin die Wirtschaft. Es fehlte nahezu an allem, doch langsam erholte sich auch Berlin. Bonn gewährte Bundeshilfe, begann eine Politik der Absatzförderung und bemühte sich, die Abwanderung von Fach-arbeitern durch Steuerpräferenzen aufzuhalten. Die Maßnahmen hatten Erfolg. Kämpfte Berlin 1950 noch gegen die Massenarbeitslosigkeit, konnte zehn Jahre später die Vollbeschäftigung erreicht werden. Auch die Industrieproduktion stieg wieder an.

Der Bau der Mauer machte dem Wirtschaftswachstum ein Ende, doch drang die Isolierung nur allmählich ins Bewußtsein der Bürger und kam vollständig erst mit Brandts Weggang an die Oberfläche. Jetzt wurde es allen klar: Jedes Stück Zucker, das im Café Kranzler in die Tasse sank, jede Prise Salz, die im Kreuzberger Kiez die Pellkartoffel würzte, und jede Bockwurst, die im Wedding verzehrt wurde, mußte per Flugzeug, Lastwagen oder Schiff auf die Insel gebracht werden: 1,5 Millionen Tonnen Lebens- und Genußmittel jährlich. Die Wirkung dieser Erkenntnis verunsicherte Berlin mehr und mehr, zumal sich die Hiobsbotschaften über Firmenkonkurse häuften. Gerade die für Berlin so bedeutende Elektro- und Textilindustrie mußte 1967 starke Produktionsrückgänge hinnehmen. Hinzu kam, daß immer mehr Unternehmen der Stadt den Rücken kehrten oder ihren Hauptsitz nach Westdeutschland verlagerten. Das ökonomisch-volkstümliche Ursymbol der Stadt, die Schultheiss-Brauerei, stellte ihre Gärbottiche sogar im Ruhrpott auf. Die Produktionsrückgänge und die Abwanderung von Unternehmen belasteten wiederum den Arbeitsmarkt, und innerhalb eines Jahres ging die Zahl der Beschäftigten um drei Prozent zurück. Zu alledem drohte Berlin zu vergreisen. Die Zahl der Bürger im erwerbsfähigen Alter nahm von 1961 bis 1966 um 80 000 ab, der Anteil der Rentner stieg im gleichen Zeitraum von 18 auf über 20 Prozent.[23] Um die Bevölkerungsstruktur im Gleichgewicht zu halten, waren jährlich 12 000 Zuwanderer nötig, aber allein im Mai 1967 brachen 1610 Berliner ins Bundesgebiet auf.

Diejenigen, die blieben, verloren das Vertrauen in die Zukunft. In der verschworenen Gemeinschaft von einst, unter dem östlichen Druck zusammengeschweißt, zeigten sich Risse. Vor allem die Jugend machte ihrer Frustration Luft und ging heftig gegen den Frontstadtmythos an. Schon seit längerer Zeit gärte es an den Berliner Universitäten. Immer häufiger verließen die Studenten den Campus und gingen auf die Straße.

Berlin also hatte sich gewandelt. Aus der Frontstadtmetropole war eine »psychisch schwerkranke Gemeinde« geworden.[24] Das Verhängnis des Regierenden Bürgermeisters war, daß er diese Krankheit nicht heilen, bestenfalls lindern konnte. Die Stadt müsse neue Aufgaben gestellt bekommen, um wieder Lebensmut zu gewinnen, erklärte Albertz Bundeskanzler Kiesinger.[25] Nur wenn die Metropole zur »Brücke« zwischen den Welten werde, könne sie Treffpunkt aller Deutschen sein und nationale Pflichten übernehmen, die Zweifel an der eigenen Existenz beseitigten. Darin sah Albertz auch wirtschaftlich die einzige Möglichkeit. Denn mit Hilfe der Entspannungspolitik könne Berlin Drehscheibe im Ost-West-Handel werden und sich stärker als bisher am Interzonenhandel beteiligen.[26]

Auch in anderen Bereichen mangelte es Albertz nicht an Initiativen, die Stadt aus dem Tief zu ziehen. Er beauftragte mehrere Senatoren, Strategien zu entwerfen, damit neue Wege in der Jugend-, Gesellschafts-, Ost- und Finanzpolitik gefunden würden. Schnelle Erfolge waren damit allerdings nicht zu erzielen – schon gar nicht mit einer ihm feindlich gesinnten Partei.

Der Regierende Bürgermeister blieb so an eine Kette von Problemen und Problemchen gefesselt. Sie zu zerreißen, hätte es der vereinten Energie von Stadtoberhaupt, Senat und Partei bedurft. Doch anstatt sich zusammenzuraufen und die Schwierigkeiten gemeinsam anzugehen, zermürbte sich die SPD in innerparteilichen Fehden, verausgabte sich im Kampf gegen den Regierenden. Albertz wiederum tat nichts, um der Unruhe innerhalb der Sozialdemokratie Herr zu werden. »Er dünkte sich besser«, wollte mit seinen Berliner Genossen nichts zu tun haben.[27] Ihm, dem autoritär Wirkenden, fehlte in der eigenen Partei jegliche Autorität. Sein schnoddriger, häufig verletzender Ton trug dazu bei, daß er über seine wenigen Gefolgsleute hinaus keinerlei Hausmacht erwerben konnte. Sein Gebaren, das ihn zuweilen unerbittlich werden ließ, führte dazu, daß sich schwelende Konflikte noch verschärften, im Fall der Studentenunruhen offen ausbrachen und die Stadt tiefer in die Krise zogen.

Albertz erlag seiner eigenen Selbstherrlichkeit, scheiterte an der SPD, die eher einem Rudel Hyänen glich als einer großstädtischen Volkspartei, und schließlich an Berlin selbst, der krisengeschüttelten, tief verunsicherten Gemeinde. Dieses dreifache Unheil zeichnete sich früh ab und nahm dann zügig seinen Lauf.

Hausherr ohne Hausmacht

Zunächst saß Albertz fest im Sattel, aber hinter ihm saßen schon seine Gegner und hoben ihn heraus. Zwar hatte der Landesvorstand der Berliner SPD den Kandidaten Willy Brandts einstimmig für die Nominierung auf dem kommenden Parteitag vorgeschlagen, doch ließen die Genossen keinen Zweifel an ihren Vorbehalten gegen den bisherigen Senator. Albertz konnte mit 166 Stimmen eine satte Mehrheit der Delegierten auf seine Seite ziehen, und doch wiesen die 42 Gegenstimmen und 22 Enthaltungen auf den Argwohn einer nicht geringen Zahl von Delegierten hin.[1] Das sozialdemokratische Fußvolk hatte dem neuen Regierenden Bürgermeister eine Mahnung mit auf den Weg gegeben: Künftig solle er auf ihre Interessen achten, sonst würden sie ihm irgendwann gefährlich werden. Die mitgliederstarke Berliner Parteiorganisation wollte in die wichtigen Entscheidungen des Rathauses einbezogen werden.

Offener Widerstand gegen Brandts Günstling war indessen nicht möglich. Dazu hätte es eines Alternativvorschlages aus den Reihen des »Pfeifenklubs« bedurft. Doch der Hoffnungsträger der Rechten, Bausenator Rolf Schwedler, hatte sich durch seine nächtliche Torheit selber disqualifiziert, und der junge Kurt Neubauer war von Brandt nie ernsthaft ins Spiel gebracht worden. So blieben Albertz' Widersacher vorerst ruhig, murrten nur verhalten.

Aber Stille bedeutet nicht unbedingt Frieden. Keiner der Genossen aus dem rechten »Pfeifenklub« war gewillt, den neuen Regierenden Bürgermeister unbehelligt regieren zu lassen. Vor allem Neubauer und Schwedler setzten alles daran, am Regierenden Bürgermeister vorbei die Berliner Politik nach ihren Vorstellungen zu bestimmen. Bevor Albertz im Abgeordnetenhaus bestätigt werden konnte, versuchten sie, wichtige Positionen an sich zu reißen, der

Einfluß des Regierenden Bürgermeisters sollte schon im geschäftsführenden Senat so gering wie möglich gehalten werden. Die Rechte forderte, die Landesregierung unverzüglich umzubilden und die freiwerdenden Posten mit Mitgliedern des »Pfeifenklubs« zu besetzen. Kurt Mattick war als Bundessenator vorgesehen, und der hemdsärmelige Kurt Neubauer hoffte, als Stellvertreter des Regierenden in allen politischen Fragen ein entscheidendes Wort mitzusprechen.[2]

Überhaupt ging die größte Gefahr von Kurt Neubauer aus. Der einstige SPD-Kreisvorsitzende von Berlin-Friedrichshain und langjährige Vertreter der Ost-Berliner Sozialdemokraten im West-Berliner Landesvorstand hatte schon in den Auseinandersetzungen zwischen Willy Brandt und Franz Neumann im richtigen Moment die Fronten gewechselt, war zu Brandt übergelaufen und hatte im neuen Lager tatkräftig an Neumanns Entmachtung mitgewirkt. Als Sozialdemokrat der ersten Stunde – Neubauer war im Mai 1946 in die SPD eingetreten – kannte der bärbeißige Genosse nicht nur die Berliner Parteiorganisation mit all ihren Unwägbarkeiten, er beherrschte auch sämtliche Techniken des Grabenkampfes. Bereits unter Brandt war der Ost-Berliner zu einem der wichtigsten Politiker des »Pfeifenklubs« aufgestiegen. Dabei hatte er niemals den Kontakt zur Basis verloren, hatte ihn im Gegenteil stets bewußt gesucht und durch bierselige Skatabende mit anderen Genossen gefestigt. Schon bald kam der Regierende Bürgermeister an Neubauer nicht mehr vorbei. 1962 wählten ihn die Delegierten des Parteitages zum stellvertretenden Landesvorsitzenden. Ein Jahr später nahm Brandt ihn – sehr zum Verdruß von Heinrich Albertz – als Senator für Jugend und Sport in seine Regierung auf.

Albertz und Neubauer hatten sich nie verstanden. Der Stellvertreter Brandts hielt den Jugendsenator für einen berechnenden Emporkömmling und war, wie es seine Art war, nicht geneigt, diese Meinung für sich zu behalten. Dabei unterschätzte er die Intelligenz dieses Machtmenschen, der seine Härte hinter Kumpelhaftigkeit verbarg. Neubauer hatte seit den bundespolitischen Ausflügen Willy Brandts auf den Sessel des Regierenden Bürgermeisters spekuliert und seine Hoffnung auch nach der Amtsübernahme von Heinrich Albertz nicht wirklich aufgegeben. Gewohnt, sich durchzuboxen, ließ der Jugendsenator nicht ab von dem Versuch, wenn nicht der erste, so doch wenigstens der wichtigste Mann der Landesregierung zu werden.

Vorerst gelang es Albertz, dem Ränkespiel des rechten Flügels zu entgehen. Mit Hinweis auf die bevorstehenden Wahlen zum Abgeordnetenhaus verschob er die fällige Senatsumbildung und teilte bis dahin die verwaisten Posten unter den anderen Senatoren auf. Er selber übernahm das Amt des Bundessenators, das durch den Weggang von Klaus Schütz frei geworden war. Sein Stellvertreter wurde der bisherige Verkehrssenator Otto Theuner, der auch das Innenressort zugeschlagen bekam. Obwohl den meisten Genossen die Zurückstellung personeller Entscheidungen einleuchtete, sollten sich Albertz' Widersacher noch lange nicht geschlagen geben. Fürs erste aber hatte sich der Regierende Bürgermeister durchgesetzt.

Albertz hatte von Anfang an nicht daran gedacht, sich in seine Politik hineinreden zu lassen – von Parteisoldaten wie Neubauer schon gar nicht. Ihm war die Sorge um das Gemeinwohl übertragen worden, und nur er hatte sich vor den Wählern zu rechtfertigen. Einer Stadt wie Berlin vorzustehen hieß für den Regierenden Bürgermeister zunächst, die kommunalen Bedürfnisse zu erfüllen, sich um die Verbesserung des Status quo zu bemühen und gleichzeitig den Interessen Berlins im Bundesgebiet Geltung zu verschaffen.[3] Mit parteipolitischem Gerangel wollte er nicht belästigt werden. Dadurch überhörte Albertz auch den zweiten Warnruf seiner Genossen. Bei der Wahl zum Regierenden Bürgermeister im Abgeordnetenhaus am 14. Dezember 1966 versagten ihm einige Parlamentarier aus den eigenen Reihen die Gefolgschaft.[4] Der neue Landeschef jedoch kümmerte sich nicht um solche Signale. Er konzentrierte sich auf seine Regierungserklärung.

Ihm kam es vor allem darauf an, West-Berlin in einer Zeit lebensfähig zu erhalten, in welcher der Bevölkerung das künstliche Inseldasein besonders bewußt wurde. Die Frontstadt des kalten Krieges sollte eine neue Identität erhalten, sollte zum ost- und deutschlandpolitischen »Experimentierfeld« ausgebaut werden.[5] Dazu bedurfte es politischer Schützenhilfe aus Bonn, die Albertz vom neuen Außenminister erwartete. Die Bundesregierung sollte die geographische Lage der ehemaligen Reichshauptstadt in der Mitte Deutschlands nutzen, um von hier aus ihre neue Ostpolitik in die Tat umzusetzen. Mit anderen Worten: Berlin sollte Treffpunkt und Umschlagplatz zwischen Ost und West werden.[6] Davon erhoffte sich der Bürgermeister auch einen Impuls für die kränkelnde Wirtschaft. Sie sollte sich künftig vorwiegend dem Ost-West-Handel widmen und der Insel im roten Meer die Entwicklung zum Freihafen beider Welten erleichtern.[7]

Die Verwaltung mußte diesem Vorhaben angepaßt werden. Sie war Albertz schon seit langem ein Dorn im Auge gewesen: Mit 125 000 Beschäftigten glich die Berliner Bürokratie einem schwerfälligen Koloß. Für die nächste Legislaturperiode kündigte er daher eine Abmagerungskur an. Ämterüberschneidungen dürfe es fürderhin nicht geben, es solle »gerade jetzt mit weniger Leuten noch mehr gearbeitet werden«.[8] Einem preußischen Sparkommissar gleich, versprach Albertz eine umfassende Verwaltungsreform vom Haupt bis in die Glieder. Keiner durfte den Staat mehr als Beute mißbrauchen, und die Beamten sollten unter dem neuen Landesherrn lernen, was Pflicht und Dienst bedeuten.[9]

Die forsche Art, Sparmaßnahmen anzukündigen, kam bei vielen Bürgern an – nicht jedoch bei den Genossen. Sie begannen den »eisernen Heinrich« zu fürchten, zumal er offen darüber spottete, daß die sozialdemokratischen Funktionäre ihren »Futterplatz« im öffentlichen Dienst verlieren sollten.[10] Erneut staute sich der Groll über den, wie sie meinten, selbstherrlichen Preußen. Aber alle Wut half nichts. Noch mußte man Ruhe bewahren, wollte man den Wahlkampf unbeschadet überstehen.

Albertz nahm keine Notiz von dieser trügerischen Stille: Er überhörte die leise lamentierenden Parteifreunde. Der Regierungschef gefiel sich als Berliner Landesherr, der entscheiden, richten, ordnen und befehlen mußte, unabhängig von jeglichen Parteiinteressen.

Erleichtert spürte er, daß die Berliner seiner oft ironischen, zugleich aber nicht unfreundlichen Art mit Sympathie begegneten. Willy Brandt konnte er nicht aus dem Gedächtnis der Bevölkerung drängen, doch hatte er sich in der Rolle des gerechten, überparteilichen Landesvaters geschickt von seinem Vorgänger abgesetzt und die Zustimmung vieler Bürger gewonnen.

Nicht zu Unrecht hatte der neue Regierende Bürgermeister den Nimbus Brandts wie ein Damoklesschwert über sich gespürt. Immer wieder war ihm auf seinen Touren durch Berlins Bezirke von Passanten erklärt worden, daß Brandt doch der bessere von ihnen beiden gewesen sei. Hinzu kam die Häme der Karikaturisten, denen nichts Geistreicheres einfiel, als den neuen ersten Mann in den um Nummern größeren Schuhen seines Vorgängers oder – kaum origineller – in dem zu weiten Paletot des Mauerhelden darzustellen. Bei aller Resolutheit – solche Anspielungen auf den beliebteren Brandt verunsicherten Albertz. Um so freudiger nahm er Ergebnisse von Umfragen zur Kenntnis, die ihm bewiesen, daß sein Auftreten, seine Initiativen zur Verwaltungsreform und der souveräne Umgang mit den Parteien auf Zustimmung stießen. Zwar erreichte er nie die Sympathiewerte Brandts, doch gelang es ihm, den Abstand zu seinem Vorgänger erheblich zu verringern. Während im November 1966 nur sechzehn Prozent der Berliner Albertz für den angesehensten Politiker der Stadt hielten, waren es einen Monat später schon 51 Prozent.[11] Außerdem glaubten 59 Prozent der Befragten, die Wahl von Heinrich Albertz zum Regierenden Bürgermeister sei eine gute Entscheidung gewesen.

Albertz fühlte sich bestärkt, seinen eigenständigen Kurs fortzuführen. Das galt auch für den Wahlkampf. Während die SPD ihre Strategie auf die Gemeinsamkeiten von Vorgänger und Nachfolger ausrichtete und von Wedding bis Wilmersdorf Plakate klebte, auf denen Brandt und Albertz »Gemeinsam für Berlin« einzutreten versprachen (wohl in der Hoffnung, die Sonne des alten Bürgermeisters würde auch den neuen wärmen), stellten Albertz so wie seine Berater Dietrich Spangenberg und Hanns-Peter Herz, der anstelle Bahrs Senatssprecher geworden war, den preußischen Landesherrn in den Vordergrund. Genau wie sein Vorbild Friedrich Wilhelm I. sollte Albertz in der Öffentlichkeit als unermüdlicher, dem Gemeinwohl dienender Landesvater erscheinen, der nicht nur Sicherheit und Ordnung garantiert, sondern die Woche, den Tag, die Stunde fest in seinen Händen hält, einzig, um sie dem Bürger zu widmen. Man beschloß, Albertz unerkannt durch die Berliner Bezirke streifen zu lassen, nur in Begleitung von Herz, seinem Referenten Hans-Peter Hempel und wenigen ausgesuchten Journalisten. Unvermittelt sollte er sich in die Schlangen vor Arbeitsämtern reihen, neben der Hausfrau im Wartesaal einer Krankenkasse Platz nehmen oder sich bei der Fürsorge unter die Sozialhilfeempfänger mischen, um sich schließlich zu erkennen zu geben und zusammen mit den Bürgern zu erörtern, wo sie der Schuh drückte. So sollten Mißstände, wenn möglich, unbürokratisch beseitigt werden.

Dieser Wahlkampfstil machte schnell Furore. Vor allem den Massenblättern des Springer-Verlages, der »B. Z.« und der »Bild«-Zeitung, gefielen die volksnahen Aktionen des kantigen Stadtoberhauptes. Fortan begleiteten sie seinen Wahlkampf mit wohlwollenden Artikeln. Dennoch erwartete keiner, daß Albertz Brandts Traumergebnis von 1963 würde erreichen können – die Genossen in der Müllerstraße ebensowenig wie der Spitzenkandidat selber. Allerdings war der Regierende davon überzeugt, weit über die absolute Mehrheit zu kommen. Zwar sahen die Umfragen für die Berliner SPD nicht so rosig aus wie unter Brandt, aber im Februar hatten immerhin noch fünfzig Prozent der Befragten ihren Willen bekundet, der SPD ihre Stimme zu schenken.[12] Das war vielversprechend, wie Albertz fand. Viele Funktionäre aus den eigenen Reihen hingegen hofften auf einen knappen Sieg. Sie glaubten, ein schwacher Gewinner werde sich leichter einbinden lassen.

Das Wahlergebnis vom 12. März 1967 vereitelte diese unmittelbaren Machtgelüste: Heinrich Albertz erhielt ein respektables Ergebnis. Zwar hatte die SPD Stimmenverluste hinnehmen müssen, doch konnte sie mit 56,9 Prozent ihre absolute Mehrheit behaupten.[13] Und selbst wenn Albertz im Landesvorstand bedauerte, kein besseres Resultat erzielt zu haben, war er doch stolz auf den Erfolg, den er mit seinem Wahlkampfstil errungen hatte. Der Landesherr fühlte sich bestätigt und gestärkt. Jetzt sollte die Partei erst recht hintanstehen und sich zum Wohle der Stadt ihrem Bürgermeister fügen – genau wie alle anderen. Beharrlich überhörte er jede Stimme aus der Bonner SPD, die ihm zur großen Koalition mit den Christdemokraten riet. Er selbst hatte noch in der Wahlnacht Kontakt zu Hermann Oxfort von der FDP aufgenommen und mit ihm über die Fortsetzung der sozialliberalen Koalition gesprochen, die jener unterstützte – trotz der Ankündigung des Regierenden Bürgermeisters, den Senat zu verkleinern und den Liberalen nur noch einen Senatorenposten zuzugestehen.[14]

Auch von Brandt ließ sich der Regierungschef jetzt nicht mehr als Juniorpartner behandeln. Kurz nach den Wahlen machte er dem Außenminister unmißverständlich klar, daß dessen Ära in Berlin zu Ende sei. Als Brandt es überdies wagte, seinem Nachfolger auf einem Abendessen der SPD-Fraktion vor allen Abgeordneten Ratschläge für die Senatsbildung zu erteilen, verlor Albertz die Geduld. Nach dem letzten Wort des Vizekanzlers stürzte er aus dem Saal und machte seinem Ärger vor den wartenden Reportern Luft.[15] Nur den Vermittlungskünsten Spangenbergs war es zu verdanken, daß ein offener Bruch zwischen einstigem und neuem Regierenden Bürgermeister vermieden wurde. Ihre Entfremdung hingegen war nicht mehr aufzuhalten, und der freimütige Albertz machte daraus auch keinen Hehl. In einem Hintergrundgespräch erwiderte er auf die Frage eines Journalisten, wie ihm die neue Dienstvilla gefalle: »Die ist mir zu nordisch« – ein Affront gegen den Skandinavienfreund Brandt, der diesem nicht verborgen blieb.[16]

Äußerungen dieser Art offenbaren nicht nur, wie selbstbewußt Heinrich Albertz aus den Wahlen hervorgegangen ist, sie entlarven erneut seine Schwäche, ausschließlich vom Amt aus zu denken. Albertz setzte ganz auf seine durch die Wahl legitimierte, staatliche Autorität und fühlte sich im Amt unangreifbar. Dabei vergaß er, daß er auf die SPD angewiesen war, die bisher nur einer im Zaum zu halten verstand: Willy Brandt. Nur er hätte seinem Nachfolger im Notfall gegen die Flügelmänner der Partei beistehen können. Doch

Albertz ließ sich von diesen Erwägungen nicht leiten und tat nichts, um die Distanzierung aufzuhalten. Er überschätzte den Einfluß, den ihm seine Position bot.

So kam es einem Husarenritt gleich, als er sich entschloß, den Genossen zu zeigen, wer der Herr im Rathaus war. Auf einer Versammlung des mächtigen »Pfeifenklubs«, zu dem Albertz nominell noch immer gehörte, brach er mit der Rechten. Barsch und wortkarg kündigte er seine Mitwirkung im Kreis um Mattick, Neubauer und Schwedler auf, nicht ohne die Beweglichkeit der »Mitte-Gruppe« um Schwäbl und Evers zu preisen. Dann erhob er sich und verließ die verdutzten Parteifreunde, die nun erst recht auf Rache sannen und sich bemühten, ihren Einfluß bei der Senatsbildung geltend zu machen.[17]

Albertz aber war nicht gewillt, Kompromisse zu schließen und auf die Parteiarithmetik Rücksicht zu nehmen. Fern jeder Taktik, brachte er es fertig, die konkurrierenden Gruppen und Personen der SPD so gegeneinander auszuspielen, daß ihm die Rolle des Schiedsrichters zufiel; während um die Posten gestritten wurde, konnte er den Senat dann zusammenstellen, wie es ihm beliebte. Ihm gelang es nicht nur, die Regierung von fünfzehn auf zehn Mitglieder zu reduzieren, sondern er erreichte auch, Kurt Neubauer als möglichen Stellvertreter auszuschalten. Statt dessen bürdete er ihm ein Mammutressort auf: Als Senator für Soziales, Gesundheit, Jugend und Sport sollte »Klettermaxe« Neubauer künftig allenfalls Zeit zur Eröffnung der Bundesjugendspiele finden, nicht aber Gelegenheit, in den Hinterzimmern der SPD gegen den Regierenden zu kungeln. Darüber hinaus verteilte Albertz die meisten Posten an die Mitglieder des »Schwäbl-Kreises«, also an Personen seines Vertrauens. Anders als Brandt verzichtete er auf einen gesonderten Beraterstab. Seine Ratgeber sollten die Senatoren sein. Das machte ihre Auswahl so bedeutsam.

Besonders auf Dietrich Spangenberg legte Albertz Wert. Mit dem Chef der Senatskanzlei verband ihn seit langem ein enges Vertrauensverhältnis, das seit Ende der fünfziger Jahre in den gemeinsamen Stunden im Kreis von Brandt herangereift war. Der Breslauer Pastor schätzte den Mecklenburger Protestanten allein schon deshalb, weil Spangenberg seiner ostelbisch-norddeutschen Heimat ebenfalls verbunden geblieben war und aus dieser Nähe heraus nichts unversucht lassen wollte, die Menschen im geteilten Deutschland zusammenzuführen. Doch noch manch andere Gemeinsamkeit ließ sich feststellen: Beiden fehlte der sozialdemokratische Stallgeruch, beide hielten eine gewisse Distanz zur Basis, obwohl sie schon seit Jahrzehnten der SPD angehörten, und beide waren loyale, aber nie servile Diener Willy Brandts gewesen. Kurzum, Albertz wußte, was er an seinem langjährigen Mitarbeiter hatte. Mehr noch, er war auf Spangenberg angewiesen, der in seiner ruhigen, besonnenen, ja diskreten Art dem Regierenden Bürgermeister treu ergeben war, aber auch kein Blatt vor den Mund nahm, wenn es ihm notwendig erschien. Schon Brandt hatte der Kanzleichef auf manch drohendes Unheil aufmerksam gemacht; das sollte auch dem burschikosen Preußen zugute kommen. Überhaupt gehörte der Mecklenburger zu den Menschen, die mit sparsamer Gestik und sanftestem Ton Autorität ausstrahlen, und schon deshalb war er für Albertz in der Administration von großer Bedeutung. Aus diesem Grund beschloß Albertz, Spangenberg auch institutionell zum engsten Berater zu machen: Der Chef der Senatskanzlei sollte als Bürgermeister sein Stellvertreter sein und als Bundessenator gleichzeitig für reibungslose Beziehungen zur Bundesregierung sorgen.

Ob Spangenberg den Parteifreunden genehm war, interessierte Albertz genausowenig wie die Reaktion der Genossen auf seine übrigen Personalvorschläge. Daß er sich mit solchen Alleingängen viele Funktionäre zu Feinden machte, war unausweichlich, störte ihn aber nicht. Im Gegenteil, sein handstreichartiges Vorgehen bei der Besetzung der Regierung zeigte ihm, wie einfach es war, mit den Sozialdemokraten fertig zu werden, wenn er nur Entschlossenheit und Härte demonstrierte. Innerhalb von vierzehn Tagen war die SPD all seinen Vorschlägen gefolgt. Sie hatte nicht nur Albertz' Reformplan gebilligt, der vorsah, den Senat und die gesamte Berliner Verwaltung zu verkleinern. Sie war auch einverstanden, den Liberalen einen Sitz im Senat anzutragen. Darüber hinaus hatte sie seine

Entscheidung hingenommen, Kurt Neubauer vom Bürgermeisterposten fernzuhalten und mit Carl-Heinz Evers, Wolfgang Büsch
und Dietrich Spangenberg drei jüngere Mitglieder des »Schwäbl-
Kreises« anstelle altgedienter Genossen aus dem »Pfeifenklub« in
die Regierung aufzunehmen. Albertz hatte sich also durchgesetzt.
Er prahlte öffentlich mit seinem Erfolg.

Die Siegerpose war voreilig. Die Parteifreunde vom »Pfeifenklub«
waren in vielem bereit gewesen, ihrem unorthodoxen Bürgermeister zu folgen. Alles mögliche hatten sie sich gefallen gelassen, eines
aber verstanden sie als Kriegserklärung: die Mißachtung der Kräftekonstellation. Seit dem Sieg über Neumanns »Keulenriege« hatte
der »Pfeifenklub« die Berliner SPD beherrscht: Er stellte die Mehrheit der Parteitagsdelegierten und bestimmte den Kurs der Fraktion. Willy Brandt hatte dem stets Rechnung getragen und vornehmlich Mitglieder der Rechten auf die Senatsbank geholt. Albertz
jedoch nahm mit Kurt Neubauer und Rolf Schwedler nur zwei ihrer
Vormänner in seine Mannschaft auf. Er glaubte, der Beistand des
»Schwäbl-Kreises« werde genügen, seine Regierung parteipolitisch
abzusichern. Immerhin, so nahm er leichtfertig an, hatte er mit Dieter Schwäbl die Gewerkschaften hinter sich. Aber Albertz überschätzte den parteipolitischen Einfluß seines Debattierklubs, der
außer den Parteitagsdelegierten von Spandau und Zehlendorf nur
wenige Parlamentarier hinter sich wußte.

Die rechten Frondeure hatten daher leichtes Spiel, Albertz auf
eine »Parteimine« treten zu lassen.[18] So einfach wie bei der Bildung
des Interimssenats sollte das Stadtoberhaupt nach seinem Wahlsieg
nicht davonkommen. Albertz ahnte nicht, was ihn erwartete, als er
der Fraktion am 28. März 1967 die komplette List der Senatsmannschaft zur Bestätigung vorlegte – eine Formsache, wie er glaubte. In
Wirklichkeit hatte sich die Mehrheit der Fraktion, hier vor allem die
nicht unbeträchtliche Zahl junger Mandatsträger um den Abgeordneten Gerd Löffler, schon vorher darauf geeinigt, Albertz und seinen »Schwäbl-Kreis«, diese »Gewinn- und Erwerbsgemeinschaft«,
wie sie boshaft genannt wurde, auflaufen zu lassen.[19] Ihnen hatte

der Regierende Bürgermeister mit seinen handstreichartigen Aktionen nach den Wahlen besonders wenig behagt. Womöglich wäre das bevorstehende Fiasko noch zu verhindern gewesen, hätte Albertz mit den Jungparlamentariern gesprochen und ihnen die Notwendigkeit seiner Personalvorschläge verdeutlicht. So aber sahen sie keinen Grund, die Alleingänge des Regierenden Bürgermeisters abzusegnen. Überhaupt hätten die Parlamentsneulinge lieber Kurt Neubauer auf dem Sessel des Stellvertreters gesehen als den Albertz-Getreuen Spangenberg, der weder in Fraktion noch Partei über eine Hausmacht verfügte.

Die Genossen waren also bereits fest darauf eingeschworen, dem Regierenden einen »Schuß vor den Bug zu geben«, als Albertz am 28. März guter Dinge den Fraktionssaal betrat.[20] Gleich zu Beginn der vierstündigen Sitzung entlud sich der Zorn der Abgeordneten über ihrem Stadtoberhaupt. Zahlreiche Parlamentarier beschwerten sich über die Eile, mit der Albertz seinen Senat ohne vorherige Rücksprache zusammengestellt hatte. Überdies beklagten sie den fehlenden Bekanntheitsgrad Dietrich Spangenbergs. Vor allem aber ging es um Albertz selbst. Nie wieder sollte er die Interessen der Fraktion mißachten. Dem Regierenden Bürgermeister half kein Versuch, die Kräftekonstellation zu seinen Gunsten zu verändern – weder die ruhige Eindringlichkeit, mit der er um Vertrauen für seinen Kandidaten warb, noch die leise Gereiztheit, die der Besonnenheit folgte. Erstmals mußte Albertz die bittere Macht des Stimmzettels kosten. In geheimer Abstimmung hatte sich jeder seiner Kandidaten einzeln zur Wahl zu stellen, und Spangenberg wurde zwar mit überwältigender Mehrheit zum Bundessenator gewählt – auch alle anderen Anwärter nahmen unbeschadet die Hürde der Fraktion –, bei der Wahl zum Bürgermeister jedoch verweigerte man dem einstigen Chef der Senatskanzlei die erforderliche absolute Mehrheit.[21] Die Fraktion ließ keinen Zweifel daran, daß die Niederlage nur Albertz galt.

Hätte der Regierende Bürgermeister dem Willen der Abgeordneten Rechnung getragen und einen neuen Kandidaten ins Spiel gebracht, wäre der Schaden einzudämmen gewesen. Aber so leicht gab sich Albertz nicht geschlagen. In Abstimmung mit dem Fraktionsvorsitzenden Voelker ließ er die endgültige Entscheidung vertagen. An seinem Kandidaten Spangenberg hielt er fest.

Bis zur nächsten Sitzung zogen Albertz und seine wenigen Verbündeten alle Register, die nötige Mehrheit für ihren Wunschkandidaten doch noch zu bekommen. Während der Regierende Bürgermeister mit seinem Rücktritt drohte, versuchten die ihm nahestehenden Parlamentarier, schwankende Kollegen mit der Versprechung auf ihre Seite zu ziehen, sie würden nach der Bestätigung des Bürgermeisters in wichtige Ausschüsse berufen. Außerdem nahm Albertz Kontakt zu Gerd Löffler auf, jenem Vormann der Parlamentsneulinge, die an seiner Niederlage mitgestrickt hatten. Doch wieder einmal zeigte er kein Verhandlungsgeschick: Albertz bat Löffler ohne große Umschweife, alles zu unternehmen, um Spangenberg die nötige Mehrheit zu sichern; Gegenargumente ließ er nicht gelten. Löffler hatte den Wunsch des Regierenden Bürgermeisters zu erfüllen – mehr nicht. Der Abgeordnete indes blieb unnachgiebig; das Gespräch war damit beendet. [22]

Die Querelen gingen weiter. Albertz war noch immer nicht zum Rückzug bereit. Er hoffte, seine erste Niederlage würde den Gegnern ausreichend Genugtuung verschafft haben. Die Fraktion war der Sühne des Regierenden allerdings noch lange nicht überdrüssig. Als er Spangenberg am 3. April 1967 erneut zur Abstimmung stellte, verpaßte sie ihm prompt die nächste Ohrfeige. [23] Nun war Albertz wirklich angeschlagen. Der Bürgermeister hatte die Machtprobe mit den Genossen endgültig verloren. Mürrisch verließ er die Sitzung, um mit Mattick, Voelker, dem Fraktionsvorstand und einigen künftigen Senatsmitgliedern zu beratschlagen, wer sonst als sein Stellvertreter in Frage komme. Die Fraktionäre warteten indessen ab. Sie rechneten mit der Berufung Neubauers oder Schwedlers. Albertz weigerte sich jedoch, den Strategen der Rechten den Weg ins Vorzimmer der Macht zu ebnen.

Ein drittes Mal hätte er seinen Intimus nicht vorschlagen können, aber an einen Widersacher aus dem »Pfeifenklub« war in Albertz' Augen keinesfalls zu denken. Nach langem Hin und Her einigte

Im politischen Leben von Heinrich Albertz hat Willy Brandt sowohl als Stütze als auch als Last gewirkt. Er brachte ihn nach oben und ließ ihn dort allein, so jedenfalls empfand es Albertz.

man sich schließlich auf den früheren Fraktionsgeschäftsführer Heinz Strieck. Mit dem Senatsdirektor für Finanzen hatte der Regierende Bürgermeister einen Genossen im Visier, der über enge Bindungen zu Partei und Fraktion verfügte, folglich keinerlei Bedenken erwarten ließ. Doch Strieck besaß einen Makel: Er war Mitglied des »Schwäbl-Kreises«. Albertz mißachtete die Parteiarithmetik also erneut. Trotzdem akzeptierte die Fraktion diesmal den Vorschlag des Regierenden Bürgermeisters. Eine weitere Niederlage hätte sie dem Stadtoberhaupt kaum zumuten können, selbst wenn sie Strieck als Vertreter der »Senatsfraktion« nur halbherzig unterstützte.

Den Schlag gegen Albertz empfanden die Parlamentarier als Pyrrhussieg. Denn obgleich der Regierende Bürgermeister seine ursprüngliche Vorstellung nicht hatte realisieren können, war es ihm ein weiteres Mal gelungen, sich den Wünschen der Mehrheit zu widersetzen. Und doch sah Albertz keinen Grund zu triumphieren. Niedergeschlagen verließ er das Rathaus. Vielleicht wäre er nach Hause gefahren und hätte sich bei den über tausend Funktionären vertreten lassen, die schon ungeduldig auf ihn warteten, hätte er geahnt, daß der Niederlage vom Abend noch eine nächtliche Desavouierung folgen sollte. Ebenso pflichtbewußt wie ahnungslos ließ sich das Stadtoberhaupt zum Prälaten Schöneberg in sein nächstes Unheil chauffieren. Bedrückt durchschritt Albertz den Saal, in dem die Berliner sonst ihre Ballnächte verbrachten. Zum Feiern war ihm nicht zumute; das Parteivolk mußte über die Niederlage informiert werden.

Sichtlich erschöpft ergriff Albertz das Wort und berichtete von den Personalentscheidungen der letzten Stunden. Er lobte Spangenberg für die Würde, mit der er die Niederlage ertrug, dankte Strieck, daß er ihm zur Seite getreten war, und gedachte, seine Ausführungen über die jüngsten Reibereien mit einem Tadel an die Genossen zu beenden. Als Albertz mit der Bemerkung schloß, wie froh er sei, »daß an diesem Beispiel deutlich geworden ist, wie in einer Demokratie miteinander verfahren wird«[24], ereignete sich etwas Unbeschreibliches, das noch keinem Regierenden Bürgermeister widerfahren war: Das Parteivolk brach in brüllendes Gelächter aus. Dies war zuviel für das Stadtoberhaupt. Bar seiner sonst sprichwörtlichen Ruhe und Gelassenheit, fügte Albertz irritiert und unbeholfen hinzu:»Ich weiß nicht, was es da zu lachen gibt«, nur um sich diesmal einen hämischen Zwischenruf vom linken Vormann Harry Ristock gefallen lassen zu müssen:»Heinrich, bleib ruhig – das ist Glatteis!«[25] Die Warnung war überflüssig: Der Regierende war bereits ausgeglitten. Einsam verließ er den Schöneberger Ballsaal, begleitet nur von den abweisenden Blicken seiner Genossen. In solchen Stunden sehnte er sich nach seiner Frau.[26]

Hätte Albertz die Demütigung verhindern können? Ja und nein. Sicherlich, der Regierende Bürgermeister hatte sich über alle Parteiinteressen hinweggesetzt und versucht, die Fraktion auszuhebeln, dabei ungeschickt taktiert und starr an seinem Wunschkandidaten Spangenberg festgehalten. Andererseits gehörte es von jeher zum Recht des Stadtoberhaupts, seine Mitstreiter selbst auszuwählen. In Berlin jedoch hatten die Fraktionäre ein entscheidendes Wort mitzusprechen. Im Unterschied zu den übrigen Bundesländern stellt der Regierende Bürgermeister seine Kandidaten nicht im Block zur Wahl, sondern muß sich für jeden einzelnen seiner Anwärter um das Vertrauen des Parlaments bemühen. Es war daher unklug von Albertz, den »Schwäbl-Kreis« bei der Senatsbildung zu begünstigen; an der rechten Mehrheit der Fraktion kam er nicht vorbei. Das hätte nicht unbedingt bedeuten müssen, den Intimfeind Neubauer auf den Posten des Bürgermeisters zu setzen, doch wäre es taktisch sinnvoller gewesen, Rolf Schwedler, dem anderen mächtigen Mann der Rechten, das Amt anzutragen. Mit Schwedler kam Albertz eher aus. Mit ihm an der Seite wäre es dem Landesvater womöglich gelungen, die Grabenkämpfer ruhigzustellen und den Bausenator auf Dauer einzubinden.

Das Stadtoberhaupt aber dachte nicht daran, den sozialdemokratischen Parteifürsten Konzessionen zu machen. Hierin lag ein weiterer Fehler des Regierenden Bürgermeisters. Albertz hatte nicht nur sein Kabinett im Alleingang durchsetzen wollen, er verweigerte den Abgeordneten auch jede Diskussion. Diese Haltung verärgerte die stark verjüngte SPD-Fraktion. Wieder war es die eigene Selbstherrlichkeit, die Albertz einen Strich durch die Rechnung machte. Erneut hatte er nicht einsehen wollen, daß er nicht Volksregierender war, sondern auf die SPD angewiesen blieb. Fraktion und Partei wollten nicht bloß Handlanger sein, sondern als eigenständige Kraft anerkannt werden. Auch aus diesem Grund hatten die Parlamentarier Albertz so deutlich wie noch nie klargemacht, daß es zu keiner Herrschaft des Rathauses über die Partei kommen werde. Nie wieder sollte der Regierende die Interessen und Empfindlichkeiten der Berliner SPD mißachten. Es war also nicht enttäuschter Ehrgeiz allein, der die Frondeure gegen Albertz handeln ließ.

Doch egoistische Motive spielten eine ebenso beträchtliche Rolle. Vielleicht war es die lange politische Ohnmacht unter Brandt, welche die Mitglieder des »Pfeifenklubs« derart machtbesessen werden ließ. Albertz sollte von Anfang an so eingedämmt werden, daß ihm nur wenig Spielraum verblieb: Neubauer und die übrigen Rechten drängten an die Macht, was immer der Regierende Bürgermeister auch tat. Dafür sprach nicht zuletzt die Tatsache, daß Jugend- wie Bausenator trotz der Schlappe des Stadtoberhaupts nicht bereit waren, dem designierten Stellvertreter Strieck eine loyale Zusammenarbeit in Aussicht zu stellen. Die Rechte trachtete danach, den Regierenden Bürgermeister zu schwächen, wo immer es ging. Wenngleich die Ratschläge der Publizisten richtig waren, die Albertz zu einem engen Schulterschluß mit der Partei mahnten, konnte nichts darüber hinwegtäuschen, daß seine Rivalen sich nur schwer bändigen ließen. Ihnen war die eine Niederlage des Bürgermeister nicht genug. In den nächsten Wochen und Monaten setzten sie alles daran, selbst die winzige Schar von Albertz-Getreuen, den »Schwäbl-Kreis«, aufzureiben.

Noch hätte der Regierende den Untergang abwenden können. »Ich bin bereit, das durchzustehen«, schrieb er Anfang Mai zuversichtlich an Willy Brandt.[27] Doch für Albertz schien »durchstehen« eine andere Bedeutung zu haben als für seinen Vorgänger. Brandt hatte in den Kämpfen zwischen »Keulenriege« und »Pfeifenklub« die Genossen um Franz Neumann nicht durch freundliches Zureden zur Räson gebracht, sondern in langen Grabenkämpfen schonungslos unterjocht. Der neue Regierende Bürgermeister hingegen hoffte, die mächtigen Flügel der Berliner Sozialdemokratie durch politische Erfolge ruhigzustellen: Ein Durchbruch in der Berlinpolitik, etwa eine neue Passierscheinregelung, würde ihm die Zustimmung der Berliner bringen und die Partei zähmen, glaubte er. Aus diesem Grund suchte er das Gespräch mit dem neuen Außenminister, der sich seit dem Konflikt mit Albertz wenig um die Belange der Halbstadt gekümmert hatte.

Lieber Willy Brandt,
Ich fahre nach der Mai-Feier morgen früh auf Urlaub und möchte Frau Böer noch diesen Brief diktieren. Du weißt, daß

auch solche Briefe bei ihr gut aufgehoben sind. Ich möchte nämlich nicht wegfahren, ohne jedenfalls von mir aus etwas von der großen Bedrückung zu sagen, die ich in den letzten Monaten zunehmend empfunden habe. Nun bin ich weder ein Psychologe, noch verstehe ich mehr von Menschen, als es mit dem normalen Menschenverstand möglich ist. Aber es ist ja wohl mit Händen zu greifen, zwischen Dir und mir und damit auch zwischen Bonn und Berlin sind persönliche und sachliche Schwierigkeiten entstanden.

Daran mag vieles schuld sein, und man muß ja auch immer mit sich selber anfangen. Ich will also damit beginnen, daß ich mich sehr davor gefürchtet habe, Dein Nachfolger zu sein. Du bist, wie Du weißt, hier eine Legende geworden, und ich glaubte, es würde überhaupt kaum möglich sein, mit den Berlinern in ein unmittelbares Verhältnis zu kommen. Das ist dann besser gegangen, als ich dachte. Aber ich gestehe gern, daß ich mit diesem Schatten zu kämpfen hatte und daß ich von da aus vielleicht auch das eine oder andere nicht richtig angelegt oder ausgesprochen habe. Umgekehrt habe ich den Eindruck, daß Du Dich ebenso schwer von Berlin getrennt hast und dann schmerzlich berührt warst, daß es auch ohne Dich weiterging. Ich finde, wir sollten das voneinander wissen und darüber hinwegkommen. Du hast Deine neue schwere Pflicht, von der ich mir denken kann, daß sie Dir kaum Raum läßt für irgendeinen Gedanken an Vergangenes. Ich habe die meine. Du kennst sie, und ich brauche Dir nichts darüber zu sagen. Es ist also kein Millimeter Vorwurf darin, wenn ich ausspreche, daß Du weit weg bist von den Dingen. Ich verstehe das. Es konnte wahrscheinlich gar nicht anders kommen.

Damit bin ich schon beinah beim Sachlichen. Du weißt, daß ich in den letzten Monaten immer wieder darum gebeten habe, Dich und Herbert Wehner zu sprechen, um in den beiden entscheidenden Fragen – Funktionsfähigkeit West-Berlins in den Zeiten der Entspannung und, damit untrennbar zusammengehörig, unser Verhältnis zum anderen Teil der Stadt und zum anderen Teil des Landes – weiterzukommen. In beiden Fragen ist nicht viel geschehen. Ich wiederhole noch einmal: konnte wahrscheinlich nicht viel geschehen. Aber ich brauche Dir nicht zu sagen, wie sehr es uns drängt und wir bei aller notwendigen Geduld und Behutsamkeit die Dinge nicht laufen lassen können. Wenn es nicht in absehbarer Zeit gelingt, Funktionen, die das Ganze betreffen, in diesen Teil der Stadt zu legen, und wenn wir uns nicht darüber klarwerden, wie wir den anderen Teil Deutschlands ansehen müssen und welche Schritte möglich sind, um in den elementarsten menschlichen Beziehungen weiterzukommen, dann gehen die Erosionserscheinungen weiter ...

Ich muß noch einmal darum bitten, daß nun endlich Zeit dafür gefunden wird, um mit Dir und Herbert Wehner oder auch mit Dir allein über das zu sprechen, was jetzt ansteht. Ich sage Dir in allem Freimut, daß es in den letzten Monaten keine zeitlichen Schwierigkeiten gab, mit dem Bundeskanzler oder anderen CDU/CSU-Mitgliedern der Bundesregierung zu reden. Natürlich verfolgen diese Herren auch ihre besonderen Zwecke. Aber das Bild darf nicht schief werden. Ich bin jedenfalls am 24. Mai wieder in Berlin. Außerdem steht Dieter Spangenberg nun als neuer Bundessenator jedem von Euch zur Verfügung.

Jedem von Euch, das heißt auch Klaus Schütz. Ihm würde ich nur dringend raten, hier in Berlin keine Reden zu halten, die weder uns noch ihm helfen. Es wird sowieso der größten Anstrengungen bedürfen, um zu verhindern, daß in der Berliner Partei Zustände eintreten wie zu Zeiten Ernst Reuters – nur diesmal umgekehrt, wenn eine sogenannte rechte Gruppe glaubt, ihre Existenz dadurch nachweisen zu können, daß sie dem Regierenden Bürgermeister Schwierigkeiten macht ... Ich gehöre zu keiner Gruppe. Aber es sollte dies nicht noch von außen angeheizt werden. Ich meine, falls Du Klaus Schütz ansprichst, seine Rede vor dem Wilmersdorfer Delegiertentag, auf dem er auch noch eine völlig falsche Analyse der Berliner Wahl gegeben hat ...

Ich grüße Dich sehr herzlich und wünsche Dir Erfolg für alles, was Du jetzt vor Dir hast, und ich wäre Dir dankbar, wenn jedenfalls wir beide das Kleine klein und das Große groß sein lassen können.«[28]

Brandt antwortete seinem Nachfolger durchaus verbindlich auf seinen Brief und sagte ein baldiges Treffen zu, doch auf die Aussprache unter vier Augen sollte Albertz vergeblich warten.[29] Mit dem Beistand des SPD-Chefs konnte er nicht mehr rechnen. Der Außenminister blieb passiv, hielt sich aus den Berliner Angelegenheiten weitgehend heraus.

Von Bonn aus bewegte sich in der Passierscheinfrage nichts. Und auch Ost-Berlin war zu keinerlei Konzessionen bereit, seitdem der Regierende Bürgermeister Alexander Abusch die direkte Antwort auf dessen Schreiben verweigert hatte. Albertz blieb der Erfolg verwehrt, den er benötigte, um die Scharte auszuwetzen, die ihm die SPD geschlagen hatte.

Die rechten Genossen erkannten darin ihre Chance. Der bevorstehende Parteitag, auf dem der Landesvorstand neu gewählt werden sollte, kam ihnen wie gerufen, um Albertz erneut zu schwächen. Der Regierende Bürgermeister hätte nun nichts unversucht lassen dürfen, sich in der SPD um Verbündete zu kümmern, in Abteilungs- wie Kreisversammlungen für die eigene Politik zu werben und die Reihen des »Schwäbl-Kreises« durch Überläufer zu verstärken. Doch wieder tat er das in Parteidingen für ihn so Typische: nichts. Mitten in der Vorbereitung auf den Parteitag verließ er seine kleine Truppe um Schwäbl und Evers. Während Neubauer und Schwedler planten, die Senatsfraktion auszuschalten, erholte sich der Landesherr im Breisgauer Thermalbad Badenweiler. Erst einen Tag vor Beginn der »Umfassungsschlacht« kehrte er nach Berlin zurück.[30] Die Genossen hatten da schon etliches für sich entschieden, reinigten nur noch die Waffen für den kommenden Tag.

Was keiner für möglich gehalten hatte, war eingetreten: Rechte und Linke fanden sich aus machtpolitischem Kalkül zu einem Bündnis gegen den »Schwäbl-Kreis« zusammen, um die »Senatsfraktion« mit Albertz an der Spitze auszuhebeln.[31] Schon seit April hatte Kurt Neubauer seine Kontakte zu den Altlinken um Joachim Karnatz intensiviert. In konspirativen Zusammenkünften – meist im Büro des Sozialsenators – kamen sich die Vertreter beider Lager näher und beschlossen, den künftigen Landesvorstand ausschließlich mit Anhängern ihrer Gruppen zu besetzen. Die Mitte, der es auf dem letzten Parteitag gelungen war, mit Wolfgang Büsch, Franz Ehrke, Carl-Heinz Evers, Horst Korber und Dieter Schwäbl einen unerwartet hohen Anteil an Beisitzerposten im Landesvorstand zu erringen, sollte vernichtet werden.[32] Nur bei den Junglinken um Harry Ristock stieß die Absprache auf Widerstand. Sie fürchteten, das Rechts-links-Kartell werde die Ostpolitik des Regierenden Bürgermeisters torpedieren. Schon vorher hatte Ristock zusammen mit Carl-Heinz Evers versucht, Linke und »Schwäbl-Kreis« miteinander zu verbinden, beugte sich dann aber den Altlinken, als er keine Mehrheit für seine Initiative zusammenbrachte. Zumal Karnatz berichten konnte, daß ihm Dieter Schwäbl, mit dem er seit Kindestagen befreundet war, keine Vorteile für ein mögliches Zusammengehen garantieren wollte.[33] Der Pakt gegen den »Schwäbl-Kreis« war damit geschlossen, der Sieg schon fast in der Tasche.

Die »Mitte-Gruppe« versuchte die Flucht nach vorn und attackierte das Rechts-links-Bündnis an seiner schwächsten Stelle: Kurt Mattick. Der Landesvorsitzende war seit der Senatsbildung zwischen alle Fronten geraten. Während ihm die Genossen aus dem »Pfeifenklub« nachtrugen, die einseitige Senatsbildung nicht verhindert zu haben, erboste die Linke seine Starrheit in der Entspannungspolitik. Der »Schwäbl-Kreis«, dem Matticks deutschlandpolitische Unbeweglichkeit zunehmend auf die Nerven fiel, hoffte, den allgemeinen Unmut für sich ausnutzen zu können. Auf Vorschlag von Carl-Heinz Evers stellte die »Mitte-Gruppe« Wolfgang Büsch als Gegenkandidaten des Landesvorsitzenden auf. Der Schachzug war klug gewählt. Der intelligente, linksliberale Innensenator mußte auf Ristock und seine Gruppe anziehender wirken als der rechte Dogmatiker Mattick.

Doch Sympathie allein genügte nicht, Linke wie Rechte hatten sich bereits verständigt; da halfen auch die wackeren Reden Korbers und Schwäbls im Landesvorstand und Landesausschuß nichts. Nur einer hätte das Blatt noch wenden können: der Regierende Bürgermeister. Albertz wäre es vielleicht gelungen, die Zerschlagung seines Debattierklubs zu verhindern, hätte er kraft seines Amtes ein Machtwort gesprochen. Nichts dergleichen geschah, das Stadtoberhaupt hielt sich zurück. Selbst auf der letzten Sitzung des Landesausschusses, während der die Gruppen heftig aneinandergerieten, verwies er lediglich auf die Praxis des Bundesvorstands, dem Parteitag zwar Kandidatenvorschläge zu unterbreiten, nicht aber fertige Personallisten vorzulegen.[34] Indirekt unterstützte Albertz das Bündnis gegen sich und seine Mannen sogar, indem er die fädenziehenden Funktionäre gewähren ließ, bis zum Parteitag in Urlaub fuhr und über die kommende »Felddienstübung« scherzte.[35]

Gewiß, »Übungen im Feld« waren dem Bürgermeister unter Brandt beschieden gewesen. Nie hatte er sich dort wirklich verteidigen müssen, stets hatte der mächtige Willy Brandt die Opposition gegen ihn gebrochen. Doch aus den Manöverspielen von einst war bitterer Ernst geworden. Erstmals hätte auch Albertz in die Schützengräben steigen müssen, um sich im Kampf gegen die Genossen zu behaupten. Der Preuße aber dachte wie gewohnt vom Amt aus, wollte sich mit Parteiquerelen nicht befassen. Die Zeit der Schaugefechte war gleichwohl vorüber. Jetzt begann die Abstimmungsschlacht.

Als am Abend des 26. Mai 1967 die 256 Delegierten in die Kongreßhalle strömten, hatten die Flügel bereits Aufstellung genommen. Wieder verfügte die Rechte über die Mehrheit, dicht gefolgt von der Linken, die mit hundert Delegierten auf den Parteitag gekommen war. Der numerische Rest blieb dem »Schwäbl-Kreis«. Daran konnte auch Wolfgang Büsch nichts ändern, der nach Kurt Mattick das Wort ergriff und versprach, unter seiner Führung das Eis zwischen den Blöcken schmelzen zu lassen.[36] Linke und Rechte ließen sich nicht beirren, sie verkündeten lediglich, was längst beschlossen war. Unter scheinheiligen Versprechungen, den Senat zu unterstützen, begannen sie ihre Generalabrechnung mit Albertz und seinen Getreuen. Nahezu jeder Redner setzte zum Schlag gegen die Mitte an, begleitet vom breiten Beifall des Parteivolks. Joachim Karnatz ging am härtesten mit dem »Schwäbl-Kreis« ins Gericht und warb bei den Parteifreunden für die »Liste, wie sie Kurt Neubauer empfohlen hat, vom ersten bis zum letzten, der da drinsteht«.[37] Die »Mitte-Gruppe« sollte aufgerieben werden, forderte Karnatz in Anspielung auf ein Bebel-Zitat. Rolf Schwedler griff Albertz sogar persönlich an, indem er über dessen Umgangsformen klagte. Der »Schwäbl-Kreis« wehrte sich wacker, aber vergeblich. Er stand »mit dem Rücken an der Wand«.[38]

Heinrich Albertz hätte ihm einen Fluchtweg weisen können. Wäre der Regierende Bürgermeister ans Pult getreten, hätte er das Bündnis der Frondeure attackiert. Wäre der Offensive wahrscheinlich ein Ende gesetzt worden. Das Stadtoberhaupt aber hielt sich zurück, forderte in einer kurzen Rede die »lieben Freunde« auf, »dem zu dienen, zu dem wir berufen sind«, nämlich dem Wohl Berlins.[39] Die Genossen konnte er mit solchen Appellen nicht rühren: Kurt Mattick wurde mit 138 gegen 72 Stimmen erneut im Amt bestätigt. Mit Ausnahme von Horst Korber, der eine flammende Rede gegen die Gruppenabsprachen hielt, verloren alle Mitglieder des »Schwäbl-Kreises« ihre Beisitzerposten. Die Mitte war beseitigt – nicht nur parteipolitisch. Die Tatsache, daß Albertz zugesehen hatte, wie die eigenen Gefolgsleute untergingen, ließ jede weitere Motivation versiegen, für ihn als Gruppe nochmals in den Ring zu steigen.[40]

Jetzt stand Albertz wirklich verlassen da. Zwar regierte er nun über den Parteien, doch ohne jegliche politische Plattform. Künftig mußten alle schwerwiegenden Entscheidungen des Senats vom Landesvorstand abgesegnet werden. Der Regierende Bürgermeister war den Genossen ausgeliefert – nichts konnte an ihnen vorbei beschlossen werden.

Die Niederlage war verheerend. Heinrich Albertz war parteipolitisch entmachtet, aber nicht nur das: Sein Bild als starker und gerechter Landesherr hatte Schaden genommen. Der Regierende Bürgermeister brauchte dringend Erfolge, denn die Machtgelüste der Genossen waren noch immer nicht gestillt. Bisher hatten sie sich mit der Herrschaft innerhalb der Partei begnügt. Es blieb eine Frage der Zeit, wann die eigenen Parteifreunde gegen den Senat ziehen würden. Jedes weitere Zeichen der Schwäche hätten sie sofort genutzt, Albertz wenn nicht zu stürzen, so doch einzubinden, und eine günstige Gelegenheit dafür bot sich im aufkommenden Sturm der Studentenunruhen.

Der Preuße und die Protestierenden

An den Berliner Hochschulen gärte es schon seit langem, ohne daß Heinrich Albertz von diesen Problemen Kenntnis nahm. Er blieb dem Bild des Studenten verhaftet, der nach dem Bau der Mauer Tunnel gegraben und damit seinen Kommilitonen die Flucht aus dem Ostteil der Stadt ermöglicht hatte. Allenfalls dachte er an die fiebrig applaudierende Menge, die im Sommer 1963 Kennedy im Auditorium Maximum einen begeisterten Empfang bereitet hatte.[1]

Dergleichen war lange vorbei. Inzwischen war Alltag auf dem Dahlemer Campus eingekehrt, und der sah alles andere als rosig aus. Die Studenten der Freien Universität hatten in den letzten Jahren immer enger zusammenrücken müssen. Seit der Gründung der FU war ihre Zahl stetig gestiegen. Während 1948 zweitausend Hörer in den eilig hergerichteten Gebäuden ihr Studium aufgenommen hatten, drängten sich 1964 schon 16 000 Kommilitonen an den Fakultäten, und es wurden immer mehr.[2] Besonders in den sechziger Jahren folgten viele Jugendliche dem legendären Ruf des »Berliner Modells«, das Studenten Mitsprache und Selbstverwaltung garantierte. Andere wiederum trieb die rechtliche Lage der Dreimächtestadt an die Spree, um dem Wehrdienst im Bundesgebiet zu entgehen. So besaß Berlin mit seinem hohen Anteil an Studenten vor allem der Sozial- und Politikwissenschaft sowie der ohnehin politisierten Frontstadtatmosphäre eine wachere Jugend als andere Städte. Erst zaghaft, fast schüchtern, dann immer heftiger wandte sie sich gegen die verkrusteten Universitätsstrukturen.[3]

In der Tat gab es vieles zu kritisieren an der einst gepriesenen Berliner Gemeinschaft von Lehrenden und Lernenden. Einige Fakultäten hatten in Absprache mit der Universitätsleitung seit Mitte der sechziger Jahre versucht, der steigenden Immatrikulationszahlen durch Zulassungsbeschränkungen, Regelungen zur Studiendauer und durch Zwangsexmatrikulierungen Herr zu werden, ohne die Studenten in die Beratungen einzubeziehen. Diese sahen darin einen willkürlichen Verwaltungsakt, der das Modell der Mitbestimmung aushöhle.

Ihre Befürchtungen schienen sich zu bewahrheiten, als im Sommersemester 1965 Rektor Herbert Lüers dem linken Publizisten Erich Kuby Redeverbot erteilte.[4] Kuby war zusammen mit Wolfgang Abendroth und dem konservativen Journalisten Rudolf Krämer-Badoni vom Allgemeinen Studentenausschuß (AStA) der Freien Universität zu einer Diskussionsveranstaltung über das Thema »Restauration oder Neubeginn – Die Bundesrepublik 20 Jahre danach« eingeladen worden, obwohl ihm schon seit 1958 der öffentliche Auftritt auf dem Gelände der Freien Universität untersagt war.[5] Die Studentenschaft empörte sich gegen den wiederholten Maulkorberlaß und verlangte, was Kommilitonen in Berkeley schon seit langem forderten: »To hear any person in any open area on campus at any time on any subject.« Bisher hatten die Rektoren dagegen auch nichts einzuwenden gehabt, hatten politische Aktionen der Jungakademiker sogar gutgeheißen, wenn sie gegen Kommunisten gerichtet waren. Jetzt aber, als die Studenten begannen, über Hochschulreformen zu diskutieren und sich mit Mißständen in der Bundesrepublik auseinanderzusetzen, sprach ihnen die Universitätsleitung jegliches politische Mandat ab.

Die Lage eskalierte, als Lüers einem Hochschulassistenten am Otto-Suhr-Institut für Politische Wissenschaften, Ekkehard Krippendorff, die Verlängerung seines Vertrages verweigerte. Der junge Wissenschaftler hatte in einem Artikel für das »Spandauer Volksblatt« das Gerücht verbreitet, Rektor Lüers habe den Philosophen Karl Jaspers gebeten, seinen Vortrag für die Veranstaltung zum 8. Mai 1965 abzusagen.[6] Tatsächlich hatte sich Jaspers aus gesundheitlichen Gründen entschuldigt. Krippendorffs Richtigstellung in der nächsten Ausgabe des Lokalblattes half nichts: Die Universitätsleitung hielt an ihrem Entschluß fest, die Anstellung des Assistenten nicht zu verlängern. Als dann der neue Rektor Hans-Joachim Lieber

Anfang 1966 sämtliche politischen Demonstrationen auf dem Campus mit dem Hinweis auf die Hausordnung verbot, war der Frieden endgültig dahin. Viele Studenten sahen ihre Informations- und Versammlungsfreiheit bedroht und setzten sich gegen die »Ordinarien-oligarchie« zur Wehr.[7] Aus dem Protest einer kleinen Schar von Demonstranten des Sozialistischen Deutschen Studentenverbandes (SDS) entwickelte sich bald eine breite studentische Opposition. Sie bewertete die Mißstände an der Hochschule mehr und mehr als gesamtgesellschaftliches Problem und war entschlossen, es als solches auf breiter Front zu bekämpfen.

Noch blieben die Studenten meist innerhalb des Campus, stellten im wesentlichen hochschulpolitische Forderungen und bemühten sich, mit neuen, oft verspielten Formen des Protestes den »Muff von tausend Jahren unter den Talaren« herauszubekommen. Mit Sitzstreiks, Go-ins und scharfen, zugleich witzigen Flugblättern brachen sie bewußt mit Konventionen und erzielten bei ihrer irritierten Universitätsleitung einige Teilerfolge. Hatten im Mai 1965 achthundert Studenten gegen die Entlassung Krippendorffs protestiert, kamen zum ersten Sit-in im Henry-Ford-Bau dreitausend Studierende zusammen. Sie empörten sich über die hartnäckige Weigerung des Akademischen Senats, Universitätsräume für politische Veranstaltungen zur Verfügung zu stellen, und forderten mehr Mitbestimmung. Zwar wies der Senat das studentische Ansinnen zurück, doch ließ Rektor Lieber die Demonstranten gewähren, die bis in die frühen Morgenstunden diskutierten und ihren Sitzstreik als Erfolg für die eigene Sache verbuchten.

Die Tatsache, daß Lieber vor den Studenten zurückgewichen war, beflügelte diese in ihrem Protest gegen die Ordinarien und ließ ihre Aktionen rüder werden. Als der Rektor am 26. November 1965 in einer Veranstaltung vor Studenten über die Bildungsreform sprach, kam er über seinen Vortrag nicht hinaus. Während der Diskussion geschah etwas bis dahin Einmaliges in der Geschichte der Freien Universität: Eine Gruppe von Studenten verteilte plötzlich Flugblätter, entriß Lieber das Mikrophon und verlas eine Mitteilung an die »professoralen Fachidioten«.[8] Der Rektor verließ empört den Raum.

Obgleich den meisten Studenten die Aktion einiger weniger Kommilitonen zu weit ging, beeindruckte die Provokation. Zum ersten Mal hatten Studierende gewagt, die Unantastbarkeit nicht nur eines Ordinarius, nein, des Rektors selbst anzugreifen – ohne disziplinarische Folgen. Das weitverbreitete Gefühl der eigenen Hilflosigkeit und Unsicherheit, das viele Studenten quälte, verschwand in jenem Moment. Nicht wenigen Jungakademikern schien es, als würden die einmal angeschlagenen Verhältnisse zusammenbrechen, wenn man nur weiterprotestierte.[9] Bald schon gaben sich viele Studenten nicht mehr zufrieden mit dem Wunsch nach einer Universitätsreform. Sie wollten das Übel direkt an der Wurzel packen: die bundesdeutsche Gesellschaft demokratisieren, deren autoritären Charakter sie durch die Große Koalition entlarvt sahen.

Diese heute eher merkwürdig anmutende Auffassung war im Wechsel der Generationen begründet. Erstmals seit 1945 studierte in Dahlem eine Jugend, die im Wohlstand der fünfziger Jahre ohne eigene Kriegserfahrungen aufgewachsen war, folglich eher vage Vorstellungen von Diktatur und kommunistischer Bedrohung besaß. Ihr erschien die konsumorientierte, selbstzufriedene Bundesrepublik als autoritär, mehr noch, sie offenbarte totalitäre Züge. Theoretisch unterfüttert wurden ihre Ansichten von Intellektuellen der älteren Generation, Professoren zumeist, die in ihren Schriften die Bonner Republik, manchmal sogar die gesamte westliche Welt an den Pranger stellten. Es traf zu, was Günter Grass von der Studentenbewegung behauptete: Es handele sich um eine »angelesene Revolution«. Die Propheten der Studenten hießen Marx, Mao und Marcuse; auch Hegel, Horkheimer und Habermas, Adorno, Bloch, Lukács und Che Guevara sowie Freud und Wilhelm Reich. Verinnerlicht wurde zudem der »CDU-Staat«, ein verbreitetes Buch, das allen Ernstes die These vertrat, die deutsche Nachkriegsdemokratie sei »eine sozialtechnisch vollzogene Formierung der Bevölkerung durch ein bürokratisches, plebiszitär ausgestattetes Regime geworden«[10], in dem der Bundestag lediglich die Aufgabe besitze, »den Status quo zu stabilisieren«[11].

Der Glaube an ein funktionstüchtiges parlamentarisches System war bei vielen Studenten ebenso geschwunden wie die Hoffnung auf eine sich gegen das Großkapital wendende SPD. Fortan verstand man sich als eigentliche Opposition, kämpfte gegen die Notstandsgesetze, zog den phrasenhaften Antikommunismus des Senats ins Lächerliche und erklärte dem weltweiten Imperialismus der Amerikaner den Krieg. Fußend auf Marcuses These, daß die Arbeiterklasse zur historischen Umgestaltung nicht mehr in der Lage sei[12], begriffen sich zahlreiche Kommilitonen als Elite, hielten sich für die revolutionäre Avantgarde, handelten dementsprechend kompromißlos.

Herbert Marcuse hatte in seinem Buch »Der eindimensionale Mensch« die westlichen Länder als Staaten der Unfreiheit bezeichnet, in denen die Möglichkeiten zur Selbstbestimmung minimal seien. Die Fähigkeiten moderner, hochtechnisierter Systeme hätten eine Herrschaft des Staates über das Individuum zur Folge, die größer sei als je zuvor.[13] Ein Teil der studentischen Jugend, hier vor allem die Vertreter des SDS, verinnerlichten diese Theorie. Sie glaubten an die Unmündigkeit der Menschen, die sich widerstandslos, da durch Konsum eingelullt, einem Regime unterordneten, das für Marcuse totalitäre Züge besaß. Da sie glaubten, sie hätten es mit einer Gewaltherrschaft zu tun hatte, schienen parlamentarische Formen der Opposition sinnlos, blieb die gezielte Durchbrechung etablierter Spielregeln der einzige Ausweg. In dieser Auseinandersetzung fühlten sich die Studenten nicht allein. Vielmehr begriffen sie sich als Teil eines weltweiten Befreiungskampfes, der im Fernen Osten vom Vietcong, in Berlin von ihnen geführt wurde.

Doch nicht nur Revolutionäres, auch Persönliches kam an die Oberfläche: der Selbstzweck, die Selbstbefreiung. Er spielte eine genauso große Rolle wie die politische Zielsetzung Rudi Dutschkes oder anderer SDS-Strategen. Viele hatten sich unbehaglich gefühlt in der abgestumpften Welt der Eltern, mit ihrem Verständnis von Pflicht und Ehre, ihrem als spießig verpönten Alltag. Man fürchtete, in der hochindustrialisierten Gesellschaft der Bundesrepublik zu verkümmern. Dagegen schufen die gemeinsamen Protestaktionen eine Festtagsstimmung, die viele Studenten lange vermißt hatten:

ein Gefühl des Beisammenseins ohne Schranken und Hemmungen. Plötzlich nannte man sich »Genosse« und »du«, ein revolutionäres Pathos war dafür nicht nötig.[14] Während Dutschke das »Durchbrechen der Spielregeln« als Taktik verstand, dem System die Maske des Rechtsstaates herunterzureißen, sahen die meisten Studenten in der Mißachtung der Bannmeile, im Wurf von Stinkbomben und im Einschlagen von Fensterscheiben nicht viel mehr als ein phantasiereiches Spiel, das Gemeinsinn schafft.[15] Die Folgen freilich waren dieselben: die Auseinandersetzung mit der Staatsgewalt.

Sie begann erstmals in größerem Rahmen im Februar 1966. Über zweitausend Kommilitonen waren dem Aufruf verschiedener Studentenorganisationen gefolgt, um gegen den »schmutzigen Krieg in Vietnam« zu protestieren. Getreu der Taktik bewußter Regelverletzung schwenkte ein Teil der Demonstranten plötzlich von der genehmigten Wegstrecke in Richtung Amerika-Haus ab, um vor dem spärlich bewachten Gebäude ein Sit-in zu veranstalten.[16] Dabei gelang einigen von ihnen das bisher größte Sakrileg: Sie warfen eine Packung Eier gegen die Fassade des Kulturinstituts und setzten das Sternenbanner auf halbmast. Die Empörung der Berliner war gewaltig.

Die Studenten hatten sich gegen die Macht gewandt, die Berlin in stürmischen Zeiten vor der kommunistischen Bedrohung beschützte, und damit angegriffen, was den Bürgern heilig war, wie Brandt entrüstet erklärte.[17] Oft hatte es in Berlin geheißen, daß Washington in Vietnam auch für die Freiheit der Halbstadt kämpfte. Um so schärfer reagierten die Berliner, als die Sympathisanten des Vietcongs den Spieß umdrehten und an der Spree gegen die »Interventionspolitik der USA« demonstrierten. Durch die ideologische Spannung mit dem Osten ohnehin politisiert und leicht reizbar, nahm die Entrüstung von Presse und Bevölkerung hysterische Züge an. Viele Bürger versammelten sich wenige Tage später auf einer Sympathiekundgebung der CDU, um gegen die Verunglimpfung amerikanischer Symbole durch die Studenten zu protestieren, und das ebenfalls nicht nur friedlich. Am Rande der Demonstration wurden Studenten an den Haaren in den Bahnhof Zoo gezerrt, in die

S-Bahn in Richtung Friedrichstraße gestoßen, um dahin zu gelangen, wo sie nach Meinung mancher Aufgebrachter hingehörten – nach Ostberlin. Die Stadt war sich einig: Die »Radikalinskis« mußten isoliert werden.[18]

Heinrich Albertz machte da keine Ausnahme. Allerdings hatte er sich seit dem Weggang aus dem Volksbildungsressort nicht mehr mit den Hochschulen beschäftigt. Für ihn gab es Wichtigeres, vor allem die Entspannungspolitik. Ihr galt sein Ehrgeiz. Überhaupt interessierten ihn Universitäten wenig, mehr noch, er hielt Professoren für wirklichkeitsfremde Schönredner. Studenten dagegen hatten in seinen Augen vor allem eine Pflicht: Sie sollten studieren.[19] Albertz, der im Dritten Reich sein Theologiestudium nur unter Schwierigkeiten hatte beenden können, sah im Studium ein Privileg. Demonstrieren und protestieren durften die Studenten, aber möglichst nur gegen das Ulbricht-Regime und, natürlich, gesittet.

Das allerdings hatte sich geändert. Junge Heißsporne waren gegen den amerikanischen Verbündeten vorgegangen, hatten sich von Kommunisten instrumentalisieren lassen und dem Ansehen der Stadt geschadet. Es lag im Aufgabenbereich des Senators für Sicherheit und Ordnung, solche Eskapaden, speziell »politisches Rowdytum und strafbare Handlungen bei öffentlichen Veranstaltungen aller Art, schnell und nötigenfalls auch unter Anwendung harten polizeilichen Zwanges zu bekämpfen«[20]. Schon sein Polizeidirektor hatte ihm empfohlen, die Schlagkraft der Polizisten nicht durch halbherzige Erklärungen in der Öffentlichkeit zu gefährden, sondern fest hinter den Männern zu stehen – ein Ratschlag, dessen Albertz nicht bedurfte. Der Regierende Bürgermeister war keineswegs gewillt, studentischen Provokationen mit Milde zu begegnen, schon gar nicht, wenn sie kommunistisch unterwandert waren, wie er vermutete.[21]

So paradox es klingen mag: Der Entspannungspolitiker, der umtriebig und einfallsreich nach Möglichkeiten suchte, mit dem Osten ins Gespräch zu kommen, um die Lage Berlins zu stabilisieren, hielt schon den flüchtigen Umgang mit »Kommunisten oder

Halbkommunisten« für ein Sicherheitsrisiko und ging deshalb mit Härte gegen die »Rowdys« vor.[22] Jahrelang hatte er als Innensenator – ganz auf die östliche Bedrohung fixiert – seine Polizei auf die Auseinandersetzung mit der »fünften Kolonne« Pankows getrimmt. Berlins Sicherheitskräfte übten den Notstand, bekämpften fiktive Störaktionen und verhinderten erdachte Sabotageversuche. »Angesichts der unverminderten Bedrohung Berlins« sollte die Polizei »inmitten des kommunistischen Machtbereichs jederzeit einsatzbereit und schlagkräftig« sein.[23]

Schon sein Vorgänger Joachim Lipschitz war bemüht, aus der Polizei eine halbmilitärische Truppe zu formen. Albertz setzte fort, was Lipschitz begonnen hatte, übertraf ihn sogar mit Hilfe seines Polizeipräsidenten Erich Duensing. Gleich nach Amtsübernahme zog er den Erlaß seines Vorgängers zurück, die Polizeiuniform durch zivile Kleidung zu ersetzen. Unter seiner Führung sollte sich der Polizist »von einem Straßenbahner unterscheiden können«[24]: Berlins Schutzleute erhielten ein Dienstkleid mit soldatischen Zuschnitts und solides Schuhwerk. Auch mit neuer Bewaffnung geizte Albertz nicht. Jeder Beamte bekam eine Walther-Maschinenpistole, die bald durch das NATO-Schnellfeuergewehr ersetzt wurde. Für die Bereitschaftspolizei waren außerdem Maschinengewehre und Granatwerfer vorgesehen. Verstärkung erhielt auch der Fuhrpark; zu den eintausend Einsatzwagen ließ Albertz 29 Panzerspähwagen anschaffen, einige sogar mit Kanonen. »Die Feuerkraft der Berliner Polizei ist größer als die einer deutschen Infanteriedivision im Zweiten Weltkrieg«, kritisierte der »Spiegel« damals. Das war übertrieben, eines ließ sich freilich nicht bestreiten: Unter Sicherheitssenator Albertz gab die Stadt für ihre Polizei doppelt soviel Geld aus wie für den U-Bahn- und Straßenbau.[25] Mehr als 10000 Schutzpolizisten, 3000 Mann Bereitschaftspolizei, 1400 Kriminalbeamte und 5000 freiwillige Polizeireservisten hatten die Stadt im Notfall gegen eine Masseninvasion der Kommunisten zu verteidigen.[26] Staatsbürgerkunde und demokratische Erziehung standen hintan.

Die Furcht vor dem östlichen Umsturz beherrschte alle – Albertz nicht ausgenommen –, führte zu Nervosität und fehlender Umsicht.

In dieser Frontstadtatmosphäre drangen die Studenten mit Ho Chi-minh-Rufen und roten Fahnen aus den Hörsälen in die Innenstadt, klagten die Macht, die Freiheit garantierte, als Zerstörerin der Freiheit an. »Das war psychologisch sehr schwer durchzuhalten«, erinnerte sich Albertz. »In falscher Einschätzung habe ich mit anderen geglaubt, das wäre mit ein paar ziemlich deutlichen und drastischen polizeilichen Gegenmaßnahmen auf der Straße zumindest einzudämmen oder zu beenden.« [27]

Doch nicht die Kommunistenfurcht allein bewog den Regierenden Bürgermeister, protestierende Studenten hart anzugehen. Ihre Andersartigkeit stieß ihn ab. In dem Moment, als junge Demonstranten Eier auf das Amerika-Haus warfen, prallten zwei Welten aufeinander, zwei unversöhnliche Mentalitäten, die nur eine Gemeinsamkeit besaßen: das Schwarzweißdenken. Während die Studenten teils aus jugendlichem Eifer, teils aus revolutionärem Glauben säuberlich zwischen Gut und Böse trennten, überzeugt, im Besitz der Wahrheit zu sein, neigte der Protestant dazu, bei den Studenten die Verdammnis, beim Senat hingegen das Heil zu erblicken. Albertz verachtete die Studenten, die seiner Ansicht nach privilegierte Bürgersöhnchen waren, auf dem Kurfürstendamm Weltgewissen spielten und Begriffe in den Mund nahmen, von denen sie seiner Ansicht nach nichts verstanden. Keiner von ihnen hatte je in einer Diktatur gelebt, keiner ahnte auch nur, was es heißt, in einem Unrechtsstaat verfolgt zu werden. Auch ihre ideologische Selbstgefälligkeit war Albertz fremd. Christsein bedeutete, das hatte er schon vor Jahren geschrieben, davon überzeugt zu sein, »daß wir Hitler und Stalin eben gerade nicht dadurch überwinden, daß wir ihnen eine neue ... wiederum unabdingbare Ideologie gegenüberstellen«. [28] Genau das aber taten seiner Auffassung nach die Studenten.

Darüber hinaus zogen sie all das in Zweifel, was Albertz lieb und teuer war: seinen Glauben an Pflicht, Ehre und Ordnung, den hohen Wert der Arbeit, aber auch seine Staatsauffassung, seine Ansichten über Umgangsformen, Kleiderordnung und Sexualität. Fast über Nacht hatte sich nicht nur der Charakter des Protestes geändert, sondern auch das hinter dem Protest stehende Lebensgefühl, die

Auffassung von der eigenen Stellung in der Gesellschaft. Die Ansichten der Studenten trafen unversöhnlich auf die bürgerlichen Werte des Preußen. Gewissermaßen standen Jochen Klepper, Thomas Mann und Theodor Fontane – die Lieblingsautoren von Albertz – gegen Franz Jung, Wilhelm Reich und Karl Marx. Während der Bürgermeister das Kleppersche Ideal vom Landesvater verinnerlicht hatte, um dem Staat um Gottes und der Menschen willen zu dienen, hegte die junge Generation einen tiefen Argwohn gegen den staatlichen »Misthaufen«[29].

Albertz, der Pflichterfüllung, Ordnung und Pünktlichkeit zum Maßstab seiner Arbeit machte, mußte erleben, daß die Studenten von diesen Tugenden nichts mehr wissen wollten, vielmehr vor allem sich selbst zu entdecken und die eigenen Bedürfnisse zu befriedigen gedachten. Ausgehend von der Überzeugung, die Gesellschaft verwandele alles in eine potentielle Quelle von Fortschritt und Ausbeutung, von schwerer Arbeit und Befriedigung, wie man es bei Marcuse lesen konnte, waren die Jungen bestrebt, sich von der täglichen Mühsal zu befreien. Sie versuchten, die repressive bürgerliche Moral, die Ängste und Unsicherheit erzeugt habe, zu zerschlagen und all das auszuleben, was bis dahin von dieser Moral unterdrückt worden war. Plötzlich sah der prüde Preuße langhaarige, bärtige Studenten gegen die Staatsmacht rebellieren, bemerkte, daß sich alle Welt duzte, in ihrer Sprache offener, unflätiger und frivoler wurde. »Was geht mich Vietnam an, ich habe Orgasmusschwierigkeiten«, rief Dieter Kunzelmann öffentlich aus – Abgründe für Heinrich Albertz, zumal die Studenten Promiskuität nicht nur rhetorisch propagierten.

Gestützt auf die Orgasmustheorie des Freud-Schülers Wilhelm Reich, machte man sich daran, die »sexuelle Zwangsmoral« aufzubrechen.[30] Neue Formen des Zusammenlebens wurden erprobt, in denen die individuellen Bedürfnisse ungehemmter befriedigt werden sollten. Studenten gründeten Wohngemeinschaften, die Kommunen, in denen nicht nur politisch diskutiert wurde. Die Ziele waren vielmehr, die »Bewußtseinsverkrüppelung« durch »sexuelle Querverbindungen« zu heilen, das Privateigentum abzuschaffen und antiautoritäre Formen der Kindererziehung zu versuchen.[31] Man hoffte, die Kommunen würden die richtige Verbindung von Politik und Subkultur schaffen. In der Erinnerung des Kommunarden Bommi Baumann heißt es:»Das war irgendwie 'ne gute Zusammenfassung. Auf der einen Seite war es politisch, die Leute hatten 'ne politische Utopie oder Idee oder Wissen. Auf der anderen Seite hatten sie eine Lebensform, eine konkrete Alternative, eben dieses Zusammenleben.«[32]

Ob nun diese extreme Form der Hausgemeinschaft oder die Kommune als politisches Institut, wie sie Rudi Dutschke sah, keine der neuen Lebensweisen fanden das Verständnis des Bürgermeisters. Im Gegenteil, Albertz lehnte sie als etwas ab, was all seinen Grundsätzen widersprach.[33] Der Staatsliebende stand so gegen die Staatsverächter, der Reformer, der von der Spitze der Stadt aus die Verhältnisse in Berlin zu verbessern gedachte, gegen die Revolutionäre, der ordentliche, pflichtbewußte Preuße gegen die promiskuitiven Protestierenden. Gerade dieser als unvereinbar empfundene Gegensatz der Mentalitäten schuf bei Albertz, in Verbindung mit seinem der Frontstadtatmosphäre entspringenden Antikommunismus, eine unerbittliche Starrheit gegenüber den Studenten. Heinrich Albertz war nicht geneigt, Kompromisse zu schließen – weder als Senator für Sicherheit und Ordnung noch als Regierender Bürgermeister. Zwar kam es immer wieder zu Gesprächen mit Studentenvertretern, doch redete man aneinander vorbei, suchte nie das Verbindende. Der Regierungschef brüstete sich sogar mit seiner Unerbittlichkeit:»Was die Besprechung mit dem Vorsitzenden des Allgemeinen Studentenausschusses der Freien Universität anbelangt, habe ich«, erklärte er im Parlament,»die Forderungen, die mir dieser junge Mann vorzutragen wünschte, am Morgen in der Zeitung gelesen. Ich habe ihn, ehe wir in eine Unterhaltung eintraten, darauf hingewiesen, daß ich ihn nicht empfinge, damit er mir Forderungen vorträgt; sondern damit er die Auffassung des Regierenden Bürgermeisters über die Haltung der Studenten und über die Vorgänge an der Universität entgegennimmt ... Diese Forderungen sind dann am Ende des Gesprächs mir auf einem Papier überreicht worden; ich habe das Papier in den Geschäftsgang gegeben. (Heiterkeit – Sehr gut!)«[34]

Wie heiter die Abgeordneten die Starrheit des Regierenden Bürgermeisters auch aufnahmen, sie trug nicht zur Beruhigung der angespannten Lage bei. Immer wieder kam es zu Demonstrationszügen der Studenten. Immer häufiger provozierten die Mitglieder des SDS oder der Kommune I Zwischenfälle mit der Polizei. Doch anstatt Ruhe und Gelassenheit zu demonstrieren, reagierte Albertz, angefeuert durch Duensing und die Berliner Presse, mit harschen Maßnahmen, zuweilen sogar unter offener Mißachtung rechtsstaatlicher wie liberaler Grundsätze. Das energische Vorgehen entsprang nicht allein seiner politischen und persönlichen Aversion gegen die jugendlichen Rebellen. Albertz fürchtete auch um Wählerstimmen. Der Bürgermeister, der als Mann von Recht und Ordnung angetreten war und diesem Image einen Teil seines Rückhalts in der Bevölkerung verdankte, konnte es sich nicht erlauben, Milde walten zu lassen. Sie wäre ihm von der feindlich gesinnten SPD sofort als Schwäche ausgelegt worden. So geriet Albertz in Zugzwang, wenn Journalisten von ihm »mehr Rückgrat« verlangten und manch konziliante Entscheidung als zu nachgiebig abtaten. Auch aus diesem Grund unternahm er nicht einmal den Versuch, die Rebellen durch Humor und Besonnenheit ins Leere laufen zu lassen.

Anstatt umsichtig und gelassen zu reagieren, begriff er jede studentische Provokation als Angriff auf den Staat, der nur mit Gewalt zu ahnden sei. Diese Überreaktion des Senats trieb den Demonstranten indessen nur noch weitere Studenten zu, andere solidarisierten sich, empört über die Unverhältnismäßigkeit der Mittel. Als Mitglieder der Kommune I und des SDS kurz vor Heiligabend 1966 auf dem Kurfürstendamm eine Spaziergangsdemonstration unter dem Motto »Keine Keilerei mit der Polizei!« veranstalteten, ließ der Bürgermeister das harmlose Treiben nicht etwa geschehen, sondern ordnete die Räumung der Joachimstaler Straße an. Unter den schrägen Tönen einer Kindertrompete hatten sich jugendliche Straßenbummler plötzlich in Demonstranten verwandelt, Flugblätter verteilt und so lange mit Passanten diskutiert, bis Schutzpolizei im

In den sechziger Jahren verschaffte sich eine neue Generation Gehör, deren Auffassungen allem widersprachen, was Heinrich Albertz bis dahin persönlich wie politisch lieb und teuer gewesen war. Und auch die jungen Protestierer stießen sich an dem Protestanten Albertz mit seiner Vorliebe für »Sekundärtugenden« und seinen strengen Moralgrundsätzen.

Laufschritt nahte. Sie zerstreuten sich sofort, um an der nächsten Ecke erneut das Signal zum Debattieren ertönen zu lassen. Aufgebracht über die Erfolglosigkeit der Aktion, nahm die Polizei 74 Personen fest, darunter zahlreiche Touristen sowie die Berlin-Korrespondenten der »Zeit« und des »Kölner Stadtanzeigers«.

Albertz verurteilte den Schabernack scharf, forderte Rektor Lieber auf, disziplinarische Maßnahmen gegen beteiligte Studenten einzuleiten und drohte, die liberalen Statuten der Freien Universität außer Kraft zu setzen.[35] Widerstand gegen die Staatsgewalt durfte es in seinen Augen nicht geben. Anderen, wohlmeinenden Einschätzungen aus Familie und Freundeskreis verschloß er sich. Überhaupt suchte er das Gespräch »hinter den feindlichen Linien« ebensowenig wie den Austausch mit Intellektuellen vom Schlage des »geschmacklosen Herrn Grass«, der Partei für die Studierenden ergriffen hatte.[36]

Auf Erich Duensing dagegen hörte er. Konnte man die Kameraderie zwischen Polizeipräsident und Regierendem Bürgermeister lange Zeit als harmlose Schrulle abtun, nahm sie in der Phase der Studentenunruhen bedenkliche Züge an. Das Wohlgefallen an dem vermeintlich loyalen Ritterkreuzträger mit der Neigung zu cholerischen Ausfällen wich einer verhängnisvollen Vertrauensseligkeit, die dazu führte, daß Albertz seinen ganz und gar unsoldatischen Innensenator, den jungen Wolfgang Büsch, außen vor ließ und meist direkt mit Duensing zusammentraf.[37] Der aber kam zu Beschlüssen, die Albertz nicht hätte mittragen dürfen: Künftig sollten zivile Greiftrupps jugendlichen Rädelsführern nachsetzen, sie aus dem Demonstrantenpulk herauslösen.[38] Die Greifer rekrutierte der Polizeichef aus den Reihen der politischen Polizei, die keine Erfahrung mit Massenkundgebungen besaß und – nur mit Pistolen ausgerüstet – nicht über geeignete Waffen verfügte.

Zu den harten Maßnahmen Duensings gesellte Albertz den Versuch einer politischen Disziplinierung. Zum Jahreswechsel 1966/67, mitten im Wahlkampf, verkündete er seinen Willen, für Ruhe an den Hochschulen zu sorgen. Probates Mittel schien ihm dabei, die Finanzen der Studentenschaft zu sperren.

Die Durchsuchung der SDS-Zentrale am Kurfürstendamm hingegen hatte der Regierende Bürgermeister nicht angeordnet. Am Nachmittag des 26. Januar 1967 waren Mannschaftswagen der Polizei vor der SDS-Geschäftsstelle vorgefahren. Ohne richterliche Ermächtigung drangen Polizisten in die Räume der Studentenorganisation ein und beschlagnahmten deren Mitgliederkartei.[39] Obwohl der Regierende Bürgermeister die sofortige Rückgabe der Unterlagen anordnete und erstmals Mut zum Nachgeben bewies, indem er sich von der Aktion distanzierte und das Verbot der geplanten Protestdemonstration aufhob, sahen sich die Studenten einmal mehr polizeistaatlichen Mitteln ausgesetzt, für die in ihren Augen nur einer verantwortlich war: Heinrich Albertz. Als er am 28. Januar an der Eröffnung des John-F.-Kennedy-Instituts für Nordamerikastudien teilnahm, empfingen ihn etwa tausend Demonstranten mit Plakaten »Big Heini is watching you!« und schrien das Stadtoberhaupt nieder.

Die Lage eskalierte erneut, als die politische Polizei am 5. April 1967, dem Vorabend eines Berlin-Besuchs des amerikanischen Vizepräsidenten Hubert Humphrey, elf Studenten, vornehmlich Mitglieder der Kommune I, beim »Bombenbau« ertappte und festnahm. Der Verfassungsschutz hatte den Hinweis erhalten, daß Dieter Kunzelmann zusammen mit den übrigen »Mitgliedern der Lebensgemeinschaft junger Maoisten«, wie sich die Kommunarden nannten, ein Attentat auf Humphrey vorbereitete. Erst später erwies sich der Sprengstoff trotz aller Befürchtungen als wenig brisant: Die Bombe, die chinesische Botschaftsangehörige in Ost-Berlin beschafft haben sollen, bestand nicht etwa aus Salpetersäure, Schwefel oder Nitroglyzerin, sondern aus Puddingpulver, Joghurt und Schlagsahne.[40]

Albertz verurteilte die Tat »einiger privat in abenteuerlichen Verhältnissen lebender … Studenten« dennoch aufs schärfste und völlig zu Recht. Denn: »Wären die FU-Chinesen zur Ausführung ihres Vorhabens gekommen, dann hätten die Sicherheitsbeamten, die den Vizepräsidenten begleiteten, von der Schußwaffe Gebrauch machen müssen.«[41]

Eine Bluttat konnte verhindert werden, Ausschreitungen allerdings nicht. Hatten sich die Studenten ein Jahr zuvor noch mit Sitzstreiks begnügt, konnte man nun mit Innensenator Büsch von einem »Studentenkrieg« sprechen, auch wenn die Polizei oft überzogen reagierte.[42] Die Demonstranten jedenfalls gingen den »Vizekiller« Humphrey, die »Charaktermaske autoritärer Herrschaft«, massiv an, warfen Steine gegen seine Autokolonne und lieferten sich Straßenschlachten mit der Polizei. Was 1965 friedlich, oft verspielt begonnen hatte, war fanatischer, teils blutiger Ernst geworden.

Die Verantwortung dafür trugen beide Seiten. Sieben Jahre nach dem Mauerbau schien Gelassenheit ein Fremdwort zu sein. In Berlin lebte man in einer Frontstadtatmosphäre, in der es nur gut oder böse, demokratisch oder autoritär zu geben schien. Für Besonnenheit und Kompromißbereitschaft war offenbar kein Platz.

Wenn Heinrich Albertz in seinen ostpolitischen Vorstellungen vielen um einige Jahre vorausgeeilt war, hob er sich in der Frage der Studentenunruhen keinen Millimeter von den Kollegen in Partei und Parlament ab. Wie sie plädierte er für Härte gegen die revoltierenden Jungakademiker. Der Feind hatte von jeher links gestanden, eine Ansicht, die sich durch die roten Fahnen der Studenten und ihre Angriffe auf die amerikanische Schutzmacht zu bestätigen schien. Dieser der Lage Berlins entspringende Antikommunismus begründete die Unerbittlichkeit, mit der Albertz vorging. Seine Versuche, die Studenten zu disziplinieren, fanden den einhelligen Beifall der Berliner und unterschieden sich in keiner Weise von den Vorschlägen anderer maßgeblicher Senatsmitglieder. In diesem Punkt war der Regierende Bürgermeister ganz Stimme seiner Zeit. Seine Starrheit – welche Ursachen sie auch immer haben mochte – verhieß nichts Gutes im weiteren Umgang mit den nicht minder unnachgiebigen Studenten. Das Unglück am 2. Juni 1967 war die bittere Konsequenz.

Der Gerichtstag Gottes.
Heinrich Albertz und der 2. Juni 1967

Es gibt Momente im Leben, in denen der Kontrast zwischen der klaren Schönheit eines Tages und der eigenen düsteren Stimmung schmerzhaft deutlich wird. Für Heinrich Albertz muß der Morgen des 2. Juni 1967 ein solcher Augenblick gewesen sein. Kein Wölkchen trübte den Berliner Himmel. Die Taubertstraße im Grunewald, in der Berlins Regierender Bürgermeister residierte, lag in grellem Sonnenlicht, das schon am frühen Morgen heiß vom Himmel fiel. Für den Nachmittag hatten die Meteorologen Regen vorausgesagt, doch wer glaubte solchen Meldungen? Ein Blick aus dem Fenster ließ selbst den größten Pessimisten wohlwollend auf den angebrochenen Freitag schauen.

Nicht so Heinrich Albertz. Während sich die meisten Berliner auf ihr Wochenende freuten, den Besuch der Steglitzer Festwochen geplant oder Karten für die große Eiskunstgala im Sportpalast gekauft hatten, stand dem Regierungschef ein Ereignis bevor, das ihn schon seit Tagen bedrückte: der Staatsbesuch Ihrer Kaiserlichen Majestäten Mohammad Reza Schah Pahlevi, Schah-in-schah von Iran, und der Schahbanu Farah Diba. Albertz hatte sich in der vergangenen Woche ohnehin deprimiert gefühlt. Ihn belastete noch das Fiasko, das er und seine »Mitte-Gruppe« auf dem Parteitag Ende Mai erlitten hatten. Die Plagen schienen kein Ende zu nehmen. Nun mußte er auch noch den Tag mit dem persischen Kaiser verbringen, dem Herrscher, der mit Hilfe seines Geheimdienstes aufsässige Untertanen grausam verfolgen ließ. »Laßt mich mit diesem Tyrannen nicht allein«, hatte er seine Kollegen auf der letzten Senatssitzung vor der Ankunft der Potentaten gebeten.[1]

Das war ernst gemeint. Albertz widerstrebten das selbstherrliche Gehabe des Monarchen und die protokollarischen Verbeugungen, die er als Gastgeber zu machen hatte. Andererseits war es notwendig, der Welt die Verbindung West-Berlins mit der Bundesrepublik zu demonstrieren, indem man Staatsgäste Bonns auch in der geteilten Stadt willkommen hieß. Außerdem bedeute der Empfang eines ausländischen Staatsoberhaupts niemals, daß man sich mit dessen System identifiziert, sagte sich Albertz.[2] Wen hatte er nicht schon alles empfangen – lateinamerikanische Diktatoren genauso wie asiatische Alleinherrscher.

Diesmal allerdings waren die Bedenken des Regierenden Bürgermeisters größer, von seinem persönlichen Widerwillen gegen den Schah ganz abgesehen. Berlin hatte sich nicht nur auf einen Staatsbesuch vorzubereiten, sondern die Stadt mußte mit einem Attentat rechnen. Schon am 8. Mai hatte das Bundeskriminalamt die Berliner Kollegen auf derlei Pläne aufmerksam gemacht und Hinweise weitergeleitet, nach denen Exiliraner einen Anschlag auf den Kaiser geplant hätten.[3] Aus diesem Grund hatten sich Senat und Polizei auf sämtliche Eventualitäten vorbereitet und die höchste Sicherheitsstufe ausgerufen. An allen wichtigen Etappenzielen der Wagenkolonne waren Polizisten in Uniform und Zivil postiert, insgesamt über fünftausend Mann, um Zwischenfällen möglichst vorzubeugen. Die genaue Fahrstrecke des Kaiserpaares blieb bis zur letzten Minute geheim. Schah-in-schah und Schahbanu sollten, so gut es ging, von der Öffentlichkeit abgeschirmt werden. Selbst der iranischen Kolonie, die durch ihre Botschaft darum gebeten hatte, den Kaiser am Flughafen begrüßen zu dürfen, verwehrte Polizeipräsident Duensing aus Sicherheitsgründen den Empfang auf dem Tempelhofer Flugfeld. Sie sollte ihr Staatsoberhaupt vor dem Rathaus Schöneberg in gebührendem Abstand bejubeln dürfen.

Kopfzerbrechen bereitete den Polizeikräften aber vor allem der Besuch des Schahs in der Deutschen Oper, die ihre Türen auch den mehr als fünfhundert Abonnenten öffnen würde. Konnte es im Foyer nicht zu einem gezielten Schuß auf den Kaiser kommen? Sollte man Leibwächter hinter der Bühne, im Parkett und auf den Rängen plazieren, um Heckenschützen rechtzeitig auszumachen? Wie ließ sich ein Bombenanschlag auf den Monarchen verhindern?

»Laßt mich mit diesem Tyrannen nicht allein«, hatte Heinrich Albertz seine Kollegen auf der letzten Senatssitzung vor der Ankunft des Schahs von Persien gebeten. Von Anfang an fühlte er sich beklommen an diesem Tag, der seine politische Karriere, ja sein ganzes Leben von Grund auf ändern sollte.

Dies waren Fragen, die Duensing und Innensenator Büsch noch kurz vor Ankunft der Majestäten beschäftigten.[4]

Doch nicht allein die Attentatsfurcht machte Berlins Offiziellen zu schaffen, auch auf Studentenproteste war man gefaßt. Da der Wirbel um den Besuch des amerikanischen Vizepräsidenten Humphrey noch frisch in Erinnerung war, rechnete man nicht nur mit friedlichen Demonstrationen, zu denen der SDS aufgerufen hatte, man sah auch bereits Farbbeutel, Eier und Tomaten fliegen. Die Sorge war berechtigt. Schon Ende Mai hatten Studenten in allen

Bezirken Berlins Steckbriefe mit dem Konterfei des Schahs verbreitet und die Bevölkerung gebeten, »alle Aktionen, die zur Unschädlichmachung des Täters führen, tatkräftig zu unterstützen«.[5] Mehr noch, sie druckten Rezepte, wie man den Perser »zum Kochen bringt« – eine Anleitung zur Herstellung von Farbeiern.

Der Freitag also verhieß nichts Gutes für den Regierenden Bürgermeister. Noch am Morgen hatte der Bonner Protokollchef, Botschafter Schwarzmann, geraten, den Besuch des Schahs in Berlin ausfallen zu lassen, nachdem es in München auf der Fahrt des Kaiserpaares zur Staatskanzlei zu Knüppeleinsätzen der Polizei gegen Demonstranten gekommen war. Für eine Absage aber schien es Albertz zu spät. Bundespräsident Lübke war bereits nach Berlin gekommen, um das persische Staatsoberhaupt im Namen der Bundesrepublik willkommen zu heißen. Die plötzliche Änderung der Reiseroute hätte außerdem die deutsch-persischen Beziehungen belastet. Auch war Albertz nicht bereit, sich von jugendlichen Störern vorschreiben zu lassen, wer Berlin besuchen durfte und wer nicht.[6]

So blieb alles wie besprochen. Kurz nach zehn Uhr verließ ein sorgenvoller Regierender Bürgermeister sein Dienstzimmer, stieg die Freitreppe des Rathauses hinunter und begab sich zu seinem Wagen, um den Schah auf dem Flughafen Tempelhof begrüßen zu fahren. Der John-F.-Kennedy-Platz war bereits abgesperrt, als sich die Autokolonne in Bewegung setzte. Dort, wo Händler sonst Obst, Gemüse und Kurzwaren anpriesen, hatte die Polizei Hamburger Reiter aufgestellt, dahinter zusätzlich Gitter, um schahfreundliche Perser von Demonstranten zu trennen.

Auf dem Flugfeld wechselte Albertz noch ein paar Worte mit seinem Polizeipräsidenten, ehe die Sondermaschine der Pan American landete: »Na, heißer Tag.« »Wird schon werden. Haben Sie Sorgen?« »Jawohl, wir haben alle Sorgen, wir sind froh, wenn er wieder weg ist.«[7] Weiter kamen sie nicht; das kaiserliche Paar verließ bereits die Gangway. Photos von der Ankunft Ihrer Majestäten bezeugen es: Lustlos lauschte Heinrich Albertz dem Klang der Nationalhymnen und nahm zusammen mit einem steifen, hölzern Würde ausstrahlenden Kaiser die Ehrenformation der Polizei ab. Nach kurzer Be-

Während Schah Reza sich im Rathaus Schöneberg ins Goldene Buch der Stadt eintrug, verbreitete sein Geheimdienst auf dem Rathausplatz Angst und Schrecken. Mit Knüppeln und Dolchen ging man gegen Berliner Demonstranten vor.

grüßung trennte man sich. Schah-in-schah und Schahbanu fuhren ins Hilton, Albertz zurück ins Rathaus.

Der Rathausvorplatz hatte sich währenddessen verändert. Etwa dreitausend Menschen standen dichtgedrängt an den Sperrgittern und warteten auf die nahöstlichen Hoheiten. Einige schwenkten schon ihre grünweißroten Wimpel mit dem persischen Löwen. Viele aber gedachten den Schah mit Plakaten und Spruchbändern zu empfangen, die ihn als »Mörder« begrüßten und die »Freiheit der politischen Gefangenen« forderten.[8] Andere stimmten sich auf ein Protestkonzert ein. Mit rhythmischem »Mo-Mo-Mossadegh«-Geschrei probten sie ihren provozierenden Gesang, oftmals unterbrochen von den Forderungen einzelner, den Schah am besten gleich ins Moabiter Gefängnis zu stecken.[9]

Heinrich Albertz bekam davon nichts mit. Er nutzte die wenige Zeit, die ihm bis zur Ankunft des Gastes verblieb, um erneut seine Rede durchzugehen. Für die Sicherheit würde Duensing sorgen, auf den er sich in solchen Fällen stets verlassen konnte. Ein Blick aus dem Fenster hätte den Regierenden Bürgermeister auch kaum bekümmert. Das Areal war weitgehend abgesperrt, von Schutzpolizei und Reiterstaffel ausreichend gesichert. Vielleicht hätte sich der Bürgermeister über die zwei Busse der Berliner Verkehrsbetriebe gewundert, die vor dem Rathaus hielten. Ihnen entstiegen etwa hundert persische Gegendemonstranten – Mitglieder des iranischen Geheimdienstes SAWAK, wie man später vermutete –, denen die Polizei eine Sonderabsperrung zwischen Freitreppe und dem Block von Schahgegnern zuwies. Viel Zeit zur Nachfrage hätte Albertz nicht gehabt. Kurz nach zwölf Uhr traf der iranische Kaiser unter Pfiffen und Buhrufen ein, betrat die Säulenhalle des Rathauses und zog sich – dem Protokoll gemäß – zu einem Gespräch mit dem Regierenden Bürgermeister zurück.

Auf dem Rathausvorplatz verlief die Kundgebung weniger nach Plan. Während Albertz dem Schah die Situation der gespaltenen Stadt erläuterte, wandten sich die eben noch ergeben jubelnden Perser vom Rathaus ab und stürzten sich auf die Gruppe der Schahgegner. Was vor kurzem Transparente hielt, diente nun als Dreschflegel. Mehr noch: Die persische Knüppelmannschaft prügelte mit Totschlägern und Stahlstangen auf die wehrlosen Demonstranten ein. Erst nach längerem Zögern schlugen berittene Polizisten einen Keil in die erregte Menge und drängten die Demonstranten von der Absperrung weg. Zu Verhaftungen unter den Schlägern kam es nicht. Dagegen ließ der Einsatzleiter fünf schahgegnerische Demonstranten wegen Störung der öffentlichen Sicherheit festnehmen – eine Entscheidung, die selbst unbeteiligte Passanten empörte.

Heinrich Albertz vernahm von den Tumulten nur den »unbeschreiblichen Lärm« vor seinem Fenster. »Ich war mit dem Gast beschäftigt, ohne genau zu erkennen, was sich dort unten abspielte.«[10] Inzwischen war man zum Saal der Bezirksverordneten hinübergegangen, in dem sich das Monarchenpaar in das Goldene Buch der Stadt eintragen sollte. Die Straßenschlacht war derweil voll im Gange und für jeden Anwesenden zu hören. Erst während des gemeinsamen Frühstücks im Brandenburgsaal des Rathauses verstummten Pfiffe und Sprechchöre. Duensing schien die Lage wieder im Griff zu haben, wie man oben erleichtert zur Kenntnis nahm. Als der Schah um halb drei Uhr das Rathaus verließ und mit Farah Diba den Salonwagen des Berliner Protokolls zu einer Stadtrundfahrt bestieg, war alles wieder ruhig.

Der Regierende Bürgermeister blieb zurück. Er sollte erst am Abend im Schloß Charlottenburg wieder mit dem iranischen Herrscher zusammentreffen. Bis dahin waren es noch gut vier Stunden, Zeit genug, das liegengebliebene Tagesgeschäft zu erledigen und nach Hause zu fahren, um sich umzuziehen. Jahre später erinnerte sich Albertz an das Entsetzen, das ihn befiel, als er von den Jubelpersern hörte. Das mag stimmen. Wie oft aber trügen Erinnerungen? Am Nachmittag des 2. Juni sorgte er sich besonders um die Sicherheit seines Gastes.[11] Und die schien ihm gewahrt. Mit neuen Krawallen war erst vor dem Schloß zu rechnen, vor allem aber an der Deutschen Oper, wohin der SDS zur nächsten Demonstration aufgerufen hatte. Möglich blieb weiterhin ein Attentat, das in der Bismarckstraße am günstigsten auszuführen wäre, wie die Einsatzleitung vermutete. Die polizeilichen Maßnahmen konzentrierten sich deshalb auf das Operngebäude, das einer Festung glich. Schon am frühen Morgen hatten Schutz- und Verkehrspolizisten mit der Überwachung der näheren Umgebung begonnen, Autos abgeschleppt und Hamburger Reiter aufgestellt. Am Nachmittag waren Hundestaffeln unterwegs, um eine Baustelle abzusuchen, die der Oper gegenüberlag. Im Haus selbst bemühte sich die Polizei ebenfalls, alle Risiken auszuschalten. Ob in der Stellwarte oder im Inspizientenstand – kein Ort blieb den Sicherheitsbeamten verborgen.

Unterdessen hatte das Kaiserpaar seine Stadtrundfahrt beendet und war vom Bundespräsidenten im Schloß Bellevue empfangen worden. Wohlbehalten trafen die persischen Potentaten anschließend am Schloß Charlottenburg ein, begleitet nur von den Pfiffen einiger weniger Demonstranten.[12] Zwar war es wieder zu Rangeleien zwischen Schahanhängern und -gegnern gekommen, diesmal allerdings hielten sich die Ausschreitungen in Grenzen – nicht nur, weil die Polizei sofort eingriff: Die Reihen der Protestierenden hatten sich erheblich gelichtet.

Die Ursache für die nun spärliche Teilnahme war nicht etwa das Wetter, das noch am Abend sogar bei unerschütterlichen Revolutionären Gelüste nach einem erfrischenden Bad im Teufelssee oder in der Krummen Lanke wecken mußte. Vielmehr hatten die Studenten ihr Augenmerk auf die Oper gerichtet und das Charlottenburger Schloß zu einem Nebenkampfplatz erklärt: In die Bismarckstraße strömten schon anderthalb Stunden vor Beginn der Vorstellung Tausende von Schaulustigen und Demonstranten. Die Polizei hatte den Fahrdamm noch nicht abgesperrt, Zuschauern, Neugierigen wie Protestierenden aber einen von Hamburger Reitern umzäunten Schlauch zwischen Krummer und Sesenheimer Straße gegenüber der Oper zugewiesen.[13] Darin drängte sich nun die eingepferchte Schar, vom kaiserfreundlichen Rentner bis zum schahfeindlichen Studenten.

Schon kurz nach neunzehn Uhr erwarteten etwa dreitausend Menschen die Ankunft des Monarchen, darunter viele entschlossen dreinblickende Demonstranten mit Plakaten, Trillerpfeifen, Eiern und Tomaten, die sich die Zeit schon jetzt mit Rufen wie »Blutsauger« und »Schah-Schah-Schaschlik« vertrieben.[14] Einige waren auf Bäume und Bauzaun geklettert, wohl um alles im Blick zu behalten. Die Polizei ließ das Treiben vorerst geschehen, besetzte aber das Baugelände im Rücken der Schaulustigen, postierte Greiftrupps am Operneingang und forderte die Demonstranten auf, von den Ästen der Linden herunterzukommen. Gemäß den Anordnungen ignorierten die Einsatzleiter zunächst auch die Beleidigungen gegen die

Erich Duensing, Polizeipräsident von Berlin, war der Hauptverantwortliche für die Ereignisse des 2. Juni 1967. Von seinem Gefechtsstand in der Bismarckstraße aus hatte der enge Vertraute von Heinrich Albertz seine Polizisten zu äußerst rabiatem Vorgehen gegen die Demonstranten angetrieben.

eigenen Männer, die als »SA-« und »SS-Schergen« beschimpft wurden. Zum Knüppeleinsatz kam es erst, als die Demonstranten begannen, die Opernbesucher mit Sandsäcken, Farbbeuteln und Gummiringen zu bewerfen. Anschließend zogen sich die Stoßtrupps wieder hinter die Absperrung zurück. Der Eier- und Tomatenhagel freilich hielt unvermindert an.

Heinrich Albertz ahnte von alledem nichts. Pünktlich um dreiviertel acht Uhr stieg er zusammen mit Schah Reza und Frau Erhard, der Dolmetscherin, in die Staatskarosse und ließ sich, flankiert von einer Motorradeskorte und dem Wagen des Protokollchefs, zur Deutschen Oper chauffieren. Erst als der Troß der Limousinen in die Bismarckstraße bog und von Pfiffen und Geschrei begrüßt wurde, ging ihm ein Licht auf: Die Straße war »schwarz von Tausenden von Menschen«[15]. Nur mit Mühen gelang es den Sicherheitsbeamten, sich der Eier und Farbbeutel zu erwehren, die wie Pfeile durch die Luft schossen. Der Regierende Bürgermeister rettete sich ins Foyer und ließ sofort die Türen schließen. Darüber vergaß er den Rest der Wagenkolonne, deren Insassen vor der verschlossenen Oper standen und nun ihrerseits Opfer der Eierwerfer wurden. Erst das verzweifelte Klopfen der Bürgermeistergattin brachte schließlich Rettung. Die Wartenden durften hinein.[16]

Albertz war außer sich über die despektierliche Behandlung. »Wenn ich herauskomme, ist alles sauber!« befahl er Duensing.[17] In seinen Augen ging es nicht an, daß eine Minderheit von unerzogenen jungen Leuten einen Staatsgast und dazu noch den eigenen Landesvater terrorisierte. Es durfte keine Sekunde länger hingenommen werden, daß wenige Rädelsführer die Masse der Studenten manipulierten und die Würde des Staates verletzten. Albertz war als Mann von Sicherheit und Ordnung angetreten und nicht länger gewillt, sich von extremistischen Gruppen vorführen zu lassen. Seine Geduld war zu Ende.[18]

Eigentlich wäre Senator Büsch der Ansprechpartner des Regierenden Bürgermeisters gewesen und nicht der Polizeipräsident. Wie so oft überging Albertz seinen jungen Kollegen und wandte sich sofort an den Mann, dem er energische Maßnahmen zutraute. Wahrscheinlich wäre manches anders verlaufen, hätte er seinem liberalen Innensenator das weitere Vorgehen überlassen. Albertz glaubte jedoch, Duensing wisse eher, was zu geschehen habe, um geordnete Verhältnisse herzustellen.

Die Ouvertüre war noch nicht erklungen, als der Polizeipräsident die Gesamtleitung des Einsatzes schon übernommen hatte. Er werde schnell mit den Zivilisten fertig werden, dachte er. Auf die Idee, daß nach Beginn der Vorstellung die Demonstranten von allein auseinandergingen, kam der Polizeipräsident nicht. Im Gegenteil, Duensing ließ seinen örtlichen Einsatzleiter, Polizeioberrat Iwicki, kommen und erläuterte ihm seine Taktik: »Wenn die Oper begonnen hat, räumen Sie die Südseite, und zwar von der Mitte ab nach rechts, wo vorwiegend Frauen und Kinder stehen, kein Wasserwerfereinsatz, das gibt 'ne Panik.«[19] Bedenken kamen ihm nicht. Als Duensing auf den neuen Chef der Senatskanzlei, Horst Grabert, traf, der Zweifel an der Strategie des Polizeipräsidenten äußerte, verbat sich der Kommandeur jegliche Einmischung.[20] Jetzt war der Augenblick gekommen, die Demütigungen seiner Jungs seit der Spaziergangsdemonstration der Studenten wiedergutzumachen und die Moral der Truppe aufzurichten.[21]

Vielen Beobachtern schien es, als sollte ein Exempel statuiert werden, als die Polizei nach kurzer Aufforderung, den Schlauch zu verlassen, ihre »Abkämmaktion« begann. Im Sprung setzten die Trupps über die Gitter hinweg, trieben die verbliebenen Personen unter Schlägen in Richtung Krumme Straße und sperrten schließlich den südlichen Gehweg.[22] Duensing ließ es dabei nicht bewenden. Immer wieder kam er aus der Oper in seinen »Gefechtsstand«, um weitere Anordnungen zu treffen.[23] Der harte Kern der Demonstranten sollte mit Hilfe eines Stoßkeils herausgelöst werden; das hieß, die Masse der Krakeeler von beiden Seiten zusammenzudrücken und in der Mitte auseinanderzudreschen. Den Schlauch der Protestierenden verglich Duensing mit einer Leberwurst, in die »wir in d(er) Mitte hineinstechen, damit sie an den Enden auseinanderplatzt«.[24]

Genau das geschah kurz nach zwanzig Uhr. Polizeitrupps preschten mit gezückten Knüppeln mitten in die Gruppe der Unruhestifter und trieben die Eingekesselten unter heftigen Schlägen ostwärts. Die Flanken aber öffnete man vorerst nicht, um Fluchtwege zu versperren. »Hinsetzen«, schrie ein Demonstrant, der in seiner Not an die Kraft des friedlichen Sit-ins glaubte. Ein Irrtum, wie er wenig später feststellen mußte; die Schutzstaffeln verschonten auch die Sitzenden nicht. Einige versuchten wieder hochzukommen – vergeblich. »Mädchen bitten: ›Nicht schlagen‹, aber die Polizisten schla-

2. Juni 1967, abends vor der Berliner Oper in der Bismarckstraße. »Mädchen bitten: ›Nicht schlagen‹, aber die Polizisten schlagen mit äußerster Kraft, schlagen auf Ohnmächtige, auf Liegende, auf Studenten, die ihren zusammengebrochenen Kommilitonen helfen wollen«, so ein Augenzeuge während des sich anschließenden Untersuchungsausschusses.

gen mit äußerster Kraft, schlagen auf Ohnmächtige, auf Liegende, auf Studenten, die ihren zusammengebrochenen Kommilitonen helfen wollen.«[25]

In der Krummen Straße dagegen gab es Widerstand. Hier warfen Studenten noch immer Knallkörper und Rauchkerzen auf die Polizei, die mit Wasserwerfern antwortete und ihre Greifer einsetzte, um die Rädelsführer dingfest zu machen. Mit gezielten Karatehieben schlugen sich die zivilen Sicherheitskräfte eine Schneise durch die Menschenmenge, stets bestrebt, die aktivsten Störenfriede herauszuzerren. Plötzlich belferten Schüsse durch das Gewirr der Kämpfenden. Nur wenige ahnten, was im Säulenhof Krumme Straße 66/67 vor sich gegangen war: Ein Demonstrant – Benno Ohnesorg, wie man später feststellte – war einem Kommilitonen zu Hilfe geeilt, der von Greifern und uniformierten Polizisten zu Boden geschleudert worden war, hatte sich selbst in ein Handgemenge mit der Polizei verstrickt, war mißhandelt und schließlich von einer Kugel getroffen worden. Noch auf dem Weg zum Krankenhaus erlag er seinen Verletzungen.

Polizeipräsident Duensing erhielt wenig später Nachricht von den Schüssen im Hinterhof, ließ den Schützen, Polizeiobermeister Kurras, aber nach Hause gehen.[26] Momentan gab es, so schien ihm, Wichtigeres zu tun. Der studentische Widerstand mußte gebrochen werden. Viele Demonstranten waren in Richtung Wilmersdorfer

Straße gezogen und hatten dort Feuer gelegt. Duensing befahl, ihnen nachzusetzen und sie auseinanderzuknüppeln. Wohl um die Kampfkraft der Polizisten zu steigern, verbreitete derweil ein Einsatzwagen der Polizei über Lautsprecher die Nachricht, ein Schutzmann sei getötet worden.[27]

Das Gerücht vom umgebrachten Polizeibeamten drang auch in die Oper und zum Regierenden Bürgermeister in den Zuschauerraum. »Ich saß steinern neben ... Farah Diba«, erinnerte sich Heinrich Albertz Jahre später.[28] Äußerlich erstarrt, hatte er schon seit einiger Zeit mit einer Unruhe gerungen, die ihn die Arien Taminos kaum wahrnehmen ließ. Zu den Sorgen, ob man die Oper unversehrt verlassen könne, gesellte sich schon bald die Furcht vor einem Bombenanschlag. Noch bevor sich der Vorhang gehoben hatte, waren anonyme Drohungen eingegangen, das Haus in die Luft zu sprengen.[29] Albertz hatte deshalb erwogen, nach der Pause die Aufführung zu verlassen, Polizeipräsident Duensing aber hielt dagegen. Er erläuterte dem Regierenden Bürgermeister die Lage vor dem Gebäude und garantierte, den Schah wohlbehalten ins Hilton-Hotel zurückzubringen. Albertz entschloß sich daraufhin zu bleiben.

Sein Versprechen beflügelte den Polizeipräsidenten nur noch mehr, die Straßen endlich reinzufegen. Zurück im »Befehlsstand«, ließ er die Demonstranten verfolgen, die sich mehr und mehr von der Oper entfernt hatten und in Richtung Kurfürstendamm gezogen waren. Dort dauerten die Kämpfe zwar an, die Bismarckstraße aber lag jetzt friedlich im Schein der untergehenden Sonne. Erich Duensing hatte ganze Arbeit geleistet.

Als Heinrich Albertz kurz vor Mitternacht die Deutsche Oper verließ, war Ruhe eingekehrt. »Ich war todmüde, angeekelt von allem, was geschehen war.«[30] Erschöpft brachte er das Kaiserpaar zu seiner Limousine, ging dann zum Mittelstreifen, wo der eigene Dienstmercedes stand, und stieg kraftlos ein mit nur einem Ziel: bloß nach Hause. Schlafen konnte er noch lange nicht. Als der Fahrer im Wagen von dem Toten berichtete, wich seine Müdigkeit erneut einem tiefen Entsetzen. War ein Polizist gestorben oder ein Demonstrant? War es Notwehr oder bloßes Versehen? Der Regie-

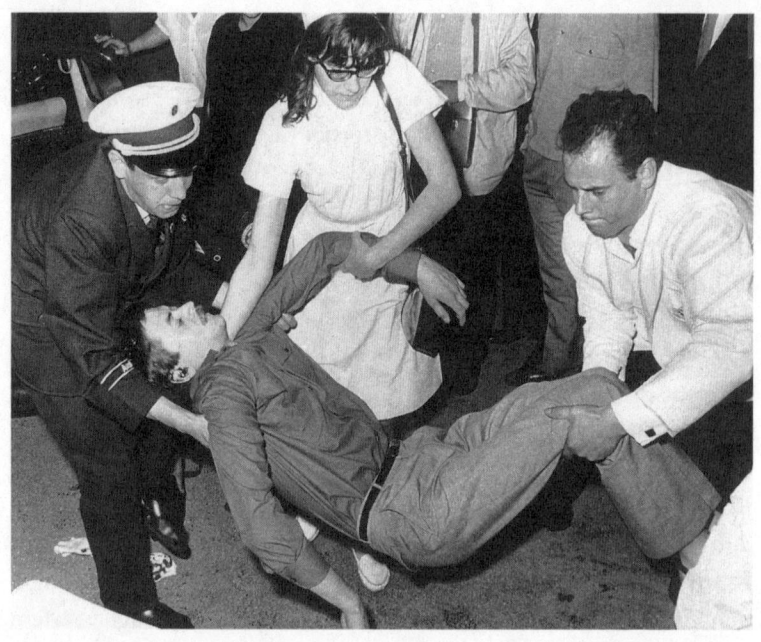

Am Abend des 2. Juni 1967 wurde der Student Benno Ohnesorg in Berlin-Charlottenburg in der Krummen Straße von einer Polizeikugel getötet. Es war ein Tod mit weitreichenden Folgen – nicht nur für Heinrich Albertz und nicht nur für die Stadt Berlin, sondern für die Politik des gesamten Landes.

rende ahnte es nicht. Bisher hatte es in solch brenzligen Fällen nur eines für den Politiker gegeben: sofort die Lage erkunden, durch beherztes Eingreifen retten, was zu retten war. Von jeher war Albertz immer dann aufgeblüht, wenn es irgendwo brannte. »Katastrophen-Heinrich« hatte man ihn deswegen in der Familie genannt und über das erwartungsfrohe Glitzern in seinen Augen gescherzt.[31] Als im April 1950 siebenhundert Flüchtlinge im Niemandsland zwischen Ost und West umherirrten, weil die Engländer ihnen die Einreise nach Niedersachsen verwehrten, hatte sich Albertz, damals Flüchtlingsminister, ohne Zögern zur Grenzstelle begeben, dort den alliierten Offizier zur Seite geschoben und den Schlagbaum geöffnet. Auch dem sterbenden Peter Fechter hatte er zu Hilfe eilen wollen – freilich zu spät.

Aus welchem Grund auch immer: Diesmal unterließ es »Katastro-phen-Heinrich«, sich im Polizeipräsidium direkt zu informieren. Unruhig aber blieb er dennoch und griff, zu Hause angekommen, sofort zum Telephon. Duensing war nicht zu sprechen, ließ sich ver-leugnen, vermutete Albertz später.[32] Von dem Schädelbruch Benno Ohnesorgs, wie es zunächst hieß, hörte der Regierende Bürgermei-ster in den Mitternachtsnachrichten. Zeit zum Nachdenken fand er nicht. Hanns-Peter Herz rief an und erkundigte sich nach weiteren Informationen. Beide gingen von Notwehr aus, waren überzeugt, daß die Studenten ihr Konto überzogen hatten. »Mach eine Erklärung«, bat Albertz seinen Pressesprecher und legte auf.[33] Er hatte noch weitere Gespräche zu führen. Eine Sondersitzung des Senats für den nächsten Tag mußte einberufen werden, zu der er die Kollegen noch in derselben Nacht einlud. Derweil brütete Herz über Albertz' Pressemitteilung, die er kurz vor ein Uhr veröffentlichte:

Die Geduld der Stadt ist am Ende.
Einige Dutzend Demonstranten, unter ihnen auch Studenten, haben sich das traurige Verdienst erworben, nicht nur einen Gast der Bundesrepublik Deutschland in der Deutschen Hauptstadt beschimpft zu haben, sondern auf ihr Konto gehen auch ein Toter und zahlreiche Verletzte – Polizeibeamte und Demonstranten.
   Die Polizei, durch Rowdies provoziert, war gezwungen, scharf vorzugehen und von ihren Schlagstöcken Gebrauch zu machen. Ich sage ausdrücklich und mit Nachdruck, daß ich das Verhalten der Polizei billige und daß ich mich durch eige-nen Augenschein davon überzeugt habe, daß sich die Polizei bis an die Grenzen der Zumutbarkeit zurückgehalten hat.[34]

Worte des Bedauerns fand Herz nicht. Sie hätten auch den An-sichten des Regierenden Bürgermeisters widersprochen. Gewiß, ein Toter war zu beklagen, doch wenn die Polizei von Notwehr sprach, hatten die Studenten den tragischen Vorfall selbst zu verantwor-ten.[35] Auf die Idee, daß die Polizei, gar Duensing selbst, den tatsächlichen Hergang verschleierte, kam Albertz nicht. Der Polizeipräsident würde ihn niemals belügen, davon war er überzeugt. So tappte er noch am Morgen im dunkeln, verließ sich ausschließlich auf die Nachrichten aus der Polizeizentrale und war bestrebt, sämtliche Protestaktionen der Studenten schon im Keim zu ersticken.

Zunächst allerdings suchte Albertz den Austausch mit seinem Kommandanten. Nachdem er das Kaiserpaar verabschiedet hatte, eilte er ins Rathaus, wo eine Besprechung mit Duensing und Horst Grabert angesetzt war. Albertz erfuhr hier von dem Warnschuß eines »lebensgefährlich angegriffenen« Polizeibeamten.[36] Genaueres bekam er nicht zu hören. Duensing tat, was Albertz an ihm bisher geschätzt hatte: Er stellte sich schützend vor seine Männer. Doch anstatt dem Polizeichef die gewünschten Auskünfte vom versteinerten Gesicht abzulesen, gab sich der Regierende Bürgermeister mit der Querschlägertheorie seines Untergebenen zufrieden und ließ sich ablenken. Erregt berichtete Duensing von einem elektronisch gesteuerten »Geisterauto«, einem mit Sprengstoff beladenen Volkswagen, den die Polizei unter größten Sicherheitsrisiken ins Hauptquartier transportiert habe, um dort die explosive Ladung zu entschärfen.[37] Die Ereignisse am Vorabend kamen nicht weiter zur Sprache.

Warum auch? Albertz hielt Duensings Angaben für glaubwürdig. Und in der Tat gab es neue Probleme: Der AStA der Freien Universität hatte noch in der Nacht von »Mord« gesprochen. Das ließ nichts Gutes ahnen. Mit ihrem toten Kommilitonen besaßen die Studenten einen Märtyrer, der weitere Massen auf die Straße bringen würde. Albertz fürchtete Krawalle von ungeahntem Ausmaß, die unbedingt verhindert werden mußten.

Beschlüsse sollten erst auf der Senatssitzung gefaßt werden, die auf einen Termin unmittelbar nach der Anhörung des Polizeipräsidenten angesetzt war. Abweichende Meinungen und unterschiedliche Analysen waren auch hier nicht zu erwarten. Unter den Senatoren herrschte kriegerische Einmütigkeit: Die Schuld lag bei den Demonstranten. Keiner zweifelte an den Aussagen des Polizeipräsidenten, dem der Tod eines Studenten insgeheim noch zu dürftig erschien.[38] Die Stimmung im Saal glich einer Generalstabssitzung kurz vor der entscheidenden Schlacht. Jugendsenator Neubauer forderte, die Rädelsführer am besten gleich aus Berlin abzuschieben – ein Vorschlag, der keine Mehrheit fand.[39] Hans-Günter Hoppe dagegen hatte mehr Glück mit seiner Initiative. Der liberale Justizsenator empfahl, Schnellgerichte einzuführen, um die Kriminalität nachhaltig bekämpfen zu können.[40] Außerdem riet er, alle Studenten, die sich an strafbaren Handlungen beteiligten, psychiatrisch untersuchen zu lassen. Einstimmig beschloß man, jede öffentliche Demonstration bis auf weiteres zu verbieten. Darüber hinaus sollten gegen Studenten, die an der Oper gewaltsam protestiert hatten, Disziplinarverfahren eingeleitet werden, bei gleichzeitiger Verschärfung der universitären Disziplinarordnung.

Die Stunde gebot Härte, meinten die Anwesenden. Die Studenten hatten zu einer Protestversammlung vor dem Henry-Ford-Bau aufgerufen; dort wollten sie am Nachmittag ein Sit-in veranstalten und einen eigenen Untersuchungsausschuß bilden, der den »geplanten Mord« des Senats aufklären sollte. Einhellig beschlossen die Senatoren unter Albertz, den Campus stürmen zu lassen, um die Demonstration aufzulösen. Auf Betreiben Gerd Löfflers und Dietrich Stobbes besann man sich aber, einigte sich auf eine mildere Gangart. Die beiden Parlamentarier, die die Krawalle vor der Oper miterlebt hatten, waren an der protestierenden Vorzimmerdame vorbei in den Sitzungssaal geprescht und hatten unter den verdutzten Blicken der Senatoren das Wort ergriffen.[41] In dramatischer Rede verwies Stobbe auf seine Pflicht, den Regierenden Bürgermeister von seinen Beobachtungen zu unterrichten, selbst auf die Gefahr hin, von allen Posten zurücktreten zu müssen. Beide Abgeordneten berichteten sowohl von dem verheerenden Einsatz der Polizei als auch von den Übergriffen der Studenten und schlossen mit dem Appell, das Sit-in nicht aufzulösen.

Anfänglich galt die Aufmerksamkeit des Regierenden Bürgermeisters ausschließlich den Belangen der Polizei. Desinteressiert hörte er den jungen Parteifreunden zu. Erst als Löffler ankündigte, sich selbst am Sit-in zu beteiligen, zog Albertz den Räumungsbefehl zurück. Das beherzte Auftreten der beiden Genossen hatte ihn nachdenklich gestimmt. Als dann noch Hanns-Peter Herz von einem Pressegespräch berichtete, in dem Journalisten mehr wußten als er selbst, kamen auch Heinrich Albertz Zweifel an Duensings Aussagen. Doch man mußte auf die Obduktion warten. Am Montag schließlich waren die letzten Unklarheiten beseitigt: Benno Ohnesorg war erschossen worden. Laut Autopsiebefund drang die Kugel oberhalb des Ohransatzes in den Kopf. Bei dem Geschoß handelte es sich um das Kaliber 7,65 – eine Polizeiwaffe also. Noch mehr als die Nachricht vom exakten Schußkanal traf Albertz der Bericht der Gerichtsmedizin. Dieser schloß einen Querschläger aus und sprach von Blutergüssen an allen Körperteilen des toten Studenten.[42] Der Regierende Bürgermeister besaß es nun schwarz auf weiß: Erich Duensing hatte gelogen.

Für Heinrich Albertz ging eine Welt unter – freilich nicht an einem Tag und schon gar nicht mit lautem Getöse, sondern allmählich, Schritt für Schritt. Der Mann, dem er stets vertraut, dessen Rat er gesucht hatte, hatte ihn getäuscht, ihm baren Unsinn aufgetischt und den Tathergang bis zuletzt zu verschleiern gesucht. Es war die Lüge, die ihm so schwer zu schaffen machte. Sie brachte ins Wanken, was ihm all die Jahre lieb und teuer gewesen war: seine Vorstellung vom Staat, sein Verständnis der eigenen Rolle in der Politik und schließlich seinen Sinn für das Soldatische. »Verändern heißt zu erkennen, wer man ist, wer man sein kann. Hinhören, hinschauen, Konsequenzen ziehen, die eigene Vergangenheit gerade nicht verleugnen um der Zukunft willen.«[43] All das tat Heinrich Albertz in den folgenden Tagen, Wochen und Monaten unter großer seelischer Pein. Erst nach und nach bemerkte der Pastor, was er sich all die Jahre über vorgemacht hatte. Er war nicht mehr der Pfarrer im Staatsdienst, für den er sich hielt.

Bisher war er davon überzeugt gewesen, daß die Rollen von Pastor und Politiker sich vereinen ließen. Der christliche Glaube, wie ihn Heinrich Albertz verstand, kannte keinen Lebensbereich, in dem Jesus Christus nicht präsent gewesen wäre. »Es sind nicht christliche, sondern ›natürliche‹, weltliche, profane Aufgaben und

Probleme, an denen sich die Christengemeinde in Wahrnehmung ihrer politischen Mitverantwortlichkeit zu beteiligen hat«, hatte Karl Barth geschrieben.[44] Das galt nicht nur für die Kirche, glaubte Albertz, sondern für jeden einzelnen. Im öffentlichen Leben habe der Christ danach zu fragen, wie er in die Gesellschaft hineinwirken, wie er dem Menschen um Gottes willen dienen könne.

Genau diese Aufgabe hatte Heinrich Albertz über die Jahre mit allen Kräften zu erfüllen gesucht. Welchen Unterschied machte es, ob er als Flüchtlingspastor Vertriebenen ein Dach über dem Kopf verschaffte oder sich als Sozialminister um Arbeit für die Familien aus Ostpreußen, Schlesien und Pommern kümmerte? War den Menschen nicht auch unter Tiburtius im Amt für Volksbildung zu helfen gewesen? Und hatte nicht auch der Chef der Senatskanzlei in der Ostpolitik manch Sinnvolles für die Berliner erreicht?[45] Als Innensenator aber vergaß Albertz mit der Zeit, sich Rechenschaft abzulegen. Die neue Position als Herr über die Polizei, eine in Berlin fast militärische Truppe, sprach den Urzivilisten mit seinen archaisch preußischen Zügen an. »Es hat mir Spaß gemacht, in einer ›Verwaltung‹ zu sein, wo die große Masse des Personals, um es mal so formal zu sagen, uniformiert tut, was man sagt.«[46] Der Preuße, der sein Lebtag auf Ordnung, Pünktlichkeit und Sauberkeit geachtet hatte, erlag der militärischen Disziplin wie der straffen Hierarchie, den Strukturen von Befehl und Gehorsam und nicht zuletzt der Ehrerbietung, die ihm »seine Männer« bezeigt haben.

Die Freude an der neuen Tätigkeit aber läßt sich nicht allein auf die preußischen Anlagen des Bürgermeisters reduzieren. Die herausgehobene Stellung als Chef der Exekutive entsprach auch seiner spielerischen Ader. Albertz hatte es von jeher behagt, in Rollen zu schlüpfen und verschiedene Personen darzustellen. Zu jedem Geburtstag seiner Kinder hatte er trotz knapp bemessener Zeit Stücke geschrieben, sich jedoch nicht mit bloßer Autorschaft begnügt. Albertz übernahm auch Rollen, spielte zuweilen Sohn Rainer, zog dann dessen Lederhosen an, in denen sich der beleibte Mann nur schwer fortzubewegen verstand, und trug zum Spaß der Kleinen die selbstverfaßten Texte vor.

Ähnliches Wohlgefallen am Schein, an Schauspiel und Verstellung fand Albertz auch im Amt. Ihn reizte es, in die Haut etwa des Oberbefehlshabers zu schlüpfen. Der Rollenwechsel befriedigte ihn – seinen Narzißmus und sein Verlangen, geliebt zu werden, aber auch seinen Wunsch, die Welt zu beglücken, sie in seinen Bann zu ziehen. Seine Beobachtungsgabe, das genaue Studium der Personen, gepaart mit einem mimischen Talent, halfen Albertz, den Schein als Wirklichkeit auszugeben. Bald schon spielte er den Polizeichef mit artistischer Vollkommenheit, mehr noch, mit der Zeit wurde er der, den er anfänglich nur dargestellt hatte. Kaum war er in die Hülle des preußischen Truppenchefs geschlüpft, prägte sie ihn. Hatte der Senator bei Amtsübernahme noch über seine Tätigkeit bei der Polizei gescherzt, genoß er bald den Einfluß, der sich ihm bot, die militärische Ehrenbezeigung, die ihm erwiesen wurde, den polizeilichen Gruß, wenn er vorüberschritt. Als Brandt die Stadt verließ, Albertz nachrückte und den Posten des Sicherheitssenators abgab, ließ er am Abend seiner Amtsübernahme einen Polizeitrompeter antreten und lauschte dem Zapfenstreich mit Tränen in den Augen. Aus Spiel war Ernst geworden. Heinrich Albertz hatte der Versuchung der Macht nachgegeben.

Brandt hatte seinen Kanzleichef zum Innensenator gemacht, weil der die Zehn Gebote kannte, ein »inneres Geländer« aus christlicher Überzeugung und Ethik besaß. Das traf zu – am Anfang jedenfalls. Es war das erste Gebot in seiner lutherischen Übersetzung, das dieses Geländer ausmachte. Wer mit Hilfe dieses Prinzips erkannt hat, »daß man die Herren dieser Welt weder zu fürchten noch zu lieben braucht, wird in der Regel frei sein, das Notwendige und annähernd Richtige zu tun«, glaubte Albertz. »Er wird auch im Ernstfall frei genug sein, Macht nicht erlangen oder erhalten zu wollen.«[47] Doch ohne es zu merken, hatte sich Albertz längst von seinem Richtmaß entfernt. War er nicht selbst ein gewöhnlicher Politiker geworden? Befand er sich nicht mittlerweile dort, wo er nie zu enden gedacht hatte: in Ägypten, im Sklavenhaus, abhängig von Macht? Lange hatte Albertz die Worte Michas, des Propheten, großgeschrieben: »Es sei dir gesagt, Mensch, was gut ist und was der Herr von dir fordert: nichts als Recht üben und die Güte lieben und demütig wandeln vor dem Herrn.« Doch dieses Motto war ihm, wie er später fand, entschwunden.[48]

Albertz hatte stets geglaubt, von Gott ins politische Amt hineingestellt worden zu sein, damit er den Menschen helfe und auf diese Weise ein Zeichen christlichen Bekenntnisses setze. »Knecht Heinrich« aber, wie er sich selbst oft nannte, hatte versagt, weil er die Stimme seines Herrn überhörte. Ein Christ dürfe sich der Welt nicht ausliefern, sonst verleugne er seine Bestimmung, schrieb Martin Niemöl-

Nach dem 2. Juni 1967 und dem Tod Benno Ohnesorgs war es den Studenten klar: Heinrich Albertz und Innensenator Wolfgang Büsch waren die Schuldigen.

ler einst. Für Albertz jedoch stand bald fest: Er hatte sich ausgeliefert und war von niemandem rechtzeitig wachgerüttelt worden.

1933 war es sein Bruder gewesen, der ihn vor Abwegen bewahrt hatte. Als der Achtzehnjährige dem um Jahre älteren Superintendenten beim Pfingstspaziergang von der Hitler-Jugend vorschwärmte, bekam er eine schallende Ohrfeige mit der Bemerkung, ein Albertz könne niemals Nazi sein. 1967 aber gab es keinen, der ihn auf den Boden der Tatsachen zurückbrachte. Von seiner Frau, die ihm seit Jahren als Ratgeberin und Vertraute zur Seite gestanden hatte, ließ er sich schon lange kaum noch etwas sagen. »Ach, Pampützchen, das verstehst du nicht«, waren die Worte, mit denen er kritische Fragen gern abwehrte.[49] Erst ein weiterer Schlag, freilich keine Ohrfeige, sondern ein doppelter Kinnhaken, ließ ihn wanken und unsicher werden: der von seiner Polizei verschuldete Tod Benno Ohnesorgs, zusammen mit der Lüge des Polizeipräsidenten.

Beide Ereignisse nahmen Albertz gewaltig mit. Zumal die Studenten keinen Hehl daraus machten, wen sie für den eigentlichen

Täter hielten. »Die Mörder dieses vorbereiteten Verbrechens heißen Albertz und Büsch«, ließen sie auf Flugblättern verlauten und verteilten Aufkleber mit der Parole »Albertz gleich Mörder«. Was immer die Studenten auch schrieben, schuldig fühlte sich der Regierende Bürgermeister ohnehin. Mehr noch: »Knecht Heinrich« empfand den 2. Juni als »Tag des Zornes Gottes« über seinem Haupt.[50] Der Pastor fühlte sich von Gott gestraft für all das, was er in den Jahren seit seiner Berufung zum Innensenator getan hatte. Nach seiner Ansicht war es kein Unfall, der dort an der Bismarckstraße geschehen war. Vielmehr schien ihm der 2. Juni das letzte Glied einer langen Kette zu sein. Albertz, so bekannte er, hatte nicht mehr auf seinen Gott gehört, sondern nur noch auf die eigene Stimme, manchmal auch auf die schwadronierende Redeweise seines Polizeipräsidenten. Er hatte verdrängt, »daß ich nicht mein, sondern meines getreuen Heilands Jesu Christi Eigen bin«, wie es der Reformierte einst im Heidelberger Katechismus gelernt hatte.[51] Der Schluß, den Albertz zog, war so schmerzhaft wie radikal: Er ging in sich, besann sich auf seine Anfänge. Albertz machte eine Wende um hundertachtzig Grad.

Viele Gegner, aber auch Freunde sprachen im nachhinein vom Saulus, der zum Paulus geworden sei. Sie irren, denn sie lassen den Albertz der frühen Jahre, den Flüchtlingspastor und Sozialminister, außer acht. Heinrich Albertz wandelte sich zwar, er verwandelte sich jedoch nicht, sondern kehrte zu seinen Ursprüngen zurück. Hatte er wirklich die Stimme seines Herrn mißachtet, das erste Gebot zwar im Kopf, aber nicht im Herzen getragen, wie er glaubte, dann war die Besinnung auf seine alten Werte die einzig logische Konsequenz. Albertz mußte seine Orientierung wiederfinden, und das hieß für den Christenmenschen, das erste Gebot in seiner vollen Bedeutung wiederzuentdecken und zur Richtschnur seines Handelns zu machen. »Das erste Gebot hat immer seine schneidende Rolle gespielt, schneidend und heilend zugleich, und war schließlich auch der tiefste Grund für mein Ausscheiden aus der Versuchung der Macht im Jahre 1967 in Berlin«, betonte Albertz später.[52] Das trifft zu, auch wenn zahlreiche Kritiker an solchen Bekenntnissen zweifeln und von einem Bewußtseinswandel bei Albertz erst lange nach seinem Ausscheiden aus dem Amt sprechen. Heinrich Albertz war noch als Regierender Bürgermeister umgekehrt, unabhängig von seinem späteren Entschluß zurückzutreten. Am Amt hing er allerdings weiter – auch nach dem 2. Juni. Nach wie vor liebte er die Politik, schien ohne sie nicht auszukommen.

Dennoch sollte alles anders werden. Gerade jetzt wollte er wieder »Knecht Heinrich« sein und die alten Fehler vermeiden. Das bedeutete, sich von den Götzen der Macht zu lösen, wie Albertz es ausgedrückt hätte, im Sinne des ersten Gebotes wieder fromm zu werden und erneut auf die Stimme des Herrn zu hören. Waren seine preußischen Züge auf eine gefährliche Weise virulent geworden, wie er glaubte, erfolgte nun, nach und nach, deren Relativierung. Als Innensenator hatte er den Sekundärtugenden einen eigenen Wert zugemessen. Das sollte sich nun ändern. Ordnung, Pünktlichkeit und Fleiß sollten wieder unmittelbar dem Menschen dienen, nicht abstrakten Prinzipien.

Albertz, der noch vor kurzem die Kameradschaft seiner Polizisten gesucht hatte, vor allem die des Polizeipräsidenten Duensing, wandte sich ab von seinen Schutzbefohlenen. Fortan begegnete er der Polizei mit Mißtrauen. Duensing selbst hätte er am liebsten ein Entlassungsschreiben um die Ohren geschlagen.[53] Bereitwillig gab er seiner Bitte um Urlaub bis zum Abschluß der Untersuchung nach. Was früher undenkbar erschien, begrüßte Albertz nun: Er unterstützte den Vorschlag des Schulsenators Evers, der Berliner Exekutive einen Psychologen zur Seite zu stellen, »damit im Präsidium wenigstens einer zwischen protestierenden Bürgern und Staatsfeinden unterscheiden« könne.[54]

Doch nicht allein das Verhältnis des Regierenden Bürgermeisters zur Polizei veränderte sich, sein Verständnis vom Staat begann sich zu wandeln. Die staatliche Gewalt war eben nicht der Hort alleiniger Wahrheit, für den er sie gehalten hatte. Der Absolutheitsanspruch, den der Regierende Bürgermeister lange Zeit gerade im Verhältnis zu den Studenten vertrat, kollidierte jetzt mit seinem Glauben an das erste Gebot. Der Landesvater, der von oben für die Geschicke seiner Untertanen stritt, wurde langsam bereit, unbequemen Mahnern zuzuhören. Er wollte Buße tun, Buße im Sinne von Umkehr und Rückkehr zu Gott, und die eigene Schuld bekennen – ein typischer Vorsatz der evangelischen Tradition, die das Bekennen von Schuld mit dem Abwerfen einer großen Last gleichsetzt. Der Bürgermeister hörte wieder auf die Stimme seines Herrn. Gehorsamkeit gegenüber Jesus Christus aber hieß, nüchtern zu sein, den Zusammenhang von Schuld und Sühne ohne intellektuelle Fluchtversuche anzuerkennen. Dieser neue Gehorsam zwang Albertz, fortan mit Worten wie Taten sichtbare Zeichen zu setzen, Zeichen der neuen Erkenntnis und des Bekenntnisses.[55]

Diese Einsicht vollzog sich nicht plötzlich, sondern brach sich schleppend, zaudernd, unter Schmerzen Bahn. Heinrich Albertz selbst verglich sie mit einer »Jagd durch eine heiße Wüste«.[56] Auch Journalisten, die den Regierenden in jenen Tagen besuchten, spürten die Veränderungen, die er durchmachte.[57] Gedankenversunken, fast apathisch übte das Stadtoberhaupt die Tagesgeschäfte aus. »Früher hatten wir fünfzig Akten in fünfzehn Minuten durchgearbeitet; jetzt begann er zu zaudern, war in sich gekehrt, brauchte Stunden, um Unterlagen abzuzeichnen.«[58] Allmählich offenbarte sich Mitarbeitern und Kollegen ein anderer Bürgermeister. Hatten sie ihren Chef lange Zeit für arrogant und dünkelhaft gehalten, kam jetzt ein verletzlicher, irritierter Mensch zum Vorschein.

Heinrich Albertz haderte mit sich selbst, war hin- und hergerissen zwischen seiner Rolle als preußischer Landesherr und der anderen als Pfarrer. In diesen schweren Stunden brauchte er Hilfe und seelischen Beistand, den ihm wohl nur einer geben konnte: Kurt Scharf. Es war der evangelische Bischof von Berlin, der Albertz zur Umkehr verhalf.

Schon am Morgen des 4. Juni war Scharf in der Hoffnung an ihn herangetreten, die Spannungen zwischen Senat und Studenten entschärfen zu können – vergeblich, wie der Kirchenmann feststellen mußte. Bei Albertz biß er fürs erste auf Granit. Erst als Hans-Peter Hempel, der persönliche Referent des Regierenden Bürgermeisters, beim Bischof vorsprach und ihn bedrängte, seinem Chef zu helfen, suchte der Kirchenmann erneut den Kontakt. Diesmal kam er im richtigen Moment: Als die Wahrheit über Benno Ohnesorgs Tod herauskam, wurde Albertz für Rat empfänglich und war bereit zuzuhören.

Was Bürgermeister und Bischof in dieser und in folgenden Sitzungen besprachen, wird wohl niemals ans Tageslicht kommen. Noch nach Jahren verbaten sich beide jegliche Fragen zu jenen Gesprächen unter vier Augen im Juni 1967. »Heinrich Albertz, was machst du hier eigentlich?«, das ist wohl der einzige Satz Scharfs, der nach der Unterredung in die Öffentlichkeit drang.[59] Eines jedoch ist offensichtlich: Was Albertz zu berichten hatte, glich einer Beichte. Stunde um Stunde saßen die beiden hinter verschlossenen Türen zusammen. »Ich mußte darüber nachdenken, ob mein Blick auf diese Stadt nicht völlig verengt war und ich alles andere vergessen hatte,« erinnerte sich Albertz.[60] Kurt Scharf half ihm bei seiner schwierigen Umorientierung. Er verhinderte, daß Albertz ein »Wolf unter Wölfen« wurde.[61]

Scharf war aber nicht nur Seelsorger. Der dreizehn Jahre ältere Bischof wurde Vorbild und Freund. Mehr als das: Der »Bruder« aus der Bekennenden Kirche gab dem Vaterlosen gewissermaßen den Vater zurück. Albertz lauschte ihm wie ein Kind, hörte ergeben seine Worte. Scharf wollte stets brüderlicher Helfer sein, so wie er es in der Bekennenden Kirche erlebt hatte. Unwillkürlich brachte er Albertz dadurch zu seinen eigenen Anfängen als Pastor zurück.

Schon 1936 war Scharf dem Breslauer Studenten in der Kirchlichen Hochschule in Berlin begegnet und hatte bei dem jungen Mann einen nachhaltigen Eindruck hinterlassen. Noch als Regierender Bürgermeister, dreißig Jahre später, fühlte sich Albertz von der Erscheinung des Bischofs angezogen. Ihn beeindruckte die mit Händen zu greifende Verbindung aus Vergangenheit und Gegenwart, aus den Erfahrungen der Diktatur und dem Wunsch nach Neugestaltung. Vielleicht war es auch der ähnliche Umgang mit der Bibel, der ihm Scharf näherbrachte. Wie der Bürgermeister nutzte der Bischof die Heilige Schrift als sprechenden, tröstenden und warnenden Partner, weniger als exegetische Fundgrube. Was auch immer

zu der engen Verbundenheit führte, Albertz sah in dem Kirchenmann schon bald ein väterliches Vorbild. Scharf ging seinen Weg,
konziliant, doch unbeirrbar, stets der Stimme seines Herrn folgend.
Albertz folgte ihm darin und besann sich noch im Rathaus auf seine
Ursprünge. Bischof Scharf bestärkte ihn und half, aus der Rolle des
unerbittlichen Landesvaters hinauszufinden.

Man kann den Kampf zwischen Ethos und Kratos spüren, den
Albertz durchzustehen hatte, wenn man seine Reden und Interviews aus jenen Tagen liest. Mal vernimmt man den harten Polizeisenator, dann den besonnenen, protestantischen Bürgermeister. Im
September überwogen schließlich die Einsicht und der Wille zur
Korrektur. Am 8. Juni 1967 hatte der Regierende Bürgermeister im
Abgeordnetenhaus noch von einer »extremistischen Minderheit«
gesprochen, welche »die Freiheit mißbraucht, um zu ihrem Endziel
der Auflösung einer demokratischen Grundordnung zu gelangen«.[62] In derselben Rede aber hörten die Parlamentarier bereits
nachdenkliche Töne, die so gar nicht an den Schwarzweißmaler von
einst erinnerten. Ähnlich verhielt es sich mit den Worten, die er am
darauffolgenden Tag an die Polizei richtete: Albertz ließ keinen
Zweifel daran, daß er hinter den Schutzleuten stehe und ihre Diffa-
mierung nicht dulde; gleichzeitig aber kündigte er eine schonungs-
lose Untersuchung der Vorfälle an.[63] Am 16. Juni wiederum drohte
er den Studenten, schloß aber mit dem Wunsch, eine Brücke über
den Graben zu schlagen, garantierte die Autonomie der Universitäten, die er noch vor Wochen abschaffen wollte, und gestand eigene
Fehler ein. »Es sind Verantwortliche überall«, wie er im Fernsehen
betonte, »auch der, der hier spricht, ist ein Verantwortlicher, und ich
habe in den letzten Tagen trotz allem, was ich sonst schon hinter mir
habe, noch nie so deutlich gespürt, was es bedeutet, mit einer Verantwortung belastet zu sein.«[64] Die Situation sollte entgiftet werden. Aus diesem Grund forderte Albertz einen »Umdenkungspro-
zeß« in SPD und Bevölkerung.[65] Anfang September schlug das
Stadtoberhaupt besonders moderate Töne an, als er in einer Fernsehansprache erklärte: »Nicht jeder, der einen Vollbart trägt, will die
Gesellschaft aus den Angeln heben. Nicht jeder, der einen Rollkra-

genpullover liebt, will unsere freiheitlich-demokratische Grundordnung zerstören. Und nicht jeder junge Mensch mit langen Haaren ist ein Mitglied der Kommune.«[66]

Das Bemühen um eine maßvolle Politik beschränkte sich aber nicht nur auf bloße Reden. Die Einsicht, am »schwarzen Freitag« folgenschwere Fehler begangen zu haben, ließ den Regierenden Bürgermeister nach den zahlreichen Gesprächen mit Kurt Scharf zu dem Ergebnis kommen, daß er die Lage durch Zugeständnisse entspannen müsse. Am 12. Juni hob Albertz das Demonstrationsverbot auf, die Studenten durften wieder auf die Straße. Einen Tag später zogen sie mit Transparenten wie »Heinrich, mir graut vor dir« oder »Albertz, wo ist dein Bruder Ohnesorg?« vom Theodor-Heuss-Platz in Richtung Innenstadt. Albertz war bestrebt, die Schuld, die er empfand, abzutragen. Noch im Juni sorgte er dafür, daß die junge Witwe Benno Ohnesorgs eine finanzielle Unterstützung von der Stadt erhielt.[67]

Mehr und mehr gewann er Einsichten, denen er sich Wochen vorher noch verschlossen hatte. Bisher hatte der Regierende Bürgermeister den Protest der Studenten ausschließlich als eine Provokation der Demokraten durch kommunistisch unterwanderte Randalierer verstanden. Allmählich aber sah er in dem Konflikt ein gesamtgesellschaftliches Problem. »Läßt man anarchistische Randerscheinungen weg«, erklärte er im September, »so steckt im Kern der jugendlichen Kritik ... die gesamte Schwierigkeit der augenblicklichen und wahrscheinlich auf lange Frist uns belastenden Probleme dieser Stadt. Eine Bevölkerung, die sich über zwei Jahrzehnte in Zeiten großer Gefahr hervorragend bewährt hat, aber die in den Kategorien der politischen Situation der frühen fünfziger Jahre denkt, steht im Konflikt mit dieser aufgeweckten, mißtrauischen jugendlichen Minderheit, die die Sprache jener Jahre, die mit der Wirklichkeit nicht mehr in Einklang zu bringen sind (sic!), nicht mehr hören will, ohne selbst Ziele und Wege für die Zukunft abstecken zu können. Sie wird von einem inneren Unbehagen getrieben, das nur ahnt, daß in dem eingegrenzten Raum von West-Berlin ein Rest von Möglichkeit stecken könnte.«[68]

Diesen Rest von Möglichkeit wollte Albertz nun ausschöpfen. War er nicht angetreten, um Berlin eine andere Identität fern vom Frontstadtdasein zu verschaffen? Sollte nicht die neue, erweiterte Ostpolitik Berlin zum »Treffpunkt aller Deutschen«, gar zur Drehscheibe zwischen Ost und West machen? Albertz besann sich auf seinen Anspruch von einst und war bestrebt, erneut in der Berlinpolitik vorzupreschen. Schon in den frühen sechziger Jahren hatte er mit seinem Bekennermut Bewegung in die Berlinfrage gebracht, ja geholfen, die Passierscheinregelung zu ermöglichen. Damals hatte er auf keinen Zauderer Rücksicht genommen. Erst auf dem Bürgermeistersessel fürchtete Albertz die rechten Sozialdemokraten und hielt sich im Umgang mit Ost-Berlin zurück. Damit sollte nun Schluß sein. Die Besinnung auf das erste Gebot verlangte Wahrhaftigkeit auch in dieser Frage. Die Entspannungspolitik mußte energischer denn je vorangebracht werden – nicht zuletzt um die Mentalitätskrise der Stadt zu beenden. Erst jetzt, nach dem 2. Juni 1967, versuchte Albertz, das zu verwirklichen, was Brandt und Bahr bei ihrem Weggang von ihm erwartet hatten: die Fortsetzung der Entspannungspolitik von Berlin aus.

Der Rücktritt

Seit dem 2. Juni stand Heinrich Albertz auf keinem guten Fuß mit dem Glück. Seine Versuche, die eigenen Fehler wiedergutzumachen und die Krise der Stadt zu überwinden, sollten in den folgenden Wochen fehlschlagen. Die Verantwortung dafür trugen die rechten Sozialdemokraten, die alles unternahmen, um den Regierenden Bürgermeister zu entmachten.

Lange Zeit hatten sie ihm nichts anhaben können. Ende Mai aber war es den Mitgliedern des »Pfeifenklubs« gelungen, dem Bürgermeister ernsthaft zu schaden. Mit Hilfe der linken Sozialdemokraten hatten sie die »Mitte-Gruppe« auf dem Parteitag entmachtet und Albertz somit den letzten Rückhalt in der SPD geraubt. Einen direkten Vorstoß gegen das Stadtoberhaupt und seinen Senat wagten sie allerdings nicht, obgleich ihnen die Zusammensetzung der Regierungsmannschaft von Anfang an mißfallen hatte. Denn bisher aber hatten die Berliner die Politik ihres »Standortpfarrers« positiv bewertet; eine Schwächung des Landesvaters aus reiner Machtgier hätten sie kaum hingenommen.

Mit den Unruhen vor der Oper wendete sich das Blatt. Nun stand Albertz angeschlagen da, kritisiert von allen Seiten. Während ihn die Studenten des Mordes bezichtigten und die liberale Presse seine Unerbittlichkeit tadelte – Sebastian Haffner verglich ihn gar mit Göring nach der Kristallnacht –, kritisierten die Berliner Blätter vornehmlich seine Hilflosigkeit nach Benno Ohnesorgs Tod.[1] Das Bild vom strengen, aber gerechten Landesherrn war zerstört, die Gunst der Bevölkerung verloren. Hatten die Berliner Albertz noch Anfang des Jahres für den angesehensten Politiker der Stadt gehalten, waren davon im Herbst nur noch wenige überzeugt.

In diesem Stimmungstief sahen die rechten Parteifreunde unter

Mattick, Neubauer und Schwedler die langersehnte Chance, den unbequemen Pastor von der Regierungsbank zu stoßen. Was Albertz auch anstellen mochte, mit dem Tod Benno Ohnesorgs war seine Entmachtung im »Pfeifenklub« beschlossene Sache.[2] Ungewiß blieb nur, welche Strategie man ergreifen würde, um den Bürgermeister loszuwerden. Zunächst entschieden sich die Verbündeten für den offenen Kampf. Dabei scheuten sie nicht einmal das Bündnis mit den sonst so verpönten Studenten, denn die jungen Rebellen forderten wie sie einen neuen Senat.[3]

Den ersten Angriff unternahm Kurt Mattick, dessen anfängliche Sympathie für den Bürgermeister eisiger Verachtung gewichen war. Mattick hatte die vielen kleinen Spitzen von seiten des Stadtoberhaupts nicht verwunden. Als größte Demütigung empfand er den Versuch der »Mitte-Gruppe«, ihn als Berliner SPD-Chef abzulösen. Seither hatte Mattick eine Rechnung mit Albertz zu begleichen. Mitte Juni verlangte er, Bürgermeister Strieck, Pressesprecher Herz und die Senatoren Spangenberg, Büsch und Stein zu entlassen – bis auf den Wissenschaftssenator diejenigen Regierungsmitglieder, die als Angehörige des »Schwäbl-Kreises« dem »Pfeifenklub« ein Dorn im Auge waren.[4] Außerdem wurden Indiskretionen und gezielte Falschmeldungen gestreut, die vom nahen Rücktritt des Regierenden Bürgermeisters kündeten. Albertz sollte mürbe gemacht werden. Hinter den Intrigen steckte die Hoffnung, der prinzipientreue Landesherr werde sich nicht auf die Forderungen seiner Intimfeinde einlassen und schließlich resigniert zurücktreten. In dieser Situation sollte Kurt Neubauer nachrücken und den Platz im Rathaus übernehmen, unterstützt von Rolf Schwedler als seinem Stellvertreter. Der Plan scheiterte jedoch.

Zu offensichtlich hatten die rechten Genossen das Unglück beim Schah-Besuch ausnutzen wollen, um Albertz und seine Anhänger aus dem Schöneberger Rathaus zu drängen. Keinem von ihnen ging es um inhaltliche Fragen oder Kurskorrekturen, obgleich die Berlinpolitik des Regierenden Bürgermeisters bei Mattick, Neubauer und Schwedler auf Skepsis stieß. Vielmehr war es das Streben nach Ämtern, Macht und Einfluß, das die Attacken erklärte. Kurt Mattick machte daraus auch kein Hehl. Nach dem Rücktritt von Albertz erläuterte er die Motive der innerparteilichen Opposition: Von Anfang an sei es der Fehler des Regierenden Bürgermeisters gewesen, in seiner Senatsmannschaft auf Persönlichkeiten zu setzen, die den innerparteilichen Machtverhältnissen widersprachen.[5]

Aus bloßen Gruppeninteressen heraus war Albertz noch nicht zu stürzen, zumal sich die Bundespartei schützend vor ihn stellte. Ende Juni sandte sie den Fraktionsvorsitzenden im Bundestag, Helmut Schmidt, nach Berlin, um dem Bürgermeister im innerparteilichen Grabenkampf beizustehen. Schmidt fand den Ton, den Berlins Genossen verstanden. In schneidender Schärfe attackierte er den »personalpolitischen Clinch« im Landesverband und drohte den Genossen unverhohlen mit dem Entzug der gesamtparteilichen Unterstützung.[6] Nach fast zehnstündigen Beratungen im Landes- und Fraktionsvorstand kehrte Ruhe ein. Die Position des Regierenden war vorerst gesichert, und dies nicht allein dank der Intervention des Bonner Fraktionsvorsitzenden. Unfreiwillig kamen ihm auch die Linken um Abendroth, Beck und Ristock zu Hilfe. Als Gegenleistung für einen Bund gegen Albertz hatten sie den Posten des Innensenators gefordert, waren jedoch abgeblitzt; das einflußreiche Amt beanspruchte der »Pfeifenklub«. So hielt sich die linke Gruppierung zurück, beteiligte sich nicht an der Entmachtung des Regierenden Bürgermeisters. Neubauer und seinen Anhängern blieb die breite Unterstützung versagt. Listig vereinbarten sie deshalb, sämtliche Sachfragen und Personalentscheidungen auf die Zeit nach der Sommerpause zu vertagen. In der Ruhe der Parlamentsferien konnten die Frondeure neue Ränke schmieden und weitere Verbündete um sich scharen. Heinrich Albertz erhielt eine Schonfrist von drei Monaten.

Er war gewillt, die Zeit zu nutzen. Gemäß dem Auftrag der innerparteilichen Führungsgremien, die bisherige Politik bis zum Herbst zu überdenken und in Kommissionen Alternativen zu diskutieren, hoffte Albertz, mit Hilfe einer neuen entspannungspolitischen Offensive die Lage wieder in den Griff zu bekommen, sich der Stadt wie der SPD als vorausschauender Staatsmann zu präsentieren. Wie unter Brandt sollte Berlin erneut deutschlandpolitischer Vorreiter werden. Daher besann sich der Regierende Bürgermeister auf die Grundsätze, die er in der Rathausrunde zusammen mit Egon Bahr entwickelt hatte. Was damals auf Drängen Brandts nur schrittweise und oft verklausuliert an die Öffentlichkeit gedrungen war, wollte Albertz nun der veränderten politischen Lage anpassen. Die entspannungspolitischen Prinzipien müßten in der derzeitigen »Windstille« neu durchdacht werden, weil die äußere Gefahr einer »inneren Gewöhnung an das Anormale« gewichen sei.[7]

Zwar hatten sich die Grundbedingungen nicht geändert – nach wie vor zeigte sich keine Macht an der Wiedervereinigung interessiert –, doch war aus der ärmlichen Ostzone einer der wichtigsten Industriestaaten Osteuropas geworden, und auch die Bundesrepublik hatte sich mit der Teilung abgefunden. Diese Tatsachen wollte Albertz nach der Sommerpause ansprechen, um daraus Konsequenzen für die Politik zu ziehen. Von West-Berlin sollten endlich Schritte ausgehen, die weit über die Passierscheinregelung hinausreichten. Das hieß für den Regierenden Bürgermeister, stärker als bisher die alliierte Verantwortung für die Halbstadt ins Spiel zu bringen. Unter der Obhut der Schutzmächte solle direkt mit der DDR-Regierung in Kontakt getreten werden, um alle innerstädtischen Probleme in Verhandlungen zu lösen und die Stadthälften wieder enger aneinanderzubinden. Vielleicht würde es ihm, so hoffte Albertz, im Gespräch mit den ostdeutschen Machthabern gelingen, einen Verbund aller Berliner Verkehrsmittel herzustellen und einen Vertrag über den Aufbau eines gesamtdeutschen Stromnetzes einzufädeln, von dem auch Berlin profitierte. Außerdem dachte er an den Ausbau der Berliner Flughäfen zum europäischen Luftverkehrskreuz.

Bei kommunalen Gesprächen durfte es nach den Vorstellungen des Regierungschefs jedoch nicht bleiben. Die Insel im roten Meer müsse zum Umschlagplatz des west-östlichen Handels aufgebaut werden. Darüber hinaus solle die einstige Hauptstadt Künstler, Wissenschaftler und Sportler aus aller Welt anziehen.[8] Als internationale Begegnungsstätte werde sich Berlin zwangsläufig von der Provinzialität der Nachkriegszeit befreien.

Obgleich diese entspannungspolitische Initiative wenig Erfolg versprach, weil sie von der Gesprächsbereitschaft des Politbüros ausging, das bisher wenig kompromißgeneigt war, setzte Albertz große Erwartungen in seinen Vorstoß. Er hoffte, die neue Beweglichkeit werde Berlin eine Identität jenseits des Frontstadt-Daseins verschaffen, der vielgerügten Stagnation ein Ende bereiten und die psychologische Befindlichkeit der Stadt verbessern.[9] Zu diesem Zweck sollten auch innenpolitische Reformen angestrebt werden. Um die festgefügten Nachkriegsstrukturen aufzulockern, war Albertz bereit, mehr Demokratie zu wagen, die Bezirksbürgermeister direkt wählen zu lassen und den Bürgern die Teilnahme an Ausschußsitzungen des Abgeordnetenhauses zu gestatten.[10] Albertz plante, nach den Sommerferien in die Offensive zu gehen und die Fehler auszuräumen, die er in den letzten Monaten begangen hatte. Abermals mit ihm an der Spitze sollte die SPD den Wahlkampf eröffnen, den Winter über in der Stadt Flagge zeigen, das Gespräch mit Studenten, Kirchen, Gewerkschaften und Betriebsgruppen suchen. Er selbst beabsichtigte, bis zum März 1968 in zwölf Großveranstaltungen die Berliner von seinem Kurs der Offenheit und Beweglichkeit zu überzeugen, wollte auf diese Weise aus dem Stimmungstief herausfinden. Dabei übersah er allerdings ein gewichtiges Hindernis: die fehlende Bereitschaft seiner Genossen, ihrem Bürgermeister zu folgen. Der »Pfeifenklub« wollte Köpfe rollen sehen, im Senat die eigenen Kandidaten durchsetzen, und zwar so schnell wie möglich.

Entgegen den Absprachen vom Juni wurden in den Sommermonaten immer wieder Stimmen laut, die den Rücktritt des Regierenden Bürgermeisters forderten. Auch Kurt Mattick wagte während des Burgfriedens einen weiteren Angriff, diesmal allerdings an der Bonner Front. Anfang August fuhr der Berliner Landesvorsitzende in die Bundeshauptstadt, um Herbert Wehner und Willy Brandt für die Entmachtung des Stadtoberhauptes zu gewinnen. Er wurde enttäuscht: Die Spitze der Bundespartei ließ sich nicht einbinden; Brandt verweigerte seinen Beistand. Harry Liehrs Vorstoß verlief ebenfalls erfolglos. Der Bundestagsabgeordnete, der zum rechten Flügel des Berliner Landesverbandes gehörte, war bei Klaus Schütz vorstellig geworden und hatte ihn gebeten, den Posten des Regierenden Bürgermeisters zu übernehmen. Schütz winkte ab.[11] Zu Albertz gab es vorerst keine Alternative. Die rechten Genossen mußten sich notgedrungen an den vorgegebenen Terminplan halten.

Geschlagen gaben sie sich nicht. Sie änderten nur ihre Taktik. In den folgenden Wochen gingen die Frondeure des »Pfeifenklubs« verdeckt vor; sie hofften, den Bürgermeister gleichsam aus dem Hinterhalt niederzustrecken. Die Unterstützung der linken Gruppierung besaßen sie weiterhin nicht. Ristock, Beck und Karnatz warteten die Klausurtagung der Partei Ende September in Glienicke ab.[12]

Die Uneinigkeit der Flügel verschaffte Albertz auch nach Ende der Parlamentsferien eine Atempause, die er nutzen wollte, um seine entspannungs- und gesellschaftspolitische Initiative breiten Kreisen der Bevölkerung bekannt zu machen. Die erste Gelegenheit dazu bot sich im Abgeordnetenhaus. Die CDU hatte eine große Anfrage zum Thema Studentenunruhen eingebracht, die Albertz im Rahmen einer Regierungserklärung beantworten wollte. Der Vorstoß der Opposition ermöglichte, die Partei wenigstens für einige Tage hinter sich zu scharen. Mit dem Appell, die Angriffe der Christdemokraten geschlossen abzuwehren, gelang es Albertz, den Mitgliedern des Landes- und Fraktionsvorstandes die Billigung seiner Regierungserklärung abzutrotzen, und gestärkt vor das Abgeordnetenhaus zu treten. Ein letztes Mal waren die Genossen ihrem Regierungschef gefolgt.[13]

Im Abgeordnetenhaus war am 15. September von der Eintracht schon nichts mehr zu spüren. Mitten in seiner Rede verließen einige dem rechten Flügel zugehörige Sozialdemokraten aus Protest gegen den Regierenden Bürgermeister den Saal.[14] Die offene Zurückweisung traf Albertz schwer, obwohl sie ihn kaum hätte überraschen dürfen. Das Stadtoberhaupt aber hatte seine ganze Hoffnung auf die Wirkung seiner Rede gesetzt und viele Stunden an einzelnen Passagen gefeilt. Sein Auftritt vor dem Parlament sollte nicht nur den neuen politischen Kurs einläuten, er war als Zeichen der eigenen Umkehr gedacht. Albertz sprach ernst und engagiert, bescheiden und doch selbstbewußt, wehrte sich überzeugend gegen den Pauschalruf nach Härte und fand den Mut, die eigenen Fehler einzugestehen.[15] Den Höhepunkt bildete das Schuldbekenntnis, das nicht auf Effekt spekulierte, »sondern glaubhaft das menschliche Format dessen nachwies, der da sprach«, wie der konservative Journalist Matthias Walden anerkennend vermerkte. Es war das Ergebnis der vielen Gespräche mit Bischof Scharf, das Albertz vor einem ihm feindseligen Haus einräumen ließ, »objektiv das Falsche« getan zu haben und am schwächsten gewesen zu sein, »als ich am härtesten war, in jener Nacht des 2. Juni«.[16] Eingeweihte konnten den neuen und gleichsam alten Gehorsam gegenüber dem ersten Gebot heraushören, als Albertz zum Mut zur Wahrheit aufrief und eine Wende seiner Politik versprach.

Der Regierungschef erläuterte den Abgeordneten sein Vorhaben, die Krise der Stadt durch eine entspannungspolitische Initiative zu überwinden. West-Berlin werde nur dann seine Probleme lösen, »wenn wir alles versuchen, um aus den Mauern auszubrechen. Denn die eigentliche Gefahr wird voraussichtlich nicht mehr der Druck von außen, sondern die innere Gewöhnung an das Anormale sein.«[17] Passierscheine genügten längst nicht mehr, um die »Absurditäten der Spaltung« abzubauen.[18] Berlin solle Brücke zwischen beiden Welten werden. Dazu sei das Gespräch mit der DDR notwendig, das er »in jeder vertretbaren und vernünftigen Form« zu führen bereit sei.

Welche Maßnahmen der Senat zu ergreifen gedachte, um der Unruhe unter den Studenten Herr zu werden, sagte Albertz nicht. Eine Patentlösung hatte keiner anzubieten – auch die CDU nicht. Dem Regierenden Bürgermeister blieb nichts als das bloße Versprechen, alles Mögliche zu tun, um die Krise zu überwinden. Seine ehrliche, unprätentiöse Art, die Probleme darzulegen und eigene Schwächen einzugestehen, auch seine Beteuerung, die Widrigkeiten des West-Berliner Alltags mit seiner gesamten Kraft anzugehen, verschafften ihm dennoch breite Anerkennung in der Presse. Selbst kritisch gesonnene Journalisten wünschten Albertz den Rückhalt, den er brauchte, um die Schwierigkeiten der Stadt zu bewältigen. Sie räumten ein, daß er bisher nur wenig Gelegenheit zur Bewährung gehabt hatte.[19]

Die Mitglieder des »Pfeifenklubs« setzten darauf ihre Hoffnungen. Ihnen ging es nicht um einen Debattensieg des Regierenden Bürgermeisters im Abgeordnetenhaus, sondern um eine weitere Beschädigung. Bislang hatten sie Heinrich Albertz nichts anhaben können – es fehlten die Alternativen. Schütz hatte die Teilnahme an der Intrige verweigert, und Kurt Neubauer schien in der Gesamtpartei vorerst nicht durchsetzbar. Albertz also mußte weiter geschwächt, am besten sogar zum Rücktritt getrieben werden.

Die Taktik, mit der Mattick, Neubauer und Schwedler den Regierungschef zermürbten, war uralt, aber wirkungsvoll. Schon 1513 hatte Machiavelli Lorenzo de' Medici geraten, sich vor den eigenen Söldnerführern zu hüten. Sie setzten, so der Florentiner, entweder den Fürsten selbst unter Druck oder aber seine Mitarbeiter, um ihn zu schwächen und schließlich zu entmachten. Genau das taten die Berliner Strategen. Sie entfachten einen erbarmungslosen Kleinkrieg gegen die Senatoren der Rathausfraktion, besonders gegen Innensenator Büsch und Schulsenator Evers, um Albertz in die Knie zu zwingen.[20]

Anlaß dazu bot sich schon drei Tage nach dem Auftritt des Regierenden Bürgermeisters vor dem Parlament. Am 18. September 1967 veröffentlichte der Untersuchungsausschuß des Abgeordnetenhauses einen Zwischenbericht über die Ereignisse des 2. Juni und übte zum Teil scharfe Kritik an der Berliner Polizeiführung.[21] Die Vorwürfe an die Adresse Duensings und Büschs kamen den rechten Parteifunktionären wie gerufen. Nun forderten sie offen, was sie verdeckt schon lange angestrebt hatten: den Rücktritt des Innensenators, um damit das Karussell der Ämterbesetzung in Gang zu bringen.[22] Seit Juni hatte Kurt Mattick in fast allen sozialdemokratischen Kreisverbänden für die Entlassung Büschs geworben – ohne Erfolg. Albertz hatte sich von den Manövern seiner Gegner nicht beeindrucken lassen und Büsch bestärkt, im Amt zu bleiben, obwohl der schon zweimal an Rücktritt gedacht hatte. Jetzt aber beugte sich der Regierende Bürgermeister den Forderungen der Rechten, um nicht noch weiter ins Schußfeld seiner Genossen zu geraten, und drängte seinen Parteifreund aus dem »Schwäbl-Kreis« zur Demission. Am 19. September trat Wolfgang Büsch zurück.[23] Er übernahm die Verantwortung für die Ereignisse an der Oper, wies aber gleichsam auf den Druck der rechten Parteimehrheit hin, als er in einem Interview erklärte, nicht länger »Senator auf Abruf« sein zu wollen.[24] Mit seinem Ausscheiden hoffte Büsch, Albertz den nötigen Handlungsspielraum verschafft zu haben, um sich gegen den »Pfeifenklub« durchzusetzen. Mehr noch: Büsch suchte Neubauers Plan zu vereiteln, das Amt des Innensenators und Bürgermeisters in seiner Person zu vereinen. Er stellte nach seinem Rücktritt fest, der künftige Innensenator könne nicht auch noch Stellvertreter des Regierenden Bürgermeisters sein.

Mattick, Neubauer und Schwedler beeindruckte diese Intervention wenig. Zwar hatten sie es nicht geschafft, auch Evers aus dem Amt zu jagen, doch war mit dem Rücktritt Büschs erstmals jene Senatsumbildung notwendig geworden, die sie nach ihren alten Eindämmungsplänen vorzunehmen gedachten. Danach sollte Neubauer den Posten des Innensenators und Bürgermeisters übernehmen, während Strieck sich auf das Finanzressort zu beschränken hatte. Statt Senatssprecher Herz war der bisherige Chefredakteur des Deutschlandfunks, Franz Barsig, vorgesehen. Albertz selbst wäre zwar im Amt geblieben, doch weitgehend ohne Einfluß – abhängig von dem eigentlich starken Mann, Kurt Neubauer.

Die Vorstellungen des »Pfeifenklubs« waren für den Regierungschef untragbar und dennoch nicht gleich abzulehnen. Denn Mattick ließ dem Regierenden Bürgermeister nur wenig Spielraum: Entweder Albertz beugte sich den Forderungen des »Pfeifenklubs« – das hätte bedeutet, ihm die Schlüsselpositionen des Senats zu überlassen –, oder er blieb standhaft bis zum Untergang, weil seine Personalvorschläge an der Mehrheit der Fraktion scheitern würden, wie Mattick versicherte. Gleichzeitig stellte der Landesvorsitzende dem Stadtoberhaupt ein Ultimatum. Bis zur Klausurtagung am 23. September sollte er die Senatsumbildung vornehmen. Albertz blieben wenige Tage, sich aus dem Dilemma zu befreien.

Hilfe war nicht in Sicht. Erst jetzt machte sich schmerzlich bemerkbar, was Albertz all die Jahre gleichgültig gewesen war: der fehlende Anhang. Oft hatte der Bürgermeister einflußreiche Sozialdemokraten durch seine Lust am sarkastischen Wort vor den Kopf gestoßen. Seine Überzeugung, als Stadtvater über den Parteien und Gruppierungen zu stehen, seine Alleingänge und das demonstrative Desinteresse an den Belangen der SPD hatten ein festes Treueverhältnis zwischen den Genossen und ihrem Regierungschef nicht aufkommen lassen. Jetzt trug all das dazu bei, daß die Mehrheit der Parteifunktionäre die drohende Niederlage des Regierenden teils schadenfroh, teils ungerührt verfolgte.

Selbst Willy Brandt schien die Distanzierungsversuche seines Nachfolgers nicht vergessen zu haben. »Ich fürchte, Du hast es nicht leicht«, schrieb er ihm noch Anfang September, verschwieg aber die Bemühungen Dietrich Stobbes und Rolf Heyens, mit seiner Hilfe Klaus Schütz zum Regierenden Bürgermeister zu machen.[25] Zwar verweigerte der SPD-Chef den Berliner Funktionären jeglichen Beistand, doch unternahm er auch nichts, um das Komplott gegen Albertz zu verhindern. Immerhin lieh er Stobbe und Heyen sein Ohr – ein Privileg, das er Heinrich Albertz entzogen hatte. Vergeblich versuchte der seinen langjährigen Weggefährten zu erreichen.[26] Brandt ließ sich verleugnen. Albertz kam über dessen persönlichen Referenten nicht hinaus.

Der Bürgermeister hatte die kommende Schlacht in Glienicke als Einzelkämpfer zu schlagen. Nur ein Häuflein Aufrechter hielt ihm die Treue, darunter Dietrich Spangenberg, Horst Grabert und Carl-Heinz Evers – zu wenige allerdings, um der breiten Front der Gegner wirkungsvoll zu widerstehen. »Heinrich, jetzt mußt Du Flagge zeigen«, bedrängte der Schulsenator seinen Regierungschef – eine Empfehlung, die nicht notwendig gewesen wäre.[27] Denn Albertz war ohnehin nicht bereit, sich den Forderungen des »Pfeifenklubs« zu fügen. Niemals hätte er Kurt Neubauer als Bürgermeister geduldet. Schon vor seiner Amtsübernahme hatte er den umtriebigen Vormann des »Pfeifenklubs« für ungeeignet gehalten, ein Schlüsselressort zu übernehmen. Daran hatte sich nichts geändert. Die

Attacken des machtlüsternen Jugendsenators bestärkten den Regierenden Bürgermeister in dem Glauben, daß Neubauer nicht eher ruhen werde, bis er an der Spitze des Senats stehe.

Neubauers Ehrgeiz stieß Albertz auch aus anderen Gründen ab. Der Regierende Bürgermeister, der sich seit dem Tod Benno Ohnesorgs in oft qualvollen Stunden von aller Machtliebe zu befreien suchte, verachtete Streben nach bloßem Einfluß nun mehr denn je. Nie wieder wollte er sich von den Widrigkeiten der Machtpolitik einengen lassen. Fortan sollte auch sein politisches Handeln Bekenntnis sein. Diese Absicht vertrug sich nicht mit dem Verlangen der Parteimehrheit, die eigenen Leute aus reiner Machtarithmetik im Senat zu plazieren. Zumal mit den Genossen vom »Pfeifenklub« die Wende kaum möglich gewesen wäre, die Albertz vollziehen wollte. War mit Neubauer und Mattick ein neuer Vorstoß in der Ostpolitik erreichbar? Ließ sich mit Schwedler eine Brücke zu den Studenten schlagen? Albertz glaubte nicht daran. Die Eindämmungsversuche der rechten Sozialdemokraten mußten daher mit allen Mitteln verhindert werden.

Auf Schloß Glienicke sollten endlich Entscheidungen fallen. Dort, wo der Große Kurfürst nach der Jagd zu rasten pflegte, versammelte sich am 23. September 1967, einem Samstag, die SPD-Spitze. Von den Mitgliedern des Landesvorstands bis zu den Kreisvorsitzenden waren alle führenden Funktionäre der Berliner Partei in das Palais an der Havel gekommen, etwa achtzig an der Zahl, eigentlich um in Klausur die Positionspapiere zu beraten, die sie in den Sommerferien erarbeitet hatten. Doch Sachentscheidungen interessierten an diesem Morgen kaum jemanden. Gespannt warteten alle Anwesenden auf den Kampf um die Ämterbesetzung. An den Sturz des Regierenden Bürgermeisters dachte vorerst niemand. Im »Pfeifenklub« hatte man sich nur darauf verständigt, endlich das eigene Konzept durchzusetzen: dem mißliebigen Stadtvater Kurt Neubauer zur Seite zu stellen.[28] Wie Albertz sich verhalten würde, wußte keiner. Mit einer schnellen Kapitulation rechnete man nicht. Albertz selbst schien das Ende ebenfalls offen. »Na, wie wird's ausgehen?« wollte er von Hans-Peter Hempel, seinem persönlichen Referenten, auf der Fahrt nach Glienicke wissen. »Pyrrhussieg!« antwortete der. »Packen wir schon mal unsere Sachen.«[29]

Zunächst mußte die Tagesordnung bewältigt werden. Sie sah bis zum gemeinsamen Mittagessen die Debatte über die deutschland-, wirtschafts- und hochschulpolitischen Positionspapiere vor. In drei Kommissionen hatten die Vertreter des rechten und linken Flügels neue Richtlinien für die Senatspolitik erarbeitet, die auf einem außerordentlichen Landesparteitag im Oktober verabschiedet werden sollten. Unter den argwöhnischen Blicken der Mehrheit seiner Genossen eröffnete Heinrich Albertz die Diskussion mit einer sorgfältig vorbereiteten Grundsatzrede zur Krise der Stadt. Wie zuvor im Abgeordnetenhaus vertrat er die Ansicht, die gegenwärtige Unruhe der Jugend könne nur mit Hilfe einer entspannungspolitischen Initiative bewältigt werden. Dazu sei es notwendig, den alliierten Sonderstatus mehr als bisher zu nutzen, anstatt alle Bundesgesetze blind zu übernehmen. Nur auf diese Weise ließe sich jene Brücke zwischen West und Ost errichten, die Berlin neue Aufgaben schaffen und aus der Mentalitätskrise heraushelfen würde.

Obwohl die Ausführungen des Regierenden Bürgermeisters den Thesen des ostpolitischen Grundsatzpapieres nicht widersprachen, stießen sie bei den meisten Genossen auf Ablehnung. Etwa dreißig Redner baten um das Wort, viele darunter, die sich empörten, daß Albertz nicht einmal die Kommissionsmitglieder mit seinen Gedanken vertraut gemacht hatte.[30] Andere, vornehmlich linke Sozialdemokraten, hielten die Ansichten des Regierenden Bürgermeisters für zu ängstlich. Sie hatten schon im Vorfeld der Zusammenkunft ein Alternativprogramm zur Entspannungspolitik veröffentlicht, das Berlins Brückenfunktion sogar über die Bindung an die Bundesrepublik stellte.[31] Einer beträchtlichen Zahl von Funktionären aber ging es darum, den Regierungschef schon im sachpolitischen Teil der Debatte derart zu schwächen, daß ihm beim Wortgefecht um die Senatsbesetzung die Kraft zum Widerstand fehlen würde.

Trotz der zähen Diskussionen ließ sich Albertz nicht entmutigen. Er nutzte die Mittagspause, um sich im Park die Beine zu vertreten und die Vorgehensweise für die nächste Runde im Zweikampf mit den Sozialdemokraten durchzuspielen. Vielleicht war es der Spaziergang im Regen oder bloßer Durchhaltewille, jedenfalls entschloß sich Albertz erstmals in seiner Karriere zu einem taktischen Manöver.[32] Bisher hatte er parteipolitische Kungeleien abgelehnt. Sie widersprachen seinem Wahrheitsdrang, seiner Abscheu vor Intrigen. Diesmal allerdings hatte die Offenheit der List zu weichen. Albertz mußte durchhalten, um die als notwendig empfundene Wende umzusetzen. Kurz nach der Mittagspause schwenkte er deshalb auf das Positionspapier der Genossen ein, mit dem Hinweis, die Parteifreunde hätten ihn am Morgen wohl falsch verstanden. Gleichzeitig verknüpfte er die Abstimmung über die Papiere mit der Forderung, die Attacken gegen den Senat einzustellen, und wertete ihre einstimmige Annahme als persönlichen Erfolg.[33] Die rechten Genossen blieben stumm, überrascht von der plötzlichen Wendigkeit ihres Bürgermeisters.

Durch den ersten Streich ermutigt, verlangte Albertz anschließend, daß seine Rede vor dem Abgeordnetenhaus nachträglich gebilligt werde. Die Funktionäre folgten ihm auch in diesem Punkt. Gleichzeitig lehnten sie Harry Liehrs Antrag ab, endlich zur Tagesordnung überzugehen. Ohne Gegenstimmen stellten sie fest, daß Albertz' Rede »den gegebenen Richtlinien entsprach«.[34] Mit dieser Zustimmung verließ der Bürgermeister den Konferenzraum und trat beschwingt in den Speisesaal. Er war als Sieger aus der ersten Runde hervorgegangen. Der Kampf um die Ämterverteilung aber stand noch aus.

Napoleon hat einmal gesagt, wie bei der Prostitution seien auch im Krieg Amateure oft besser als Professionelle. Dieses Bonmot traf auch auf Albertz, den Urzivilisten im Grabenkampf, zu – so schien es zumindest fürs erste. Die hartgesottenen Genossen vom »Pfeifenklub« jedenfalls waren entgeistert, als ihr Stadtoberhaupt nach dem Essen entgegen der allgemeinen Erwartung Kurt Neubauer zwar als Innensenator vorschlug, nicht aber als Bürgermeister. Albertz teilte seinen verblüfften Zuhörern mit, es werde sich erst nach der Personaldebatte herausstellen, ob der bisherige Jugendsenator für das

Amt des Stellvertreters in Frage komme.[35] Nach kurzem Erstaunen war die Ruhe endgültig dahin. Die Mitglieder des »Pfeifenklubs« stürzten sich förmlich auf den Regierenden Bürgermeister, der aber blieb standhaft. Als linke Genossen ebenfalls Vorbehalte gegen Neubauer geltend machten, verzichtete der Vormann der Rechten nicht nur auf den Posten des Bürgermeisters, er lehnte auch die Berufung zum Innensenator ab. Weit nach Mitternacht schien Albertz seinen Gegenspieler überlistet zu haben. Ihm war es nicht nur gelungen, Neubauers Ansprüche abzuwehren, sondern die Spitzengremien der Partei hatten darüber hinaus die Grundsätze seiner Parlamentsrede gebilligt und das neue Sachprogramm einstimmig zur Beschließung für den kommenden Parteitag empfohlen. Zwar mußte die Tagung in der Öffentlichkeit auf Kritik stoßen, weil der Streit um die Ämter den Neubeginn der politischen Arbeit nach dem 2. Juni verhinderte, Albertz aber war der Bedrohung durch den »Pfeifenklub« entkommen.

Allerdings nicht auf Dauer. Die Sonne war noch nicht aufgegangen, als Kurt Mattick zum Gegenangriff überging. Vor den wartenden Journalisten erklärte der Landesvorsitzende, das Vertrauensvotum für den Regierenden Bürgermeister beziehe sich ausschließlich auf dessen Rede vor dem Abgeordnetenhaus. Außerdem trat er der Ansicht entgegen, Kurt Neubauer finde in der Partei keine Mehrheit.[36] Der »Pfeifenklub« also gab sich nicht geschlagen. Und auch der robuste Sozialsenator hatte trotz der nächtlichen Niederlage seinen Plänen nicht abgeschworen.

Das verhieß nichts Gutes für den Regierenden Bürgermeister. Ob er ein neues Personalkonzept nach seinen Vorstellungen durchsetzen würde, schien ungewiß. Mehr sogar, im Grunde war Albertz am Ende. Ohne die Unterstützung des »Pfeifenklubs« würde keiner seiner Vorschläge die nötige Mehrheit finden. Dennoch verbrachte er den Sonntag in der Hoffnung auf einen Kompromiß. Noch am Wochenende bot er Horst Grabert den Posten des Innensenators an, wohl in der Annahme, Schwedlers einstiger Senatsdirektor werde sich bei den Mitgliedern des »Pfeifenklubs« durchsetzen. Der rechten Gruppe wollte Albertz entgegenkommen, ohne freilich Neubauer berufen zu müssen. Deshalb entschloß er sich erneut zu einer List. Albertz beabsichtigte, anstelle des Jugendsenators den zweiten starken Mann des »Pfeifenklubs«, Rolf Schwedler, mit dem Amt des Bürgermeisters zu betrauen. Der Schachzug war wohlüberlegt. Der Bausenator hatte schon unter Brandt sein Interesse an der Nachfolge des Regierenden Bürgermeisters bekundet und ließ sich jetzt womöglich mit dem wichtigen Stellvertreterposten locken. Wie Schwedler reagieren würde, war am Wochenende nicht zu ermitteln. Albertz mußte auf den Montag warten, an dem sich der SPD-Landesvorstand zu einer weiteren Sitzung verabredet hatte, um die neuen Personalvorschläge des Regierenden zu diskutieren.

Schon am frühen Morgen trafen sich im Kurt-Schumacher-Haus in der Müllerstraße die wichtigsten Funktionäre der Berliner Sozialdemokratie. Abweisend empfingen sie ihren Regierenden Bürgermeister und lauschten gereizt, was er diesmal anzubieten hatte. In siebenstündiger Debatte rangen die Lager um die künftige Besetzung des Senats. Der erhoffte Durchbruch blieb aus. Albertz' Vorschlag, Grabert zum Innensenator zu wählen, fand keine Mehrheit. Zu einer anderen Lösung war der »Pfeifenklub« nicht mehr bereit; keiner der Vorschläge des Regierenden sollte angenommen werden. Daran änderte auch dessen Angebot nichts, Rolf Schwedler zum Bürgermeister zu machen. Die rechten Genossen blieben unerbittlich. Albertz jedoch hoffte noch immer auf die Zusage des Bausenators, der sich bis zur Senatssitzung am kommenden Tag Bedenkzeit erbeten hatte.

Dienstag früh plagten den Regierenden Bürgermeister schon dunkle Vorahnungen. Wie am 2. Juni stand das Wetter in krassem Gegensatz zu seiner sorgenvollen Verfassung. Noch einmal hatte der Sommer dem Herbst einen Tag abgetrotzt. Die Dunstwand vom Wochenende war zerrissen; dafür hatte Albertz allerdings keinen Blick. Er dachte an die Senatssitzung, die auf zehn Uhr angesetzt war. Neue Personalvorschläge hatte er nicht zu machen. Sie wären ohnehin sinnlos gewesen, angesichts der breiten Front seiner Gegner. Allein Rolf Schwedler konnte ihn noch retten, der aber dachte nicht daran. Zwar hatte der Bausenator am Montagabend gezaudert und einen Moment lang erwogen, den Bürgermeisterposten zu übernehmen, seine Genossen jedoch hatten die Nacht genutzt, um ihm ins Gewissen zu reden. Jetzt, auf der Sitzung des Senats, wies er das Ansinnen des Regierenden Bürgermeisters zurück.

Heinrich Albertz hatte endgültig verloren. Seine Möglichkeiten, eine starke Landesregierung mit Unterstützung der Partei zu bilden, waren erschöpft. Nur eines hätte ihn noch im Amt gehalten: die Unterwerfung unter Partei und Fraktion. Dazu war er allerdings nicht bereit.[37] Albertz, der stets über den Parteien gestanden hatte, ersparte sich die demütigende Kapitulation vor den Fraktionären. »Mach die Papiere fertig. Ich trete zurück«, befahl er Horst Schulze, dem Chef der politischen Abteilung.[38] Der ging sofort an die Arbeit und brachte dem Bürgermeister wenig später das vorformulierte Schreiben, das Albertz unter den Tränen seiner Sekretärin unterzeichnete und dem Parlamentspräsidenten Walter Sickert übermitteln ließ.

Sickert antwortete postwendend und bat den Regierungschef, bis zum Antritt seines Nachfolgers im Amt zu bleiben. Mit dieser Nachricht trat Albertz am Nachmittag des 26. September 1967 vor die Fraktion. Zum letzten Mal gelang es ihm, die Genossen zu überraschen und den Verschwörern die Schau zu stehlen. Stille herrschte im Saal, als Albertz seinen Rücktritt verkündete. Nach Sekunden des Schweigens fand Kurt Mattick endlich Worte. Trocken dankte er dem Regierenden Bürgermeister für die geleistete Arbeit.[39] Eine Aussprache unterblieb; wortlos ging man auseinander. Auf einer Pressekonferenz erläuterte Albertz knapp seine Gründe, das Amt niederzulegen.

> Meine Versuche, einen arbeitsfähigen Senat zu erhalten, sind gescheitert.
> Im Interesse der Stadt und ihrer Bürger habe ich deshalb mein Amt als Regierender Bürgermeister von Berlin zur Verfügung gestellt. Damit ist der Senat von Berlin zurückgetreten.

Er wird seine Geschäfte führen, bis die Neuwahl des Regierenden Bürgermeisters erfolgt ist.

Ich hoffe, daß die Mehrheitspartei dieser Stadt unverzüglich auf einem Landesparteitag dafür die Voraussetzung schafft.

Ich danke allen, die mir in den vergangenen Monaten ihr Vertrauen bewiesen und mitgearbeitet haben.[40]

Fragen beantwortete Heinrich Albertz nicht. Er zog sich gleich in seine Amtsräume zurück, ließ sich erschöpft auf die Liege fallen, die seit August 1961 für Krisenzeiten im Zimmer des Regierenden Bürgermeisters stand. Wenig später fuhr er nach Hause. Das Rathaus brodelte derweil vor Aufregung. Wie ein Lauffeuer drang die Nachricht durch die Gänge. Überall wurde diskutiert, wirbelten Senatoren, Beamte und Parlamentarier durcheinander, gefolgt von Journalisten, die einen Gesprächsfetzen aufzufangen hofften. Worte der Enttäuschung vernahm man nur selten im Stimmengewirr. Im Gegenteil, ein Aufatmen ging durch die Stadt. Vor allem die Gegner des bisherigen Regierenden Bürgermeisters konnten ihre Genugtuung kaum verhehlen. Nur Harry Liehr bekundete Respekt für den »honorigen Weg«, den Heinrich Albertz gewählt hatte.[41] Plötzlich war auch Willy Brandt wieder zu erreichen. Aus Wildbad Kreuth, wo der Außenminister zur Kur weilte, griff er zum Telephon, würdigte die Leistungen seines Nachfolgers und versprach, alles zu tun, »die augenblickliche Lage erfolgreich zu überwinden«.[42]

Albertz schien solche Anteilnahme, aber auch die Häme gelassen und distanziert hinzunehmen. Als der stellvertretende Pressesprecher Rudolf Kettlein in sein Zimmer trat und artig bemerkte: »Herr Regierender Bürgermeister, es tut mir so leid«, fand Albertz mit einem knappen »Mir ooch« seine alte Schlagfertigkeit zurück.[43] Was manche seiner Mitarbeiter für Sarkasmus hielten, diente ihm als Maske; denn in Wahrheit fiel Albertz sein Abschied schwer. Auch wenn er sich robust gab, verletzten ihn die Demütigungen, die nach Bekanntgabe seines Ausscheidens die Runde machten.

Plötzlich ignorierten langjährige Weggefährten ihr Stadtoberhaupt, huschten verlegen vorbei, wenn sie auf den Bürgermeister trafen.[44] Andere suchten Anschluß an den »Pfeifenklub«, in der Hoffnung, den eigenen Posten unter Albertz' Nachfolger behalten zu können. Die Gegner von gestern verloren ihr Interesse an dem Regierungschef ganz und sorgten sich nur noch darum, wer dem mißliebigen Pastor nachfolgen werde. Allein Kurt Mattick fand die Zeit, mit Albertz abzurechnen. In einem Artikel für die parteieigene »Berliner Stimme« erläuterte der Landesvorsitzende nochmals die Ursachen für den Sturz. Grund zur Kritik am eigenen Verhalten sah er nicht. Im Gegenteil, ausdrücklich widersprach er der Meinung, Probleme aus der Müllerstraße seien in das Rathaus Schöneberg getragen worden und hätten den Senat gekippt. Albertz selbst sei verantwortlich für die mißliche Lage. Von Anfang an habe er der SPD die Zusammenarbeit verweigert und schließlich als Regierender Bürgermeister versagt. Der Rücktritt sei deshalb nur folgerichtig. Für die Zukunft wünschte sich der Berliner SPD-Chef einen Senat, »der durch die Zusammensetzung der ihn tragenden Persönlichkeiten überragend ist« – ein brutaler Hieb gegen den scheidenden Bürgermeister.[45] Es sollte nicht der letzte sein.

Genugtuung verschaffte Albertz nur, daß keiner seiner Gegner als Nachfolger ins Rathaus Schöneberg rückte. Die Art und Weise, mit der Willy Brandt Klaus Schütz unterstützte, mußte ihn jedoch erneut vor den Kopf stoßen. Der Außenminister, der Anfang Oktober zusammen mit seinem Intimus nach Berlin geflogen war, bat sich für Schütz die Rechte aus, die man Albertz verwehrt hatte. Auf einer außerordentlichen Sitzung des Landesausschusses forderte Brandt von den Genossen, der neue Regierende Bürgermeister müsse das Recht haben, seine Mannschaft »unbehindert durch Gruppeninteressen« aufzustellen.[46] Schütz selbst dankte Albertz zwar für die geleistete Arbeit, bei seiner Nominierung auf dem Landesparteitag am 15. Oktober 1967 aber ließ sich auch bei ihm Kritik an seinem Vorgänger heraushören. Unter Beifall gelobte das neue Stadtoberhaupt: »Ich werde nicht versuchen, über allen zu schweben, sondern ich werde in die Partei gehen, wann ich es für notwendig halte, um mir Vertrauen dort zu holen, wo man das Vertrauen nur kriegen kann, nämlich in der großen Masse der Delegierten und der Mitgliedschaft.«[47]

Sicher konnte Heinrich Albertz die Bemerkung seines designierten Nachfolgers auch anders verstehen, das Verhalten der bisherigen Senatoren aber war eindeutig. Sie ließen keine Gelegenheit verstreichen, dem scheidenden Regierungschef ihre Verachtung kundzutun. Selbst auf der letzten Senatssitzung unter Albertz' Führung am 17. Oktober nutzten sie die Stunde, Albertz zu demütigen. Als der Bürgermeister nach wenigen Minuten die Runde mit einem Dank an die Kollegen »für die konstruktive Mitarbeit in all den Jahren« schloß und nun seinerseits auf die Verabschiedung durch die Regierungsmitglieder wartete, vernahm er eisiges Schweigen.[48] Nach Sekunden der Stille verließ Albertz schließlich den Raum, das Rathaus. Draußen erlebte er erneut eine böse Überraschung. Dort, wo noch am Morgen sein Mercedes gestanden hatte, erwartete ihn nun ein Mittelklassewagen mit fremdem Chauffeur.[49]

Der Berliner Bischof Kurt Scharf war das Gegenteil seines Namens: In seiner Milde und Güte war er für Heinrich Albertz, mit dessen Werdegang er über Jahrzehnte verknüpft war, eine Art Vaterersatz. Auch nach dem 2. Juni 1967 verhinderte er, daß Albertz in seiner Verzweiflung ins Bodenlose fiel.

Doch Spitzen und Beleidigungen hielt Heinrich Albertz nicht für das Schlimmste. Ihm machte vor allem die Tatsache zu schaffen, das Amt verloren zu haben. Seit 1946 war der Pastor in der Verwaltung tätig gewesen, hatte sich als Diener des Staates verstanden, der sein Amt nutzte, um sich für die Menschen einzusetzen. Damit war es ein für alle Mal vorbei. Albertz erlebte den Austritt aus dem Staatsdienst als tiefen Einschnitt in sein Leben. »Ich befinde mich ... in dem Zustand eines Mannes, der eine geliebte Frau plötzlich fortgehen sieht«, erklärte er wehmütig. »Man muß damit fertig werden. Das Schlimme ist nur, daß man eine solche Frau weiter liebt und große Sorgen hat, ob sie nun in die richtigen Hände kommt.«[50]

Der Vergleich war treffend. Der Dienst an der Gesellschaft war dem Preußen zum Lebensinhalt geworden. Das Staatsamt hatte Albertz nach dem Krieg einen neuen Halt verschafft und ihm die Gelegenheit gegeben, über eine eng begrenzte Pfarrgemeinde hinaus Diakonie zu betreiben. Bis 1945 war es die Bekennende Kirche gewesen, die ihm Sicherheit und ein fast urchristliches Dasein bot – ein Dasein, in dem persönliche Beziehungen das Überleben aller garantierten. Nach Kriegsende gehörten solche Bindungen der Vergangenheit an. Bald aber war für Albertz der Staat an die Stelle der Bekennenden Kirche getreten, hatte ihm neuen Rückhalt verschafft. Mit dem Rücktritt war auch diese Phase beendet. Abermals stand Albertz am Anfang und ohne Orientierung. »Ein bißchen komme ich mir vor«, schrieb er Hartmut von Grolmann am 5. Oktober, »wie in jenen Tagen, in denen ich mit Deiner Mutter und Dir und Deinen Geschwistern im Mai 1945 wieder ganz von vorn anfangen mußte. Und ich weiß gar nicht, ob es damals leichter oder schwerer war als heute, wo ... äußerlich natürlich alles einfach ist, aber wo die belastenden Erfahrungen der letzten Jahre einem auch manche Illusion genommen haben, die man 1945 am Nullpunkt Deutschlands noch hatte.«[51]

Wieder war es eine Zäsur, aber diesmal plagte Albertz das Gefühl, gescheitert zu sein. Gescheitert nicht als Regierender Bürgermeister – dafür waren die Intrigen und Grabenkämpfe der SPD verantwortlich, wie Albertz nicht zu Unrecht fand. Gescheitert vielmehr auf seinem Weg der Umkehr. Zwar hatte auch er Fehler im Umgang mit der eigenen Partei begangen, hatte sie zu oft als Erfüllungsgehilfin seiner Politik betrachtet und einflußreiche Genossen vor den Kopf gestoßen, kurz, sich im Umgang mit der Macht höchst ungeschickt benommen, doch das ließ Albertz beiseite. Ihm ging es vor allem um sein Versagen nach dem 2. Juni 1967.

Nachdem die Wahrheit über Benno Ohnesorgs Tod herausgekommen war, hatte Albertz vom Amt aus Buße im Sinne von Umkehr und Rückkehr zu Gott tun wollen. Unter Gottes Führung sollten Zeichen neuer Erkenntnis, Zeichen des Bekenntnisses gesetzt werden, um die Stadt aus der Krise herauszuführen. Sein Rücktritt vereitelte dieses Ziel. Im Staatsdienst war seine Wende nun nicht mehr möglich. Sie mußte außerhalb des Amtes erfolgen. Auf welche Weise und durch welche Tätigkeit, blieb vorerst unklar.

Die Ungewißheit hätte Albertz den Boden unter den Füßen weggezogen, hätte er sich nicht abermals auf Kurt Scharf stützen können. Der Bischof ermöglichte ihm einen dritten Neubeginn. Einst hatte Karl Barth geschrieben, als die Kirche »von allen anderen Ratgebern und Helfern verlassen war, da hatte sie in dem einen Wort Gottes, das Jesus Christus heißt, Gott zum Troste. Wem anders als ihm sollte sie, so wie die Dinge lagen, ihr Vertrauen und ihren Gehorsam zuwenden?«[52] Scharf machte Albertz genau diesen Weg verständlich. Auch auf den Bürgermeister trafen Barths Worte zu. Von den meisten Vertrauten fallengelassen, von vielen Genossen bekämpft, hatte Albertz wieder auf die Stimme seines Herrn zu hören. War es nicht mehr möglich, vom Amt aus mit seinem Gott ins reine zu kommen, mußte er von außen, notfalls als Privatmann, dafür streiten. Kurt Scharf begleitete ihn auch auf diesem Weg.

Heinrich Albertz –
Klagemauer der Nation

»Der Übertritt in ein
neues Leben«

Am Morgen des 20. Oktober 1967 war alles anders. Zum ersten Mal
seit 1959 mußte Heinrich Albertz das Haus nicht verlassen, um
pünktlich um 8.15 Uhr an seinem Schreibtisch im Rathaus Platz zu
nehmen. Auch stand der Dienstwagen nicht mehr vor der Tür, mit
dem ihn sein Fahrer täglich in die Stadt chauffiert hatte. Wohin hätte
er ihn auch fahren sollen? In seinem Büro saß seit dem Vortag Klaus
Schütz, und wiederum 24 Stunden vorher hatte Albertz seine letzte
Amtshandlung vollzogen. Nach der Wahl des Regierenden Bürgermeisters war er unter den Blitzen der Photographen zu seinem
Nachfolger hinübergegangen, hatte ihm strahlend die Rathausschlüssel übergeben. Eigentlich war ihm nicht zum Lächeln zumute
gewesen. Schließlich verbarg sich hinter der Geste mehr als der
bloße Abschied vom Amt.

Von einem auf den anderen Tag hatte Heinrich Albertz sein bishe-
riges Leben hinter sich lassen müssen. Mit dem »Meister der Bürger«, dem Landesvater, dem Mann der Exekutive war es nun vorbei.
Plötzlich stand er ohne Funktionen und Aufgaben da, eine Tatsache,
die Albertz in aller Konsequenz erst nach dem 20. Oktober begriff.
Auf einmal fehlten nicht nur die täglichen Verpflichtungen, Debatten und Probleme, die »Katastrophen-Heinrich« bei aller Hektik
und Mühsal genossen hatte; plötzlich blieben auch die Annehmlich-
keiten aus, die ein Staatsamt mit sich bringt. Wann hatte Albertz das
letzte Mal selbst am Steuer eines Wagens gesessen, wann in der überfüllten U-Bahn vergeblich einen Sitzplatz gesucht? Es waren nicht
zuletzt diese Äußerlichkeiten, die ihm seine Lage schmerzlich ins
Bewußtsein drängten.[1] Natürlich hatte er seinen Rücktritt nicht nur
als Fehlschlag empfunden, sondern auch als Befreiung. Doch ähnelte
diese Empfindung in mancher Hinsicht wohl dem Gefühl eines

Strafgefangenen, der nach jahrelanger Haft sich selbst überlassen ist und nun wehmütig an die Geborgenheit seiner Zelle zurückdenkt.

Albertz fühlte sich verloren, fast schon überflüssig, nutzlos. Seine Hoffnungen, umzukehren und dafür zu büßen, daß er Pilatus war in jener Nacht des 2. Juni, zerschlugen sich nach dem Rücktritt.[2] Noch als Regierender Bürgermeister hatte er Zeichen setzen, auf Dauer etwas verändern wollen, in dem Bewußtsein, daß nicht Beichte und Absolution ihn entlasten konnten, sondern nur sein politisches Gesamtverhalten, seine künftige Lebensführung. Als Privatmann, so schien es ihm, konnte er mit seinem Gott nicht ins reine kommen. Ohne Amt sah er keine Möglichkeit, maßgeblich in die Gesellschaft hineinzuwirken.

Zwar war Albertz noch sein Abgeordnetenmandat geblieben, die Arbeit der Parlamentarier jedoch hatte er nie besonders geschätzt, hatte die Kollegen – wie die Funktionäre der Parteien – vornehmlich als Erfüllungsgehilfen der Regierung betrachtet. Wirksame Parlamentsarbeit konnte sich der Politiker im Grunde nicht vorstellen, schon gar nicht unter seinen Genossen von der SPD, die ihm alles andere als wohlgesonnen waren. In der Tat akzeptierten nur wenige Abgeordnete die Wandlung, die Albertz durchgemacht hatte. Die meisten erblickten in seiner Wende den Versuch, sich dem außerparlamentarischen Lager anzubiedern, und ließen ihren ehemaligen Regierungschef spüren, was sie davon hielten. »Sie haben mich behandelt wie die letzte Sau«, erinnerte sich Albertz Jahre später.[3]

Einzig Kurt Scharf ließ den Freund nicht im Stich. Oft schaute der Bischof in der Menzelstraße vorbei. Er riet Albertz, für einige Zeit die Stadt zu verlassen, damit er Abstand gewinne und Mut für die Zukunft schöpfe. In Berlin werde er nicht loskommen von den Ereignissen der Vergangenheit. Deshalb schlug Scharf dem einstigen Bürgermeister vor, für ein halbes Jahr nach Brüssel zu gehen:[4] Der Ortswechsel werde ihm den Abschied vom Politikerdasein erleichtern. So verließ Albertz die Stadt, um in Brüssel für die Kirche tätig zu sein, obgleich ihm Reisen ins fremdsprachige Ausland nie geheuer waren – seinen Urlaub verbrachte er am liebsten in Krumpendorf am Wörthersee.

Der Aufenthalt in der belgischen Hauptstadt aber verfehlte die erhoffte Wirkung. Albertz war »todunglücklich«, er sehnte sich nach Hause.[5] Nichts brachte den erhofften Abstand von den Berliner Ereignissen, weder die Arbeit für die Kirche noch das Alleinsein unter fremden Menschen in einer Stadt, die ihm unbekannt war. Dabei hätte Brüssel ideal sein können für den verzweifelten Albertz: Hier hätte er seinen Gedanken ungestört nachgehen können – beim Herumstreifen an der Senne, auf dem Mont des Arts, an den Ständen der Buch- und Kunsthändler, im Dämmerlicht kühler Kirchenschiffe oder in den Sälen des »Alten Museums« bei den Dämonen des Hieronymus Bosch. Albertz wollte jedoch nur eins: nach Hause zurückkehren und eine Tätigkeit annehmen, die sein Leben wieder erfüllte, seine Umkehr deutlich werden ließ.

Was die Brüsseler Atempause nicht erreichte, sollte im krisengeschüttelten Berlin gelingen. Schon wenige Tage nach seiner Rückkehr zeichnete sich für Albertz eine neue Rolle ab, die seinem gewandelten Verständnis von Politik entsprach. Als er am 13. Februar 1968 auf dem Flughafen Tempelhof landete und den Heimweg in Richtung Grunewald antrat, meinte er, die Unruhe zu spüren, welche die Stadt ergriffen hatte. Seit den Junitagen des vorangegangenen Jahres war die Lage nicht mehr so gespannt gewesen. Die Studenten hatten nach dem Rücktritt des Regierenden Bürgermeisters einen Machtrausch erlebt und glaubten, in seinem Scheitern das erste Zeichen für den Zusammenbruch der autoritären Gesellschaft zu erkennen; nur durch ein konsequentes Fortsetzen des Kampfes könne er beschleunigt werden.[6] Deshalb hatte Rudi Dutschke zur Eile gedrängt, einen »heißen Frühling« angekündigt und für einen »europäischen Cong« plädiert, um die »Zentren des Imperialismus« zu zerstören.[7]

Anfang Februar war man wieder auf die Straße gegangen. Diesmal hatte man gegen das Militärregime in Griechenland demonstriert. Außerdem veranstalteten die Studenten ein »Springer-Tribunal«, das mit einem Film über die Herstellung von Molotow-Cocktails und dem Beschluß endete, den Verleger innerhalb von vierzehn

Tagen zu enteignen. Was die einen als cineastisches Happening erfreute, beflügelte andere zur Umsetzung. Noch in der Nacht der Vorführung zerbrachen in sechs Filialen der ›Berliner Morgenpost‹ die Fensterscheiben.[8]

Den radikalen Aktionen der Studenten galt der Aufschrei von Politikern und Publizisten, die jenen »SA-Methoden« jugendlicher Randalierer entschlossen entgegentreten wollten. Auch ihnen fehlte indes, nicht anders als den studentischen Feuerköpfen, jegliches Augenmaß. In Straßenblockaden und Sachbeschädigungen kleiner anarchistischer Gruppen sahen sie eine ernsthafte Bedrohung des Staates, die ungewöhnliche Maßnahmen erfordere. Der Berliner DGB-Vorsitzende Walter Sickert beispielsweise erwog, der selbsternannten studentischen Avantgarde die Faust der Arbeiterklasse entgegenzustrecken: Die Belegschaften ganzer Betriebe stünden bereit, um auf dem Campus der Freien Universität aufzuräumen. Eine sozialdemokratische Funktionärin versprach, Tausende von Genossinnen gegen die Studenten »scharf zu machen«. Andere wiederum verlangten bewaffnete Bürgerwehren, forderten Vorbeugehaft für die Anführer des studentischen Protests.[9]

Ähnlich unbesonnen reagierte der Senat – zuweilen jedenfalls. Klaus Schütz etwa verwies auf die physiognomischen Unterschiede zwischen braven Bürgern und rebellierenden Studenten, als er unter dem Beifall seiner Genossen und vereinzelten Pfiffen von seiten der Linken auf dem Parteitag der SPD ausrief: »Ihr müßt diese Typen sehen. Ihr müßt ihnen genau ins Gesicht sehen. Dann wißt ihr, denen geht es nur darum, unsere freiheitliche Grundordnung zu zerstören.«[10] Gleichzeitig hoffte er, weitere Proteste durch harten Polizeieinsatz, Disziplinarmaßnahmen und die Zurückstellung der Universitätsreformen zu unterdrücken. Nach seiner Meinung sollte der SDS verboten werden.[11] Den Antrag der CDU, alle Demonstrationen zu unterbinden, bei denen Krawalle zu befürchten seien, folgte der Regierende Bürgermeister allerdings nicht. Immerhin ließ er den Studenten durch Kurt Neubauer, der nun doch Innensenator geworden war, mitteilen: Wer die Konfrontation wolle, »muß wissen, daß der Punkt erreicht ist, wo er sie auch bekommt«.[12]

Rudi Dutschke und die Seinen waren durch solche Drohungen nicht einzuschüchtern. Sie hatten für den 17. Februar 1968 zu einer »Internationalen Vietnam-Konferenz« eingeladen, auf der etwa dreitausend Gäste aus dem In- und Ausland ihre »bedingungslose Unterstützung der vietnamesischen Revolution« bekunden wollten.[13] Höhepunkt und Abschluß des Kongresses sollte eine Demonstration bilden, die von Schütz am 9. Februar untersagt worden war, und das zu Recht, wenn man sich Dutschkes Pläne verdeutlicht. Angestachelt durch amerikanische Genossen, die Soldaten bei der Fahnenflucht unterstützen wollten, plante die Spitze des SDS eine ebenso verwegene wie lebensgefährliche Aktion: Tausende von Kriegsgegnern sollten nach Dahlem ziehen und dort die McNair-Kasernen stürmen, um den GIs die Versetzung nach Saigon zu ersparen.[14] Ohne das Demonstrationsverbot hätte der Angriff auf die Amerikaner wohl mit einem Blutbad unter den Studenten geendet. Rudi Dutschke hielt dennoch an seinen Plänen fest. Auf einer Pressekonferenz im Republikanischen Club versicherte er, der Protestzug werde auf jeden Fall stattfinden und zur amerikanischen Kaserne führen.

Berlin stand eine Straßenschlacht ungeahnten Ausmaßes bevor, und Studenten und Senatsvertreter hätten die brenzlige Lage selber kaum entschärfen können. Günter Grass war es, der in dieser Anspannung seine Vermittlung anbot und gleichzeitig Kurt Scharf um Hilfe bat.[15] Der Bischof war bereit, sich einzuschalten, und lud neben Grass und einigen Studentenvertretern, darunter Bernd Rabehl und Jürgen Treulieb, auch Heinrich Albertz hinzu.

Albertz hatte lange gezögert, der Bitte seines Bischofs nachzukommen. Eigentlich hatte er Scharf absagen wollen. Nie würden sich die Studenten mit ihm an einen Tisch setzen[16], befürchtete er. Der Bischof aber wollte nicht auf ihn verzichten. Schließlich kannte Albertz Klaus Schütz seit Jahren und saß noch immer mit allen maßgeblichen Sozialdemokraten im Landesvorstand. Mehr als alle anderen wußte er um die Stimmung in Regierung und Partei. Nach weiterem Drängen tat Albertz Scharf den Gefallen und erschien am 16. Februar in den bischöflichen Räumen nahe dem Zoologischen Garten.

Nach außen hin gefaßt, muß Albertz in den ersten Minuten des Gesprächs Qualen durchgestanden haben. Wie würden Rabehl, Treulieb und Dutschke auf ihn reagieren, den sie bisher als Mörder und »gesellschaftliche Charaktermaske« gebrandmarkt hatten?[17] Würden sie mit ihm sprechen, ihn anhören und, noch wichtiger, würden sie ihm abnehmen, daß er sich gewandelt hatte? Albertz schwieg zunächst, ließ Scharf, Grass und die anderen reden. Erst als Rabehl eher ungläubig von Gerüchten berichtete, die Polizei plane, Schußwaffen einzusetzen, ergriff Heinrich Albertz das Wort. Mit erhobener Stimme warf er dem neuen Senat vor, durch das Demonstrationsverbot eine bürgerkriegsähnliche Situation provoziert zu haben, und bot sich als Vermittler an.[18] Eindringlich beschwor er seine Zuhörer, ihm zu glauben, daß die Polizei eine Entscheidungsschlacht herbeiprügeln wolle. Und nicht nur die Polizei, wie er hinzufügte. Auch der Senat lasse es auf einen Zusammenstoß ankommen. »Neubauer ist alles zuzutrauen, Herr Rabehl. Für den ist die Grenze erreicht!«[19]

Albertz' Worte verfehlten ihre Wirkung nicht. Im Saal herrschte gespannte Stille, die erst Kurt Scharf brach. Der Bischof schlug den Studentenvertretern vor, daß er sich im Rathaus für eine Rücknahme des Demonstrationsverbots einsetze, wenn sie versprächen, nicht vor die amerikanische Kaserne zu ziehen. Nach einigem Zögern stimmte Dutschke zu. Nun war Albertz an der Reihe. Während sich der Bischof mit Grass auf den Weg ins Rathaus machte, verständigte der ehemalige Regierende Bürgermeister Horst Grabert, der von Klaus Schütz als Leiter der Senatskanzlei übernommen worden war. Nachdrücklich bat Albertz den Kanzleichef, Schütz davon zu überzeugen, das Demonstrationsverbot aufzuheben, damit ein Blutvergießen vermieden werde.[20] Vergeblich. Weder die Intervention des einstigen Vorgesetzten noch Scharfs Vermittlungsversuche waren erfolgreich. Schütz bekräftigte den Beschluß, keinen Protestmarsch zuzulassen, und versicherte, daß die Polizei einschreiten werde, um jegliche Provokation »wirkungsvoll« zu beenden.[21]

Erneut stand die Runde in der Jebenstraße am Anfang ihrer Bemühungen. Bis tief in die Nacht flogen die Argumente hin und her.

Immer wieder zogen sich die Studenten zu Beratungen zurück, immer wieder erklärten sie, auf jeden Fall an der Demonstration festzuhalten. Zusammen mit Scharf suchten Albertz und Grass weiter zu vermitteln. Der Politiker hoffte, einen Durchbruch zu erzielen, indem er Schütz anbot, selbst eine Vietnam-Demonstration anzumelden und deren friedlichen Verlauf zu garantieren. Umsonst, der Regierende Bürgermeister ließ sich auf keinen Kompromiß ein. Wieder begann alles von vorn, bis nur noch ein Ausweg blieb: die einstweilige Verfügung. Aus diesem Grund riefen die Studenten Horst Mahler, der Bischof seinen Vertrauten Reymar von Wedel hinzu. Bis in die Morgendämmerung verfaßten beide Juristen den Antrag für die Bereitschaftskammer des Verwaltungsgerichts. Jetzt lag die Entscheidung bei der Judikative.

»Wir ... haben einen mutigen Richter gefunden, der mit einem Federstrich das Verbot des Senats aufhob«, triumphierte Heinrich Albertz später.[22] Tatsächlich machte das Verwaltungsgericht unter Gerichtsdirektor Körner den Senatsbeschluß rückgängig und ließ die Demonstration únter der Bedingung zu, daß sie sämtliche amerikanische Wohngebiete meide. Was sich daraufhin abspielte, hatte das Berlin der Nachkriegszeit noch nicht erlebt. Am Mittag des 18. Februar 1968, einem Sonntag, setzte sich ein kilometerlanger Demonstrationszug von etwa fünfzehntausend vornehmlich jungen Menschen in Bewegung. Erschreckt beobachteten die Berliner, wie ein Wald von roten Fahnen sowie Porträts von Rosa Luxemburg, Karl Liebknecht, Ho Chi-minh, Che Guevara, Lenin und Trotzki an ihnen vorüberzogen.[23] Während die einen für das Ende des Vietnam-Kriegs skandierten, bauten andere auf den Endsieg des Vietcong und riefen:»Lee Oswald – wir brauchen dich.«[24] Unter den Demonstranten, die mit Sprechchören und Plakaten den Senat angriffen, fanden sich vereinzelt auch Sozialdemokraten wie die Mitglieder des Landesvorstands Harry Ristock und Erwin Beck. Sie protestierten gegen den Krieg der Amerikaner und wurden dafür schon wenig später aus der SPD ausgeschlossen.

Heinrich Albertz hingegen blieb zu Hause. Obgleich er sich für die Demonstration stark gemacht hatte, war er nicht gewillt, sich von der »pseudorevolutionären Kerntruppe« der Studenten als »nützlicher Idiot« mißbrauchen zu lassen.[25] Zwar war sein Vermittlungsversuch am Starrsinn des Senats gescheitert, die Tatsache jedoch, daß es ihm gelungen war, mit den Vertretern der rebellischen Jugend ernsthaft und ruhig zu reden, erfüllte ihn mit Optimismus.[26] Barg die Rolle des Vermittlers nicht erstmals seit langem eine wirkliche Chance, auszubrechen und neu anzufangen? Ließ sich als Dolmetscher der Studenten nicht beweisen, daß ihm der Machtverzicht gelungen war? Albertz glaubte es. Nur auf diese Weise könne er bekunden, daß er eine Wende vollzogen habe, die Bindung an seinen Herrgott wieder ernst nehme und sich nie wieder den Mächtigen aller Zeiten und Orte ausliefern wolle.

Die Chance, fortan zwischen den Fronten hin- und herzupendeln, bot aber nicht allein die Möglichkeit zur Umkehr. Albertz' Wirken als Vermittler versprach auch, sein Verlangen nach Anerkennung zu stillen, erneut die Welt – und sei es die studentische – in seinen Bann zu schlagen, kurzum: die Einsamkeit zu besiegen, die ihn seit dem Tod Benno Ohnesorgs begleitet hatte. Und noch ein Grund ließ ihn die Tätigkeit als Parlamentär attraktiv erscheinen: Krisensituationen belebten ihn. Immer wieder hatte er sich seiner Familie aufgekratzt gezeigt, wenn es irgendwo brannte. Vor Lebhaftigkeit sprudelte »Katastrophen-Heinrich« dann wie kochendes Wasser, sprang in seinen Wagen und ließ sich zum Ort des Geschehens fahren, um erste Hilfe zu leisten, Flüchtlingen zu helfen oder einfach Schaden soweit wie möglich zu begrenzen. Als Vermittler, Dolmetscher, ja Fürsprecher der Studenten bot sich für Albertz wieder die Gelegenheit, Spannungen zu entschärfen, Mut zu unpopulären Vorschlägen zu beweisen und gegen den Strom zu schwimmen – weil er dieser labilen, übernervösen Halbstadt und ihrer Jugend helfen wollte, zumal Kurt Neubauer ihm so »verrückt« schien, »eine Reproduktion des 2. Juni« anzustreben.[27]

Tatsächlich erlebte Berlin in den Frühlingstagen des Jahres 1968 eine seiner schwersten innenpolitischen Belastungsproben. Entsetzt über die Massenaufmärsche linker Studenten, hatte sich in der Mauerstadt eine Kommunistenfurcht verbreitet, die hysterische Züge annahm und in einen blinden Aktionismus umzuschlagen drohte. Nicht wenige Berliner glaubten, man müsse die Rebellen oder wenigstens ihre Rädelsführer zum Schweigen bringen, und schienen durchaus bereit, notfalls selbst dafür zu sorgen. Der Angriff zorniger Taxifahrer auf Rudi Dutschke, die ihm in ihren Limousinen gefolgt waren, ihn eingekreist und fast verprügelt hätten, läßt die Stimmung in der Stadt erahnen, auch die Treibjagd einer aufgeputschten Menge auf einen jungen Verwaltungsangestellten, der Dutschke ähnlich sah. Der Senat gab sich keinerlei Mühe, die Atmosphäre zu entspannen.

Im Gegenteil, während Neubauer unverblümt erklärte, auch Blutvergießen müsse in das politische Risiko einbezogen werden, mobilisierte Schütz die Straße.[28] Entgegen den Warnungen vieler Intellektueller riefen Senat und Abgeordnetenhaus die Bevölkerung zu einer Kundgebung auf, um der Jugend ein Beispiel an Demokratie und Friedlichkeit zu geben. Drei Tage nach der Vietnam-Demonstration strömten hundertfünfzigtausend Bürger auf den John-F.-Kennedy-Platz, weil sie ein Zeichen gegen die rebellischen Studenten setzen wollten. Die »Aufklärungsstunde in Demokratie« indes unterschied sich nur wenig von den Aktionen der Studenten und verlief keineswegs gewaltfrei. Unter wütendem »Dutschke raus«-Gebrüll spielten sich böse Szenen der Volkswut ab, die einige Beobachter an Pogrome vergangengeglaubter Zeiten erinnerten.[29] Mehr und mehr regierten Emotionen die Stadt. Plötzlich markierten Bärte und Kordhosen den Feind, den es auszuschalten galt. Zwar war es ein Münchner Hilfsarbeiter mit Namen Josef Bachmann, der am Gründonnerstag, dem 11. April 1968, die Pistole auf Rudi Dutschke richtete und mehrmals abfeuerte. Doch hätte es genausogut ein aufgeputschter Berliner sein können, der seine Lust auf Lynchjustiz ausleben wollte.

Der Mordanschlag wiederum entfachte eine Stimmung dumpfer, ohnmächtiger Wut, die bei vielen Studenten die Bereitschaft wachsen ließ, die »weitere Faschisierung« der Gesellschaft gewaltsam aufzuhalten.[30] Fortan war es ihnen nicht mehr nur Aufgabe, auf der

Straße zu protestieren, sondern es wurde zur Pflicht, Widerstand gegen das vermeintlich diktatorische System zu leisten. Nicht ganz zu Unrecht machten die Studenten den Springer-Verlag für die Tat verantwortlich. Seit dem Tod Benno Ohnesorgs hatten dessen Blätter Rudi Dutschke zum »Volksfeind Nr. 1« gestempelt. Noch in der Nacht zum Karfreitag versuchten jugendliche Demonstranten die Auslieferung sämtlicher Springer-Zeitungen zu verhindern. Vor dem Verlagshaus in der Kochstraße lieferten sie sich wüste Straßenschlachten mit der Polizei. Dabei gelang es ihnen sogar, die Ketten der Schutzstaffeln zu durchbrechen und die Eingangshalle des Gebäudes zu stürmen. Als Lieferwagen des Verlages in Flammen aufgingen, rief Neubauer Großalarm für das gesamte Stadtgebiet aus.[31]

Nicht allein in Berlin kamen Wasserwerfer, Schlagstock und Polizeigriff zum Einsatz. Überall in der Bundesrepublik versammelten sich Studenten, um sogenannte »Springer-Blockaden« zu errichten. Am Ostermontag hatten die Unruhen ihren Höhepunkt erreicht. In über fünfzig Städten beherrschten Demonstranten die Straßen und forderten die sofortige Enteignung des Springer-Verlags.[32] In Berlin blieb es nicht dabei. Augenzeugen schien es, als ob das Gespenst des Bürgerkriegs Einzug gehalten hätte. Tausende von Studenten strömten in das Auditorium Maximum der Technischen Universität und forderten den sofortigen Rücktritt des Senats.

Konnte Albertz in dieser Lage nicht vermitteln? Vielleicht würde es ihm gelingen, das Schlimmste zu verhindern, beide Lager zu mäßigen und darüber hinaus seine eigene neue Position fernab von der des autoritären Preußen vorzuführen? Vielleicht würde sich ja wiederholen, was im kleinen Kreis im Haus des Bischofs bereits möglich gewesen war: in Ruhe mit den Studenten zu diskutieren, sie von seiner Wandlung zu überzeugen und durch öffentliches Bekennen von eigener Schuld die Last abzuwerfen, die seit dem 2. Juni auf seinen Schultern lag?

Albertz entschloß sich, in der Höhle des Löwen den Studenten seine Hilfe anzutragen. Zusammen mit Ralf Dahrendorf und Harry Ristock betrat er zum ersten Mal seit Beginn der Studentenunruhen das Auditorium Maximum. Ohne jeglichen Personenschutz suchte sich ein hilflos wirkender ehemaliger Regierender Bürgermeister seinen Weg nach vorn durch eine Masse teils verblüfft, teils feindlich blickender junger Leute, die auf dem Boden, auf Heizungen, Tischen und Bänken saßen und wie gebannt darauf warteten, was nun geschehen würde. Nach außen hin beherrscht, muß Albertz innerlich so angespannt gewesen sein wie selten zuvor. Flucht kam nicht mehr in Frage; gleich hinter ihm schloß sich der Pfad, der den Gang zum Podium ermöglicht hatte. Da saß er nun in einem Saal mit über tausend Studenten, allein mit der kleinen, zerfledderten Bibel im Hosentaschenformat, die ihm seine Frau vor Jahren geschenkt hatte.[33] In solch heiklen Situationen dachte er stets an seine ständigen, unsichtbaren Begleiter: das erste Gebot, dessen Inhalt ihm schon so oft »eine unerschütterliche Gelassenheit« verschafft hatte, und den 23. Psalm.[34]

Berohlich wurde es diesmal nicht. Zwar beantragte Dieter Kunzelmann vom SDS, die »politischen Leichen« Albertz, Ristock und Dahrendorf von der Versammlung auszuschließen, wenn sie sich nicht bereit erklärten, künftig auf studentischer Seite an den Demonstrationen teilzunehmen. Die meisten der Anwesenden warteten jedoch, was die Vertreter des Establishments zu sagen hatten. Albertz sprach stockend. Der sonst so Wortgewandte suchte nach Formulierungen, stammelte Unverständliches von eigener Schuld, persönlicher Last, von Irrtum und der Notwendigkeit eines Neuanfangs und brach schließlich ab. Keiner im Hörsaal lachte, keiner verspottete den um Worte und Wahrheit ringenden Politiker. Was Albertz herausbrachte, war nicht entscheidend; wichtig war, daß die Jugend ihm zugehört, seine inneren Kämpfe ernst genommen hatte.

Seine Angst vor den Studenten war mit dem Abend im Auditorium Maximum allerdings nicht verschwunden. Im Gegenteil, sie steigerte sich noch, als der Politiker am Ostermontag auf eine Tribüne vor den Messehallen trat.[35] Über achttausend meist junge Demonstranten bevölkerten den Hammarskjöld-Platz, standen dicht gedrängt bis vor die Lautsprecheranlage und erwarteten gespannt, was ihr einstiger Bürgermeister zu sagen hatte. Albertz wußte nicht, ob sie ihn ausreden lassen oder niederbrüllen würden. Dennoch fühlte er sich verpflichtet, die eigene Schuld zu offenbaren und persönliche Last abzuwerfen. Wort für Wort, Satz für Satz vernahmen die Teilnehmer Albertz' Willen zur Umkehr. Es war das Gemisch aus persönlicher Erfahrung, entwaffnender Aufrichtigkeit und sichtbarer Seelennot, welche die Rufe, der alte Quatschkopf solle aufhören, nach kurzer Zeit verstummen ließ.[36] Mit schwankender Stimme hob Albertz an, nochmals die eigenen Versäumnisse anzuprangern:

> Ich habe mir die Entscheidung schwer gemacht, ob ich hier heute reden sollte. Kann ein aus dem Amt geschiedener Bürgermeister zu seinen Mitbürgern sprechen, ohne daß es mißverstanden wird? Aber ich habe mich entschieden zu reden, weil Schweigen und Verschweigen in diesen Tagen wohl die größte Schuld wäre, und weil ich auch die geringste Chance nutzen möchte, dieser Stadt zu helfen, die kleine Chance, die noch übrig bleibt. Ich spreche in niemandes Namen als in meinem eigenen; nicht für die Partei, deren Mitglied ich bin; nicht für die Kirche, zu der ich gehöre. Ich spreche als einer, der viele Erfahrungen und viele Fehler gemacht hat. Ich spreche als einer, der versucht hat, aus seinen Erfahrungen und Fehlern zu lernen. Ich spreche als einer, der, wenn er an das entsetzliche Attentat vom Gründonnerstag denkt, auch an einen anderen denken muß, der am 2. Juni 1967 erschossen wurde und für den er Mitverantwortung trägt. Ich spreche als einer, der viele bittere Enttäuschungen mit sich selbst und mit anderen erlebt hat und der trotzdem glaubt, daß noch nicht alles verloren ist.[37]

Albertz begnügte sich nicht mit Ausführungen über die eigene Person. Mit biblisch getönten Worten brandmarkte er das »Gift der Hetze und der Gewalt«, das den »Mutigen müde und die Feigen stark« mache.[38] Der Pastor, der jede Ideologie, jeden Anspruch auf Absolutheit seit jeher abgelehnt hatte, weil er in ihnen bloße Götzen politischen Machtstrebens sah, sprach beiden Lagern, Senat wie SDS, ins Gewissen und warf ihnen Einäugigkeit vor. Maßvoll, aber deutlich äußerte er dennoch Verständnis für die Protestaktionen der Studenten und mahnte die Älteren, endlich einzusehen, »daß trotz allem, was wir im letzten Jahr und in den letzten Tagen erlebt haben, das erste Mal in der Geschichte dieses Jahrhunderts in Deutschland endlich eine junge Generation uns gegenübersteht, die politisch engagiert ist, die moralische Maßstäbe hat, die Opfer zu bringen bereit ist«. Die Jugend habe einen Anspruch, mit ihren Wünschen und Vorschlägen gehört zu werden. Sie müsse aber einsehen, »daß Steine, Brand und Aufruhr nur zur Reaktion, zum Ausbrechen faschistischer Gegenaktionen führen«.[39]

Wie Bundesjustizminister Gustav Heinemann, der am Vortag davor gewarnt hatte, »mit dem Zeigefinger allgemeiner Vorwürfe auf den oder die vermeintlichen Anstifter oder Drahtzieher« zu weisen, ohne daran zu denken, daß zugleich drei Finger auf einen selbst zurückzeigen, sprach auch Albertz von der Mitschuld der Gesellschaft.[40] Einzelgänger wie Josef Bachmann griffen nur dann zur Waffe, »wenn sie die Verhältnisse, in denen sie leben, dazu ermutigen«.[41] Um den tiefen Konflikt zwischen der etablierten Gewalt und der jungen Generation zu überwinden, empfahl Albertz Gespräche ohne jegliche Vorbedingungen und schlug sich und die Veranstalter dieser Demonstration am Ende seiner Rede als Vermittler vor.

Wir, die wir diese Kundgebung einberufen haben, stehen vielleicht zwischen den Festungen, dem Rathaus und dem Hauptquartier der außerparlamentarischen Opposition. Wir nehmen auch auf uns, von beiden Seiten beschossen zu werden, aber wir rufen alle demokratischen, gutgesinnten, unruhig gewordenen, besorgten Mitbürger auf, helft Brücken zu schlagen, versteht einander, sucht die Schuld nicht nur beim anderen; behaltet vor allen Dingen nicht immer recht. Seht die Stadt und die Menschen, die hier leben, vom gefangenen Demonstranten bis zum Regierenden Bürgermeister Klaus Schütz in seiner schweren Verantwortung.

Und ich, der ich nun schließe, allein für mich einstehend auf diesem Platz, nach allem, was auch ich hinter mir habe, sage zu meinen Mitbürgern: Laßt uns die alten Rechnungen verbrennen, laßt uns einen neuen Anfang machen. Laßt diese Stadt endlich wieder zu einer Stadt der Liberalität und der Toleranz werden! Gebt die Hoffnung nicht auf, daß wir in dieser Stadt als Menschen miteinander leben können.[42]

Die selbstkritische, nachdenkliche Art, mit der Albertz gesprochen hatte, blieb nicht ohne Wirkung. Der Politiker hatte die Tribüne noch nicht verlassen, da vernahm er ein Geräusch, das er schon seit Monaten entbehrt hatte. Diejenigen, die ihn vor Tagen noch als »politische Leiche« bezeichnet hatten, bekundeten dem gescheiterten Regierungschef Beifall; auch in ihren Flugblättern und Zeitungen wurde er gelobt. Erstmals war gelungen, worum er sich schon wenige Wochen nach dem 2. Juni bemüht hatte: Ein Zeichen zu setzen, aller Welt zu beweisen, daß er zu neuen Erkenntnissen gekommen war. Satz für Satz hatte er wenigstens einen Teil der Last abgeworfen, die er seit langem mit sich trug. Monatelang hatte er, gewohnt in der Exekutive zu stehen, dem Amt nachgetrauert, weil er nur dort Möglichkeiten sah, etwas zu bewegen – damit war es nun vorbei. Auch als Vermittler konnte Albertz für das Gemeinwohl tätig sein. Und noch etwas war ihm aufgegangen: »Daß man, wenn man selber versucht, Fehler nicht nur einzugestehen, sondern auch daraus zu lernen, mit eben diesen Leuten reden kann, die vorher auf der anderen Seite der Barrikade standen.«[43]

Als Fürsprecher der Studenten konnte Heinrich Albertz der Isolation entfliehen, in die er nach den Ereignissen vor der Oper geraten war. In gewisser Weise bot ihm die außerparlamentarische Opposition das Gefühl, wieder gebraucht zu werden. Zwar blieben die SDS-Funktionäre dem ehemaligen Bürgermeister gegenüber kritisch, die breite Masse der Studenten allerdings nahm ihm die Wandlung ab und akzeptierte seine neue Rolle als Vermittler.

Die Anziehungskraft, die Albertz nach seiner Rede vom 15. April 1968 auf die Studenten ausübte, erklärt sich nicht allein durch seine frühen Jahre als Pastor, auf die er sich nun besann. Es war das Bekennen von Schuld, vor allem aber das Eingeständnis von Leid, Verzweiflung, ewigem Hin- und Hergerissensein sowie von seelischen Kämpfen, das die jungen Menschen besonders faszinierte und Albertz plötzlich so glaubwürdig erscheinen ließ. Vor die Studenten trat einer, der mit einfachen Worten von eigenen Qualen berichtete, Irrungen und Wirrungen beschrieb, Unsicherheit wie Schwächen zugab und daraus den Schluß zog, für eine freiheitliche Demokratie, soziale Gerechtigkeit und den Rechtsstaat streiten zu wollen. Der aufrichtige Umgang mit der Vergangenheit überzeugte viele, gerade Jugendliche, daß Albertz es ehrlich meinte, er als Gescheiterter Verständnis für Randgruppen und Entrechtete besaß. Und in der Tat: In den folgenden Jahren trat der einst so unerbittliche Landesvater nicht nur für studentische Belange ein, sondern er erhob die Stimme gegen den Radikalenerlaß, die Haftbedingungen von Terroristen, bat um Verständnis für Hausbesetzer und wurde zu einem der wichtigsten Sprecher der Friedensbewegung. All das geschah in Reaktion auf den 2. Juni 1967, dem »Gerichtstag Gottes«, vollzog sich aber erst 1968, nach jenem Ostermontag, als ihn die jungen Demonstranten durch ihren Beifall zum Vermittler kürten, ihn eine kompromißgeneigte linke Mitte als Fürsprecher ihrer Belange akzeptierte.

An jenem Ostermontag gelang Albertz der »Übertritt in ein neues Leben«.[44] Endgültig hatte er mit dem Staatsdienst gebrochen und dachte nicht mehr daran, Regierungsverantwortung zu übernehmen, auch wenn viele hinter seinen Ausführungen den Versuch eines politischen Comeback befürchteten. Obwohl noch nicht wieder mit kirchlichen Ämtern betraut, war Albertz nach seiner Rede in den Schoß der Kirche zurückgekehrt, begann er sich wohlzufühlen in der Rolle des Fürsprechers von Außenseitern und Sorgenkindern. Für das reformierte Mitglied der Bekennenden Kirche konnte dieses neue und gleichsam alte Dasein nur einen oppositionellen Charakter haben. Der Fundamentalist des ersten Gebotes, das er stets als Aufruf begriff, nur an den einen gebunden zu sein, sah es als Pflicht an, wachzurütteln und aufzuschrecken. Für Albertz bestand die wesentliche Aufgabe des Christen darin, »in diesem Staat zu irritieren« und »ein rebellierender Partner« zu sein.[45]

Darin ähnelte er Kurt Scharf und Helmut Gollwitzer, den »Brüdern« aus der Bekennenden Kirche, zu denen er sich nach seiner Rede als »Anwalt der Menschlichkeit« gesellte.[46] Durch ähnliche Erfahrungen im Dritten Reich geprägt, empfanden sich alle drei nicht nur als Kämpfer für mehr Gerechtigkeit, Frieden, Wahrheit und Solidarität, es war ihnen auch wichtig, widerborstig zu sein. Schon bald nach dem 15. April 1968 entstand das, was die Öffentlichkeit die »Dreierbande« nannte, die Gemeinschaft jener drei »zornigen alten Männer«, die sich aus ihrem christlichen Verständnis heraus an Demonstrationen beteiligten und sich lautstark auf die Seite der Schwächeren stellten.[47]

Dabei dachte Heinrich Albertz in vielem anders als seine beiden Freunde. Der einstige Regierende Bürgermeister war kein Träumer, kein Phantast und war weit entfernt, sich Helmut Gollwitzers christlichen Sozialismus zu eigen zu machen.[48] Überhaupt war das Verhältnis zwischen den beiden nicht immer harmonisch gewesen. Lange hatten Albertz und Gollwitzer auf verschiedenen Seiten der Barrikaden gestanden und in Gesprächen aus jener Zeit manch menschliche Enttäuschung erlebt.[49] Albertz hatte erst nach seiner Wende durch Scharfs Vermittlung zu dem Theologen gefunden, aber der gewissermaßen sprudelnden Art Gollwitzers, der Glauben und Marxismus miteinander verband, eher reserviert gegenübergestanden. In der Tat war »Golli«, wie ihn die Studenten liebevoll nannten, in jener »Dreierbande« der gutmütige Eiferer, der Querkopf mit Esprit, der Humorist mit missionarischen Tönen, dem das bevorstehende Reich Gottes so real war, daß er schon auf Erden eine klassenlose Gesellschaft anstrebte.

Sendungsbewußtsein besaß auch Kurt Scharf, aber nicht im politischen Sinne, sondern als Mann mit christlichen Visionen ohne festes Programm. Im Kreis der drei Freunde war der Bischof wohl am stärksten von den Jahren des Kirchenkampfes nach 1933 geprägt und bemühte sich, in der Tradition der Bekennenden Kirche brüderlicher Helfer der Schwachen und Entrechteten zu sein. »Scharf war das Gegenteil seines Namens«[50], ein milder Seelsorger. Darin lag auch der Grund, warum Albertz ihn so tief verehrte. Mochte er im Umgang mit dem Senat auch zuweilen unpolitisch sein, für Albertz war Kurt Scharf das Idealbild des Kirchenmannes schlechthin. Ihm vertraute er, für ihn stritt er in der Kirche genauso wie in der Stadt. Nach seinem Vorbild wollte Albertz Fürsprecher, Deuter und Mahner der Jugend sein.

Eine Dreierbande mit gleichen Vorstellungen und Zielen bildeten Albertz, Gollwitzer und Scharf also nie, auch wenn sie sich gegenseitig schätzten, beflügelten und unterstützten. Und anders als der Hochschullehrer hatte sich Albertz nach seiner Rede vom 15. April nie vollkommen auf die Seite der Studenten gestellt. Ihm ging es um etwas anderes: als Vermittler und Dolmetscher studentischer Interessen anerkannt zu werden.

Als ehemaliger Regierender Bürgermeister und SPD-Parlamentarier, der das Vertrauen der Jugend gewonnen hatte, hielt sich Albertz für den idealen Unterhändler zwischen Rathaus und Universität. Nun sollte das in die Tat umgesetzt werden, wovon er vor den Messehallen gesprochen hatte. Aus diesem Grund rief er vier Tage später, am 19. April, mit einigen Gleichgesinnten ein »Bürgerkomitee« ins Leben. Gemeinsam mit vornehmlich linksliberalen Politikern und Journalisten wie Harry Ristock, Erwin Beck und Wolfgang Büsch, aber auch William Born von der FDP, Schulsenator Carl-Heinz Evers, Manfred Rexin, Jürgen Engert und Lutz Meunier sowie einigen Professoren und Studenten hoffte Albertz, einen politischen Neuanfang herbeizuführen, um die Zukunft der Stadt zu sichern. Mit Hilfe des Bürgerkomitees sollte »ein Mindestmaß an Wahrhaftigkeit« in die politische Auseinandersetzung zurückgebracht und die »Berliner Kabinettspolitik« wieder eine »Sache des öffentlichen Bewußtseins« werden.[51] Auf einen Vorsitzenden verzichteten die Mitglieder genauso wie auf Satzung und Vereinsbeiträge. Man wollte allen Seiten ein Beispiel an Demokratie und Offenheit sein.

Als prominentestes Mitglied nahm Albertz dennoch eine herausragende Position ein. Immer wieder ergriff er das Wort auf den wöchentlichen Treffen der »Notgemeinschaft« und erörterte, wie man den Senat von der Konfrontationspolitik der Vergangenheit abbringen könne.[52] Nicht nur Albertz, auch die meisten anderen Mitglieder hielten das Anliegen der Studenten für berechtigt und bemühten sich, die Regierung der Stadt durch Resolutionen von der Notwendigkeit einer politischen Wende zu überzeugen.

Als sich die offene Konfrontation zwischen Senat und Universität zu einer Art Kalten Krieg wandelte, widmete sich das Bürgerkomitee Grundsätzlichem. Während andere Mitglieder überlegten, wie man die wirtschaftliche Talfahrt der Stadt bremsen könne, griff Albertz sein Herzensanliegen auf. Nach wie vor führte er den Konflikt zwischen Jugend und etablierter Gewalt auf den »Widerspruch zwischen Anspruch und Wirklichkeit, zwischen Gesagtem und Getanem« zurück und hoffte, Berlin durch neue deutschlandpolitische Vorstöße aus der Krise zu befreien.[53] Senat wie Bundesregierung sollten fortan alle Deutschland und Berlin betreffenden Fragen offen mit der DDR erörtern und die Realitäten anerkennen. Zwar lag darin nichts Neues – schließlich hatte Albertz dasselbe schon vor Jahren im Kreis der »Heiligen Familie« vertreten –, diesmal allerdings sprach er aus, was kein deutscher Politiker zuvor gewagt hatte. Auf einer öffentlichen Veranstaltung des Bürgerkomitees plädierte Albertz für den Abschluß von Staatsverträgen zwischen Bundesrepublik und DDR, für die Anerkennung aller bestehenden Grenzen und für den Verzicht Bonns auf Atomwaffen. Für ihn und seine Gefährten vom Bürgerkomitee besaß West-Berlin nur dann eine Überlebenschance, wenn es gelänge, »Mitteleuropa politisch zu konsolidieren«.[54] Erst wenn das deutsch-deutsche Verhältnis vertraglich geregelt sei, könne auch Berlin neue Funktionen wahrnehmen und auf einen sicheren Status bauen. Wie jener auszusehen hatte, ließ Albertz zunächst offen. Anfangs schlug er vor, die Schutz- und Garantiefunktionen der alliierten Mächte durch Bonn, Ost-Berlin und die europäischen Nachbarn zu ersetzen, kam wenig später aber zu dem Schluß, das Besatzungsstatut Berlins aufzuheben und

Mit 53 Jahren begann Heinrich Albertz noch einmal ein neues Leben. Er wurde
zum Fürsprecher und Dolmetscher der Jugend, die ihm anfangs skeptisch, dann
immer enthusiastischer folgte.

den Westteil der Stadt in eine eigenständige politische Einheit umzuwandeln.[55]

Wie immer man die Pläne des Bürgerkomitees und seines Vor-
mannes bewerten mag, eine Chance zur Verwirklichung besaßen sie
nie. Zwar war es Heinrich Albertz nach seiner Rede auf dem Ham-
merskjöld-Platz gelungen, bei der Jugend ein gewisses Maß an Vertrauen zu gewinnen, in der eigenen Partei jedoch hatte er jegliches
Ansehen verloren, und ein Parlamentär benötigt nun einmal die all-
seitige Bestätigung des Vermittlungsmandats. Weder der Regierende Bürgermeister noch die mächtigen sozialdemokratischen
Funktionäre waren bereit, den selbsternannten Unterhändler zu akzeptieren. Sie verübelten ihm sogar die öffentliche Kritik an Positionen, die er wenige Monate zuvor selbst vertreten hatte. Hinzu ka-

men Animositäten aus vergangenen Zeiten. Es war kein Zufall, daß ausgerechnet Kurt Neubauer als erster die Stimme gegen seinen einstigen Widersacher erhob. Hatte Albertz seinen Aufstieg nicht bis zum Schluß zu verhindern gesucht? Neubauer jedenfalls warf dem ehemaligen Regierungschef vor, sich aus der Verantwortung »herauszumogeln«, die er selbst einmal getragen hatte.[56]

Daß der neue Bürgermeister seinem Gegner Vorhaltungen machte, stieß bei den meisten Genossen auf Zustimmung. Viele Sozialdemokraten rieben sich verwundert die Augen über den Mann, der vor gar nicht langer Zeit seine Polizisten ermahnt hatte, jegliche Exzesse »unter Anwendung harten polizeilichen Zwanges zu bekämpfen«.[57] Es war kein Einzelfall, als sich die Gewerkschaft der Polizei über den »Hauptschuldigen für die Zuspitzung der Lage« empörte und es für scheinheilig erklärte, jetzt als »Friedensengel« umherzuschwirren. Polizei wie Partei ließen keinen Zweifel daran: Sie konnten auf »die Weisheit eines Opportunisten« verzichten. Und nicht nur das. Für die rechte Mehrheit in der SPD war es bald ausgemachte Sache, daß ihr Fraktionskollege zur Rede gestellt werden mußte.

Eine erste Gelegenheit, den unbequemen Genossen zu bestrafen, bot sich, als Albertz zusammen mit Dietrich Goldschmidt die »Denkschrift für eine realistische Deutschlandpolitik« veröffentlichte.[58] Zwar hatte sich der Politiker des Memorandums erst kurz vor Drucklegung angenommen, bald aber als eigentlicher Vater jener deutschlandpolitischen Gedanken gegolten, die in der Berliner SPD-Fraktion entgeistert aufgenommen wurden. Den meisten Abgeordneten hatten schon die Vorschläge des Bürgerkomitees mißfallen. Als sie jetzt aber bemerkten, daß sich ihr früherer Regierungschef unter dem Deckmantel eines europäischen Vertragssystems die Dreistaatentheorie der DDR zu eigen machte – freilich um West-Berlin anschließend fest an die Bundesrepublik zu binden –, distanzierten sie sich nicht nur von den Ansichten ihres einstigen Bürgermeisters. Sie drängten ihn sogar dazu, sein Mandat niederzulegen. Albertz, der seit Monaten nicht mehr regelmäßig an den Fraktionssitzungen teilgenommen hatte, wurde am 4. November 1968 vor den Vorstand zitiert. Ihm wurde nahegelegt, sich entweder der Mehrheitsauffassung der Fraktion anzupassen oder die Konsequenzen zu ziehen.[59] Ein Ausschluß aus der Parlamentsfraktion war nicht durchzusetzen, wohl aber ein Maulkorberlaß. Künftig sollte Albertz seine Auffassungen nur noch innerhalb der Fraktion darlegen dürfen und auf politisch abweichende Erklärungen in der Öffentlichkeit verzichten.

Der Wahrheit seit jeher verpflichtet, war der Pastor dazu nicht bereit. Ihm ging es um die Vermittlung zwischen Jugend und Regierung; das setzte Freiheit und Unabhängigkeit voraus. Zwar wollte er sein Mandat im Abgeordnetenhaus behalten, um die parlamentarische Plattform für seine Rolle als Vermittler zu nutzen, an eine zweite politische Karriere aber dachte er nicht. Schon im Februar 1968 hatte Albertz seinen Sitz im SPD-Bundesvorstand aufgegeben. Statt dessen nahm er ein Jahr später eine Referentenstelle der evangelischen Kirche für berufsbegleitende Weiterbildung an.

Ein bestimmtes außerkirchliches Amt allerdings reizte ihn: die Präsidentschaft der Freien Universität. Als der Senat im Sommer 1969 ein neues Hochschulgesetz beschloß, das neben einer breiten Mitbestimmung aller Gruppen das Rektorat in ein Präsidialamt umwandelte, baten die Studenten den einstigen Regierenden Bürgermeister, sich zur Wahl zu stellen.[60] Albertz war begeistert. Das Angebot bewies ihm, daß die Jugend seine Wandlung ernst genommen hatte. Zudem begriff er es als Chance, seine Wende nicht bloß durch Worte zu bekunden. Er wollte durch Taten Zeichen setzen.

Seine Hoffnungen sollten sich bald zerschlagen. Die Nachricht einer möglichen Kandidatur des ehemaligen Regierenden Bürgermeisters bewog die sozialdemokratischen Parteifreunde, den unbequemen Genossen zu Hause aufzusuchen, um ihm die Idee auszureden, und nach einem ausführlichen Gespräch mit Gerd Löffler zog Albertz seine Kandidatur schließlich zurück. Er erkannte, daß ihm seine Partei keine öffentliche Position zugestehen wollte: Sein Wunsch, in der Rolle des Vermittlers alte Versäumnisse wiedergutzumachen, blieb unerfüllt. Obwohl von den Studenten als Sprecher weitgehend anerkannt, sah Albertz keine Möglichkeit, mit seinen Botschaften im Rathaus Gehör zu finden, und so scheiterte er erneut, ohne Chance, seine Umkehr durch Taten zu manifestieren.

War der Politiker seit seinem Rücktritt ohnehin nur gelegentlich im Rathaus Schöneberg erschienen, verlor er nach dem Debakel um seine Kandidatur sämtlichen Antrieb, sich an der Partei- und Parlamentsarbeit zu beteiligen. Monatelang blieb er den Fraktions- und Vorstandssitzungen fern und ließ sich zum Ärger der Genossen selbst während der Debatten im Abgeordnetenhaus kaum blicken. Auch die Nachricht der Spandauer Sozialdemokraten, ihren bisherigen Abgeordneten für die nächsten Wahlen nicht mehr aufstellen zu wollen, ließ den Pastor unberührt. Eine weitere Nominierung »für die Laufbahnpartei des öffentlichen Dienstes« interessierte ihn nicht.[61]

Den letzten Anstoß, sein Mandat vorzeitig aufzugeben, bekam Albertz am 11. Juni 1970. Als das Parlament das »Gesetz über die Anwendung des unmittelbaren Zwanges« debattierte, mußte der Politiker feststellen, daß es für ihn keinen Platz mehr in der Fraktion gab. Unter den feindseligen Blicken seiner Genossen hatte sich Albertz auf seinen Platz in den hinteren Abgeordnetenreihen begeben, sich zu Wort gemeldet und sofort eine höhnische Bemerkung des Parlamentspräsidenten einstecken müssen.[62] Spöttisch begrüßte Sickert den seltenen Gast und erteilte ihm, dem Abgeordneten »ach wie heißt er doch gleich«, das Wort.[63] Nachdem Albertz das Gesetz kritisiert hatte, das dem Innensenator das Recht einräumen sollte, bei drohender Gefahr Handgranaten und Maschinengewehre einzusetzen, herrschte unter den Genossen bedrohliche Stille.[64] Unter Beifall von CDU und SPD verteidigte Kurt Neubauer anschließend die neue Regelung zum Schutze der Demokratie und erinnerte den einstigen Innensenator an seine aktenkundigen Vorschläge zur Sicherheit in den sechziger Jahren.

Die heftige Reaktion auf Albertz' nüchternen Einwand, daß ein Einsatz schwerer Waffen allein im Ermessen der Alliierten stehe, bildete den Schlußpunkt in der Entfremdung zwischen einstigem Regierenden Bürgermeister und Fraktion. In der »pervertierten Demokratie dieses Abgeordnetenhauses«, worin Druck, Angst und »tausend offene und geheime Abhängigkeiten« herrschten, hatte Albertz nichts mehr zu suchen.[65] Vier Tage später gab er seinen Sitz im Parlament auf, freilich nicht ohne erneut die Atmosphäre in der Partei zu kritisieren.[66] In einem Brief an den Fraktionsvorsitzenden Alexander Voelker beklagte er die »Intoleranz und Feindseligkeit« seiner Fraktionskollegen und erklärte sich mit dem Schritt Carl-Heinz Evers' solidarisch, der kurz zuvor sein Mandat niedergelegt hatte.[67]

Doch der Schlagabtausch war damit noch nicht beendet. Immer wieder kam es zu Diffamierungen und Angriffen von beiden Seiten. Nach all dem, was Albertz seit dem 2. Juni durchgemacht hatte, von seinen inneren Kämpfen bis zu den gescheiterten Vermittlungsversuchen, war es für ihn konsequent, der aktiven Politik zu entsagen und auch den letzten Schritt zu vollziehen: nämlich in das kirchliche Amt zurückzukehren. Nach seiner Mission in Brüssel und seiner Tätigkeit als Bildungsreferent der evangelischen Kirche fühlte sich Albertz endlich bereit, wieder als Pastor Gemeindearbeit zu leisten. Er bat Kurt Scharf um eine entsprechende Tätigkeit.

Verehrter Herr Bischof, lieber Bruder Scharf –

ich wollte Ihnen doch berichten, dass ich am vergangenen Sonntag den Sprung gewagt und in Berlin den ersten ganzen Gottesdienst gehalten habe … Gepredigt habe ich ja schon ein Dutzend Mal – aber in Westdeutschland und im Ausland. Ich habe mich etwas gefürchtet. Aber ich glaube, es ging …

Es ist ziemlich anmassend, dass ich Ihnen das schreibe. Aber 20 Jahre opus alienum waren eine lange Zeit. Und: ich möchte Sie fragen dürfen, ob ich nicht mit einer gewissen Regelmässigkeit nun auch diesen wichtigsten Dienst tun dürfte. Es ist ganz gleichgültig wo. Vielleicht gibt es irgendwo Vertretungen, längere Vakanzen. Ich weiss es nicht. Ich bin ja nun auch kein Abgeordneter mehr und insoweit ganz frei. Können Sie es sich einmal überlegen? …

Mit herzlichen Grüssen

Ihr dankbar ergebener

Albertz[68]

Scharf traf eine Entscheidung, die Albertz' Wunsch nach Umkehr, Aussöhnung und Vermittlung entsprechen mußte. Der Bischof betraute den einstigen Regierenden Bürgermeister mit dem Pastorat der Britzer Fürbitt-Kirche, einer Gemeinde, die im kleinen das ausfocht, worunter im großen die Stadt zu leiden hatte. Wie zwischen Senat und Studenten war es in der Fürbitt-Gemeinde zu heftigen Auseinandersetzungen zwischen Kirchen- und Jugendrat gekommen. Junge Christen waren vom Gottesdienst ausgeschlossen worden, weil sie im Gemeindezentrum Protestdemonstrationen veranstaltet und Leninbilder aufgehängt hatten. In diesem Konflikt sollte Albertz vermitteln. Was ihm als Regierender Bürgermeister mißlungen war, erreichte er als Pastor schon nach wenigen Monaten: Die Lage in der Gemeinde entspannte sich. Beide Seiten gingen wieder friedlich miteinander um, so daß Scharf seinen Pfarrer ein Jahr später mit einer neuen, nicht minder schwierigen Aufgabe betrauen konnte.

Auf Wunsch des Bischofs übernahm Albertz im August 1971 die Verantwortung für das »Haus der Mitte«, ein Projekt, das den Konflikten in der Gropiusstadt galt. Dort versuchten junge Pastoren und Sozialarbeiter unter mißtrauischen Blicken der Kirchenleitung die Probleme der Neubausiedlung am West-Berliner Stadtrand durch neue Formen der Gemeindearbeit zu bewältigen. Abgesehen von den traditionellen Kirchgängern kümmerten sich die Mitarbeiter um Arbeitslose und Drogenabhängige. Außerdem versuchten sie, die alte Gemeindehierarchie durch ein Mitbestimmungsrecht aller Angestellten abzulösen.

Obgleich Albertz die Arbeitsweise seiner Kollegen wenig behagte, bewährte er sich auch in dieser Funktion. Im Grunde waren ihm die langatmigen Teamsitzungen im »Haus der Mitte« lästig. Der schlesische Hofpredigersohn besaß trotz aller Aufgeschlossenheit ein konservatives Verständnis von Gemeindearbeit und Seelsorge, und das Wirken jener linken Theologen gehörte nach seiner Ansicht in eine neue Welt, die er zwar mit Wohlwollen betrachtete, aber nicht für die seine hielt. Für ihn war die Tätigkeit in Berlins Trabantenstadt ein Bußgang, ein »Exerzitium in Demut«.[69] Direkte Gemeindearbeit leistete Albertz nicht. Er überließ die Betreuung von Drogensüchtigen, Prostituierten und jungen Kriminellen lieber seinen Mitarbeitern. Nur an bestimmten Tagen fuhr er von Schlachtensee in die Gropiusstadt, sprach mit den jungen Pfarrern über anfallende Probleme oder schrieb Artikel für den »Kritischen Bürger«, ein Blatt, das auf seine Initiative hin entstanden war.[70] Nach außen hin trat er voller Anteilnahme für das »Haus der Mitte« ein und verteidigte das Projekt in der Kirchenleitung, in die er im Januar 1973 gewählt worden war.

Trotz aller Sympathie verließ Albertz die Gropiusstadt ohne Wehmut, als ihm Anfang 1974 ein Pastorat im bürgerlichen Schlachtensee angeboten wurde. In der Gemeinde an der Matterhornstraße konnte er sein Amt so ausführen, wie er es als junger Vikar und Pfarrer erfahren hatte: als Prediger und Seelsorger, der Kranke wie Alte besucht, zuhören und Hoffnung spenden kann. Seine Tätigkeit in der Kirchenleitung erlaubte ihm außerdem, auch über die Gemeindegrenze hinweg die Stimme zu erheben und sich – stets auf seiten Bischof Scharfs – in kirchliche und städtische Belange einzumischen.

Von jeher überzeugt, daß wahre Christen sich um Entrechtete und Ausgestoßene zu kümmern hätten, verteidigte er Scharf gegen die wütenden Ausfälle der Springer-Presse, als dieser nach dem Mord an Kammergerichtspräsident Günter von Drenkmann durch Mitglieder der »Bewegung 2. Juni« Ulrike Meinhof im Gefängnis besuchte.[71] Für Albertz war es selbstverständlich, daß sich die Kirche um inhaftierte Terroristen kümmerte. Nach seiner Überzeugung waren auch sie »unsere Söhne und Töchter«.[72]

Albertz war also erneut Mann der Kirche geworden und als Prediger in Schlachtensee durchaus zufrieden. Die Umkehr vom autoritären preußischen Landesvater zum Seelsorger und Pastor war ihm nach langen inneren Kämpfen, nach Exerzitien in Demut gelungen. Und dennoch fehlte dem Pfarrer eines: die breite Öffentlichkeit. Hatte er nicht Vermittler sein wollen, anerkannter Parlamentär zwischen Rathaus und außerparlamentarischer Opposition? Hatte er als Dolmetscher der Jugend nicht Zeichen zu setzen beabsichtigt? Keines dieser Ziele hat Albertz erreicht. Die andere Seite, Senat und SPD, verwehrten ihm die Anerkennung. Noch als der Pastor die Fürbitt-Gemeinde übernommen hatte, konnte sich die sozialdemokratische »Berliner Stimme« den Kommentar nicht verkneifen, mit der Wahl von Albertz hätten die »respektablen Kirchenväter« den Teufel mit dem Beelzebub ausgetrieben und »aus der ›Rotzev‹ (Rote Zelle Evangelium) eine ›Rotzalb‹ (Rote Zelle Albertz)« gemacht.[73] Tief verletzt hatte der Sozialdemokrat daraufhin den Landesverband verlassen und die Mitgliedschaft im SPD-Ortsverein Daaden, seinem Zweitwohnsitz in Hessen-Nassau, beantragt.

Von dort aber konnte keine Unterstützung kommen. In Berlin blieb der Pastor isoliert und abseits des politischen Geschehens. Wer 1965 Albertz' fünfzigsten Geburtstag miterlebt, wer gesehen hatte, wie sich von den Stadträten bis zu den Bezirksbürgermeistern, von den Senatoren bis zu den hohen SPD-Funktionären alle versammelt hatten, um dem Bürgermeister zu gratulieren, mußte es zu seinem sechzigsten Geburtstag den Atem verschlagen: Außer den Freunden aus Synode und Gemeinden ließ sich keiner der einstigen Kollegen blicken. Albertz war zur Unperson geworden. Daran änderte auch der Artikel von Klaus Schütz nichts, in dem er den Jubilar beglückwünschte.[74] Der Pastor mit seinem Verlangen nach breiter Anerkennung, mit seinem Bedürfnis, die Öffentlichkeit in seinen Bann zu schlagen und als Vermittler Zeichen zu setzen, stand allein da – eine Situation, die sich erst nach der Lorenz-Entführung ändern sollte.

Lorenz-Entführung

An einem Februartag des Jahres 1975, blau und sonnenhell, riß ein Klingeln Heinrich Albertz aus der Ruhe seines Pastorendaseins. Er war gerade zu Besuch bei seiner Tochter in Dortmund. »Du, da ist die Senatskanzlei in Berlin«, rief diese in Richtung Terrasse, wo der Pfarrer soeben sein zweites Frühstück nahm.[1] Schwerfällig erhob sich Albertz, der erst vor kurzem am Hauptbahnhof abgeholt worden war. Acht Jahre hatten ihn Schütz und seine Mitarbeiter nicht mehr angerufen, hatten ihn geschnitten und deutlich werden lassen, daß sie auf seinen Rat verzichten konnten – und nun, völlig unerwartet, das Ferngespräch aus dem Rathaus Schöneberg. »Ich wußte in diesem Augenblick, daß dieser Anruf etwas mit Lorenz zu tun haben mußte.«[2] Mehr als das ahnte der Pastor nicht. Wie alle anderen hatte er nur aus dem Rundfunk von einer Entführung gehört.

Am Telefon erfuhr er die Einzelheiten. Peter Lorenz, sein alter Widersacher und Gegner aus der SPD, war am Tag zuvor, am 27. Februar 1975, verschleppt worden. Mit aufgeregter Stimme verlas Heinz Fanselau, Albertz' einstiger Persönlicher Referent, das Ultimatum der Kidnapper, das per Eilboten an die Deutsche Presseagentur geschickt worden war. Darin hieß es, der Oppositionspolitiker sei Gefangener der »Bewegung 2. Juni«, »weil er als Vertreter der Reaktionäre und Bonzen verantwortlich ist für Akkordsätze und Bespitzelung am Arbeitsplatz, für den Aufbau von Werkschutz und Anti-Guerillatruppen, für Berufsverbote, das neue Demonstrationsrecht, Verteidigereinschränkung, für die Aufrechterhaltung des diskriminierenden Paragraphen 218«.[3] So wirr die Begründung für die Tat ausfiel, so konkret waren die Forderungen der Terroristen. Sie verlangten nicht nur die sofortige Freilassung von zehn Inhaftierten, die am 11. November 1974 bei einer nicht genehmigten

Kundgebung aus Anlaß des Todes von Holger Meins festgenommen worden waren, sondern auch die Entlassung der Anarchisten Verena Becker, Rolf Heißler, Gabriele Kröcher-Tiedemann, Horst Mahler, Rolf Pohle und Ina Siepmann. Die in Westdeutschland »gefangengehaltenen Genossen« sollten binnen achtundvierzig Stunden nach West-Berlin geflogen und mit jeweils zwanzigtausend Mark versehen werden.

Bis dahin war Albertz dem Vortrag Fanselaus wortlos gefolgt. Plötzlich aber horchte er auf. Mit mühevoller Beherrschung bat er den Beamten, die letzten Sätze langsam zu wiederholen: Eine Boeing 707 habe in West-Berlin mit vier Mann Besatzung bereitzustehen. »Die obengenannten Genossen werden bis zu ihrem Reiseziel von einer Person des öffentlichen Lebens begleitet. Die Person ist der Pfarrer und Bürgermeister a. D. Heinrich Albertz ...«[4]

Da war es wieder: das Gespenst der Vergangenheit, ein unbarmherziges, quälendes Gespenst, das nicht losließ, auch wenn es manchmal ruhig blieb.[5] Wieder hatte ihn der Tod Benno Ohnesorgs eingeholt. Diesmal durch eine Gruppe, die jenen »schwarzen Freitag« im Namen trug und nicht zu Späßen aufgelegt war, wie der Mord an Kammergerichtspräsident Günter von Drenkmann ein Jahr zuvor bewiesen hatte. Die »späte Rache für den Tod von Benno Ohnesorg«, schoß es dem Pastor durch den Kopf.[6]

Die Furcht war nicht unbegründet. Schließlich hatten ihn die Studenten unmittelbar nach den Ereignissen vor der Oper als »Mörder« bezeichnet und Vergeltung gefordert. Sicher, seither waren Jahre vergangen. Viele der einstigen Rebellen hatten den »Marsch durch die Institutionen« angetreten, doch noch immer sorgten kleine radikale Gruppen für Unruhe. Ihnen schien mit Benno Ohnesorg auch die Demokratie gestorben zu sein; nur durch einen revolutionären Akt sei sie wiederzubeleben.[7] Die meisten verstanden darunter einen langwierigen Prozeß, weniger Geduldige jedoch den Griff zu Sprengstoff und Kalaschnikow. Vor Menschenleben machten diese Gruppen schon seit einiger Zeit nicht mehr halt, wie die Verbrechen der »Roten Armee Fraktion« und der »Bewegung 2. Juni« bezeugen. Anders als die RAF hatte sich die Berliner Terrorgruppe dem An-

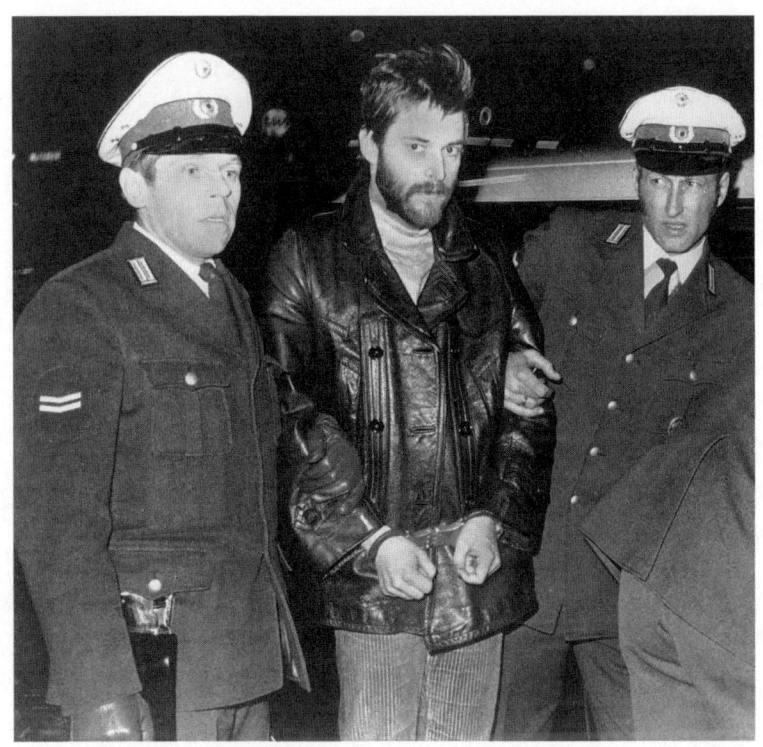

Nicht nur Heinrich Albertz, auch die Berliner Studenten konnten den Tod Benno Ohnesorgs nicht vergessen. Anfang der siebziger Jahre entstand aus den »umherschweifenden Haschrebellen« die »Bewegung 2. Juni«, deren Mitglieder 1975 den Berliner CDU-Politiker Peter Lorenz entführten. Das Bild zeigt Michael Baumann, genannt »Bommi«, bei seiner Festnahme im Februar 1970.

denken des Toten verschrieben. Jeder Berliner sollte sich des Tages erinnern, »an dem der Student Ohnesorg von dem Bullen Kurras erschossen worden ist«.[8]

Lag es da nicht nahe, denjenigen treffen zu wollen, der als Regierender Bürgermeister für diesen Polizisten verantwortlich war? Hatten jene Fanatiker, die Albertz im Grunde für irregeleitet hielt, seine Wandlung nicht bemerkt und für glaubhaft erachtet? Schon bei seinem ersten Auftritt vor den Studenten im Auditorium Maximum der Technischen Universität hatten einige SDS-Funktionäre dem Pastor die Wandlung nicht abgenommen, und auch die Anarchisten taten sich mit der Rolle des gutwilligen Vermittlers schwer. Die einen betrachteten ihn als Agenten, der den Auftrag habe, die linke Szene zu spalten und sie für Sozialdemokratie und Parlamentarismus zurückzugewinnen. Andere hielten den Pfarrer für einen Zuträger des Verfassungsschutzes mit der Aufgabe, »militanten Aktionismus mit seinem Gesülze von den friedlichen Mitteln zu kanalisieren«.[9] Die Angst vor Vergeltung, die Heinrich Albertz in jenen Minuten beschlich, war also nicht abwegig.

Zeit, lange nachzudenken, hatte der Pastor indessen nicht. Fanselau kündigte den baldigen Anruf des Regierenden Bürgermeisters an. Bis dahin mußte Albertz sich über seine Haltung im klaren sein. Im Grunde wußte er bereits, wie er sich entscheiden würde, als er erneut zum Hörer griff und die Nummer von Kurt Scharf wählte. Es war die bedächtige Stimme des Bischofs, die Albertz immer beruhigt hatte und auch in diesem Augenblick ihre Wirkung nicht verfehlte: Besonnenheit und Seelenruhe sollten Albertz bis zum Ende der Aktion nicht mehr verlassen. Bischof wie Pfarrer kamen schnell überein: Falls Senat und Bundesregierung die Forderungen der Entführer erfüllen würden, solle sich der Pastor zur Verfügung stellen, aber nicht als politischer Unterhändler, sondern ausschließlich als Mann der Kirche.

Anderes wäre Albertz auch nicht in den Sinn gekommen. Er hatte mit seinem früheren Leben abgeschlossen, wollte sich nie wieder der Politik ausliefern und »niemandem untertan« sein.[10] Auch als Begleiter der Anarchisten gedachte er, nur der Stimme seines Herrn zu gehorchen, unabhängig von den Krisenstäben in Bonn und Berlin, der Polizei oder dem Regierenden Bürgermeister. Wenn er mit den Häftlingen ausreisen mußte, ob als Geisel oder als Garant für die Erfüllung ihrer Forderungen, dann durfte – auch um Peter Lorenz' willen – kein Zweifel an seiner Neutralität bestehen.

Doch es war nicht nur Angst, die Albertz befiel. Regine Albertz nahm damals an ihrem Vater einen Zug wahr, den sie und ihre Geschwister seit Jahrzehnten immer wieder beobachtet hatten: die geröteten Wangen, den erhitzten Blick eines Mannes, der ungeachtet möglicher Gefahren bereit ist, sich einer Krise zu stellen. Nach Jahren als Pastor war aus Albertz wieder der »Katastrophen-Heinrich« geworden. Nach kurzer Absprache mit Klaus Schütz fuhr er durch Dortmund zur Westfalenhalle, wo ihn wenig später ein Hubschrauber des Bundesgrenzschutzes aufnahm. Jahre danach betonte Albertz, wie überflüssig, ja grotesk ihm die Flüge im Helikopter, die Fahrten im Streifenwagen, die Bewachung durch Polizisten erschienen sind. Das mag stimmen. Dennoch behagte dem von Eitelkeit nicht ganz freien Pastor das Aufsehen nach den Jahren der Zurückgezogenheit.[11]

Über Bielefeld, Pyrmont und Hameln direkt auf die Startbahn des Hannoveraner Flughafens ging die Reise mit dem Hubschrauber. Dann im Sturm der rotierenden Drehflügel ein schnelles Umsteigen in die wartende Pan-Am-Maschine und ein sofortiges Abheben in Richtung Berlin-Tempelhof.

Um 15.05 Uhr landete Albertz in einer Stadt, die vor Hektik und Nervosität brodelte. Zum ersten Mal seit dem Krieg war Berlin, die gesamte Bundesrepublik mit einer Politikerentführung konfrontiert, und das drei Tage vor den Wahlen zum Abgeordnetenhaus. An allen Grenzübergängen und wichtigen Durchgangsstraßen hatte die Polizei ihre Posten verstärkt und führte immer wieder Personen- und Fahrzeugkontrollen durch. Der Spitzenkandidat der CDU war wie vom Erdboden verschluckt, und gleichwohl ständig präsent. Überall in der Stadt zeigten Plakate einen freundlich lächelnden Peter Lorenz, der »mehr Tatkraft, mehr Sicherheit« forderte.[12] An Wahlkampf dachte keiner mehr. Schon anderthalb Stunden nachdem der Politiker in der Nähe seines Hauses aus seinem schwarzen Mercedes gezerrt, durch Spritzen betäubt und entführt worden war, hatten die Parteien den Wahlkampf eingestellt und unter dem Vorsitz des Regierenden Bürgermeisters einen Krisenstab eingerichtet. Tätig werden konnte der allerdings nicht. Zunächst mußte Albertz öffentlich seine Bereitschaft erklären, die Anarchisten im Flugzeug zu begleiten.

Der Pastor fuhr deshalb vom Flughafen direkt zum Rathaus Schöneberg, wo Schütz ihn schon erwartete. Nach einem kurzen Gespräch unter vier Augen waren sich Albertz und der Regierende Bürgermeister einig: Der Pfarrer sollte als Mann der Kirche die Häftlinge begleiten; eine gewaltsame Aktion von seiten der Polizei schlossen sie aus.[13] Der eine Teil der Bedingungen war damit erfüllt, die Freilassung der Gefangenen allerdings noch keineswegs sicher. Während sich die »Bewegung 2. Juni« ihrer Tat freute – Fritz Teufel dichtete gar ein Spottlied –, mußte Schütz in Bonn den »großen Krisenstab« unter Bundeskanzler Schmidt überzeugen, die Unversehrtheit von Peter Lorenz vor die Staatsräson zu stellen. Nach heftigen Diskussionen ließ sich die Runde im Bundeskanzleramt auf die Position des Bürgermeisters ein.[14] Zunächst sollten die Forderungen der Entführer erfüllt werden.[15]

Heinrich Albertz erfuhr davon erst später. Nach dem aufreibenden Tag hatte er sich vor allem nach der Ruhe seines Hauses in Schlachtensee gesehnt. Wie nötig wäre jetzt der Beistand seiner Frau gewesen. Die allerdings weilte bei den Kindern in Hamburg und wurde erst am kommenden Tag zurückerwartet. Unterstützung bekam der Pastor dennoch. Bischof Scharf und Konsistorialpräsident Georg Flor suchten Albertz in der Rolandstraße auf, um die Geschehnisse der letzten Stunden zu erörtern. Bis in den späten Abend blieben sie im Haus des Pfarrers, vor dem mittlerweile ein Polizeiposten stationiert worden war. Gemeinsam wollte man am nächsten Morgen ins Rathaus fahren; ein Auftritt mit Vertretern der Kirchenleitung sollte die Unabhängigkeit des Pastors unterstreichen. Das Ultimatum lief.

Als Albertz am Samstag vormittag, dem 1. März 1975, das Haus verließ, schien die Sonne warm durch die hellgrün knospenden Bäume. Eilig stieg er in den wartenden Wagen und fuhr ins Rathaus Schöneberg. Vielleicht hatte man dort schon Neues erfahren.

Hanns-Peter Herz, der Chef der Senatskanzlei, mußte ihn jedoch enttäuschen. Bisher war die fieberhafte Suche nach dem Versteck der Entführer ergebnislos verlaufen. Um Mitternacht hatte das Polizeipräsidium die Mitglieder der »Bewegung« um ein Lebenszeichen von Peter Lorenz gebeten. Außerdem sollten die Kidnapper bewei-

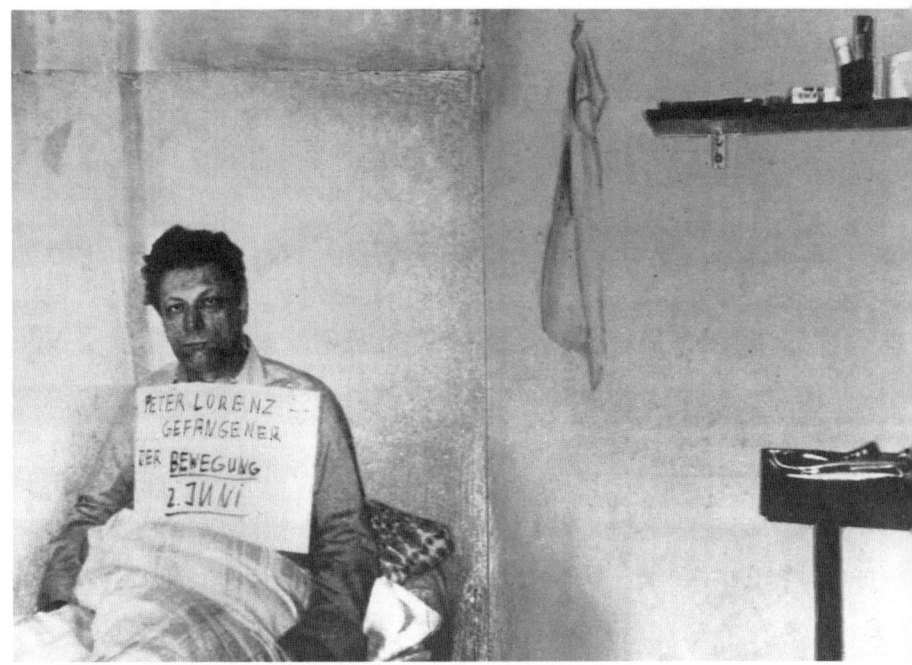

Eingesperrt in einem Keller in Kreuzberg: Eine knappe Woche mußte Peter Lorenz als Gefangener der »Bewegung 2. Juni« dort verbringen.

sen, daß sie den CDU-Politiker tatsächlich in ihrer Gewalt hatten. Deshalb wurden sie aufgefordert, die Nummer seines Personalausweises zu veröffentlichen. Gleichzeitig hatte sich der Senat entschlossen, die erste Bedingung der »Bewegung« zu erfüllen: Am Morgen öffneten sich die Gefängnistore für Ettore Canella und Gerhard Jagdmann, jene beiden Demonstranten, die nach dem Tod von Holger Meins wegen schweren Landfriedensbruchs zu sieben und vierzehn Monaten Freiheitsstrafe verurteilt worden waren. Wenig später fand Frau Lorenz eine Postkarte ihres Mannes im Briefkasten, an deren Echtheit kein Zweifel bestand.[16] Am Vortag mußte der Spitzenpolitiker noch gelebt haben.

Seither aber hüllten sich die Entführer in Schweigen. Alles mußte daher wie besprochen weiterlaufen. Allerdings bat der Pastor, zu seiner Unterstützung eine weitere Person auf die Reise mitnehmen zu dürfen. Schütz und sein Kanzleichef hatten dagegen nichts einzuwenden. Die Wahl fiel auf Heinz Fanselau.[17]

Albertz verließ das Büro. Langsam lief er die Treppe der großen Eingangshalle des Schöneberger Rathauses hinunter, die ihn einst – in umgekehrter Richtung – zu seinem Amtszimmer geführt hatte. Seit Jahren war der Pastor in diesem Gebäude übersehen worden, und noch Tage zuvor hätte jede Kritik an dem Pfarrer den Beifall vieler Berliner gefunden. Plötzlich jedoch war er gefragt. Journalisten scharten sich um den einstigen Politiker, Photographen schossen Bilder und verfolgten den leicht hinkenden Mann bis zur Autotür. Albertz aber blieb unerschütterlich. »Das einzig Schöne in dieser verwirrten Welt ist heute das Wetter«, bemerkte er und verschwand.[18]

Im Rathaus tagte derweil erneut der Krisenstab. Vieles war bis zum Ablauf des Ultimatums noch zu organisieren. Der Sender Freies Berlin mußte Albertz während der »Abendschau« Sendezeit gewähren, so wie es die Terrororganisation gefordert hatte. Schütz eilte außerdem zu den drei Stadtkommandanten, die für den kommenden Tag ein Flugzeug bereit stellen mußten. Immer wieder führte er Gespräche mit dem Bundeskanzleramt, der Opposition, den verantwortlichen Berliner Polizeistellen, seinem Innensenator und Heinrich Albertz. War Lorenz überhaupt noch am Leben? Wie sollte man den Entführern klarmachen, daß sich Horst Mahler nicht befreien lassen wollte? Alles Fragen und Probleme, die wie eine Lawine auf den Regierungschef einstürzten. Erneut beschloß er, sich an die Entführer zu wenden. Am Nachmittag um halb drei veröffentlichte die Polizei einen zweiten Aufruf an die »Bewegung 2. Juni«. Dringend bat sie um einen weiteren Beweis für die Unversehrtheit des Christdemokraten. Drei Stunden später schließlich brachen die Terroristen ihr quälendes Schweigen.

Wenn ein von uns benannter Genosse die Befreiung nicht in Anspruch nehmen will, soll er dies am 1. 3. um 19.25 Uhr in der Berliner Abendschau öffentlich kundtun. Unser Ultimatum wird nicht verlängert. Es läuft am Montag um 9 Uhr früh ab.

Bis dahin müssen die freigelassenen Genossen und Herr Pfarrer Albertz abgeflogen sein. Nach seiner Rückkehr werden wir sofort die Modalitäten der Freilassung von Lorenz bekanntgeben. Seine Unversehrtheit hängt alleine vom Verhalten des Staatsapparates ab. Wir haben Fürstenfeldbruck und Rammelmayr nicht vergessen. Wenn der Polizeiapparat ähnliches vorbereitet, ist das der sichere Tod von Peter Lorenz. Dies ist bis zur Erfüllung unserer Forderungen unsere letzte Meldung.[19]

Der Mitteilung, die unter der Fußmatte eines Schöneberger Gastwirts mit Namen Lorenz gefunden wurde, war ein Photo des Politikers beigefügt, auf dessen Rückseite Lorenz um die Erfüllung aller Bedingungen bat. Dies allerdings war aus technischen Gründen nicht möglich. Horst Mahlers Erklärung ließ sich bis zum Beginn der »Abendschau« nicht mehr aufzeichnen; dazu war es bereits zu spät. Nur Heinrich Albertz verlas seine Nachricht an die Entführer. Wohl jeder Berliner saß in diesen Minuten vor dem Fernseher und verfolgte den ruhigen und dennoch dramatischen Appell des Pastors. Albertz versprach den Terroristen, sich an keiner gewaltsamen Aktion der Polizei zu beteiligen. Gleichzeitig gab er der »Bewegung 2. Juni« zu bedenken, daß er als Mann der Kirche besonders zum Schutz menschlichen Lebens verpflichtet sei, folglich nur an einer Unternehmung teilnehmen könne, bei der die Risiken nicht nur auf einer Seite lasteten.[20] Eindringlich bat er die Entführer, Lorenz nach Abschluß der Aktion freizulassen.

Mehr konnte er in diesem Augenblick nicht tun. Gleich nach seiner Rede fuhr Albertz nach Hause. Er brauchte Schlaf. Wer wußte, wann er das nächste Mal im eigenen Bett liegen würde? Am kommenden Tag sollte alles von ihm abhängen, sollten Belastungen auf ihn zukommen, die er nie zuvor erlebt hatte.

Für Klaus Schütz und die Mitglieder des Krisenstabs war der Abend noch lange nicht beendet. Sie wollten die Reaktion der Entführer abwarten und eine weitere Mitteilung an die »Bewegung« richten. Um Mitternacht endlich konnte Mahlers Absage gesendet werden.

Und auch Gabriele Kröcher-Tiedemann, die nach einer Schießerei mit Polizisten in Essen eine achtjährige Haftstrafe absaß, lehnte die Freilassung ab. Etwa zur gleichen Zeit wandte sich die Polizei erneut an die Terrorgruppe, erbat einen weiteren Nachweis für die Unversehrtheit von Peter Lorenz und schlug als Treffpunkt aller Häftlinge den Frankfurter Flughafen vor.

Erst am Morgen sollte die Polizei Antwort erhalten. Kurz nachdem sich die Wahllokale geöffnet hatten, fanden Sicherheitskräfte vor dem Postamt Goethestraße die vierte Nachricht der Entführer. Darin akzeptierten sie die Entscheidung Kröcher-Tiedemanns und Mahlers. Außerdem verlangten sie, die übrigen »gefangenen Revolutionäre« nach Frankfurt auszufliegen. Die Berliner Genossen sollte Albertz begleiten.

Dem Pastor blieben nur noch wenige Stunden. Bis dahin forderte der Sonntag sein Recht. Der Pfarrer hatte an diesem Wochenende den Abendmahlsgottesdienst zu leiten und war trotz der Umstände nicht bereit, sich der Pflicht zu entledigen. Mit seiner Frau bestieg er den Polizeiwagen und fuhr zur nahen Sankt-Johannes-Kirche am Ilsensteinweg, vor der sich eine Menschentraube durch das Portal in den Mittelgang drückte. Neben den sonntäglichen Kirchgängern hatten Neugierige und Journalisten auf den Bänken Platz genommen. Gespannt warteten sie auf den Mann, der kurze Zeit später die Terroristen zu begleiten hatte.

In vollem Ornat trat Albertz in den überfüllten Saal. Erstes Buch Mose, Kapitel 22 war der Predigttext, jene Geschichte, in der Gott Abraham auf die Probe stellt, indem er von ihm das Höchste verlangt, was man von einem Vater fordern kann: die Opferung seines Sohnes. Wie viele Male schon hatte Albertz diesen Abschnitt gelesen, ihn zu interpretieren versucht? Diesmal gewann er eine besondere Bedeutung. »Dieses Thema, zu dieser Stunde, erzählt und erklärt von diesem Mann – es war niemand im Saal, ob gläubig oder ungläubig, den nicht ergriff, wie da einer nicht nur seiner Gemeinde, sondern zugleich ... auch sich selbst predigte. Abraham, der auf Gottes Anruf immer antwortet ›Hier bin ich‹, der selbst zum Schwersten bereit ist – das war an diesem sonnigen und scheinbar friedlichen Morgen Heinrich Albertz.«[21] Der Pastor selbst ließ daran keinen Zweifel. Gott hatte ihn überfallen, aus dem Windschatten seiner vermeintlichen Sicherheit herausgerissen, seinen Namen gerufen, hallend und unüberhörbar, und er, sein Knecht, hatte wie Abraham gehorcht.[22] Es war ein Bekenntnis, als Albertz von Abrahams »entsetzlicher Prüfung« sprach und doch das eigene Schicksal meinte.

Einige der Zuhörer werden den Vergleich vermessen gefunden haben – vielleicht zu Recht. Dennoch gehört die Predigt am 2. März 1968 zu den bedeutenden Reden seines Lebens. Nie zuvor hatte der wortgewaltige Pastor sein Verhältnis zu Gott deutlicher dargelegt als an jenem Sonntag kurz vor seinem Abflug nach Frankfurt. Wer bis dahin nicht wußte, aus welcher Quelle der Protestant Kraft schöpfte, erfuhr schon nach wenigen Sätzen, wie tief Albertz mit dem Alten Testament verwoben war. Es war der Gott der hebräischen Bibel, an den er glaubte, jener erscheinende, anredende, sich offenbarende Gott, der unsichtbar ist und sich dennoch sehen läßt, der den Menschen, die er beruft, sein Wort kundtut.

Es war weder Hochmut noch Überheblichkeit, als Albertz sich mit dem Stammvater Israels verglich, es war die Gewißheit, mit der Entführung von Peter Lorenz wie Abraham eine »entsetzliche Prüfung« bestehen zu müssen.[23] Gott hatte den »Mann seiner Verheißung an die Grenze des Sich-und-seinen-Glauben-Verlierens« getrieben, aber er war da. Er verließ ihn nicht und hielt den Bund.[24] War es Albertz nach dem Tod Benno Ohnesorgs nicht ähnlich ergangen? Auch er war durch ein Tal der Tränen, der Einsamkeit und Not geirrt, hatte sich unter Leiden von seiner Vergangenheit als Politiker befreit. Trotz aller Unbill war er überzeugt, nie tiefer fallen zu können als »in die Hände Gottes«.[25] Wer seinen Herrn nie als namenlose, ferne Macht, sondern als wahrnehmbares Wesen empfand, für den nahm Davids Ruf »Der Herr ist mein Hirte« konkrete Züge an. Und dieser Gott war es, so glaubte Albertz, der ihn acht Jahre nach dem schicksalhaften Junitag in die Pflicht genommen hatte, damit er seine Wandlung durch Taten bezeuge.

All die Jahre hatte der Pastor Vermittler und Fürsprecher der Jugend sein wollen. Keine drei Monate zuvor noch hatte er der Gesellschaft eine Mitschuld am Terrorismus gegeben und die Anarchisten als Söhne und Töchter aller bezeichnet. Nun war es an ihm, Reden und Handeln in Einklang zu bringen – ausgerechnet mit Häftlingen und Entführern, die sich auf den Tag beriefen, der Albertz in der Seele brannte. Der Ausgang der Mission war offen. Nur eines wußte der Pastor bestimmt: Der Ewige hatte diese Geschichte eingefädelt.[26] Schon beim Telephonanruf Fanselaus hatte sich Albertz gefühlt, »als habe eine große Hand nach mir gegriffen, und sie ließ mich nun laufen, sehr allein, und nur auf diese Hand gestellt«.[27] Dieses Empfinden unmittelbarer Gottesnähe sollte ihn nicht verlassen, ließ ihn – wenigstens nach außen hin – ruhig und besonnen wirken, aller Bedrängnis zum Trotz.

Dennoch überfiel Albertz die Angst »wie ein böses Tier«, als er aus der Kirche trat, in den wartenden Streifenwagen stieg und nach Hause fuhr.[28] Vielleicht würde man bis zum Abflug den Unterschlupf der Entführer finden, könnte die Polizei Lorenz befreien. Die allerdings tappte nach wie vor im dunkeln. Während Albertz seinen Koffer packte, teilte der Senat über RIAS und SFB den Terroristen mit, daß der Pastor mit Verena Becker und Ina Siepmann fliegen werde; Rolf Pohle und Rolf Heißler würden in Frankfurt auf sie warten. Außerdem bat man um die Verlängerung des Ultimatums und ein weiteres Lebenszeichen von Lorenz. Etwa zur gleichen Zeit landete auf dem militärischen Teil des Flughafens Tegel ein zwölfsitziges französisches Düsenflugzeug, das sofort wieder startklar gemacht wurde.

Noch aber war es nicht soweit. Albertz hatte auf Klaus Schütz zu warten, der im »Großen Krisenstab« mit dem Kanzler die Lage besprach. Erst am Nachmittag traf er aus Bonn ein. Nach kurzem Austausch waren die letzten Entscheidungen getroffen. Albertz sollte zusammen mit Fanselau und den beiden Inhaftierten um kurz nach 18.00 Uhr nach Frankfurt fliegen – es blieben etwa zwei Stunden, um von zu Hause Abschied zu nehmen. Den Pastor beruhigte, daß sein Sohn Rainer nach Berlin geflogen war und die Mutter in der kommenden Ungewißheit nicht allein ließ.

Kurz nach 17.00 Uhr fuhr ein Dienstwagen des Senats, eskortiert von einem Polizauto, in der Rolandstraße vor. Der Fahrer mußte

Als Heinrich Albertz sich Ende Februar 1975 anschickt, die fünf freigepreßten Terroristen auf ihrer Flucht aus Deutschland zu begleiten, wirkt er ruhig und gelassen.
»Nie kann man tiefer fallen als in die Hände Gottes«, hat er einmal geschrieben.

nicht lange warten. Zusammen mit Fanselau verließ Albertz das
Haus, in der Hand einen kleinen Koffer. Ohne Zeit zu verlieren,
setzten sich die Wagen in Bewegung und brausten auf der Avus in
Richtung Flughafen. In Tegel-Nord, dem Militärflugplatz der Franzosen, verließ Albertz eilig das Auto, beantwortete knapp noch
einige Fragen wartender Journalisten und betrat die Abflughalle.
Minuten später vernahmen die Reporter die Sirenen zweier schwer-
bewachter Mannschaftswagen, die zur Startbahn fuhren. Ihnen entstiegen die gefesselten Gefangenen, die sogleich die Gangway hin-
aufgeführt wurden. Dann sah man Albertz und Fanselau einsteigen.
Wortlos beobachteten alle, wie die Maschine abhob und die Stadt
hinter sich ließ.

Noch ehe das Flugzeug losgerollt war, begrüßte der Pfarrer die beiden Häftlinge und versprach ihnen, jederzeit zur Verfügung zu stehen. Zu weiteren Gesprächen war keinem zumute. Knapp eine Stunde später setzte der Pilot zur Landung auf dem Frankfurter Rhein-Main-Flughafen an. Der Flughafen glich einer Festung; Polizei- und Grenzschutzbeamte hatten das gesamte Areal umstellt. Auf den Dächern von Feuerwache, Wartehalle und Besucherterrasse patrouillierten Scharfschützen. Auch am Boden war für Sicherheit gesorgt. Panzerfahrzeuge fuhren über das Abfertigungsfeld, unterstützt von Polizeihubschraubern, die ab und an das Gelände überflogen.

Während Ina Siepmann und Verena Becker in die Arrestzellen der Flughafenpolizei gebracht wurden, fuhren Albertz und Fanselau ins nahe gelegene »Sheraton«-Hotel. Bis die Gefangenen ihn rufen würden, konnten einige Stunden vergehen. Sie waren noch nicht einmal in eine Gemeinschaftszelle gelegt worden; die Einwilligung stand nach wie vor aus. Es blieb also Zeit für ein Telephongespräch nach Berlin und eine Beratung mit Verantwortlichen der Lufthansa. Keiner aus der Runde wußte, wohin die Reise gehen sollte. Bisher hatten weder Entführer noch Häftlinge Angaben zum Zielort gemacht. Aus diesem Grund baten die Lufthansa-Vertreter den Pastor, sich bei den Gefangenen für eine Ersatzmannschaft von nochmals vier Mann einzusetzen, die nach mehreren Stunden die Crew auswechseln könnten. Albertz versprach, die jungen Leute von dieser Notwendigkeit zu überzeugen.

Zunächst aber ging es um die Belange der Gefangenen. Auf Geheiß des Bonner Krisenstabs war ihnen kurz vor zwanzig Uhr die Zusammenlegung gestattet worden. Nach gemeinsamen Beratungen riefen sie nun nach Pastor Albertz. Der eilte aus seinem Hotel zurück zum Flughafen, drang in die allen Reisenden normalerweise verborgene Welt des Gebäudes mit seinen unterirdischen Straßen ein, »einem Wirrwarr von immer neuen Türen« und zahllosen »Posten mit Maschinenpistolen«.[29] In der Zelle der Polizeiwache traf er zum ersten Mal auf alle vier Häftlinge. »Ich begrüßte die Gefangenen und setzte mich zu ihnen. Ich fragte nach ihren Wünschen. Neben einigen Kleinigkeiten, nämlich etwas Kaffee und Brot zur

Verfügung gestellt zu bekommen sowie einen Radioapparat für die Nachrichten zu erhalten, war ihr Hauptwunsch eine sofortige telefonische Verbindung mit Frau Kröcher-Tiedemann.«[30] Rolf Pohle teilte Albertz seinen Eindruck mit, Gabriele Tiedemanns Absage sei unter Druck zustande gekommen. Der Pastor begab sich daraufhin sofort zur Zentrale des hessischen Krisenstabs, der ebenfalls im Flughafen tagte, und trug die Bitte der Gefangenen vor. Das Bundeskanzleramt mußte informiert werden. Eine halbe Stunde später gab Bonn seine Zustimmung.[31]

Wieder lief der Pastor die Gänge entlang zur Polizeiwache, betrat den Häftlingsraum und berichtete den Wartenden von den neuen Entscheidungen. Dann trug er seine Anliegen vor. Die Gefangenen sollten endlich das Reiseziel nennen und eine weitere Mannschaft akzeptieren, um eine Gefährdung während des Fluges zu vermeiden. Zudem drängte Albertz Ina Siepmann, die Anführerin der Gruppe, die Erklärung vorzubereiten, die von den Entführern gefordert worden war. Keiner seiner Wünsche wurde erfüllt. Die Gefangenen lehnten eine doppelte Besatzung genauso ab wie die vorzeitige Bekanntgabe des Flugziels. Ihre Mitteilung an die »Bewegung 2. Juni« gedachten sie erst nach dem Gespräch mit Gabriele Kröcher-Tiedemann abzugeben. Albertz hatte sich zu gedulden. Während die Berliner Polizei etwa zur gleichen Zeit eine weitere Nachricht an die Entführer richtete und erneut um eine Verlängerung des Ultimatums bat, verließ der Pfarrer die Zelle und kehrte zurück zum Hotel.

Schon bei seiner Ankunft in Frankfurt hatte den Pastor das Gefühl beschlichen, von den Beamten des hessischen Krisenstabs nicht angemessen behandelt zu werden. Kurz vor Mitternacht festigte sich dieser Eindruck. Die versprochene Leitung zu Gabriele Kröcher-Tiedemann war noch immer nicht hergestellt worden. Es fehle die Telephonnummer, wurde mitgeteilt. Wer das frühere Stadtoberhaupt nicht kannte, in ihm nur den friedfertigen evangelischen Hirten sah, der machte in jenen Minuten die Bekanntschaft mit der Autorität des preußischen Regierungschefs von einst. In Sekunden kam das Gespräch zustande. Gabriele Kröcher-Tiedemann wollte so schnell wie möglich nach Frankfurt gebracht werden.

Jetzt erst trugen die Häftlinge Albertz ihre Erklärung vor und baten den Pastor, im Fernsehen den Widerruf Kröcher-Tiedemanns zu bestätigen. Technische Schwierigkeiten verzögerten die Übertragung. Erst um vier Uhr früh trat Albertz mit Ina Siepmann vor die laufenden Kameras. Regungslos verlas die junge Frau mit dem Knabengesicht die vorbereitete Nachricht:

Im Gegensatz zu den öffentlichen Erklärungen der Staatsorgane, alles zügig für die unversehrte Freilassung von Peter Lorenz zu tun, verzögern und verwirren sie, wo sie nur können. So fand unser Zusammentreffen erst um 22 Uhr 15 am Sonntagabend statt. Dementsprechend spät kam ein Telefonat mit Gabriele Kröcher zustande, in dem sie bestätigte, daß sie ihre öffentliche Ablehnung in der ›Tagesschau‹ vom 1.3. noch in derselben Nacht widerrufen hat. Sie will umgehend nach Frankfurt überstellt werden, was Pfarrer Albertz gleich bestätigen wird, um mit uns zusammen rechtzeitig ausgeflogen werden zu können. Nach Mitteilung der Staatsschutzbehörden um 02 Uhr 50 ist sie bereits auf dem Weg nach Frankfurt. Frankfurt, den 3. 3., kurz vor 04 Uhr 00.[32]

Der Vorwurf der Verzögerung war nicht von der Hand zu weisen. Doch steckte dahinter weniger eine Strategie der staatlichen Organe, wie Ina Siepmann vermutete, sondern die Uneinigkeit im Bonner Krisenstab. Bis zuletzt hatte man auf eine Befreiung von Peter Lorenz gehofft und nicht wirklich geglaubt, die Häftlinge ziehen lassen zu müssen. Nun war klar: Bis zum Ablauf des Ultimatums würde der CDU-Politiker nicht wieder zu Hause sein. Der Bundeskanzler war deshalb unter »schwersten Bedenken« erst nach Mitternacht auf alle Forderungen der Terroristen eingegangen.[33] Die Maschine sollte mit unbekanntem Ziel um 8.30 Uhr starten.

Bis dahin verblieben Albertz noch knapp vier Stunden. Auf dem Flughafen konnte er nichts mehr ausrichten. Um halb fünf Uhr zog er sich ins Hotel zurück. Schlaf fand er nicht. Obgleich sich die

Die Angst vor Rache hatte Heinrich Albertz verloren, als er am 3. März 1975 um 10 Uhr morgens zusammen mit fünf Terroristen eine Lufthansa Boeing auf dem Frankfurter Flughafen bestieg.

Furcht vor einer Vergeltung für den 2. Juni schon seit den ersten Gesprächen mit den Häftlingen gelegt hatte, bedrängten ihn die Hektik der letzten Stunden und die Ungewißheit des kommenden Tages. Nach ruhelosem Dösen stand er auf, badete, kleidete sich an, bestellte Frühstück. Dann war es soweit: »Der große Flug konnte beginnen.«[34]

Kurz vor sieben Uhr verließ der Pastor das »Sheraton«-Hotel und stieg hinab in das nun vertraute Labyrinth der Flughafenverwaltung. Vor dem Polizeirevier wartete schon die Mannschaft der Lufthansa, die Albertz und die Häftlinge begleiten sollte. Flugkapitän Niels Nielsen wie die übrige Crew bedrängten den Pastor, die Anarchisten nochmals von der Notwendigkeit zu überzeugen, eine Ersatzmannschaft mitzunehmen. Albertz versprach, sich dafür einzusetzen. Außerdem hatten die Häftlinge noch immer nicht entschieden, ob Heinz Fanselau den Pfarrer begleiten durfte. Nach kurzer Beratung lehnten die Gefangenen beides ab. »Die Terroristen hielten mich für einen zivilen Bullen«, erinnert sich Fanselau. »Ich hatte einen Polizeibeamten mit seinem Dienstgrad angeredet … Das hatten die mitbekommen.«[35]

Zeit und Lust zum Feilschen besaß der Pastor nicht. Um 9 Uhr lief das Ultimatum ab. Die Berliner Polizei hatte die »Bewegung« über Rundfunk wissen lassen, daß sie den Abflug um halb neun Uhr im Fernsehen verfolgen könne. Daraus wurde nichts. Die Lufthansa-Maschine war noch nicht startklar. Während die Vorbereitungen zum Abflug auf Hochtouren liefen, erhielt Albertz die Nachricht, die Entführer hätten das Ultimatum um eine Stunde verlängert.

Wohl nahezu jeder Bundesbürger verfolgte damals auf dem Bildschirm, wie kurz vor zehn Uhr die fünf Häftlinge mit dem Pastor aus den Gefangenenwagen stiegen und nacheinander die Gangway hinaufgingen – zunächst die Anarchisten, dann ein sichtlich übernächtigter Heinrich Albertz mit offenem Hemdkragen und einem Stapel Zeitungen unter dem Arm. Gleich im Flugzeug baten die fünf Häftlinge den Pastor, mit einem von ihnen zurück zur Tür zu gehen, um den Genossen in Berlin zu signalisieren, daß alles nach Plan verlaufen sei. Da stand Albertz nun mit verschleiertem Blick, neben ihm die junge Gabriele Kröcher-Tiedemann. Noch einmal winkte er in die Teleobjektive der Kameras und verschwand schließlich in der Maschine. Zwei Minuten später wurde die Tür geschlossen, die Gangway weggezogen. Die Triebwerke der Boeing heulten auf. Langsam setzte sich das Flugzeug in Bewegung und verschwand im Nebel vom Bildschirm der Fernsehgeräte.

Abheben durfte es noch nicht. Vom Cockpit bis zur Bordküche durchkämmten die fünf Terroristen die Maschine, tasteten Steward und Captain nach Waffen ab und machten sogar vor dem »Herrn Pfarrer« nicht halt. Der empfand jedoch keine Furcht. Hatten die Entführer in ihrer letzten Botschaft nicht festgestellt, daß er »keine Geisel« war? »Ich hatte Angst, nicht in dem primitiven Sinne, es würde mich jemand umbringen. Ich hatte Angst, daß ich das alles

Die Terroristen hatten ein Zeichen verabredet: Wenn Heinrich Albertz mit einer der Inhaftierten vor dem Abflug aus Frankfurt noch einmal in der Tür des Flugzeugs erscheinen würde, sollte alles in Ordnung sein. Das Bild hält diesen Moment fest: Der Pastor zeigt sich zusammen mit Gabriele Kröcher-Tiedemann noch einmal in der Tür der Maschine.

physisch nicht durchstehen könnte.«[36] Albertz blieb dennoch gelassen. Selbst im Flugzeug verließ ihn nie das Gefühl, das er in seiner Predigt angedeutet hatte: jenes Empfinden, über ihm wölbe sich Gottes breite, gütige Hand, und von ihm beschirmt und zu seinen Ehren handelnd, saß er hier in den Polstern der ersten Klasse mit fünf Anarchisten.[37] Jetzt hatte er zu beweisen, daß sein früheres Reden, sein Drängen auf Besonnenheit, Verständnis und Toleranz, ernst gemeint war. Albertz zog sein Jackett aus und ließ sich erschöpft in den Flugzeugsessel fallen. »Ach Kinder, was macht ihr denn für Sachen?« war die Frage, die alle entwaffnete.[38] Seine väterliche Art und seine Gabe zuzuhören lösten bald die Spannung im

Passagierraum. Ein »First-Class-Gefühl« schlich sich nicht ein, erinnerte sich Albertz.[39] Es gelang ihm, Zutrauen zu gewinnen.

Die Furcht vor Rachegefühlen war verschwunden; dennoch begleitete der Gedanke an den 2. Juni die sechs Passagiere auf ihrem langen Flug. Hatte Albertz nach dem »schwarzen Freitag« nicht die eigene Schuld bekannt und aus seinem Scheitern Konsequenzen gezogen?[40] Der Fehlschlag und die Wandlung zum Fürsprecher aller Entrechteten ließen nicht nur viele Studenten an eine geistige Verwandtschaft zwischen Pastor und Protestierenden glauben, sie hatte auch die Terroristen bewogen, Albertz in die Lorenz-Entführung einzubeziehen. »Ketzerisch waren wir und er«, schreibt Gabriele Tiedemann im Rückblick. »Es war dieses renitente Abtrünnigseinkönnen vom Gültigen als etwas Verwandtschaftliches, das uns in die Lage versetzte, ohne große Sentenzen miteinander zu reden.«[41] Über Politik sprach keiner. »Ich war weder als Politologe noch als Soziologe oder Psychologe an Bord, sondern als ein Mann, der diese Menschen irgendwo an Land zu bringen hatte ... Es ging nicht um den politischen Kurs, falls es einen solchen überhaupt gab, es ging um den Kurs der Maschine.«[42]

Und der blieb fürs erste ungewiß. Zunächst war die Boeing 707 in Richtung Salzburg geflogen, bis Rolf Pohle dem Kommandanten den Befehl gab, über Österreich hinweg nach Italien zu steuern. Im römischen Luftraum erhielt der Kommandant die Anweisung, nach Tripolis zu drehen. Als dort die Erlaubnis zur Landung verweigert wurde, nahm die Maschine Kurs auf Nordostafrika. Die Tankfüllung reichte nur noch fünf Stunden, als der Jet über Ägypten hinweg in Richtung Addis Abeba flog. Äthiopiens Hauptstadt war aber nicht das Ende der Reise, wie Israelis mitteilten, die einen Funkspruch des Piloten nach Bonn weitergaben. Über Addis Abeba kam die letzte Anweisung: Aden.

Während Albertz unter den Blicken der Häftlinge vergeblich zu schlafen versuchte, überflog die Boeing den Babel-Mandeb, die Meerenge zwischen Djibouti und Jemen. Im Luftraum der südjemenitischen Hauptstadt begann der aufreibendste Teil des Irrflugs: ein anderthalbstündiges Kreisen ohne Landeerlaubnis. »Glaubt ihr, daß die Leute da mit Girlanden auf euch warten?«[43] Nein, das glaubte wohl keiner in jenen Minuten. Furcht zeigte sich auf den Gesichtern der fünf Befreiten. Über Funk radebrechte Albertz in holprigem Schulenglisch über den Sinn des Fluges und die Notwendigkeit, sofort zu landen.[44] Erst zehn Minuten bevor der Rückflug nach Addis Abeba dringlich geworden wäre, um dort aufzutanken, genehmigten die Behörden die Landung.

An alle Zielflughäfen hatte man in Frankfurt gedacht: Havanna, Tripolis, Damaskus, Beirut – keine Karte fehlte im Cockpit, einzig über Einflugschneise und Rollfeld von Aden war man nicht informiert. Nur über Funkpeilung setzte der Pilot die Maschine durch das nächtliche Gebirge auf die Landepiste. Da stand sie nun, die Boeing 707 in wüstenheißer Nacht, umstellt von Soldaten. Zunächst tat sich nichts. Plötzlich fuhr ein Tankwagen heran, um das Flugzeug erneut startklar zu machen. Wieder starten aber wollte niemand. Immer wieder bat der Pilot, auf dem Rollfeld bleiben zu dürfen. Minute um Minute trat Albertz an das Funkgerät, um mit heiserer Stimme zu erklären, warum man in Aden gelandet war. Auch Gabriele Tiedemann wiederholte das Anliegen der Passagiere. Eine definitive Antwort bekam sie nicht. Stunden vergingen, bevor endlich eine erfreuliche Nachricht eintraf: Ein offizieller Vertreter der jemenitischen Regierung kündigte seinen Besuch an. Passagiere wie Besatzung sollten sich auf ihre Plätze begeben und mit erhobenen Händen auf die Wachmannschaften warten. Nach Minuten gespenstischer Ruhe waren plötzlich Geräusche am Vordereingang zu hören. Soldaten kamen an Bord und durchsuchten die Insassen nach Waffen, ehe fünf Regierungsbeamte die Maschine betraten. Nur unter Schwierigkeiten gelang es Albertz, dem verantwortlichen Staatssekretär begreiflich zu machen, daß er kein Häftling sei, sondern im Auftrag der Bundesregierung die Gefangenen begleite. Einen Diplomatenpaß besaß er nicht. Dennoch verstand der Beamte die Situation und versprach zu helfen, sobald die Bundesregierung die Angaben des Pastors bestätigt habe.[45] Wieder hieß es ausharren.

Während die Terroristen erschöpft in die Sessel sanken und, über das riesige Flugzeug verteilt, in Schlaf fielen, hielten Albertz und

Nielsen die Funkverbindung. Endlich tickerte die Vollmacht aus Bonn über den Fernschreiber, die Albertz' Mission bestätigte. An Aussteigen allerdings war noch immer nicht zu denken, denn dem jemenitischen Außenministerium genügte das Schreiben nicht. Würde die deutsche Regierung akzeptieren, wenn der Jemen politisches Asyl gewährte? Stunden später traf schließlich auch dazu die Einwilligung aus dem Kanzleramt ein.

Von dem Alpdruck der Ungewißheit befreit, verließ Albertz das Cockpit und ging zurück in den Passagierraum, in den langsam die Hitze des Tages drang. In kurzer Zeit würde die Sonne die Temperaturen ansteigen lassen, die über Nacht auf 25 Grad gesunken waren. Schon jetzt war es unerträglich stickig. So blieb der Pastor an der offenen Kabinentür, setzte sich und ließ die Beine aus dem Flugzeug baumeln.[46] Sein Blick fiel auf das Gebirge, über dem die Sonne aufging. War dort hinten nicht sein Berg Morija? Den nach außen hin so nüchternen Christen überkam erneut das Gefühl unmittelbarer Gottesnähe, die Spannung hatte sich gelöst in unaussprechliche Freude.[47] Es war dieses Gottvertrauen, das Albertz noch vor Ende seiner Aufgabe die Gewißheit gab, Lorenz werde freikommen. Diesmal hatte er auf seinen Herrn gehört. Gott hatte ihn während des Fluges nicht verlassen, hatte ihm die Möglichkeit geboten, nach der Albertz so lange gesucht hatte. Nun war er tatsächlich Vermittler geworden; Wort und Tat standen erstmals im Einklang. Schon bald, so hoffte er, würde seine Mission erfüllt sein.

Vorher aber galt es, das Codewort zu erfahren, das Ina Siepmann und die übrigen Häftlinge dem Pastor bisher verweigert hatten. Deshalb mußte Albertz darauf achten, nach seinem Ausstieg so lange bei den Befreiten zu verharren, bis sie ihm die Mitteilung an ihre Berliner Genossen übergaben. Zum Glück verstand der jemenitische Staatssekretär schnell und versprach Albertz, die Anarchisten nicht eher freizulassen, bis sie die erforderliche Botschaft verfaßt hätten. »Er ging dann zu den Gefangenen und erklärte ihnen im Namen seiner Regierung die Aufnahme in sein Land, unbefristet und ohne Einschränkung ihrer Bewegungsfreiheit.«[48] Gemeinsam fuhr man zur Wartehalle, trank einen Kaffee im schäbigen Flughafenrestaurant. Albertz blieb nicht lange ruhig. »Nun, Kinder, jetzt möchte ich aber, daß ihr hier auch mal was aufschreibt.«[49] Nach längerem Hin und Her war die Erklärung verfaßt, ins reine geschrieben, von allen unterzeichnet und Albertz übergeben. Der nahm das Papier, faltete es, steckte es in seine Jackentasche und gab jedem die Hand. Der Abschied fiel ihm nicht leicht. Zwei der Häftlinge weinten.

Als er zurück im Flugzeug war, war die Wehmut verschwunden. »Wenn ich je völlig glücklich war in meinem Leben, dann auf dem Rückflug nach Hause an diesem Dienstag, dem 4. März 1975.«[50] Noch ehe die Maschine den unwirtlichen Ort verließ, den die Araber Paradies nennen, gab der Pastor die Nachricht vom erfolgreichen Ende der Aktion nach Bonn durch. Danach begab er sich in den verlassenen Passagierraum.

Nach einem kurzen Zwischenstop in Addis Abeba und weiteren sieben Stunden Flug tauchte die Boeing 707 um 16.30 Uhr am dunstigen Frankfurter Himmel auf. Ihr entstieg nach problemloser Landung ein blasser Heinrich Albertz. Wieder war das Rollfeld weiträumig abgesperrt, erneut patrouillierte Bundesgrenzschutz auf allen Dächern und Zufahrtswegen. Der Pastor nahm dergleichen wohl kaum zur Kenntnis. Zusammen mit Heinz Fanselau, der ihn schon erwartete, sollte er sofort nach Berlin weiterfliegen. Ihn störte auch das groteske Empfangskomitee nicht – an der Gangway überreichten ihm Mitarbeiter der Lufthansa einen großen Weltatlas mit eingezeichneter Flugstrecke. Gleichgültig nahm Albertz den Folianten entgegen und stieg in die amerikanische Kuriermaschine.

Der Düsenjet verließ das Vorfeld und hob unverzüglich ab. Zu einem Gespräch mit seinem einstigen Referenten war Albertz nicht zumute, nur selten richtete er das Wort an Fanselau. Dem fiel es nicht schwer, die Unruhe zu bemerken, die Albertz ergriffen hatte. Immer wieder suchte der Pastor nach dem Zettel in der Innentasche seines Jacketts, um sich der Mitteilung der Befreiten zu vergewissern.[51]

Nach der Landung in Berlin-Tempelhof stiegen beide in einen britischen Militärhubschrauber um. Wenig später zeigte Albertz ein erstes befreites Lachen: Wohl im Glauben, einen Soldaten von der

Front zu begrüßen, hieß der englische Stadtkommandant den Pastor vor den Messehallen willkommen. Albertz ließ die militärische Ehrung amüsiert über sich ergehen, dann wurde er zum Sender Freies Berlin gefahren. Dort war für die Übertragung schon alles vorbereitet. Um 18.15 Uhr ging ein erschöpfter Pastor auf Sendung. Mit belegter Stimme verlas er die Erklärung der fünf Häftlinge:

> Am Morgen des 4. März 1975 verließen wir, die fünf befreiten Gefangenen, die Crew und Pfarrer Albertz die Lufthansa-Maschine. In der Halle des Flughafens Aden versammelten wir uns mit dem Staatssekretär des Auswärtigen Amtes der südjemenitischen Regierung. Er bekräftigte nochmals den Entschluß seiner Regierung, uns in der Volksrepublik Süd-Jemen aufzunehmen, wo wir uns völlig frei aufhalten können. Die Regierung gab ihr Wort, daß sie diese unsere Bedingungen einhalten will gegen unser Wort, daß dieser Text die Voraussetzung für die Freilassung von Peter Lorenz schafft. Wir danken Pfarrer Albertz für all seine Bemühungen. Wir grüßen unsere Genossen in Deutschland, die außerhalb des Knastes und die noch im Knast sind. Wir werden unsere Energie dareinsetzen, daß für sie auch bald so ein Tag so wunderschön wie heute anbrechen wird. Wir werden siegen.[52]

Mit der Anspielung auf den Schlager – das Codewort für die Terroristen – waren alle Bedingungen der Entführer erfüllt. Der Freilassung von Peter Lorenz stand nichts mehr im Wege. Nach achtundvierzig Stunden im Flugzeug war der Pastor aus der Pflicht entlassen; müde kehrte er nach Hause zurück. Dort trafen wenig später Klaus Schütz, Bischof Scharf und einige Freunde ein. Gemeinsam trank man noch eine Flasche Rotwein, lauschte der einen oder anderen Anekdote und verabschiedete sich schließlich. Albertz nahm Valium und fiel sofort ins Bett. Um Mitternacht endlich rief Peter Lorenz seine Frau an. Die Entführer hatten ihn gehen lassen.[53] Es ist nicht leicht auszumachen, wem in den folgenden Tagen mehr Aufmerksamkeit zuteil wurde, Lorenz oder Albertz. Beide empfanden die Entführung durch die »Bewegung 2. Juni« als tiefen biographischen Einschnitt.

Seit Jahren hatte der Pastor versucht, von jenem Freitag im Juni 1967 loszukommen. Zwar war Albertz der »Übertritt in ein neues Leben« gelungen, doch hatte ihn das Pastorat im ruhigen Schlachtensee nie vollkommen erfüllt.[54] Stets wollte er Vermittler sein, als Fürsprecher der Jugend in die Gesellschaft hineinwirken, um dadurch Zeichen der eigenen Umkehr und Besinnung zu setzen. Darin jedoch war er gescheitert. Nach wie vor mißachteten der Senat, die eigene Partei und die Medien ihren einstigen Bürgermeister und hielten ihn für einen Opportunisten, der nach seinem Versagen in der Politik im anderen Lager um Anerkennung buhlte.

Bei aller Burschikosität fühlte er sich deshalb in die »innere Emigration gezwungen«, ein Zustand, aus dem er mit der Entführung von Peter Lorenz schlagartig herausgefunden hatte.[55] Plötzlich stand Albertz wieder im Kameralicht, umringt von Journalisten und als Held gefeiert. Wer den Pastor nach seinem Aden-Flug erlebte, dem konnte die Genugtuung nicht verborgen bleiben, mit der er sein Comeback betrachtete.[56] Es war »schlicht schön«, wieder gefragt zu sein, in der Senatskanzlei empfangen zu werden und das Lob der Medien entgegenzunehmen.[57] Unerwartet hatte Albertz eine Chance erhalten. Jetzt konnte er wirklich Vermittler, Dolmetscher, ja Fürsprecher werden, mit der Jugend genauso wie mit dem Senat verhandeln und Berlins Bürgermeistern die Probleme der Stadt im persönlichen Gespräch verdeutlichen. Mehr noch, Heinrich Albertz wurde zur »Klagemauer der Nation«.[58] Nach seinem Irrflug und der kritischen, wenn auch verständnisvollen Haltung den Terroristen gegenüber erreichten ihn Briefe aus sämtlichen Teilen der Bundesrepublik. Plötzlich sollte der Pfarrer überall dort helfen, wo junge Menschen glaubten, kein Gehör zu finden.[59]

Diese Rolle verdankte Albertz, davon war er fest überzeugt, nur einem: seinem Herrn. Gott hatte »die Aden-Geschichte arrangiert«, ihn zum Vermittler gemacht und ihm damit die Chance geboten, sich vom 2. Juni zu befreien.[60] Endlich hatte er seine gewünschte Position gefunden. Albertz war kein Politiker mehr, auch nicht mehr

Pastor, sondern ein politischer Geistlicher, der immer dann seine Stimme erhob, wenn er Unrecht zu erkennen glaubte. Nach acht Jahren »innerer Emigration«, Einsamkeit, Stille und Schuldbewußtsein war Heinrich Albertz mit sich und seinem Gott im reinen.

Anhang

Anmerkungen

Der Mann, der mehrere Leben lebte

1 Heinrich Albertz, Wort zum Sonntag vom 6. August 1977, abgedruckt in: Reinhard Henkys, Heinrich Albertz – Stationen, Wege, Wendepunkte. In: Und niemandem untertan. Heinrich Albertz zum 70. Geburtstag. Hrsg. von ders., Volkmar Deile, Manfred Karnetzki und Gerhard Rein, Reinbek bei Hamburg 1985, S. 35.

2 Ders., Wort zum Sonntag vom 20. August 1977, abgedruckt in: ebda.

3 Manfred Karnetzki, Nähe ist zugelassen. Der Prediger Heinrich Albertz in der Gemeinde Schlachtensee. In: Und niemandem untertan ... a.a.O., S. 169.

4 Vgl. auch Klaus Vack, Friedensarbeit vor Ort. Heinrich Albertz im Odenwald. In: Und niemandem untertan ... a.a.O., S. 107.

5 Horst-Eberhard Richter, Ich kann nur noch durch Widerstand ich selber sein. In: Hans-Eckehard Bahr (Hg.), Wissen, wofür man lebt. Jugendprotest, Aufbruch in eine veränderte Zukunft, München 1982, S. 202.

6 Heinrich Albertz in: »Wir lassen sie nicht zur Ruhe kommen«. West-Berliner AL-Politiker über Gewalt und die Doppelrolle der »Alternativen Liste« im Parlament. In: *Der Spiegel* vom 27. Juli 1981, S. 50.

7 Brief an Heinrich Albertz und das Netzwerk, vollständig abgedruckt in: Heinrich Albertz, Blumen für Stukenbrock, Stuttgart 1981, S. 74.

8 Vgl. Hans Rathert, »Es ist Angst in der Luft, große und kleine Angst«. Wie der Kirchentag in Hamburg sich mit einem Ansteckknopf auseinandersetzen muß. In: *Frankfurter Rundschau* vom 20. Juni 1981.

9 Zur Stimmung auf dem Kirchentag siehe Rolf Zundel, Kirche auf der Wanderung. 120000 beim Hamburger Kirchentag: Eine neue Bewegung aus Angst und Glauben kann die Republik verändern. In: *Die Zeit* vom 26. Juni 1981.

10 Zitat aus: »Die halten uns alle für Nicht-Menschen«. Spiegel-Reporter Jürgen Leinemann über den Auftritt der Politiker beim Hamburger Kirchentag. In: *Der Spiegel* vom 22. Juni 1981, S. 26.

11 Heinrich Albertz, Eröffnungsgottesdienst zum Hamburger Evangelischen Kirchentag 1981, Predigt über Psalm 23, 1–6 in der St.-Johannis-Kirche in Altona vom 17. Juni 1981, vollständig abgedruckt in: ders., Blumen ... a.a.O., S. 279 und 277.

12 Vgl. Horst-Eberhard Richter, Pionierarbeit. In: Und niemandem untertan ... a.a.O., S. 111.

13 Heinrich Albertz, Rede in Stukenbrock, vollständig abgedruckt in: ders., Blumen ... a.a.O., S. 13f.

14 Ders., Debattenbeitrag im Podiumsgespräch über »Wie christlich kann Politik sein?« vom 19. Juni 1981 in der Alsterdorfer Sporthalle. In: Deutscher Evangelischer Kirchentag, Dokumente, hrsg. im Auftrag des Präsidiums des Deutschen Evangelischen Kirchentags, Stuttgart 1981, S. 692.

15 Vgl. Ders., Von der Nation – und von Wichtigerem. In: Walter Jens (Hg.), In letzter Stunde. Aufruf zum Frieden, München 1982, S. 135 bis 142.
Siehe außerdem Peter Brandt, Patriotismus für den Frieden. Zu Heinrich Albertz' Wort vom »besetzten Land«. In: Und niemandem untertan ... a.a.O., S. 124.

16 Ders., Rede auf der Friedenskundgebung im Bonner Hofgarten vom 10. Oktober 1981, vollständig abgedruckt in: Aktion Sühnezeichen/Friedensdienste, Aktionsgemeinschaft Dienst für den Frieden (Hg.), Bonn 10.10.1981. Friedensdemonstration für Abrüstung und Entspannung in Europa. Reden und Fotos ..., Redaktion Volkmar Deile u.a., Bornheim 1981, S. 82.

17 Ders. in: Eine Demokratie der Sprach- und Gehörlosigkeit. Heinrich Albertz sieht den Grundkonsens über die Funktionsfähigkeit des Bonner Parlamentarismus gefährdet. In: *Vorwärts* vom 5. Januar 1984.

18 Ders., Rede auf der Friedenskundgebung im Bonner Hofgarten vom 10. Oktober 1981 ... a.a.O.

Heinrich Albertz: Pastor, Preuße, Patriot

1 Heinrich Albertz, Dagegen gelebt. Von den Schwierigkeiten, ein politischer Christ zu sein. Gespräche mit Gerhard Rein, Reinbek bei Hamburg 1976, S. 25.

2 Ders., Die Reise. 4 Tage und 70 Jahre, München 1985, S. 27.

3 Ders., Dagegen gelebt ... a.a.O., S. 25f. Albertz war das Kind Hugos aus zweiter Ehe mit Elisabeth Meinhof, Tochter eines Sanitätsrats aus Pleschen. Aus der ersten Verbindung des Hofpredigers stammten: Martin und dessen jüngere Schwester, die jedoch kurz nach ihrer Verlobung an Lungenentzündung starb.

4 Ders., Miserere nobis. Eine politische Messe, Stuttgart 1988, S. 48.

5 Oswald Spengler, Preußentum und Sozialismus, München 1920, S. 29.

6 Martin Greiffenhagen, Anders als andere? Zur Sozialisation von Pfarrerskindern. In: Ders. (Hg.), Pfarrerskinder, Stuttgart 1982, S. 18.

7 Derartige Formulierungen wie die an die württembergische Geistlichkeit von 1818 finden sich in allen Amtsinstruktionen für Pfarrer bis weit in dieses Jahrhundert hinein. Zitat in: Andreas Gestrich, Erziehung im Pfarrhaus. In: Martin Greiffenhagen (Hg.), Das evangelische Pfarrhaus ... a.a.O., S. 63.

8 Heinrich Albertz, Warum ich Christ bin. In: *Die Zeit* vom 13. April 1979.

9 Ders., Wir dürfen nicht schweigen. Ein politisches Gespräch mit Wolfgang Herles, München 1993, S. 21.

10 Ebda., S. 24.

11 Ders., Warum ich Christ bin ... a.a.O.

12 Ders., Wir dürfen nicht schweigen ... a.a.O., S. 198, 203f.

13 Hugo Albertz starb, als Heinrich acht Jahre alt war. Vgl. Heinrich Albertz, Blumen ... a.a.O., S. 65.
Zur Kindheit allgemein: »Das war im Grunde ein fröhliches Leben ... Als Hugo starb, ging es der Familie schlecht. Nach dem Tod des Mannes hatte damals nur die erste Ehefrau Anspruch auf die Pension, nicht aber die zweite. Elisabeth jedoch war die zweite Frau von Hugo Albertz. So lebten sie und ihr Sohn Heinrich von der Hand in den Mund. Mein Mann erzählte immer wieder, wie er zu Monatsende zu Freundinnen der Mutter geschickt wurde, um Geld zu borgen. Das war ihm ungeheuer peinlich.« Ilse Albertz im Gespräch mit dem Verfasser am 3. November 1993.

14 Albertz erzählte diese Geschichte immer wieder. Kurz zusammengefaßt bei Dettmar Cramer, Der neue Herr im Rathaus Schöneberg. Heinrich Albertz hat in Berlin die Nachfolge von Willy Brandt angetreten. In: *Frankfurter Allgemeine Zeitung* vom 15. Dezember 1966.

15 Martin Albertz gehörte als Spandauer Superintendent zu den Gründungsvätern des Pfarrernotbundes. Innerhalb der Bekennenden Kirche war er für die Ausbildung der Theologiestudenten an der illegalen Kirchlichen Hochschule in Berlin-Brandenburg zuständig. Mehrmals wurde er verhaftet, zuletzt im Juni 1944 wegen Wehrkraftzersetzung. Siehe: Evangelisches Konsistorium der Mark Brandenburg, Akten betr. Heinrich Franz *Martin* Lic. Albertz, Band I–II. Und: Akten betr. Hinterbliebene des Sup. Martin Albertz.

16 Heinrich Albertz, Die politische Dimension des Evangeliums. Vortrag vom 16. Juli 1980, S. 2. In: AdsD, Nachlaß Heinrich Albertz, Publizistische Äußerungen (Artikel, Reden, Interviews), 1967ff., Prov. Sign. 14.

17 Karl Barth, Theologische Existenz heute! In: *Theologische Existenz heute*, Heft 1, 10. Auflage, München 1934, S. 4f.

18 »Richtlinien der Glaubensbewegung Deutsche Christen« vom 26. Mai 1932, abgedruckt in: Georg Denzler und Volker Fabricius, Christen und Nationalsozialisten. Darstellung und Dokumente, Frankfurt a.M. 1993, S. 257.

19 Die »Theologische Erklärung zur gegenwärtigen Lage der Deutschen Evangelischen Kirche« wurde auf der ersten Bekenntnissynode vom 29. bis 31. Mai 1934 in Barmen vor allem von Karl Barth ausgearbeitet. Faktisch war sie das, »was man in alten Zeiten ein Bekenntnis genannt hat ... Aber es sollte ja nicht ›Bekenntnis‹ heißen. Das wollten die lieben Lutheraner nicht haben.«
Karl Barth, Zur Entstehungsgeschichte der Barmer Thesen. Gespräch mit Tübin-

ger Studenten am 2. März 1964. In: ders., Texte zur Barmer Theologischen Erklärung, hrsg. von Martin Rohkrämer, Zürich 1984, S. 221 f.

20 Theologische Erklärung zur gegenwärtigen Lage der Deutschen Evangelischen Kirche, vollständig abgedruckt in: ebda., S. 2 f.

21 Karl Barth, Christengemeinde und Bürgergemeinde. In: ders., Texte zur Barmer Theologischen Erklärung, hrsg. von Martin Rohkrämer, Zürich 1984, S. 103.

22 Heinrich Albertz, Glauben als Mut zum Widerstehen, Diskussionsbeitrag vom 20. Juni 1981 auf dem 19. Kirchentag in Hamburg. In: Deutscher Evangelischer Kirchentag, Dokument, hrsg. im Auftrag des Präsidiums des Deutschen Evangelischen Kirchentages, Stuttgart 1981, S. 361.

23 Ders., Am Ende des Weges. Nachdenken über das Alter, München 1989, S. 82. Bischof Martin Kruse im Gespräch mit dem Verfasser am 4. Oktober 1994.

24 Ders., Man muß Gott mehr gehorchen als dem Menschen. Interview ohne Datum, S. 4. In: AdsD, Nachlaß Heinrich Albertz, Publizistische Äußerungen (Artikel, Reden, Interviews), 1967 ff., Prov. Sign. 12.

25 Ders. in: Reinhard Henkys, Heinrich Albertz – Stationen, Wege, Wendepunkte. In: Und niemandem untertan. Heinrich Albertz zum 70. Geburtstag. Hrsg. von Reinhard Henkys, Volkmar Deile, Manfred Karnetzki und Gerhard Rein, Reinbek bei Hamburg 1985, S. 14.

26 Ilse Albertz im Gespräch mit dem Verfasser am 3. November 1993.

27 Heinrich Albertz, Dagegen gelebt … a. a. O., S. 30.

28 Ders., Christentum und Öffentlichkeit, Vortrag für den Sender Freies Berlin vom 15. April 1956, 18.45 Uhr, Manuskript, S. 6. In: AdsD, Nachlaß Heinrich Albertz, Publizistische Äußerungen (Artikel, Reden, Interviews), 1955–1965, Prov. Sign. 9.

29 Ders., Wort zum Sonntag vom 9. Oktober 1976 … a. a. O., S. 1.

30 Karl Barth, Ethik II … a. a. O., S. 460.

31 Vgl. Dieter Brosius, Zur Lage der Flüchtlinge im Regierungsbezirk Lüneburg zwischen Kriegsende und Währungsreform. In: ders. und Angelika Hohenstein, Flüchtlinge im nordöstlichen Niedersachsen 1945 bis 1948, Hildesheim 1985, S. 35.

32 Vgl. Arbeitsbericht des Leiters des Stadtflüchtlingsamtes Heinrich Albertz vom 5. Juni 1946, abgedruckt in: Helga Grebing, Flüchtlinge und Parteien in Niedersachsen. Eine Untersuchung der politischen Meinungs- und Willensbildungsprozesse während der ersten Nachkriegszeit 1945 bis 1952/53, Hannover 1990, S. 18.

33 Karl Barth, Christengemeinde und Bürgergemeinde … a. a. O., S. 107.

34 1951 ließ Albertz in der Halle des niedersächsischen Sozialministeriums eine Darstellung des barmherzigen Samariters mit der Überschrift »Maxima Caritas Lex« anbringen. Dazu Albertz: »Caritas und Lex sind keine Gegensätze, die sich ausschließen … Die größte Liebe ist das Gesetz. Das gute, das hilfreiche, das ordnende Gesetz.« Heinrich Albertz, Miserere nobis … a. a. O., S. 23.

35 Heinrich Albertz, Warum ich als Flüchtlingspfarrer der SPD beitrat, Schreiben an Kurt Schumacher vom 19. Juli 1946. In: AdsD: Nachlaß Kurt Schumacher: Büro der Westzonen, SPD-Parteivorstand, Januar bis Juli 1946, Sign. 107.

36 Karl Barth, Christengemeinde und Bürgergemeinde ... a.a.O., S. 129.

37 Heinrich Albertz, Wohltätigkeit ist kein Sozialismus! Pastor Albertz über seinen Eintritt in die SPD. In: *Hannoversche Presse* vom 30. Juli 1946.

38 Ders., Warum ich als Flüchtlingspfarrer der SPD beitrat ... a.a.O.

39 Heinrich Albertz, Blumen ... a.a.O., S. 30f.

40 Heinrich Albertz an Ministerpräsident Kopf vom 13. November 1946. In: Niedersächsisches Hauptstaatsarchiv, Nachlaß Hinrich Wilhelm Kopf, Nr. 38.

41 Ebda. Die Entscheidung des Ministerpräsidenten, Maria Fuchs mit dem Flüchtlingskommissariat zu betrauen, überraschte, zumal Albertz stets als Favorit Kopfs gegolten hatte. In seiner Antwort stellte Kopf klar, daß seine Entscheidung nicht auf persönlichen Gründe beruhte, sondern der politischen Erwägung entsprang, »daß zur Überwindung gewisser Hemmnisse in der erstrebten Intensivierung der Flüchtlingsbetreuung die Berufung einer eingesessenen Persönlichkeit des politischen Lebens auf den Posten des Staatskommissars wünschenswert sei«. Als ehemalige Erziehungsministerin des Landes Braunschweig kam, so Kopf, Maria Fuchs dafür eher in Frage. Hinrich Wilhelm Kopf an Pastor Heinrich Albertz vom 8. Februar 1947. In: Niedersächsisches Hauptstaatsarchiv, Nachlaß Hinrich Wilhelm Kopf, Nr. 38.

42 Heinrich Albertz in: Helga Grebing, Flüchtlinge und Parteien in Niedersachsen ... a.a.O., S. 69.

43 Tatsächlich besaß der Minister kaum Kompetenzen. Vgl. »Fünfter Stand«. In: *Hannoversche Presse* vom 18. Dezember 1947.

44 Allein das 1945 errichtete Lager Uelzen nahm in den siebzehn Jahren seines Bestehens 1,3 Millionen Vertriebene und 765 000 Flüchtlinge aus der sowjetisch besetzten Zone bzw. der DDR auf.

45 Heinrich Albertz, Flüchtling und Heimat, Ansprache auf dem Niedersachsentag in Goslar 1947. In: *Celler Heimatkalender der Cellischen Zeitung für Stadt und Land Celle*, Band 14, 1949, S. 33 f.

46 Ders., Das brennendste Problem. In: *Sozialdemokratischer Pressedienst* vom 1. Oktober 1948, S. 2.

47 Aus der Flüchtlings-Branche. Vom Nutzen der Soldatenzeit. In: *Der Spiegel* vom 7. August 1948, S. 8.

48 Vgl. Der Minister am Schlagbaum. In: *Braunschweiger Zeitung* vom 12. April 1950.

49 Heinrich Albertz, Gegenreformation. In: *Mitteilungen des Schweizerischen evangelischen Pressedienstes* vom 19. Oktober 1949, Nr. 42, Blatt 6.

50 Ders., Christentum und Öffentlichkeit ... a.a.O., S. 4.

51 Albertz wiederholte diesen Vorwurf bis zu seinem Lebensende. Erstmals andeutungsweise in: Heinrich Albertz, Gegenreformation ... a.a.O., passim.

52 Martin Niemöller in: James Bentley, Martin Niemöller. Eine Biographie, München 1985, S. 256.

53 Heinrich Albertz, Niemöllers These ernst nehmen. In: *Die Welt* vom 4. Januar 1950.

54 Vgl. ders. in: Wider die Aufrüstung. In: *Hamburger Echo* vom 3. November 1950.

55 Heinrich Albertz an Erich Ollenhauer vom 4. Februar 1953. In: AdsD, Nachlaß Erich Ollenhauer, Allgemeine Korrespondenz von Februar, Sign. 195.

56 Martin Niemöller an Hermann Diem vom 2. Mai 1950, Kopie in: AdsD, Nachlaß Heinrich Albertz, Korrespondenz, 1950, Prov. Sign. 38a. Auch Kurt Schumacher war mit dem Gespräch zufrieden, wie er Albertz berichtete. Vgl. dazu Heinrich Albertz an Hans Iwand vom 21. Mai 1950. In: AdsD, Nachlaß Heinrich Albertz, Korrespondenz, 1950, Prov. Sign. 38a. In den folgenden Monaten versuchte Albertz immer wieder, den Vertretern der evangelischen Kirche die Äußerungen seiner Parteifreunde zur »wahnsinnigen Wiederaufrüstung« klarzumachen. »Wir brauchen jetzt alle Gutwilligen, um ein furchtbares Unheil für Deutschland zu verhindern«, schrieb er Niemöller am 5. Oktober 1950. Das Schreiben an Niemöller sowie der Briefwechsel zwischen Heinrich Albertz und Pastor Mochalski im September und Oktober 1950 findet sich in: AdsD, Nachlaß Heinrich Albertz, Korrespondenz, 1950, Prov. Sign. 38a.

57 Heinrich Albertz an Erich Ollenhauer vom 13. Januar 1955. In: AdsD, Nachlaß Erich Ollenhauer, Allgemeine Korrespondenz, Sign. 203.

58 Deutsches Manifest vom 29. Januar 1955. In: *Europa-Archiv*, Dokumente, hrsg. von Wilhelm Cornides, 10. Jg., Januar bis Juni 1955, S. 7350.

59 Deutsches Manifest vom 29. Januar 1955 … a.a.O., S. 7350.

60 Heinrich Albertz an Martin Albertz vom 5. Februar 1955. In: AdsD, Nachlaß Heinrich Albertz, Flüchtlings- bzw. Sozialminister, Korrespondenz, Niedersachsen, 1954/55, Prov. Sign. 42.

61 Ders. im Gespräch mit dem Verfasser am 25. Juli 1991.

Der Heimat näher

1 Heinrich Albertz im Gespräch mit dem Verfasser am 25. Juli 1991.

2 Im Laufe seines Lebens erzählte Heinrich Albertz mehrere Versionen dieses Anrufs. Dabei vertauschte er die Namen öfters. Mal war Otto Suhr, mal Franz Neumann am Telefon. »Das Angebot kam von Neumann«, erinnerte sich Ilse Albertz im Gespräch mit dem Verfasser am 3. November 1993. Die Position des Senatsdirektors entspricht dem Posten des Staatssekretärs in den Regierungen der übrigen Bundesländer.

3 Im Gespräch mit dem Verfasser bekräftigte Albertz, wie froh er gewesen sei, nach Berlin zu kommen. »Ich wollte meiner Heimat näher sein.« Heinrich

Albertz im Gespräch mit dem Verfasser am 25. Juli 1991. »Mein Mann ist gerne nach Berlin gegangen. Er fühlte sich dort heimisch. Im Gegensatz zu mir war er als Kind oft in Berlin gewesen. Ich fühlte mich dort unwohl. Später sagte mein Mann immer, es sei das dümmste gewesen, nach Berlin zu gehen. Hätte er in Hannover ausgeharrt, wäre er sicherlich Ministerpräsident geworden.« Ilse Albertz im Gespräch mit dem Verfasser am 3. November 1993.

4 Heinrich Albertz in: Senatsdirektoren ernannt! Tauziehen beendet. Erklärung von Albertz. In: *Der Tag* vom 19. Juli 1955.

5 Heinrich Albertz, Die Reise. 4 Tage und 70 Jahre, München 1985, S. 170.

6 Ders. an den Regierenden Bürgermeister Otto Suhr vom 19. Juli 1955. In: Landesarchiv Berlin, Nachlaß Otto Suhr, Rep. 200, Acc. 1704, Nr. 88.

7 Ders. im Gespräch mit dem Verfasser am 25. Juli 1991.
Zur Biographie Franz Neumanns siehe Walter Oschilewski und Arno Scholz, Franz Neumann. Ein Kämpfer für die Freiheit Berlins, Berlin 1954. »Zwischen beiden herrschte eine Art Kameraderie.« Klaus Schütz im Gespräch mit dem Verfasser am 25. August 1993.

8 Siehe auch Hans-Jürgen Heß, Innerparteiliche Gruppenbildung. Macht- und Demokratieverlust einer politischen Partei am Beispiel der Berliner SPD in den Jahren von 1963 bis 1981. In: Forschungsinstitut der Friedrich-Ebert-Stiftung, Reihe: Politik- und Gesellschaftsgeschichte, Band 13, hrsg. von Kurt Klotzbach, Bonn 1984, S. 29 f.

9 Nach dem Tode Reuters 1953 trafen sich die Mitglieder des »Pfeifenklubs«, um Willy Brandt an die Spitze der Partei zu bringen und die Berliner SPD endlich zu der westorientierten Volkspartei zu machen, die Reuter immer vorgeschwebt hatte. Zum »Pfeifenklub« gehörten u. a. die Zehlendorfer Abgeordnete Maria Reuber, Klaus Schütz, Helmut Mattis, Kurt Mattick, Theo Thiele, später noch Kurt Neubauer und der mächtige Joachim Lipschitz. Vgl. Abraham Ashkenasi, Reformpartei und Außenpolitik. Die Außenpolitik der SPD, Berlin – Bonn, Köln 1968, S. 151.

10 Heinrich Albertz in: Angela Martin, Heinrich Albertz. In: Stadtoberhäupter. Biographien Berliner Bürgermeister im 19. und 20. Jahrhundert, hrsg. von Wolfgang Ribbe, Berlin 1992, S. 519.

11 Ders. im Gespräch mit dem Verfasser am 8. Januar 1993.

12 Ders. in: Angela Martin, Heinrich Albertz ... a. a. O., S. 519.

13 Egon Erwin Müller im Gespräch mit dem Verfasser am 13. Dezember 1994.

14 Rainer Albertz im Gespräch mit dem Verfasser am 14. Mai 1993.

15 »Albertz stellte sich laufend selbst in Frage. Er war fast immer spöttisch. Viele haben das nie verstanden und fühlten sich von ihm angegriffen.« Hans Jürgen Heß im Gespräch mit dem Verfasser am 16. März 1995.

16 Gisela Spangenberg im Gespräch mit dem Verfasser am 17. März 1993.

17 Heinrich Albertz im Gespräch mit dem Verfasser am 25. Juli 1991.

»Albertz wurde dem CDU-Politiker Tiburtius als eine Art Kontrolleur zugeteilt. Tiburtius war einer der letzten Bildungsbürger. Bevor er ins Theater ging, las er die Stücke, die er sehen wollte. Für die Verwaltung war Albertz zuständig.« Klaus Schütz im Gespräch mit dem Verfasser am 25. August 1993.

18 Heinrich Albertz, Die Reise ... a.a.O., S. 170.

19 Ilse Albertz im Gespräch mit dem Verfasser am 3. November 1993.

20 Heinrich Albertz an Erich Ollenhauer vom 18. Dezember 1957. In: AdsD, Nachlaß Erich Ollenhauer, Allgemeine Korrespondenz, Sign. 213.

21 Vgl. Hans Herzfeld, Berlin in der Weltpolitik 1945–1970. In: Veröffentlichungen der Historischen Kommission zu Berlin, Band 38, Berlin 1973, S. 31 f.

22 Klaus Schütz in: Peter Koch, Willy Brandt. Eine politische Biographie, Berlin 1988, S. 182.

23 Vgl. Hans-Jürgen Heß, Innerparteiliche Gruppenbildung ... a.a.O., S. 35.

24 Egon Erwin Müller im Gespräch mit dem Verfasser am 13. Dezember 1994.

25 Klaus Schütz im Gespräch mit dem Verfasser am 25. August 1993. Heinrich Albertz im Gespräch mit dem Verfasser am 8. Januar 1993.

26 Während die SPD 1954 44,6% errang, kam sie am 7. Dezember 1958 auf 52,6% der Stimmen. Die Christdemokraten erzielten mit 37,7% ebenfalls einen Gewinn von 7,3%.

27 »Damals kamen Sie am Tage nach den Wahlen sofort zu mir, um mir zu eröffnen, daß ich nunmehr meinen Posten der SPD und zwar wahrscheinlich Ihnen übergeben müsse. Man werde sich dann bemühen müssen, mir irgendwelche Ehrungen als Ausgleich zuzuwenden. Die politische Entscheidung fiel damals bekanntlich anders aus, und wir fanden uns schnell wieder zusammen. Als danach auch in der Entscheidung über ein anderes Senatsamt eine für Sie unerfreuliche Wendung eintrat, waren es nicht etwa Ihre Parteifreunde in unserer Verwaltung, sondern Frau Eva-Maria Flesch, Herr Merzdorf und nach besten Kräften ich, die Ihnen freundschaftliche Aussprache und Rückhalt zuteil werden ließen. Dies waren keine besonders zu nennenden Opfer, sondern einfache Bekundungen von Zusammengehörigkeit. Damit war es dann freilich schlecht vereinbar, daß Sie nach wenigen Monaten den politischen Lockungen der Senatskanzlei sehr schnell und in recht drastischen Formen folgten und uns durch ein Zeitungsinterview bescheinigten, daß wir den Wettbewerb mit diesen Aussichten nicht bestehen könnten. Alles dies ist selbstverständlich bei einem befähigten und entsprechend selbstbewußten Politiker in jüngerem Lebensalter durchaus verständlich (sic!). Ich glaube auch keineswegs an Sie, lieber Herr Albertz, Ansprüche auf irgendwelche Dankbarkeit zu haben. Ich bin auch ehrlich darum bemüht, gegen Sie keinen Groll zu empfinden. Daß ich aber von Ihnen als einem sich bekennenden Christen eine andere menschliche Haltung ... als folgerichtig empfunden hätte, kann ich nicht leugnen.« Joachim Tiburtius an Heinrich Albertz vom 9. März 1963. In: AdsD, Nachlaß Heinrich

Albertz, Allgemeine und persönliche Korrespondenz, 1963–1967, Prov. Sign. 18.

28 Das entsprechende SPD-Fraktionsprotokoll fehlt im Archiv der Friedrich-Ebert-Stiftung. Siehe daher: Heinrich Albertz, Dagegen gelebt. Von den Schwierigkeiten, ein politischer Christ zu sein. Gespräche mit Gerhard Rein, Reinbek bei Hamburg 1976, S. 38.

29 Brandt stellte Albertz zweimal zur Wahl. Die erste Abstimmung erbrachte ein Ergebnis von 36 gegen 34 Stimmen. Vgl. Christian am Ende, Brandt stößt auf Widerstand in seiner Fraktion. Kaum noch eine Chance für Albertz. In: *Frankfurter Allgemeine Zeitung* vom 29. Januar 1959.

30 Brandt, der sich auf Weltreise befand, als er von dem Entschluß des Senatsdirektors hörte, ließ ihm durch Bundessenator Klein mitteilen, daß er dessen Ausscheiden bedauern würde. Klein bat Albertz,»die Rückkehr Willy Brandts abzuwarten, um Dich mit ihm beraten zu können. Ihr habt in den letzten Monaten so eng zusammengehalten, daß jede ›einsame‹ Entscheidung in der Öffentlichkeit mißdeutet werden kann!« Günter Klein an Heinrich Albertz, Brief vom 25. Februar 1959. In: AdsD, Nachlaß Heinrich Albertz, Allgemeine und persönliche Korrespondenz, 1955–1959, Prov. Sign. 15.

31 Von der Bedeutung dieses Wahlspruchs für sich selbst und seine Arbeit bei Brandt berichtete Heinrich Albertz dem Verfasser im Gespräch vom 8. Januar 1993.

32 Ders. an Staatssekretär Otto Bleibtreu vom 15. August 1958. In: AdsD, Nachlaß Heinrich Albertz, Allgemeine und persönliche Korrespondenz, 1955–1959, Prov. Sign. 15.

33 Horst Schulze im Gespräch mit dem Verfasser am 21. Januar 1994.

34 Heinrich Albertz im Gespräch mit dem Verfasser am 8. Januar 1993.

35 Vgl. auch Geschäftsanweisung für den inneren Dienst der Senatskanzlei (GASKzl.) vom 13. Oktober 1959. In: Landesarchiv Berlin, Allgemeine Verwaltungsangelegenheiten der Senatskanzlei und Geschäftsanweisungen, Repp. 2, Acc. 2685.

36 »Ich habe ... sehr lange Zeit gebraucht, um ihn (Brandt; d. Verf.) davon zu überzeugen, daß wir etwas unternehmen mußten, und so haben wir vier oder fünf qualifizierte Beamte in die Senatskanzlei geholt, die das Gegenüber zu den jeweiligen Fachressorts waren, weil wir ja von nichts eine Ahnung hatten und die abenteuerlichsten Dinge passierten.« Ders., Wir dürfen nicht schweigen. Ein politisches Gespräch mit Wolfgang Herles, München 1993, S. 10.

37 Heinrich Albertz im Gespräch mit dem Verfasser am 8. Januar 1993.

38 Ders., Wir dürfen nicht schweigen ... a.a.O., S. 10f.

39 Egon Bahr im Gespräch mit dem Verfasser am 24. März 1993.

40 »Brandt schätzte, wenn seine Mitarbeiter nicht nur ihren Dienst taten, sondern auch Sinn für andere Belange besaßen. Es war ihm wichtig, wenn nicht alles tierisch ernst ablief. Man mußte intelligent und humorvoll sein. Ein Gespräch

mußte sich für ihn lohnen, und es lohnte sich, sich mit Albertz zu unterhalten.«
Klaus Schütz im Gespräch mit dem Verfasser am 25. August 1993.

41 Heinrich Albertz im Gespräch mit dem Verfasser am 8. Januar 1991.

42 Regine Kost im Gespräch mit dem Verfasser am 11. Juni 1994.

43 »Albertz, obwohl jünger, war immer der überlegenere, besonnenere von beiden. Albertz war eher die Vaterfigur. Brandt war spontaner, auch phantasievoller.« Gisela Spangenberg im Gespräch mit dem Verfasser am 17. März 1993.

44 Zum Ultimatum siehe Note der UdSSR an die Westmächte vom 27. November 1958. In: Dokumente zur Deutschlandpolitik, IV. Reihe, Band 1, 10. November 1956 bis 9. Mai 1959, Erster Halbband (10.11.1958–31.1.1959), bearb. von Ernst Deuerlein und Hannelore Nathan, hrsg. vom Bundesministerium für Innerdeutsche Beziehungen, Frankfurt a.M. 1971, S. 163–177.

45 Willy Brandt, Man könnte mehr tun. Der außenpolitische Spielraum ist begrenzt, aber es gibt doch Möglichkeiten. In: *Die Zeit* vom 22. Juli 1960.

46 Selbst als Chef der Senatskanzlei besuchte Albertz den Ostsektor häufig. »Vor dem Mauerbau war ich sehr viel in Ost-Berlin. Ich besuchte oft den SPD-Ortsverband Lichtenberg, war dort ein ständiger Gast. Ich war nie so verbohrt wie der Lipschitz, der sich schon vor dem Mauerbau strikt weigerte, die Sozialdemokraten im Ostteil zu besuchen.« Heinrich Albertz im Gespräch mit dem Verfasser am 8. Januar 1993.

Der Mut zur Wahrheit. Heinrich Albertz und der Bau der Mauer

1 Erklärung der Regierungen der Mitgliedsstaaten des Warschauer Vertrages vom 12. August 1961. In: Dokumente zur Deutschlandpolitik, IV. Reihe, Band 7, 12. August bis 31. Dezember 1961, Erster Halbband (12.8.–30.9.1961), hrsg. von Bundesminister für Innerdeutsche Beziehungen, Frankfurt a.M. 1976, S. 5.

2 Dennoch hatte Albertz dem Regierungschef geraten, die Wahlkampffreise abzubrechen.
»Lieber Willy Brandt!

Trotz der Turbulenz der Nürnberger Tage bitte ich, diesen Brief zu lesen und mir abzunehmen, daß ich ihn nach Gesprächen mit Egon Bahr und Joachim Lipschitz aus der großen Besorgnis heraus schreibe, ob in den nächsten Wochen die geplante Wahlkampfreise in der vorgesehenen Form durchgeführt werden kann. Durch den heutigen Schritt von Amrehn ist in der Stadt das Gefühl verstärkt worden, daß der Regierende Bürgermeister den Wahlkampf vor seine Amtspflichten stellt. Daß wir beide wissen, daß auch Deine Anwesenheit in Berlin im Augenblick bei sachlichen Entscheidungen nicht unbedingt notwendig ist, ist nach außen schwer zu erklären. Ob in den nächsten 14 Tagen uns vom Osten ein Anlaß geschenkt wird, bei dem Dein sofortiges Eingreifen in eine Berliner Frage auch nach außen hin sichtbar werden kann, ist fraglich. Wahrscheinlich wird das weitere Ansteigen der Flüchtlingswelle und eine allgemeine Unruhe im Nervenkrieg um Berlin die psychologische Situation in der Stadt nur langsam weiterbelasten. Ich stelle darum in allem Ernst die Frage, ob nicht erwogen werden kann, daß zu einem Zeitpunkt, der natürlich genau überlegt werden müßte und vermutlich nicht nach dem 1. September liegen kann, Deine Wahlkampfreise offiziell und in aller Form abgebrochen wird. Soweit ich dies von hier aus beurteilen kann, könnte dies auch auf das Wahlergebnis selbst nur einen günstigen Einfluß haben. Eine solche Entscheidung schlösse nicht aus, daß Du zwei- oder dreimal die Woche abends in den größten Städten der Bundesrepublik auf Massenkundgebungen unter dem Berlin-Thema sprichst und – wie Joachim Lipschitz zusätzlich vorschlug – der CDU sogar anträgst, diese Kundgebungen gemeinsam mit Dir zu halten.

Jedenfalls wird diese Frage mit Sicherheit am Montag hier auf Dich zukommen und auch eine Rolle bei dem spielen, was Du am Abend auf der hiesigen SPD-Kundgebung sagst. Dort würde freilich ein solcher Entschluß nicht verkündet werden können, weil es dann zu sehr nach einem Nachziehen gegenüber der Amrehnschen Entscheidung aussehen könnte.

Ich hoffe, daß Du diese Frage richtig verstehst und nicht etwa als eine Kapitulation des Chefs der Senatskanzlei ansiehst, die nächsten Wochen auch unter den erschwerten Verhältnissen im internen Betrieb durchzuhalten. Selbstverständlich geht das auch, wenn es bei der bisherigen Planung bleibt. Aber ich glaube, der Zeitpunkt ist gekommen, an dem man zumindest die Frage in allem Ernst und mit größter Offenheit im kleinsten Kreise erörtern sollte.

Ich wünsche Dir sehr, daß die Nürnberger Tage vor allem für die Partei selbst den Erfolg haben werden, den wir uns erhoffen. Die kleine Berliner Restkompanie begleitet Dich mit allen guten Gedanken.« Heinrich Albertz an Willy Brandt vom 10. August 1961. In: AdsD, Nachlaß Heinrich Albertz, Allgemeine und persönliche Korrespondenz, 1961, Prov. Sign. 17.

3 Ders. in: Rut Brandt, Freundesland. Erinnerungen, Hamburg 1992, S. 130. Vgl. Meldungen vom 13. August 1961, Vermerk der Senatskanzlei. In: Landesarchiv Berlin, Regierender Bürgermeister von Berlin. Akten der Senatskanzlei, Berlin-Krise 13. August 1961, Rep. 2, Acc. 2632. Siehe auch Willy Brandt, Begegnungen und Einsichten. Die Jahre 1960–1975, Hamburg 1976, S. 9.

4 Heinrich Albertz, War die Mauer zu verhindern? Der Berliner Bürgermeister Heinrich Albertz zu der Spiegel-Serie »Konjew ließ aufmarschieren«. In: Der Spiegel vom 24. Oktober 1966, S. 78.

5 Vgl. Carola Stern, Willy Brandt, Hamburg 1988, S. 55. Siehe auch Egon Bahr, Vermerk über die Stimmung der West-Berliner Bevölkerung. In: Landesarchiv Berlin, Regierender Bürgermeister von Berlin. Akten der Senatskanzlei, Berlin-Krise 13. August 1961, Rep. 2, Acc. 2632.

6 Willy Brandt, Rede auf einer Kundgebung auf dem Rudolf-Wilde-Platz vom 16. August 1961. In: Dokumente zur Deutschlandpolitik ... a.a.O., S. 57f.

7 Heinrich Albertz im Gespräch mit dem Verfasser am 8. Januar 1993.

8 Das Schreiben des amerikanischen Präsidenten findet sich vollständig abgedruckt in: Diethelm Prowe, Der Brief Kennedys an Brandt vom 18. August 1961. Eine zentrale Quelle zur Berliner Mauer und der Entstehung der Brandtschen Ostpolitik. In: *Vierteljahrshefte für Zeitgeschichte*, Heft 2, Jg. 33, 1985, S. 382. Kennedy war in seiner politischen Empfindlichkeit getroffen, als er Brandts Brief las. Vgl. Michael Beschloss, Powergame. Kennedy und Chruschtschow. Die Krisenjahre 1960–1963, Düsseldorf 1991, S. 278.

9 Egon Bahr, Mut hatte er immer. Heinrich Albertz und die Vorbereitung einer neuen Ostpolitik. In: Und niemandem untertan. Heinrich Albertz zum 70. Geburtstag. Hrsg. von Reinhard Henkys, Volkmar Deile, Manfred Karnetzki und Gerhard Rein, Reinbek bei Hamburg 1985, S. 88.

10 Heinrich Albertz, War die Mauer zu verhindern? ... a.a.O., S. 72.

11 Hans-Peter Schwarz, Adenauer. Der Staatsmann: 1952–1967, Stuttgart 1991, S. 665.

12 Vgl. Kommuniqué über eine Besprechung zwischen Bundeskanzler Adenauer und dem Botschafter der UdSSR in Bonn, Smirnov, am 16. August 1961. In: Dokumente zur Deutschlandpolitik ... a.a.O., S. 48.

13 Sondersitzung des 3. Deutschen Bundestages am 18. August 1961, Regierungserklärung, abgegeben von Bundeskanzler Adenauer. In: Dokumente zur Deutschlandpolitik ... a.a.O., S. 77.

14 Heinrich Albertz, War die Mauer zu verhindern? ... a.a.O., S. 82.

15 Ders. im Gespräch mit dem Verfasser am 8. Januar 1993.

16 Ders., War die Mauer zu verhindern? ... a.a.O., S. 76.

17 Ders. an Helmut Gollwitzer vom 27. Juni 1962. In: AdsD, Nachlaß Heinrich Albertz, Allgemeine und persönliche Korrespondenz, 1961–1962, Prov. Sign. 17.

18 Willy Brandt an Heinrich Albertz vom 13. Februar 1965. In: AdsD, Nachlaß Heinrich Albertz, Allgemeine und persönliche Korrespondenz 1963–1967, Prov. Sign. 18.

19 Heinrich Albertz in: Dettmar Cramer, Der Motor im Rathaus Schöneberg. In: *Frankfurter Allgemeine Zeitung* vom 4. März 1965.

20 Ders., Rede vor dem Bundesparteitag der SPD in Dortmund 1966. In: Protokoll der Verhandlungen des Parteitages der SPD, 1.–5. Juni 1966, Bonn 1966, S. 490.

21 Ders., Rede zum 17. Juni 1965, maschinenschriftliches Manuskript. In: AdsD, Nachlaß Heinrich Albertz, Publizistische Äußerungen (Artikel, Reden, Interviews), 1965–1967, Prov. Sign. 10, S. 5.

22 Otto Suhr, Regierungserklärung vor dem Berliner Abgeordnetenhaus vom 3. Februar 1955, 4. Sitzung. In: Stenographischer Bericht des Abgeordnetenhau-

ses von Berlin, II. Wahlperiode, Band 1 von der 1. Sitzung am 11. Januar 1955 bis zur 26. Sitzung am 15. Dezember 1955, Berlin 1955, S. 13.

23 Friedrich Ebert. In: *Neues Deutschland* vom 10. Juni 1955.

24 Dietrich Stobbe prägte den Begriff für die Vertreter der Entspannungspolitik in den späten achtziger Jahren. Er trifft schon auf Albertz in den Sechzigern zu. Vgl. Dietrich Stobbe in: Dieter Groh und Peter Brandt, »Vaterlandslose Gesellen«. Sozialdemokratie und Nation 1860–1990, München 1992, S. 318.

25 Heinrich Albertz im Gespräch mit dem Verfasser am 8. Januar 1993.

26 Hildegard Schwarz im Gespräch mit dem Verfasser am 30. Juli 1992.

27 Egon Bahr war in Treffurt an der Werra, einer Kleinstadt in der Nähe von Eisenach, geboren, in Torgau aufgewachsen und in Berlin zur Schule gegangen. Vgl. Andreas Vogtmeier, Egon Bahr und die deutsche Frage. Zur Entwicklung der sozialdemokratischen Ost- und Deutschlandpolitik vom Kriegsende bis zur Vereinigung, Bonn 1996, S. 20ff. Zu Bahrs Haltung im Dritten Reich vgl. Dettmar Cramer, Gefragt: Egon Bahr, Bornheim 1975, S. 11.

28 Vgl. Arnulf Baring, Unser neuer Größenwahn. Deutschland zwischen Ost und West, Stuttgart 1988, S. 145.

29 Vgl. Walter Hahn, West Germany's Ostpolitik: The Grand Design Of Egon Bahr. In: *Orbis* 1973, S. 859–880.

30 Rainer Albertz im Gespräch mit dem Verfasser am 14. Mai 1994.

31 Heinrich Albertz, Dagegen gelebt. Von den Schwierigkeiten, ein politischer Christ zu sein. Gespräche mit Gerhard Rein, Reinbek bei Hamburg 1976, S. 40.

32 Vgl. Willy Brandt, Erinnerungen, Berlin 1989, S. 78.

33 Heinz Fanselau im Gespräch mit dem Verfasser am 4. März 1993.

34 Vgl. Egon Bahr, Mut hatte er ... a.a.O., S. 86.

35 »Mein Mann und Schütz mochten sich nicht. Obwohl Schütz meinem Mann viel aufrichtiger gegenüber eingestellt war als umgekehrt. Heinrich hat nie verstanden, warum Brandt sich so von Schütz beeinflussen ließ.« Ilse Albertz im Gespräch mit dem Verfasser am 3. November 1993.
Klaus Schütz über Albertz: »Er hat uns immer wieder Skandale eingebrockt, die völlig überflüssig waren. Einer dieser Skandale war sein Interview im *Spiegel* über die Einschränkung des Asylrechts. Albertz hatte von Zeit zu Zeit so eine Bekennerwut. Dann mußte er seine Seele auf den Markt legen. Er war einfach zu emotional. Albertz war kein deutschlandpolitischer Vordenker wie Egon Bahr. In Tutzing wollte Bahr Willy Brandt weitertreiben. Das wollte Albertz nie. Albertz war ungeheuer wortgewaltig. Er besaß eine rhetorische Begabung, die ihn oft mitriß.« Klaus Schütz im Gespräch mit dem Verfasser am 25. August 1993.

36 Vgl. Peter Bender, Die »Neue Ostpolitik« und ihre Folgen. Vom Mauerbau bis zur Vereinigung, München 1995, S. 129. Dazu Klaus Schütz im Gespräch mit dem Verfasser am 25. August 1993: »Wir hatten alle ein Verhältnis zu Brandt – weniger Beziehungen untereinander.«

37 Vgl. Einige Fakten über die Entwicklung des Verkehrs zwischen Westberlin und der Hauptstadt der DDR in der Zeit vom 13.8.1961 bis zu den Passierscheinverhandlungen im Dezember 1963. In: SAPMO-BA, ZPA, Bestand der SED-Bezirksleitung Berlin beim ZK der SED, Sign. BPA.-Nr. A-2/9,01/578.

38 Heinrich Albertz im Gespräch mit dem Verfasser am 8. Januar 1993.

39 »Brandt hat uns da stets vorgeschoben, um selber unbeschädigt zu bleiben.« Heinrich Albertz im Gespräch mit dem Verfasser am 8. Januar 1993.

Kampagnen der Aufklärung

1 Vgl. Pressemitteilung des Ministeriums für Inneres der DDR vom 16.12.1961. In: Einige Fakten über die Entwicklung des Verkehrs zwischen Westberlin und der Hauptstadt der DDR in der Zeit vom 13.8.1961 bis zu den Passierscheinverhandlungen im Dezember 1963. In: SAPMO-BA, ZPA, Bestand der SED-Bezirksleitung Berlin beim ZK der SED, Sign. BPA.-Nr. A-2/9,01/578.

2 Willy Brandt, Rede vor dem Berliner Abgeordnetenhaus vom 22. September 1961, 70. Sitzung. In: Stenographische Berichte des Abgeordnetenhauses von Berlin, III. Wahlperiode, Band III, von der 52. Sitzung am 5. Januar 1961 bis zur 80. Sitzung am 21. Dezember 1961, Berlin 1961, S. 275.

3 Erklärung des Vorsitzenden des Staatsrates der DDR, Walter Ulbricht, vom 24. Januar 1962. In: Einige Fakten ... a.a.O., S. 4.

4 »Die Salvatorische Klausel stammt von Albertz. Es war im Zimmer des Regierenden, wo er die Grundidee aussprach.« Egon Bahr im Gespräch mit dem Verfasser am 24. März 1993.

5 Willy Brandt in: »Ich bin bereit, mit Ostberlin zu verhandeln.« *Spiegel*-Gespräch mit dem Berliner Regierenden Bürgermeister Willy Brandt. In: *Der Spiegel* vom 10. Januar 1962, S. 30 f.

6 Vgl. »Wird Berlin ein zweites Algerien?« Spiegel-Gespräch mit dem Westberliner Innensenator Heinrich Albertz. In: *Der Spiegel* vom 5. September 1962, S. 22.

7 Heinrich Albertz, Dagegen gelebt. Von den Schwierigkeiten, ein politischer Christ zu sein. Gespräche mit Gerhard Rein, Reinbek bei Hamburg 1976, S. 43 f.

8 Ders. in: Josef Müller Marein, Der Tod im Zeitungsviertel. Peter Fechter starb langsam und öffentlich. Der Sprung ins Haifisch-Wasser. In: *Die Zeit* vom 24. August 1962.

9 Ders. an Hinrich Wilhelm Kopf vom 13. November 1946. In: Niedersächsisches Hauptstaatsarchiv, Nachlaß Hinrich Wilhelm Kopf, Nr. 38.

10 Vgl. Diethelm Prowe, Die Anfänge der Brandtschen Ostpolitik in Berlin 1961–1963. Eine Untersuchung zur Endphase des Kalten Krieges. In: Aspekte deutscher Außenpolitik im 20. Jahrhundert. Aufsätze Hans Rothfels zum Gedächtnis, hrsg. von Wolfgang Benz und Herrmann Graml, Stuttgart 1976, S. 264.

11 »Wird Berlin ein zweites Algerien?«... a.a.O., S. 26.

12 Ebda., S. 26.

13 Ebda., S. 25.

14 Vgl. ebda., S. 25.

15 Heinrich Albertz im Gespräch mit dem Verfasser am 8. Januar 1993.

16 Vgl. Protokoll der 20. Sitzung des Landesvorstandes der CDU am Freitag, dem 7. September 1962, S. 4f. In: ACDP, Akten des Landesverbandes Berlin, III-012-A575.

17 René Bayer, Brandts neue Welle. Die Kluft zwischen Berlin und Bonn weitet sich. In: *Die Zeit* vom 14. September 1962.

18 Heinrich Albertz im Gespräch mit dem Verfasser am 8. Januar 1993.

19 In seinem Buch »Begegnungen mit Kennedy« betont Brandt fast auf jeder Seite, wie eng er mit den Gedanken Kennedys verbunden und wie freundschaftlich ihr Verhältnis war. Vgl. Willy Brandt, Begegnungen mit Kennedy, München 1964.

20 Vgl. Hans-Peter Schwarz, Adenauer. Der Staatsmann: 1952–1967, Stuttgart. 1991, S. 704ff.

21 Zu Kennedys Deutschlandpolitik siehe Diethelm Prowe, »Ich bin ein Berliner«. Kennedy, die Mauer und die »verteidigte Insel« West-Berlin im ausgehenden Kalten Krieg im Spiegel amerikanischer Akten. In: *Berlin in Geschichte und Gegenwart*, 1989, S. 161 f.

22 Heinrich Albertz im Gespräch mit dem Verfasser am 8. Januar 1993.

23 Kennedy wußte, daß er Brandt nur in Bonn helfen konnte. Er setzte auf Bundesaußenminister Gerhard Schröder, um den Kanzler zu beeinflussen. Vgl. Diethelm Prowe, »Ich bin ein Berliner« ... a.a.O., S. 163.

24 Vgl. Vermerk über die Kontaktaufnahme sowjetischer Diplomaten vom 15. Januar 1963. In: AdsD, Nachlaß Willy Brandt, Beruflicher Werdegang, allgemeine Korrespondenz, geplantes Treffen mit Chruschtschow, Mappe 73.

25 Egon Bahr im Gespräch mit dem Verfasser am 24. März 1993. Vgl. auch Hanns Jürgen Küsters, Konrad Adenauer und Willy Brandt in der Berlin-Krise 1958–1963. In: *Vierteljahrshefte für Zeitgeschichte*, Heft 4, 40. Jg., 1992, S. 540ff.

26 Vgl. Vermerk über ein Telefonat mit Bundeskanzler Adenauer am 17. Januar 1963, 13 Uhr. In: AdsD, Nachlaß Willy Brandt, Beruflicher Werdegang, allgemeine Korrespondenz, geplantes Treffen mit Chruschtschow, Mappe 13.

27 Heinrich Albertz im Gespräch mit dem Verfasser am 8. Januar 1993. Vgl. auch Erklärung des Landesvorstandes der Berliner CDU vom 18. Januar 1963. In: ACDP, Akten des Landesverbandes Berlin, III-012-1239.

28 Vgl. Erklärung des Regierenden Bürgermeisters über die Richtlinien der Regierungspolitik vom 18. März 1963, 4. Sitzung. In: Stenographische Berichte des Abgeordnetenhauses von Berlin, IV. Wahlperiode, Band I, von der 1. Sitzung am 8. März 1963 bis zur 23. Sitzung am 20. Dezember 1963, Berlin 1963, S. 21 f.

29 Vgl. Rede des amerikanischen Präsidenten John F. Kennedy in der Freien Uni-

versität Berlin vom 26. Juni 1963. In: Dokumente zur Deutschlandpolitik, IV. Reihe, Band 9, 1. Januar bis 31. Dezember 1963, Erster Halbband (1.1.–30.6. 1963), hrsg. vom Bundesministerium für Innerdeutsche Beziehungen, Frankfurt a. M. 1978, S. 464 f.

30 Heinrich Albertz im Gespräch mit dem Verfasser am 8. Januar 1993.

31 Ders., Gedanken zur zweiten Wiederkehr des Jahrestages des 13. August 1961. In: *Berliner Stimme* vom 17. August 1963.

32 Ebda.

33 Berlin. Dummheit vor dem Feind. In: *Der Spiegel* vom 29. August 1962, S. 14.

34 Heinrich Albertz, Gedanken zur zweiten Wiederkehr ... a. a. O.

35 Dieses und sämtliche oben zitierten Aussagen in ebda.

36 Vgl. Vortrag Egon Bahrs in der Evangelischen Akademie Tutzing am 15. Juli 1963. In: Egon Bahr, Sicherheit vor und für Deutschland. Vom Wandel durch Annäherung zur Europäischen Sicherheitsgemeinschaft, München 1991, S. 11–17.

37 Franz Amrehn in: Ostpolitik. Wer A sagt, meint B. In: *Der Spiegel* vom 28. August 1963, S. 20.

38 Peter Lorenz an den Bürgermeister von Berlin, Heinrich Albertz vom 14. August 1963. In: ACDP, Akten des Landesverbandes Berlin, III-012-1725. Siehe auch ders. an den Landesvorsitzenden der Berliner SPD, Kurt Mattick, vom 14. August 1963. In: ACDP, Akten des Landesverbandes Berlin, III-012-1725.

39 Kurt Mattick an Heinrich Albertz vom 2. August 1963. In: AdsD, Nachlaß Heinrich Albertz, Allgemeine und persönliche Korrespondenz, 1963–1967, Prov. Sign. 18.

40 Heinrich Albertz im Gespräch mit dem Verfasser am 8. Januar 1993.

41 Vgl. ders., Redebeitrag vor dem Landes- und dem Fraktionsvorstand am 7. August 1963. In: AdsD, Bestand des SPD-Landesverbandes Berlin, Prov. Sign. 1231.

42 Ders. in: Mißtrauensantrag der CDU gegen Albertz. Aufforderung des CDU-Vorstandes an die Fraktion. Sondersitzung des Abgeordnetenhauses. In: *Der Tagesspiegel* vom 21. August 1963.

43 Heinrich Albertz im Gespräch mit dem Verfasser am 8. Januar 1993.

44 Diese und sämtliche oben zitierten Aussagen in: Stenographische Berichte des Abgeordnetenhauses von Berlin, IV. Wahlperiode, Band I, von der 1. Sitzung am 8. März 1963 bis zur 23. Sitzung am 20. Dezember 1963, Berlin 1963, S. 254.

45 Heinrich Albertz, Rede vor dem Abgeordnetenhaus am 3. September 1963, 13. Sitzung. In: Stenographische Berichte des Abgeordnetenhauses von Berlin, IV. Wahlperiode, Band I, von der 1. Sitzung am 8. März 1963 bis zur 23. Sitzung am 20. Dezember 1963, Berlin 1963, S. 259.

46 Vgl. ders., Gedanken zur zweiten Wiederkehr ... a. a. O.

47 Vierunddreißig Abgeordnete hatten dafür gestimmt. Vgl. Abgeordnetenhaus billigt einstimmig Leitsätze Brandts. Mißtrauensantrag gegen Albertz abgelehnt. In: *Die Welt* vom 6. September 1963.

48 Hildegard Schwarz im Gespräch mit dem Verfasser am 30. Juli 1992.

49 Kurt Mattick im SPD-Landesvorstand am 9. September 1963. In: AdsD, Bestand des SPD-Landesverbandes Berlin, Prov. Sign. 1231, S. 6.

50 Ella Kay im SPD-Landesvorstand am 9. September 1963 ... a.a.O., S. 6.

51 Willy Brandt in: Brandt weiter zu technischen Kontakten mit Ost-Berlin bereit. Neun Leitsätze der künftigen Politik. Bemühungen um menschliche Erleichterungen an Ulbricht gescheitert. In: *Frankfurter Allgemeine Zeitung* vom 4. September 1963.

52 Vgl. Peter Bender, Die »Neue Ostpolitik« und ihre Folgen. Vom Mauerbau bis zur Vereinigung, München 1995, S. 131.

53 Heinrich Albertz im Gespräch mit dem Verfasser am 8. Januar 1993.

Berlin – Treffpunkt aller Deutschen

1 Heinrich Albertz im Gespräch mit dem Verfasser am 8. Januar 1993. Egon Bahr im Gespräch mit dem Verfasser am 24. März 1993.

2 Zu den ersten Kontakten zu Spangenberg siehe Peter Bender, Die »Neue Ostpolitik« und ihre Folgen. Vom Mauerbau bis zur Vereinigung, München 1995, S. 130. Vgl. auch »Geheimnis im Tresor«. In: *Der Spiegel* vom 23. Januar 1995, S. 21.

3 Hermann von Berg, Vorbeugende Unterwerfung. Politik im realen Sozialismus, München 1988, S. 156.

4 Brief Alexander Abuschs an Willy Brandt. In: *Neues Deutschland* vom 15. Dezember 1963.

5 Heinrich Albertz in: Passierscheine. Unter dem Strich. In: *Der Spiegel* vom 8. Januar 1964, S. 23.

6 Ders. vor der Berliner Pressekonferenz. In: Pressedienst des Landes Berlin vom 30. Dezember 1963, Nr. 255.

7 Vgl. Erich Mende, Von Wende zu Wende 1962–1982, München 1986, S. 118.

8 »Erhard war kein überzeugter Gegner der Verhandlungen. Er war nur unsicher und hatte Angst, sich unnötigen Ärger aufzubürden. Keiner wollte in Bonn das Gespräch mit der SED. Auch Wehner nicht. In solch einer Situation kamen in Erhards Augen nun die Verrückten aus Berlin mit ihrer Ostpolitik und forderten Dinge, die andere wie Franz Amrehn als Landesverrat verdammten. Da mußte man doch skeptisch sein.« Klaus Schütz im Gespräch mit dem Verfasser am 25. August 1993.

9 Vgl. Das 1. Passierscheinabkommen (Dezember 1963–Januar 1964). In: Einige Fakten über die Entwicklung des Verkehrs zwischen Westberlin und der Hauptstadt der DDR in der Zeit vom 13.8.1961 bis zu den Passierscheinverhandlungen im Dezember 1963, S. 1. In: SAPMO-BA, ZPA, Bestand der SED-Bezirksleitung Berlin beim ZK der SED, Sign. BPA.-Nr. A-2/9,01/578. Vgl. auch Auf-

zeichnung zu Fragen des Personenverkehrs zwischen den beiden Teilen Berlins vom 18. März 1964. In: Berliner Landesarchiv, Regierender Bürgermeister von Berlin. Senatskanzlei, Kontakte betr. Personenverkehr. – Vertraulich –, 1430/2-3/6-0.

10 Heinrich Albertz im Gespräch mit dem Verfasser am 8. Januar 1993.

11 Mitteilung des Regierenden Bürgermeisters. In: *Neues Deutschland* vom 15. Dezember 1963.

12 Vgl. Brief des stellvertretenden Ministerpräsidenten der DDR, Alexander Abusch, an Willy Brandt vom 11. Dezember 1963 und Brandts Antwort vom selben Tag. In: *Neues Deutschland* vom 15. Dezember 1963.

13 Heinrich Albertz im Gespräch mit dem Verfasser am 8. Januar 1993.

14 Vgl. Vermerk über die Besprechung mit Vertretern der Gegenseite betr. Ausgabe von Passierscheinen für West-Berliner vom 12. Dezember 1963, S. 2. In: Berliner Landesarchiv, Regierender Bürgermeister von Berlin. Senatskanzlei, Kontakte betr. Personenverkehr. Vorbereitung zur Vereinbarung vom 17. Dezember 1963. Gesprächsniederschriften – Geheim –, 1430/2-3/6-2.

15 Horst Korber in: Hermann Meyn, Der richtige Mann am richtigen Platz. Gesprächspartner der anderen Seite: Horst Korber. In: *Berliner Stimme* vom 9. Mai 1964.

16 Heinrich Albertz im Gespräch mit dem Verfasser am 8. Januar 1993.

17 Vgl. Vermerk über die Besprechung mit Vertretern der Gegenseite betr. Ausgabe von Passierscheinen für West-Berliner vom 12. Dezember 1963 … a.a.O., S. 6.

18 Die Vermutung, es handle sich um Agenten der Staatssicherheit, traf zu. Auf der Politbürositzung des Zentralkomitees der SED vom 13. Dezember 1963 beauftragte Ulbricht Erich Mielke mit der personellen Ausstattung der künftigen Passierscheinbüros. Vgl. Anlage Nr. 1 zum Protokoll 46 der gemeinsamen Sitzung des Politbüros des Zentralkomitees der SED und des Präsidiums des Ministerrates vom 13. Dezember 1963. In: SAPMO-BA, ZPA, Bestand Politbüro des Zentralkomitees der SED, Sign. J IV 2/2/912.

19 Wendt versprach, insgesamt einhundert Postbeamte für die Annahme der Anträge nach West-Berlin abzustellen. Vgl. Vermerk über die dritte Besprechung mit Vertretern der Ostseite betr. Ausgabe von Passierscheinen für West-Berliner am 13. Dezember 1963 … a.a.O., S. 1.

20 Entwurf für ein Übereinkommen von der Ostseite am 13. Dezember 1963 übergeben. In: Vermerk über die dritte Besprechung … a.a.O.

21 Vgl. Vermerk über die dritte Besprechung … a.a.O., S. 6.

22 Vermerk über die vierte Besprechung mit Vertretern der Ostseite betr. Ausgabe von Passierscheinen für West-Berliner am 13. Dezember 1963 … a.a.O., S. 2.

23 Entwurf für die fünfte Besprechung mit Teilnehmern der Ostseite betr. Verwandtenbesuche von West-Berlinern am 14. Dezember 1963. In: Berliner Landesarchiv, Regierender Bürgermeister von Berlin. Senatskanzlei, Kontakte betr.

Personenverkehr. Vorbereitung zur Vereinbarung vom 17. Dezember 1963. Gesprächsniederschriften – Geheim –, 1430/2-3/6-2.

24 Vgl. Protokolle der Sitzungen des Politbüros des Zentralkomitees der SED vom 13. Dezember und vom 14. Dezember 1963 ... a.a.O.

25 Vermerk über die fünfte Besprechung mit Teilnehmern der Ostseite betr. Verwandtenbesuche von West-Berlinern am 14. Dezember 1963 ... a.a.O., S. 4.

26 Pressemitteilung des Regierenden Bürgermeisters vom 15. Dezember 1963, 19.50 Uhr. In: Berliner Landesarchiv, Regierender Bürgermeister von Berlin. Senatskanzlei, Kontakte betr. Personenverkehr. Vorbereitung zur Vereinbarung vom 17. Dezember 1963. Gesprächsniederschriften – Geheim –, 1430/2-3/6-2.

27 Vermerk über die sechste Besprechung mit Vertretern der Ostseite betr. Verwandtenbesuche von West-Berlinern am 16. Dezember 1963, S. 2. In: Ebda.

28 Gespräch unter vier Augen Korber/Wendt. Ergänzung zu dem Vermerk über die 6. Besprechung mit Vertretern der Ostseite am 16. Dezember 1963 ... a.a.O., S. 2.

29 Klaus Schütz im Gespräch mit dem Verfasser am 25. August 1993.

30 Vgl. auch Protokoll der Passierscheinvereinbarung vom 17. Dezember 1963. In: Dokumente zur Deutschlandpolitik, IV. Reihe/Band 9, 1. Januar bis 31. Dezember 1963, Zweiter Halbband (1.7. bis 31.12.1963), hrsg. vom Bundesministerium für Innerdeutsche Beziehungen, Frankfurt a.M. 1978, S. 1023 ff.

31 Nur wer im Ostteil der Stadt Verwandte besaß, hatte das Recht, eine Tagesaufenthaltsgenehmigung zu beantragen. Vgl. Protokollanlage in ebda.

32 Heinrich Albertz, Gedanken zur zweiten Wiederkehr des Jahrestages des 13. August 1961. In: Berliner Stimme vom 17. August 1963.

33 Ders., Eine Stadt geblieben. In: Berliner Stimme vom 31. Dezember 1963.

34 Ders. im Gespräch mit dem Verfasser am 8. Januar 1993.

35 Ders., Eine Stadt geblieben ... a.a.O.

36 Die Zahl umfaßt allerdings auch Mehrfachbesuche. Vom 20. Dezember 1963 bis zum 5. Januar 1964 besuchten 1 242 787 Westberliner den Ostteil der Stadt. An den beiden letzten Tagen verzeichneten die Ostberliner Stellen mit 235 716 bzw. 280 000 die höchsten Besucherzahlen. Vgl. Das 1. Passierscheinabkommen, S. 8. In: Einige Fakten über die Entwicklung ... a.a.O.

37 Zu den Reaktionen in der DDR vgl. Jochen Staadt, Die geheime Westpolitik der SED 1960–1970. Von der gesamtdeutschen Orientierung zur sozialistischen Nation, Berlin 1993, S. 86 f.

38 Heinrich Albertz in: Passierscheine. Unter dem Strich ... a.a.O., S. 23.

39 Vgl. Vertraulicher Bericht des Bundesamtes für Verfassungsschutz an das Landesamt für Verfassungsschutz, betr. Auswirkung des Passierscheinabkommens auf die SED vom 17. Februar 1964. In: Berliner Landesarchiv, Regierender Bürgermeister von Berlin. Senatskanzlei, Kontakte betr. Personenverkehr. Allgemeines, – Vertraulich –, 1430/2-3/6-0 III.

40 Heinrich Albertz, Eine Stadt geblieben ... a.a.O.

41 Ders. in: Passierscheine. Unter dem Strich ... a.a.O., S. 23.

42 Vgl. Vertraulicher Bericht des Bundesamtes für Verfassungsschutz ... a.a.O.

43 Vgl. Aufzeichnungen zu Fragen des Personenverkehrs zwischen den beiden Teilen Berlins vom 18. März 1964, S. 12. In: Berliner Landesarchiv, Regierender Bürgermeister von Berlin. Senatskanzlei, Kontakte betr. Personenverkehr. Allgemeines, – Vertraulich –, 1430/2-3/6-0.

44 Vgl. Senatspressekonferenz mit Bürgermeister Heinrich Albertz am 30. Dezember 1963, 11.30 Uhr. In: AdsD, Nachlaß Heinrich Albertz, Publizistische Äußerungen (Artikel, Reden, Interviews), 1955–1965, Prov. Sign. 9, S. 5.

45 Ludwig Erhard in: Neuer westlicher Passierschein-Vorschlag wird vorbereitet. Erhard: Keine Wiederholung des Weihnachtsprotokolls. Die Meinungsverschiedenheiten mit dem Senat wachsen. In: Frankfurter Allgemeine Zeitung vom 19. Februar 1964.

46 Erster Stellvertreter des Vorsitzenden des Ministerrates Willi Stoph an den Regierenden Bürgermeister Willy Brandt vom 4. Januar 1964. In: Berliner Landesarchiv, Regierender Bürgermeister von Berlin. Senatskanzlei, Kontakte betr. Personenverkehr. Allgemeines, – Vertraulich –, 1430/2-3/6-0[III].

47 Albertz' Bemerkung findet sich in: Herrn Regierenden Bürgermeister: Zum Bonner Vorschlag, Berlin, den 8. Januar 1964 ... a.a.O.

48 Vermerk über die Besprechung mit der Ostseite am 10. Januar 1964, S. 4. In: Vgl. Chef der Senatskanzlei über AL I, betr. Neuregelung des Passierscheinverfahrens vom 2. Januar 1964. In: Ebda.

49 Heinrich Albertz, Interview mit der Westfälischen Rundschau in Dortmund vom 2. März 1964, Manuskript, S. 2. In: AdsD, Nachlaß Heinrich Albertz, Publizistische Äußerungen (Artikel, Reden, Interviews), 1955–1965, Prov. Sign. 9.

50 Vgl. Niederschrift über das 6. Gespräch betr. Personenverkehr am 13. Februar 1964, S. 6. In: Berliner Landesarchiv, Regierender Bürgermeister von Berlin. Senatskanzlei, Kontakte betr. Personenverkehr. Allgemeines, – Vertraulich –, 1430/2-3/6-6[I].

51 Bulletin der Bundesregierung vom 15. Februar 1964. In: Vgl. Vermerk betr. Passierscheinregelung für Ostern und Pfingsten ... a.a.O.

52 Fernschriftlicher Bericht des Bundessenators Klaus Schütz an den Regierenden Bürgermeister Willy Brandt betr.: Innerstädtischer Personenverkehr vom 27. August 1964. In: Berliner Landesarchiv, Regierender Bürgermeister von Berlin. Senatskanzlei, Kontakte betr. Personenverkehr vom 25. Juli bis 8. September 1964. Allgemeines, – Vertraulich –, 1430/2-3/6-0[V].

53 Heinrich Albertz im Gespräch mit dem Verfasser am 8. Januar 1993.

54 Ders., Christentum und Öffentlichkeit, Vortrag für den Sender Freies Berlin vom 15. April 1956, 18.45 Uhr, Manuskript, S. 7. In: AdsD, Nachlaß Heinrich Albertz, Publizistische Äußerungen (Artikel, Reden, Interviews), 1955–1965, Prov. Sign. 9.

55 Ders., Trefft Deutschland in Berlin. Bürgermeister Albertz spricht vor dem »Verein Berliner Kaufleute und Industrieller«. In: Pressedienst des Landes Berlin vom 26. Mai 1964, Nr. 101, S. 3.

56 Klaus Schütz im Gespräch mit dem Verfasser am 25. August 1993.

57 Heinrich Albertz, Weihnachten 1964, Manuskript für die Berliner Morgenpost, S. 1. In: AdsD, Nachlaß Heinrich Albertz, Publizistische Äußerungen (Artikel, Reden, Interviews), 1955–1965, Prov. Sign. 9.

58 Ders., Rede zum 17. Juni, gehalten am 17. Juni 1965 in Hamburg. In: AdsD, Nachlaß Heinrich Albertz, Publizistische Äußerungen (Artikel, Reden, Interviews), 1965–1967, Prov. Sign. 10, S. 5.

Der Zwischenmeister

1 Vgl. Meinungswandel der Berliner Bevölkerung gegenüber Koalitionsregierung und Opposition seit den Februar-Wahlen 1963, Bericht vom 11. September 1963, S. 4. In: AdsD, Nachlaß Kurt Mattick, SPD-Berlin, Sign. 93.

2 Vgl. Sitzung des Landesvorstandes vom 25. Februar 1963, S. 2. In: AdsD, Bestand des SPD-Landesverbandes Berlin, 1231.

3 Von 81 abgegebenen Stimmen entfielen auf Albertz 52 Ja- und 22 Neinstimmen bei 7 Enthaltungen. Vgl. Kurzprotokoll der Fraktionssitzung der SPD-Fraktion vom 4. März 1963. In: AdsD, Bestand des SPD-Landesverbandes Berlin, 560.

4 Heinrich Albertz, Wir dürfen nicht schweigen. Ein politisches Gespräch mit Helmut Herles, München 1993, S. 29.

5 Undatierter Brief Kurt Matticks an Willy Brandt. In: AdsD, Nachlaß Kurt Mattick, Allgemeine Korrespondenz, Sign. 29.

6 Heinrich Albertz an Kurt Mattick, Brief aus Puerto de Pollensa vom 21. Mai 1963. In: AdsD, Nachlaß Kurt Mattick, Glückwünsche, Sign. 78.

7 Hans-Peter Hempel im Gespräch mit dem Verfasser am 25. November 1993.

8 Kurt Mattick an Heinrich Albertz vom 8. Januar 1964. In: AdsD, Nachlaß Heinrich Albertz, Allgemeine und persönliche Korrespondenz, Prov. Sign. 18.

9 Briefentwurf Kurt Matticks an Heinrich Albertz. In: AdsD, Nachlaß Kurt Mattick, Allgemeine Korrespondenz, Sign. 22.

10 Vgl. Harry Ristock, Neben dem roten Teppich. Begegnungen, Erfahrungen und Visionen eines Politikers, Berlin 1991, S. 95.

11 Der neue »Regierende«. In: Berliner Morgenpost vom 13. Februar 1964.

12 Ilse Albertz im Gespräch mit dem Verfasser am 3. November 1993.

13 Heinrich Albertz in: Willi Kinnigkeit, Seine Rede ist oft »Ja« oder »Nein«. Der neue alte Berliner Innensenator Albertz will nicht unbedingt bei jedermann gut ankommen. In: Süddeutsche Zeitung vom 17. November 1965.

14 Heinrich Albertz, Wir dürfen nicht schweigen … a.a.O., S. 23 und 21.

15 Vgl. ders., Dagegen gelebt. Von den Schwierigkeiten, ein politischer Christ zu sein. Gespräche mit Gerhard Rein, Reinbek bei Hamburg 1976, S. 27.

16 Heinrich Albertz in: Senatoren. Zurück ins Paradies. In: *Der Spiegel* vom 19. Januar 1964, S. 24

17 Karl Schiller in: Senatoren. Zurück ins Paradies … a. a. O., S. 22.

18 Rolf Schwedler im Landesvorstand vom 12. Juni 1964. Vgl. Sitzung des Landesvorstandes vom 12. Juni 1963, S. 6 ff. In: AdsD, Bestand des SPD-Landesverbandes Berlin, 1228.

19 Christian am Ende, Man nennt ihn auch den Garnisonspfarrer. Berliner Köpfe: Der neue Bürgermeister Albertz. In: *Frankfurter Allgemeine Zeitung* vom 12. März 1963.

20 Willy Brandt, Rede vor dem Berliner Abgeordnetenhaus vom 20. Februar 1964, 26. Sitzung. In: Stenographische Berichte des Abgeordnetenhauses von Berlin, IV. Wahlperiode, Band II, von der 24. Sitzung am 9. Januar 1964 bis zur 44. Sitzung am 18. Dezember 1964, Berlin 1964, S. 119.

21 Ders. in: Carola Stern, Willy Brandt, Hamburg 1988, S. 70.

22 Vgl. Kurt Mattick, Eröffnungsreferat vor dem 22. Landesparteitag der Berliner SPD, 1. Tagung am 14. Mai 1965, S. 30. In: Bibliothek des SPD-Landesverbandes Berlin.

23 Ristock hatte in Charlottenburg versucht, mit manipulierten, erhöhten Zahlen von Mitgliederstimmen die eigene Mehrheit in den Kreisverbänden und auf dem Landesparteitag aufzustocken. Erst als immer mehr Exemplare der SPD-Zeitung »Berliner Stimme« von der Post als unzustellbar zurückgesandt wurden, die jeder neugewonnene Genosse vier Wochen lang zur Probe erhielt, kam der Landesverband hinter die Manöver der »Linken«. Nach Aufdeckung der Manipulation und Wiederholung der Wahlen wurde der bisherige Kreisvorsitzende Ristock abgewählt und konnte sich noch nicht einmal als Stellvertreter durchsetzen. Vgl. Offener Brief des Landesvorstandes an die Mitglieder der Berliner SPD vom 20. April 1965. In: AdsD, Bestand des SPD-Landesverbandes Berlin, 1227.

24 Vgl. Rolf Schwedler, Rede vor dem 22. Landesparteitag der Berliner SPD, 1. Tagung am 14. Mai 1965, S. 36. In: Bibliothek des SPD-Landesverbandes Berlin.

25 Affären. Spiel mit Dora. In: *Der Spiegel* vom 14. Juli 1965, S. 35.

26 Nach einer Sitzung des Zehlendorfer Kreisvorstandes Ende 1963 verließ Dieter Schwäbl zusammen mit Carl-Heinz Evers und Dietrich Spangenberg das Gebäude. Noch auf der Treppe klagte Schwäbl den beiden Parteifreunden seinen Unmut über die ständigen Personaldebatten innerhalb der SPD. Evers und Spangenberg teilten diese Auffassung. Bei einem anschließenden Glas Bier vertieften die drei Genossen das Gespräch über die ständigen Rechts-Links-Querelen in der Partei. Schwäbl berichtete außerdem von der Unruhe um die Ablösung des ÖTV-Vorsitzenden Adolf Kummernuß wegen seiner ablehnenden

Haltung, in Berlin die Bundeszentrale seiner Gewerkschaft zu errichten, die er in einer Rede anläßlich der Einweihung der Gewerkschaftszentrale in der Joachimstaler Straße vorgetragen hatte. Er erzählte ferner von den Bemühungen des neuen ÖTV-Chefs Heinz Kluncker, mit den osteuropäischen Gewerkschaften Beziehungen aufzunehmen, die bis dahin allerdings an der »Dreistaatentheorie« scheiterten, weil sämtliche Gewerkschaften des Ostblocks Berlin außen vor lassen wollten.

Aus diesem Gespräch erwuchs die Idee, sich in einem Kreis von Gleichgesinnten zu treffen, um endlich weg von den sonst üblichen Personaldebatten hin zu einer Sachdiskussion zu kommen. Vor allem sollte über neue Wege in der Ostpolitik diskutiert werden. »Wir waren der Meinung, zu neuen Ufern kommen zu müssen. Und 1965 kam noch der Versuch hinzu, auf die Partei einzuwirken.« Spangenberg empfahl, Albertz in diesen Kreis mit einzubeziehen. Dieter Schwäbl im Gespräch mit dem Verfasser am 24. Februar 1994.

27 Wolfgang Büsch im Gespräch mit dem Verfasser am 26. November 1993.

28 Heinrich Albertz im Gespräch mit dem Verfasser am 25. Juli 1991.

29 Willy Brandt, Begegnungen und Einsichten, Hamburg 1976, S. 168.

30 Vgl. Hans-Jürgen Heß, Innerparteiliche Gruppenbildung, Macht- und Demokratieverlust einer politischen Partei am Beispiel der Berliner SPD in den Jahren von 1963 bis 1981. In: Forschungsinstitut der Friedrich-Ebert-Stiftung, Reihe: Politik- und Gesellschaftsgeschichte, Band 13, hrsg. von Kurt Klotzbach, Bonn 1984, S. 29–50.

31 Vgl. Kai Hermann, Die »Linke« bläst zum Angriff. Attacken gegen Wehner und Erler aus der Berliner SPD. In: Die Zeit vom 8. Oktober 1965.

32 Vgl. Parteien. Schnabel gewetzt. In: Der Spiegel vom 20. Oktober 1965, Nr. 43, S. 48.

33 Heinrich Albertz, Diskussionsbeitrag auf der Klausurtagung der SPD-Führungsgremien am 9. Oktober 1965, S. 3. In: AdsD, Bestand des SPD-Landesverbandes Berlin, 239.

34 Ders., Rede vor dem Kuratorium Unteilbares Deutschland vom 11. Dezember 1965, S. 3. In: AdsD, Nachlaß Heinrich Albertz, Publizistische Äußerungen (Artikel, Reden, Interviews), 1965–1967, Prov. Sign. 10.

35 René Bayer, Albertz. Mehr Mut! Der Berliner Bürgermeister fordert Ausbau der Kontakte. In: Die Zeit vom 17. Dezember 1965.

36 Michael Kohl löste Erich Wendt ab, der gestorben war. Zuvor war der sechsunddreißigjährige Völkerrechtler im DDR-Außenministerium als Abteilungsleiter tätig gewesen. Unter Kohl verschärfte sich das Klima der Verhandlungen. Vgl. Veröffentlichungen von Dr. Michael Kohl. In: Berliner Landesarchiv, Akten Regierender Bürgermeister von Berlin. Senatskanzlei, Kontakte betr. Personenverkehr vom 15. Mai bis 29. September 1965. Allgemeines, – Vertraulich –, 1430/2-3/6-00 VII.

37 Das ganze Jahr über trafen sich Spangenberg und sein Ost-Berliner Verhandlungspartner. Dabei beklagte sich der Chef der Senatskanzlei immer wieder, daß Ulbricht keinerlei Absicht mehr besitze, zu einer Passierscheinregelung zu kommen.

38 Vgl. Peter Bender, Die »Neue Ostpolitik« und ihre Folgen. Vom Mauerbau bis zur Wiedervereinigung, München 1995, S. 98.

39 Vgl. Heinrich Albertz, Berlin – Gesicht des wirklichen Deutschland. In: *Berliner Stimme* vom 18. Dezember 1965.

40 Heinrich Albertz im Gespräch mit dem Verfasser am 25. Juli 1991.

41 Vgl. Arnulf Baring, Machtwechsel. Die Ära Brandt – Scheel, Stuttgart 1982, S. 174.

42 Heinz Fanselau im Gespräch mit dem Verfasser am 4. März 1993.

Von der Berlin-Krise zur Krise Berlins.
Heinrich Albertz und die geteilte Stadt

1 Heinrich Albertz, Blumen für Stukenbrock, Stuttgart 1981, S. 140.

2 Bisherige Mannschaft arbeitet weiter. Heinrich Albertz an der Spitze. Abgeordnetenhaus dankt Willy Brandt. In: *Berliner Stimme* vom 17. Dezember 1966.

3 Rainer Albertz im Gespräch mit dem Verfasser am 14. Mai 1994.

4 Vgl. Heinrich Albertz, Entwurf für eine Rede am 17. Februar 1967, S. 1. In: AdsD, Nachlaß Heinrich Albertz, Publizistische Äußerungen (Artikel, Reden, Interviews), 1967, Prov. Sign. 10.

5 Hanns-Peter Herz im Gespräch mit dem Verfasser am 21. Januar 1994.

6 Heinz Fanselau bestätigt, daß Albertz häufig von der »Räubersynode« sprach, wenn er den Landesvorstand meinte, der seinen Sitz noch heute in der Müllerstraße hat. Heinz Fanselau im Gespräch mit dem Verfasser am 4. März 1993.

7 Heinrich Albertz, Wir dürfen nicht schweigen. Ein politisches Gespräch mit Helmut Herles, München 1993, S. 198.

8 Vgl. Egon Bahr, Mut hatte er immer. Heinrich Albertz und die Vorbereitung einer neuen Ostpolitik. In: Und niemandem untertan. Heinrich Albertz zum 70. Geburtstag. Hrsg. von Reinhard Henkys, Volkmar Deile, Manfred Karnetzki und Gerhard Rein, Reinbek bei Hamburg 1985, S. 89.

9 Egon Bahr im Gespräch mit dem Verfasser am 24. März 1993.

10 Heinrich Albertz, Dagegen gelebt. Von den Schwierigkeiten, ein politischer Christ zu sein. Gespräche mit Gerhard Rein, Reinbek bei Hamburg 1976, S. 39.

11 Das soll Albertz oft mit Stolz ausgerufen haben, wenn er über die Berliner Polizei sprach. Hanns-Peter Herz im Gespräch mit dem Verfasser am 21. Januar 1994.

12 Hans-Peter Hempel im Gespräch mit dem Verfasser am 25. November 1993.

13 Ilse Albertz im Gespräch mit dem Verfasser am 3. November 1993.

14 Heinrich Albertz, Rede vor dem 23. Landesparteitag der Berliner SPD, außeror-

dentliche Tagung vom 10. Dezember 1966, S. 19, Unveröffentlichte Ausfertigung. In: Bibliothek des SPD-Landesverbandes Berlin.

15 Hanns-Peter Herz im Gespräch mit dem Verfasser am 21. Januar 1994.

16 Carl-Heinz Evers im Gespräch mit dem Verfasser am 17. Januar 1994.

17 Ders. im Gespräch mit dem Verfasser am 17. Januar 1994. Dazu Dietrich Stobbe: »Die Rechte hatte zuwenig Format, sich bei Willys Entscheidung (Albertz zum Regierenden Bürgermeister zu machen; d. Verf.) aufzulehnen und einen weiteren Kandidaten, nämlich den angesehenen Schwedler, aufzustellen. Hätten wir Schwedler oder Neubauer als Alternative benannt, hätte Albertz keine Chance gehabt. Uns paßte Albertz von Anfang an nicht.« Dietrich Stobbe im Gespräch mit dem Verfasser am 5. April 1994.

18 Heinrich Albertz, Entwurf einer Rede vor dem Verein Berliner Kaufleute und Industrieller am 16. Februar 1967, S. 4f. In: AdsD, Nachlaß Heinrich Albertz, Publizistische Äußerungen (Artikel, Reden, Interviews), 1967, Prov. Sign. 10.

19 Heinrich Albertz im Gespräch mit dem Verfasser am 8. Januar 1993.

20 Heinrich Albertz, Entwurf für eine Rede am 17. Februar 1967, S. 15. In: AdsD, Nachlaß Heinrich Albertz, Publizistische Äußerungen (Artikel, Reden, Interviews), 1967, Prov. Sign. 10.

21 Ders., Rede zum 17. Juni 1967. In: Lübke. Es gibt nur ein Deutschland. In: *Frankfurter Allgemeine Zeitung* vom 19. Juni 1967.

22 Berlin. Krise. Schein am Horizont. In: *Der Spiegel* vom 9. Oktober 1967, S. 27.

23 Vgl. Willy Bukow, Zur Wirtschaftslage von West-Berlin. In: *Die öffentliche Wirtschaft*, Jg. 16, 1967, S. 103.

24 Klaus Schütz in: Berlin. Krise ... a.a.O., S. 28.

25 Heinrich Albertz an Bundeskanzler Dr. Kurt Georg Kiesinger vom 26. Januar 1967. In: AdsD, Nachlaß Heinrich Albertz, Allgemeine und persönliche Korrespondenz, 1967, Prov. Sign. 18.

26 Vgl. Anlage zum Brief an den Bundeskanzler vom 26. Januar 1967, S. 3. In: Ebda.

27 Carl-Heinz Evers im Gespräch mit dem Verfasser am 17. Januar 1994.

Hausherr ohne Hausmacht

1 Insgesamt hatten 230 Delegierte ihre Stimme abgegeben. Vgl. Außerordentliche Tagung des 23. Landesparteitages am 10. Dezember 1966, Unveröffentlichte Ausfertigung, S. 70. In: Bibliothek des SPD-Landesverbandes Berlin.

2 Vgl. Kai Hermann, Berliner Kabalen. Albertz wurde von der SPD-Fraktion überrollt. In: *Die Zeit* vom 7. April 1967.

3 Vgl. Heinrich Albertz, »Ich bin kein Oberstadtdirektor«. Der neue Regierende Bürgermeister über seine Aufgaben. Das BS-Gespräch mit Jürgen Grimming. In: *Berliner Stimme* vom 24. Dezember 1966.

4 Vgl. Hans-Jürgen Heß, Innerparteiliche Gruppenbildung, Macht- und Demokratieverlust einer politischen Partei am Beispiel der Berliner SPD in den Jahren von 1963 bis 1981. In: Forschungsinstitut der Friedrich-Ebert-Stiftung, Reihe: Politik- und Gesellschaftsgeschichte, Band 13, hrsg. von Kurt Klotzbach, Bonn 1984, S. 81.

5 Heinrich Albertz, Was erwartet Berlin von der neuen Bundesregierung? In: *Berliner Stimme* vom 31. Dezember 1966.

6 Vgl. Mit eigener Schuld am toten Punkt. *Spiegel*-Gespräch mit dem Regierenden Bürgermeister von Berlin. In: *Der Spiegel* vom 23. Januar 1967, S. 27.

7 Vgl. ders., Erklärung des Regierenden Bürgermeisters über die Richtlinien der Regierungspolitik, Rede vor dem Berliner Abgeordnetenhaus vom 15. Dezember 1966, 86. Sitzung. In: Stenographische Berichte des Abgeordnetenhauses von Berlin, IV. Wahlperiode, Band IV/V, von der 66. Sitzung am 13. Januar 1966 bis zur 92. Sitzung am 2. März 1967, Berlin 1967, S. 591.

8 Ders. in: Senatsbildung. Ära zu Ende. In: *Der Spiegel* vom 27. März 1967, S. 27.

9 Vgl. ders., Entwurf für eine Rede am 17. Februar 1967, S. 9. In: AdsD, Nachlaß Heinrich Albertz, Publizistische Äußerungen (Artikel, Reden, Interviews), 1967, Prov. Sign. 10.

10 Ders. im Gespräch mit dem Verfasser am 25. Juli 1991. Ders., Worte zum Parteitag. In: *Berliner Blätter für Sozialdemokraten*, Sondernummer, März 1970, 2. Jg., S. 3. Nachdem Albertz die Verkleinerung des Senats gelungen war und damit – gemäß der Berliner Verfassung – auch die Bezirksämter abmagern mußten, frohlockte er im *Spiegel*: »Ich watete im Blut.« Ders. in: Senatsbildung ... a.a.O., S. 27.

11 Vgl. West-Berlin im Spiegel der Meinungen. Ergebnisse einer Umfrage in West-Berlin, hrsg. vom Institut für angewandte Sozialwissenschaft, Abteilung für Umfrageforschung, Berlin-Report, Bad Godesberg, Dezember 1967, o. p.

12 Vgl. ebda.

13 Die CDU konnte ihr Ergebnis gegenüber 1963 um 4,1 % verbessern. Sie lag jetzt bei 32,9 %. Die FDP hingegen mußte Stimmeneinbußen hinnehmen, kam aber noch auf 7,1 %.

14 »Wir mußten akzeptieren, daß Albertz uns nur noch einen Senatorenposten einräumte. Die SPD war auf uns nicht angewiesen. Da blieb uns nichts anderes übrig.« Hermann Oxfort im Gespräch mit dem Verfasser am 20. Juni 1994.

15 Heinrich Albertz im Gespräch mit dem Verfasser am 25. Juli 1991. Vgl. auch: Krach mit Brandt. Albertz verärgert über den Vizekanzler. In: *B.Z.* vom 8. Februar 1967.

16 Information aus dem Beraterkreis des ehemaligen Regierenden Bürgermeisters Heinrich Albertz.

17 Heinrich Albertz im Gespräch mit dem Verfasser am 25. Juli 1991. Dieter Schwäbl im Gespräch mit dem Verfasser am 24. Februar 1994. Vgl. auch Hans-Jürgen Heß, Innerparteiliche Gruppenbildung ... a.a.O., S. 84.

18 So der SPD-Abgeordnete Fritz Piefke in: Senatsbildung. Vor den Bug. In: *Der Spiegel* vom 10. April 1967, S. 68.

19 Nach Dieter Schwäbl hat Gerd Löffler den Begriff der »Gewinn- und Erwerbsgemeinschaft« geprägt. Im Gespräch mit dem Verfasser hat Löffler dies nicht dementiert.

20 Heinrich Albertz in: Senatsbildung. Vor den Bug ... a. a. O., S. 68.

21 Von den 73 anwesenden Abgeordneten stimmten 35 für und 33 gegen Spangenberg, fünf enthielten sich der Stimme. Für die absolute Mehrheit wären 37 Stimmen erforderlich gewesen. Vgl. Kurzprotokoll der 3. Fraktionssitzung am 28. März 1967, S. 3. In: AdsD, Bestand des SPD-Landesverbandes Berlin, Prov. Sign. 574.

22 Gerd Löffler im Gespräch mit dem Verfasser am 14. März 1994.

23 Diesmal stimmten von 75 Anwesenden sogar 37 mit Nein. Vgl. Kurzprotokoll der 4. Fraktionssitzung am 3. April 1967, S. 1. In: AdsD, Bestand des SPD-Landesverbandes Berlin, Prov. Sign. 574.

24 Heinrich Albertz in: Dettmar Cramer, Berlins Sozialdemokraten in einer Phase der Schwäche. Bürgermeister Albertz und Landesvorsitzender Mattick mit angeschlagenem Prestige. In: *Frankfurter Allgemeine Zeitung* vom 5. April 1967.

25 Vgl. Böse Schlappe für Albertz. In: *B.Z.* vom 4. April 1967.

26 Vgl. Heinrich Albertz, Blumen für Stukenbrock, Stuttgart 1981, S. 68.

27 Vgl. Heinrich Albertz an Willy Brandt vom 3. Mai 1967. In: AdsD, Nachlaß Heinrich Albertz, Allgemeine und persönliche Korrespondenz, 1963–1967, Prov. Sign. 18.

28 Ebda.

29 »Lieber Heinrich Albertz!

Bevor ich für einenhalb Wochen nach Japan fahre, möchte ich Dich nur wissen lassen, daß ich Deinen Brief vom 3. d. M. noch erhalten habe. Wir müssen uns dann möglichst bald nach meiner Rückkehr einmal in Ruhe unterhalten. Ich sehe einiges anders als Du, aber es gibt überhaupt keinen Grund zu der Annahme, daß wir nicht wie früher zu vernünftigen gemeinsamen Ergebnissen kommen könnten.

Gute Erholung und herzliche Grüße

Dein Willy Brandt«

Willy Brandt an Heinrich Albertz vom 5. Mai 1967. In: AdsD, Nachlaß Heinrich Albertz, Allgemeine und persönliche Korrespondenz, 1963–1967, Prov. Sign. 18.

30 Vgl. Kai Hermann, Berliner Umfassungsschlacht. Linker und rechter SPD-Flügel gegen Albertz. In: *Die Zeit* vom 2. Juni 1967.

31 Vgl. Joachim Raschke, Innerparteiliche Opposition. Die Linke in der Berliner SPD, Hamburg 1974, S. 94.

32 Von den 13 Beisitzerposten waren sieben für die Rechten und sechs für die Lin-

ken vorgesehen. Vgl. »Berliner SPD-Gremien erörtern heute erneut umstrittene Personalprobleme«. In: *Der Tagesspiegel* vom 25. Mai 1967.

33 Dieter Schwäbl im Gespräch mit dem Verfasser am 24. Februar 1994.

34 Vgl. Heinrich Albertz, Debattenbeitrag im Landesausschuß, Protokoll über die Sitzung des Landesausschusses vom 25. Mai 1967, S. 3. In: AdsD, Bestand des SPD-Landesverbandes Berlin, Prov. Sign. 345.

35 Ders. in: Die Mitte soll »geschlachtet« werden. In: *B.Z.* vom 20. Mai 1967.

36 Vgl. Wolfgang Büsch, Rede vor dem 24. Landesparteitag der Berliner SPD, 1. Tagung, 26./27. Mai 1967, S. 38, Unveröffentlichte Ausfertigung. In: Bibliothek des SPD-Landesverbandes Berlin.

37 Joachim Karnatz, Rede vor dem 24. Landesparteitag der Berliner SPD, 1. Tagung, 26./27. Mai 1967, S. 144, Unveröffentlichte Ausfertigung. In: Ebda.

38 Dieter Schwäbl im Gespräch mit dem Verfasser am 24. Februar 1994.

39 Heinrich Albertz, Rede vor dem 24. Landesparteitag ... a.a.O., S. 95.

40 Dazu Dieter Schwäbl im Gespräch mit dem Verfasser am 24. Februar 1994: »Albertz hat uns hier völlig im Stich gelassen. Das hat uns entsetzt ... Jeder spürte, daß wir am Ende waren ... Wir waren über Albertz alle so frustriert, daß wir uns als Gruppe auch nicht mehr betätigten.«

Der Preuße und die Protestierenden

1 Heinrich Albertz im Gespräch mit dem Verfasser am 25. Juli 1991.

2 Vgl. James Tent, Freie Universität Berlin 1948–1988. Eine deutsche Hochschule im Zeitgeschehen, Berlin 1988, S. 230 und 300.

3 Auch an anderen Universitäten stieg die Zahl der Studenten. 1960 waren 291 000 Hörer an bundesdeutschen und West-Berliner Hochschulen eingeschrieben, 1966 bereits über 400000. Vgl. ebda., S. 328 f.

4 Vgl. Tilman Fichter und Siegward Lönnendonker, Kleine Geschichte des SDS. Der Sozialistische Deutsche Studentenbund von 1946 bis zur Selbstauflösung, Berlin 1977, S. 176.

5 Kuby war 1958 zur Persona non grata erklärt worden, als er auf einer AStA-Veranstaltung behauptete, daß der Name der Freien Universität ein äußerstes Maß an Unfreiheit zum Ausdruck bringe.

6 Vgl. Bericht über die Protestbewegung unter den Studenten der Freien Universität Berlin. Der Senator für Inneres, Landesamt für Verfassungsschutz. In: Berliner Landesarchiv, Regierender Bürgermeister von Berlin. Akten der Senatskanzlei, Hochschulen. Allgemeines, Sign. 320, S. 7.

7 Sigrid Rüger in: Tilman Fichter und Siegward Lönnendonker, Kleine Geschichte ... a.a.O., S. 98.

8 Flugblatt gegen die professoralen Fachidioten vom 26. November 1966. In: Karl

Otto (Hg.), APO. Außerparlamentarische Opposition in Quellen und Dokumenten (1960–1970), Köln 1989, S. 186.

9 Vgl. Johann August Schülein, Von der Studentenrevolte zur Tendenzwende oder der Rückzug ins Private. Eine sozial-psychologische Analyse. In: *Kursbuch 48*, 1977, S. 106.

10 Gert Schäfer, Leitlinien stabilitätskonformen Verhaltens. In: ders. und Carl Nedelmann (Hg.), Der CDU-Staat, München 1967, S. 250.

11 Walter Euchner, Zur Lage des Parlamentarismus. In: Ebda., S. 74.

12 Vgl. Herbert Marcuse, Der eindimensionale Mensch. Studien zur Ideologie der fortgeschrittenen Industriegesellschaft, Berlin 1967, S. 15.

13 Ebda., S. 68 f.

14 Rainer Langhans, Aus der Kommune, Flugblatt als Anhang abgedruckt in: Bericht über die Protestbewegung unter den Studenten der Freien Universität Berlin … a.a.O. Vgl. auch François Bondy, Der Rest ist Schreiben. Schriftsteller als Aktivisten, Aufklärer und Rebellen, Wien 1972, S. 170.

15 Vgl. Rudi Dutschke, Strategie-Brief vom April 1965, abgedruckt in: Jürgen Miermeister, Rudi Dutschke. Mit Selbstzeugnissen und Bilddokumenten, Reinbek bei Hamburg 1986, S. 43.

16 Vgl. Brief des Polizeidirektors Günter Dittmann an Bürgermeister Heinrich Albertz vom 11. Februar 1966. In: AdsD, Nachlaß Heinrich Albertz, Allgemeine und persönliche Korrespondenz, 1963–1967, Prov. Sign. 18. Siehe auch Heinrich Albertz, Beantwortung der großen Anfrage der CDU-Fraktion, Rede vor dem Berliner Abgeordnetenhaus vom 17. Februar 1966, 68. Sitzung. In: Stenographische Berichte des Abgeordnetenhauses von Berlin, IV. Wahlperiode, Band IV/V, von der 66. Sitzung am 13. Januar 1966 bis zur 92. Sitzung am 2. März 1967, Berlin 1967, S. 75 f.

17 Vgl. Willy Brandt, Rede vor dem Berliner Abgeordnetenhaus vom 17. Februar 1966 … a.a.O., S. 78.

18 Ebda.

19 Vgl. Heinrich Albertz, Wo-uns-der-Schuh-drückt-Rede vom 9. Januar 1967, S. 2. In: Pressedienst des Landes Berlin vom 9. Januar 1967.

20 Heinrich Albertz, Beantwortung der großen Anfrage der CDU-Fraktion, Rede vor dem Berliner Abgeordnetenhaus vom 17. Februar 1966 … a.a.O., S. 76.

21 »Fest steht, daß bei den Krawallen sowohl Kommunisten als auch Mitglieder von Jugend- und Studentenorganisationen beteiligt waren. Einerseits haben nach vorliegenden Berichten FDJ-Funktionäre die Demonstranten aufgehetzt, andererseits ist bekannt, daß andere Funktionäre der SED und der FDJ bemüht waren, ihre Mitglieder aus dem Kreis der Demonstranten vor dem Amerika-Haus herauszuziehen, weil sie Zwangsgestellungen befürchteten. … Von dieser Gruppe wurde im übrigen die Ansicht geäußert, daß die Demonstranten bereits so angeheizt wären, daß sie nunmehr nicht mehr der Unterstützung der Kom-

munisten bedürften.« Heinrich Albertz, Beantwortung der großen Anfrage der CDU-Fraktion, Rede vor dem Berliner Abgeordnetenhaus vom 17. Februar 1966 ... a.a.O., S. 76.

22 Schon 1964 hatte der Bürgermeister Propst Grüber in einem Brief vorgeworfen, sich von falschen Freunden mißbrauchen zu lassen. Grüber hatte einen Appell zur Passierscheinfrage unterschrieben, den auch Mitglieder des »Ausschusses für Frieden, nationale und internationale Verständigung« unterzeichnet hatten. Als der Kirchenmann Albertz daraufhin mangelnde Gelassenheit im Umgang mit Kommunisten unterstellte, platzte dem Senator der Kragen: »Jawohl, ich habe es für richtig gehalten, einige Unterzeichner eines Aufrufs als Kommunisten und Halbkommunisten zu bezeichnen. Dafür gibt es Unterlagen ... Das öffentlich auszusprechen, wird dem Bürgermeister von Berlin wohl gestattet sein. Im übrigen brauche ich keine Belehrungen darüber entgegenzunehmen, was eine mißverstandene Kommunistenfurcht in politischen Zusammenhängen bedeutet.« Heinrich Albertz an Propst Grüber vom 22. August 1964. In: AdsD, Nachlaß Heinrich Albertz, Allgemeine und persönliche Korrespondenz, 1963–1967, Prov. Sign. 18.

23 Ders. in: Polizei. Nicht zu fett. In: *Der Spiegel* vom 17. Juli 1967, S. 36.

24 Ebda., S. 38.

25 Ebda., S. 36.

26 Vgl. Senatsbeschluß Nr. 3424/62 vom 27. Februar 1962. In: Berliner Landesarchiv, Regierender Bürgermeister von Berlin. Akten der Senatskanzlei, Rep. 2, Acc. 2418, Nr. 5086.

27 Heinrich Albertz in: Ulrich Chaussy, Die drei Leben des Rudi Dutschke. Eine Biographie, Berlin 1993, S. 137.

28 Ders., Christentum und Öffentlichkeit, Vortrag für den Sender Freies Berlin vom 15. April 1956, Manuskript, S. 4. In: AdsD, Nachlaß Heinrich Albertz, Publizistische Äußerungen (Artikel, Reden, Interviews), 1955–1965, Prov. Sign. 9.

29 Rainer Langhans, Aus der Kommune, Flugblatt als Anhang abgedruckt in: Bericht über die Protestbewegung unter den Studenten der Freien Universität Berlin ... a.a.O.

30 Vgl. Wilhelm Reich, Die Funktion des Orgasmus. Zur Psychopathologie und Soziologie des Geschlechtslebens, Leipzig 1927, passim. Und ders., Einbruch der sexuellen Zwangsmoral, Neuauflage, Köln 1972, passim. Zur Bedeutung der Schriften Reichs für die Studenten siehe: Carsten Seibold (Hg.), Die 68er. Das Fest der Rebellion, München 1988, S. 93.

31 Heide Berndt, Kommune und Familie. In: *Kursbuch* 17, 1969, S. 129. Zur Kindererziehung innerhalb der Kommune siehe: Kommune 2 (Christel Bookhagen, Eike Hemmer, Jan Raspe, Eberhard Schultz), Kindererziehung in der Kommune. In: *Kursbuch* 17, 1969, S. 147 bis 177.

32 Bommi Baumann, Kommune I. In: Carsten Seibold (Hg.), Die 68er ... a.a.O., S. 61f.

33 »Zu den Studenten hatte er überhaupt kein Verhältnis. Das waren Chaoten in seinen Augen.« Regine Kost im Gespräch mit dem Verfasser am 11. Juni 1994. »Die Studenten widersprachen seinem Ordnungsdenken – die Art, wie sie sich kleideten, ungewaschen und ungekämmt.« Rainer Albertz im Gespräch mit dem Verfasser am 14. Mai 1994. »Mein Mann hat die Studenten einfach nicht verstanden. Er hielt sie für Terroristen.« Ilse Albertz im Gespräch mit dem Verfasser am 3. November 1993.

34 Heinrich Albertz, Rede vor dem Berliner Abgeordnetenhaus vom 12. Januar 1967, Aktuelle Stunde betreffend Unruhe innerhalb der Studentenschaft der FU, 89. Sitzung. In: Stenographische Berichte des Abgeordnetenhauses von Berlin, IV. Wahlperiode, Band IV/V, von der 66. Sitzung am 13. Januar 1966 bis zur 92. Sitzung am 2. März 1967, Berlin 1967, S. 10.

35 Vgl. SPD will Krawalle unterbinden. In: Berliner Morgenpost vom 20. Dezember 1966.

36 Heinrich Albertz an Helmut Gollwitzer vom 1. Februar 1967. In: AdsD, Nachlaß Heinrich Albertz, Allgemeine und persönliche Korrespondenz, 1963–1967, Prov. Sign. 18.

37 Erich Duensing hatte im Dezember 1955 Körperverletzung im Amt begangen. Nach einer kommunistischen Demonstration hatte er, damals noch Kommandeur der Schutzpolizei, einen festgenommenen Ost-Berliner ADN-Reporter, der sich bei ihm über die Behinderung der Berichterstattung beschweren wollte, erst mit den Worten »Halten Sie die Schnauze, oder ich haue Ihnen in die Fresse« angebrüllt und anschließend mit der scharfen Kante eines Lineals ins Gesicht geschlagen. Vgl. Norbert Steinborn, Die Berliner Polizei 1945 bis 1992. Von der Militärreserve im kalten Krieg auf dem Weg zur bürgernahen Polizei? Berlin 1993, S. 166f.

38 Vgl. Zeugenaussage von Polizeipräsidenten Erich Duensing vor dem 1. Untersuchungsausschuß des Abgeordnetenhauses am 23. Juni 1967. In: Abgeordnetenhaus von Berlin, 5. Wahlperiode, hektographierte Ausschußprotokolle der 1. öffentlichen Sitzung vom 23. Juni 1967, S. 4.

39 Albertz berichtete von dem Vorfall auf der Sitzung des Landesvorstandes seiner Partei. Danach hatten ihn die zuständigen Behörden erst anderthalb Stunden vor Beginn der Durchsuchung unterrichtet – angeblich zu spät, als daß die Aktion noch aufzuhalten gewesen wäre. Vgl. Heinrich Albertz, Debattenbeitrag im SPD-Landesvorstand, Protokoll über die Sitzung des Landesvorstandes vom 30. Januar 1967, S. 2f. In: AdsD, Bestand des SPD-Landesverbandes, Prov. Sign. 348.

40 Vgl. »Maos Botschaft in Ost-Berlin lieferte die Bomben gegen Vizepräsident Humphrey«. In: Der Abend vom 6. April 1967.

41 Heinrich Albertz in: »Einige FU-Chinesen ...«. SDS zu Vorfällen während des Humphrey-Besuchs. In: *Die Welt* vom 17. April 1967.

42 Zeugenaussage von Innensenator Wolfgang Büsch vor dem 1. Untersuchungsausschuß des Abgeordnetenhauses am 5. Juli 1967. In: Abgeordnetenhaus von Berlin, 5. Wahlperiode, hektographierte Ausschußprotokolle der 5. öffentlichen Sitzung vom 5. Juli 1967, S. 89.

Der Gerichtstag Gottes. Heinrich Albertz und der 2. Juni

1 Carl-Heinz Evers im Gespräch mit dem Verfasser am 17. Januar 1994.

2 Vgl. Heinrich Albertz, Erklärung über die Ereignisse vor der Oper vom 8. Juni 1967 im Abgeordnetenhaus, 6. Sitzung. In: Stenographische Berichte des Abgeordnetenhauses von Berlin, V. Wahlperiode, Band I, von der 1. Sitzung am 6. April 1967 bis zur 20. Sitzung am 15. Dezember 1967, Berlin 1967, S. 127.

3 Vgl. 1. Beschlußempfehlung des 1. Untersuchungsausschusses des Abgeordnetenhauses von Berlin vom 18. September 1967, V. Wahlperiode, Drucksache Nr. 73, 1. Band. In: Drucksachen des Abgeordnetenhauses von Berlin, V. Wahlperiode, ausgegeben am 21. September 1967, Berlin 1967, S. 3.

4 Vgl. Zeugenaussage von Innensenator Büsch vor dem 1. Untersuchungsausschuß des Abgeordnetenhauses am 5. Juli 1967. In: Abgeordnetenhaus von Berlin, V. Wahlperiode, hektographierte Ausschußprotokolle der 5. öffentlichen Sitzung vom 5. Juli 1967, S. 73. Wolfgang Büsch im Gespräch mit dem Verfasser am 26. November 1993.

5 In einem studentischen Flugblatt hieß es: »Gesucht wird Schah Mohamed Reza Pahlawi wegen Mord und Folterungen ... Beschreibung des Täters: ca. 1,70 m groß, ovale Gesichtsform, trägt Panzerweste unter dem Hemd, darüber Orden. Besondere Kennzeichen: Kaiserkrone, goldenes Telefon, 5000 Mann Leibwache, ißt ausschließlich aus silbernem Geschirr, reist in Begleitung eines Giftprüfers. Er wurde zuletzt gesehen in Begleitung des Bundespräsidenten Heinrich Lübke.« Das Flugblatt findet sich im Landesarchiv Berlin, Rep. 240, Acc. 1701, Lfd. Nr. III, 39.

6 Vgl. Heinrich Albertz, Blumen für Stukenbrock, Stuttgart 1981, S. 245.

7 Wortwechsel in: Zeugenaussage von Polizeipräsident Erich Duensing vor dem 1. Untersuchungsausschuß des Abgeordnetenhauses am 23. Juni 1967. In: Abgeordnetenhaus von Berlin, V. Wahlperiode, hektographierte Ausschußprotokolle der 1. öffentlichen Sitzung vom 23. Juni 1967, S. 70.

8 1. Beschlußempfehlung des 1. Untersuchungsausschusses des Abgeordnetenhauses ... a.a.O., S. 4.

9 Mohammed Mossadegh war 1951 iranischer Ministerpräsident geworden. Als solcher hatte er Reformen durchzusetzen versucht und die Ölvorkommen des

Landes verstaatlicht. Das brachte ihn in Gegnerschaft zu Großbritannien und den Vereinigten Staaten. Seine Reformpolitik stieß auch im Iran auf Gegnerschaft. 1953 wurde Mossadegh vom Schah abgesetzt und in einem Prozeß vor dem Teheraner Militärgericht zu drei Jahren Gefängnis verurteilt.

10 Heinrich Albertz, Blumen ... a.a.O., S. 245.

11 Heinz Fanselau im Gespräch mit dem Verfasser am 4. März 1993.

12 Freie Universität Berlin 1948–1973. Hochschule im Umbruch, Teil V, 1967–1969, Gewalt und Gegengewalt, ausgewählt und kommentiert von Siegward Lönnendonker, Tilman Fichter und Jochen Staadt, im Auftrag des Präsidenten der Freien Universität Berlin, Berlin 1983, S. 8.

13 Vgl. 1. Beschlußempfehlung des 1. Untersuchungsausschusses des Abgeordnetenhauses ... a.a.O., S. 4.

14 Vgl. ebda.

15 Heinrich Albertz, Blumen ... a.a.O., S. 246.

16 »Mein Mann saß im Wagen des Schahs. Ich hatte Farah Diba zu begleiten. Mein Mann war als erster angekommen und in die Oper geeilt. Um dem Eierhagel zu entgehen, ließ er die Türen schließen. Da kamen wir nicht mehr herein und mußten an die Türen bummern. Das war typisch für meinen Mann zu dieser Zeit. Er hat nur sich selbst gesehen.« Ilse Albertz im Gespräch mit dem Verfasser am 3. November 1993.

17 Dies. im Gespräch mit dem Verfasser am 3. November 1993. Heinz Fanselau im Gespräch mit dem Verfasser am 4. März 1993. Wolfgang Büsch im Gespräch mit dem Verfasser am 26. November 1993.

18 Heinrich Albertz, Rede vor dem Berliner Abgeordnetenhaus vom 8. Juni 1967, 6. Sitzung. In: Stenographische Berichte des Abgeordnetenhauses von Berlin, V. Wahlperiode, Band I, von der 1. Sitzung am 6. April 1967 bis zur 20. Sitzung am 15. Dezember 1967, Berlin 1967, S. 126 f.

19 Vgl. Befragung des Zeugen Duensing vor dem 1. Untersuchungsausschuß des Abgeordnetenhauses am 23. Juni 1967 ... a.a.O., S. 31 f.

20 Horst Grabert im Gespräch mit dem Verfasser am 13. Mai 1994.

21 Viele Politiker dachten ähnlich. So Senatssprecher Hanns-Peter Herz, der auf eine Frotzelei eines Journalisten bemerkte: »Na, heute können diese Burschen sich ja auf etwas gefaßt machen, heute gibt es Dresche!« Ders. Herz in: Der nicht erklärte Notstand. Dokumentation und Analyse eines Berliner Sommers, bearbeitet von Peter Damerow, Peter Furth, Odo von Greiff, Maria Jordan und Eberhard Schulz. In: *Kursbuch* 12, April 1968, S. 36.

22 Vgl. 1. Beschlußempfehlung des 1. Untersuchungsausschusses des Abgeordnetenhauses ... a.a.O., S. 5.

23 Duensing in: Kai Hermann, Die Polizei-Schlacht von Berlin. Nach der Tragödie: Die Verantwortlichen spielen sich als Unschuldige auf. In: *Die Zeit* vom 9. Juni 1967.

24 Ebda.

25 Jürgen Zimmer, Füchsejagen in der Bismarckstraße. Was die Berliner Polizei unter »weicher Welle« versteht. Ein Augenzeugenbericht. In: *Die Zeit* vom 9. Juni 1967.

26 Vgl. Zeugenaussage von Polizeipräsident Erich Duensing ... a.a.O., S. 19.

27 Vgl. Kai Hermann, Die Polizei-Schlacht von Berlin ... a.a.O.

28 Heinrich Albertz, Blumen ... a.a.O., S. 246.

29 Wolfgang Büsch im Gespräch mit dem Verfasser am 26. November 1993.

30 Heinrich Albertz, Blumen ... a.a.O., S. 247.

31 Regine Kost im Gespräch mit dem Verfasser am 11. Juni 1994.

32 Ilse Albertz im Gespräch mit dem Verfasser am 3. November 1993. Dieser Verdacht ist begründet, wenn man von Wolfgang Büsch hört, in welchem Maße die Polizei schon in der Nacht die Tat zu verschleiern suchte: »Noch in derselben Nacht bin ich ins Hilton gefahren ... und habe von dort mit den verschiedenen Stellen telefoniert. Alle haben gelogen. Ich forderte noch in derselben Nacht den Obduktionsbericht an. Alle mauerten. Ich mußte lautstark darauf dringen, daß ich am nächsten Tag den Obduktionsbericht auf den Tisch bekam.« Wolfgang Büsch im Gespräch mit dem Verfasser am 26. November 1993.

33 Hanns-Peter Herz im Gespräch mit dem Verfasser am 21. Januar 1994. Heinrich Albertz dagegen behauptet, Herz habe ihm eine schon fertige Erklärung vorgelesen, die er dann abgesegnet hätte. Vgl. Heinrich Albertz, Blumen ... a.a.O., S. 247.

34 Abgedruckt in: Freie Universität Berlin 1948–1973 ... a.a.O., Dokument Nr. 722, S. 177.

35 Vgl. Heinrich Albertz, Sicherheit und Ordnung müssen gewährleistet bleiben, Fernsehansprache zu den Vorgängen im Zusammenhang mit dem Besuch des Schahs von Iran vom 3. Juni 1967. In: Pressedienst des Landes Berlin vom 5. Juni 1967, S. 8.

36 Hanns-Peter Herz im Gespräch mit dem Verfasser am 21. Januar 1994.
Diese Version wurde am Mittag schließlich auch der Presse mitgeteilt. Vgl. Presseerklärung des Leiters der Kriminalpolizei, Kriminaldirektor Sangmeister. In: Die Darstellung von Kripo-Chef Sangmeister. In: *Der Tagesspiegel* vom 4. Juni 1967.

37 Horst Grabert im Gespräch mit dem Verfasser am 13. Mai 1994.
Tatsächlich war ein ferngesteuertes Auto auf der Dudenstraße auf ein parkendes Fahrzeug geprallt, kurz bevor die Wagenkolonne des Schahs die Stelle überquerte. Wie sich später herausstellte, hatte Nadar Alikai, ein persischer Ingenieur, den Schah lächerlich machen wollen, indem er ihn in einen Unfall verwickelte. Der Wagen aber war zu früh losgefahren. Sprengstoff hatte er nicht geladen.

38 Auf dem Weg zum Sitzungssaal war Duensing auf einen Senator getroffen. »Nun haben die ihren Toten. Aber ich sage Ihnen, Herr Senator, einer ist noch zu

wenig.« Der Gesprächspartner Duensings ist dem Verfasser bekannt, möchte namentlich aber nicht zitiert werden.

39 Horst Grabert im Gespräch mit dem Verfasser am 13. Mai 1994.

40 Siehe auch: Ulrich K. Preuß, Der Fall Teufel. In: Berlin. Nach dem Polizeiskandal der Justizskandal? In: *Die Zeit* vom 28. Juli 1967.

41 Diese sowie die folgenden Schilderungen der Sitzung stützen sich auf die Aussagen von Gerd Löffler und Dietrich Stobbe. Gerd Löffler im Gespräch mit dem Verfasser am 14. März 1994. Dietrich Stobbe im Gespräch mit dem Verfasser am 5. April 1994.

42 Vgl. Presseerklärung der Senatsverwaltung für Inneres vom 5. Juni 1967. In: Parlament soll Untersuchungsausschuß bilden. Sonderkommission der Staatsanwaltschaft ermittelt im Fall Ohnesorg. Um rasche Klärung bemüht. In: *Der Tagesspiegel* vom 6. Juni 1967.

43 Heinrich Albertz, Der Wind hat sich gedreht. Gedanken über uns Deutsche, München 1991, S. 65.

44 Karl Barth, Christengemeinde und Bürgergemeinde, München 1946. In: ders., Texte zur Barmer Theologischen Erklärung, hrsg. von Martin Rohkrämer, Zürich 1984, S. 107.

45 »Der Schritt übers Wasser war, als ich Innensenator wurde, und damit Chef der Polizei, und damit unmittelbar in die exekutive Gewalt kam.« Heinrich Albertz, Dagegen gelebt. Von den Schwierigkeiten, ein politischer Christ zu sein. Gespräche mit Gerhard Rein, Reinbek bei Hamburg 1976, S. 38.

46 Ebda.

47 Heinrich Albertz, Maßstäbe für politisches Handeln. In: ders., Blumen ... a. a. O., S. 250.

48 Ebda.

49 Regine Kost im Gespräch mit dem Verfasser am 11. Juni 1994.

50 Heinrich Albertz, Blumen ... a. a. O., S. 244.

51 Heinrich Albertz, Warum ich Christ bin. In: *Die Zeit* vom 13. April 1979.

52 Ebda.

53 Ilse Albertz im Gespräch mit dem Verfasser am 3. November 1993.

54 Carl-Heinz Evers in: Polizei. Feind im Innern. In: *Der Spiegel* vom 7. August 1967, S. 32.

55 Vgl. Karl Barth, Die christliche Verkündigung im heutigen Europa. Ein Vortrag, München 1946, S. 21.

56 Heinrich Albertz, Blumen ... a. a. O., S. 253.

57 Bernt Conrad, »Eine Brücke über den Graben schlagen«. Welt-Gespräch mit dem Regierenden Bürgermeister. Keine Konzessionen an die Radikalen. In: *Die Welt* vom 17. Juni 1967.

58 Heinz Fanselau im Gespräch mit dem Verfasser am 4. März 1993.

59 Heinrich Albertz, »Frei von Zwängen«. Gespräch mit Pfarrer Heinrich Albertz.

In: *Evangelische Kommentare. Monatsschrift zum Zeitgeschehen in Kirche und Gesellschaft*, 14. Jg., August 1981, S. 458.

60 Ebda.

61 Ders., Blumen ... a.a.O., S. 57.

62 Ders., Erklärung über die Ereignisse vor der Oper vom 8. Juni 1967 im Abgeordnetenhaus, 6. Sitzung. In: Stenographische Berichte des Abgeordnetenhauses von Berlin, V. Wahlperiode, Band I, von der 1. Sitzung am 6. April 1967 bis zur 20. Sitzung am 15. Dezember 1967, Berlin 1967, S. 126.

63 Vgl. ders., An alle Polizeiangehörigen, 9. Juni 1967. In: AdsD, Nachlaß Heinrich Albertz, Publizistische Äußerungen (Artikel, Reden, Interviews), 1967, Prov. Sign. 11.

64 Ders., Interview mit dem Regierenden Bürgermeister von Berlin vom 20. Juni 1967, WDR-Köln, Monitor-Redaktion, S. 4. In: AdsD, Nachlaß Heinrich Albertz, Publizistische Äußerungen, 1967, Prov. Sign. 12.

65 Vgl. ders., Bericht zur politischen Lage, Protokoll der 16. Fraktionssitzung vom 19. September 1967, S. 2. In: AdsD, Bestand des SPD-Landesverbandes Berlin, Prov. Sign. 574.

66 Ders., Wo-uns-der-Schuh-drückt-Rede vom 2. September 1967. In: Pressedienst des Landes Berlin vom 2. September 1967.

67 Hans-Peter Hempel im Gespräch mit dem Verfasser am 25. November 1993.

68 Heinrich Albertz, Rede auf der Klausurtagung der Berliner SPD am 23. September 1967, S. 7. In: AdsD, Nachlaß Heinrich Albertz, Publizistische Äußerungen (Artikel, Reden, Interviews), 1967, Prov. Sign. 11.

Der Rücktritt

1 Sebastian Haffner, Die Nacht der langen Knüppel. In: *Stern* vom 25. Juni 1967, S. 132.

2 Vgl. Willi Kinnigkeit, Der »Regierende Pastor« scheitert an Berlins Krise. In: *Süddeutsche Zeitung* vom 27. September 1967.

3 Vgl. Kai Hermann, Das Kesseltreiben gegen Albertz. Warum der »Regierende« zurücktrat. In: *Die Zeit* vom 29. September 1967.

4 Vgl. ders., Albertz in Nöten. Sozialdemokraten auf der Suche nach einem Weg aus der Sackgasse. In: *Die Zeit* vom 30. Juni 1967. Siehe auch Berlin. Regierungskrise. Cher ami. In: *Der Spiegel* vom 2. Oktober 1967, S. 29.

5 Vgl. Kurt Mattick, Rückblick und Vorschau. Kurt Mattick zur Situation in Berlin. In: *Berliner Stimme* vom 30. September 1967.

6 Helmut Schmidt in: Bernt Conrad, Die lädierte Autorität in Berlin. Dreimonatige Schonzeit für den Senat. Ein anderer »Regierender« steht nicht zur Debatte. In: *Die Welt* vom 28. Juni 1967.

7 Heinrich Albertz, Rede auf der Klausurtagung der Berliner SPD am 23. September 1967, S. 5 und 10. In: AdsD, Nachlaß Heinrich Albertz, Publizistische Äußerungen (Artikel, Reden, Interviews), 1967, Prov. Sign. 11.

8 Vgl. ebda., S. 12.

9 Vgl. Heinrich Albertz, Rede vor dem Abgeordnetenhaus am 15. September 1967, 10. Sitzung. In: Stenographischer Bericht des Abgeordnetenhauses von Berlin, V. Wahlperiode, Band 1 von der 1. Sitzung am 6. April 1967 bis zur 20. Sitzung am 15. Dezember 1967, Berlin 1967, S. 268. Ders. im Gespräch mit dem Verfasser am 8. Januar 1993.

10 Vgl. ders., Rede auf der Klausurtagung … a.a.O., S. 16.

11 Klaus Schütz im Gespräch mit dem Verfasser am 25. August 1993.

12 Vgl. Die Opponenten gegen Albertz uneinig. Stellung des »Regierenden« wieder gefestigt. In: Frankfurter Allgemeine Zeitung vom 13. September 1967.

13 Vgl. Heinrich Albertz, Rede vor der Fraktion am 12. September 1967, Protokoll über die 15. Sitzung der SPD-Fraktion vom 12. September 1967, S. 1. In: AdsD, Bestand des SPD-Landesverbandes Berlin, Prov. Sign. 574.

14 Vgl. Hans-Jürgen Heß, Innerparteiliche Gruppenbildung. Macht- und Demokratieverlust einer politischen Partei am Beispiel der Berliner SPD in den Jahren von 1963 bis 1981. In: Forschungsinstitut der Friedrich-Ebert-Stiftung, Reihe: Politik- und Gesellschaftsgeschichte, Band 13, hrsg. von Kurt Klotzbach, Bonn 1984, S. 97.

15 Vgl. Heinrich Albertz, Rede vor dem Abgeordnetenhaus am 15. September 1967 … a.a.O., S. 270.

16 Heinrich Albertz, Rede vor dem Abgeordnetenhaus am 15. September 1967 … a.a.O., S. 270f.

17 Ebda., S. 270.

18 Ebda.

19 Matthias Walden, Kommentar zur Debatte im Abgeordnetenhaus für die Sendung »Von Woche zu Woche«, Berlin, den 17. September 1967, Bd.-Nr. 31/29726, S. 3. In: AdsD, Nachlaß Heinrich Albertz, Interviews, Biographisches, Portraits, Prov. Sign. 46.

20 Vgl. Kai Hermann, Das Kesseltreiben gegen Albertz … a.a.O. Carl-Heinz Evers im Gespräch mit dem Verfasser am 17. Januar 1994.

21 Vgl. 1. Beschlußempfehlung des 1. Untersuchungsausschusses des Abgeordnetenhauses von Berlin vom 18. September 1967, V. Wahlperiode. In: Drucksachen des Abgeordnetenhauses von Berlin, ausgegeben am 21. September 1967, V. Wahlperiode, S. 6f.

22 Vgl. Dettmar Cramer, Unguter Streit in Berlin. In: Frankfurter Allgemeine Zeitung vom 21. September 1967.

23 Brief Wolfgang Büschs an den Regierenden Bürgermeister von Berlin, Herrn Heinrich Albertz vom 19. September 1967. In Kopie dem Verfasser von Wolfgang Büsch freundlicherweise überlassen.

24 Vgl. Wolfgang Büsch, Debattenbeitrag in der Fraktionssitzung vom 19. September 1967. In: Protokoll über die 16. Sitzung der SPD-Fraktion vom 19. September 1967, S. 2. In: AdsD, Bestand des SPD-Landesverbandes Berlin, Prov. Sign. 574.

25 Brief Willy Brandts an Heinrich Albertz vom 9. September 1967. In: AdsD, Nachlaß Heinrich Albertz, Allgemeine und persönliche Korrespondenz, 1967, Prov. Sign. 18.
»Zusammen mit Rolf Heyen beschloß ich, bei Brandt vorstellig zu werden. Wir riefen Brandt einfach an. Er gab uns auch sofort einen Termin. Wir trafen uns dann mit ihm im Bundeshaus in der Bundesallee. Ich sagte ihm ganz offen, mit Albertz ginge es so nicht weiter.« Dietrich Stobbe im Gespräch mit dem Verfasser am 5. April 1994.

26 Heinrich Albertz, Blumen für Stukenbrock, Stuttgart 1981, S. 242 f.

27 Carl-Heinz Evers im Gespräch mit dem Verfasser am 17. Januar 1994.

28 Dietrich Stobbe im Gespräch mit dem Verfasser am 5. April 1994.

29 Hans-Peter Hempel im Gespräch mit dem Verfasser am 25. November 1993.

30 Vgl. Einigkeit in der Sache. Die Glienicker Diskussion über das politische Programm. In: Berliner Stimme vom 30. September 1967.

31 Vgl. Grundzüge einer neuen Berlin-, Deutschland- und Ostpolitik. Wortlaut einer Denkschrift der »Linken« in der Westberliner SPD vom September 1967, von Günter Abendroth, Joachim Karnatz, Harry Ristock u.a., abgedruckt in: Sozialistische Hefte, 6. Jg., Oktober 1967, Heft 10, S. 571.

32 Kai Hermann, Das Kesseltreiben gegen Albertz … a.a.O.
Heinrich Albertz bezeichnet Hermanns Darstellung der Glienicker Tagung als zutreffend. Vgl. Heinrich Albertz, Blumen … a.a.O., S. 236.

33 Heinrich Albertz, Sprechzettel für die Debatte auf der Glienicker Klausurtagung vom 23. September 1967. In: AdsD, Nachlaß Heinrich Albertz, Publizistische Äußerungen (Artikel, Reden, Interviews), 1967, Prov. Sign. 11.

34 Beschluß der Klausurtagung vom 23. September 1967. In: AdsD, Bestand des SPD-Landesverbandes Berlin, Prov. Sign. 1192.

35 Vgl. Cher ami … a.a.O., S. 29.

36 Vgl. Kai Hermann, Das Kesseltreiben gegen Albertz … a.a.O.

37 Vgl. Heinrich Albertz, »Meine ganz große Hoffnung: Die amerikanische Friedensbewegung«. In: betrifft: erziehung, Juli/August 1982, S. 59.

38 Horst Schulze im Gespräch mit dem Verfasser am 21. Januar 1994.

39 Vgl. Diethart Goos, Nach Rücktritt von Albertz Rätselraten um Nachfolger. SPD-Personalkrise auf dem Höhepunkt. In: Berliner Morgenpost vom 27. September 1967.

40 Heinrich Albertz über die Gründe seines Rücktritts vom Posten des Regierenden Bürgermeisters von Berlin. In: Bundespresseamt, Abteilung Nachrichten, Rundfunkaufnahme, Deutsche Gruppe, Bayerischer Rundfunk, Sendereihe: Chronik

des Tages vom 26. September 1967. In: Otto-Suhr-Institut, Archiv und Dokumentation, DBw 34.

41 Harry Liehr in: Diethart Goos, Nach Rücktritt von Albertz Rätselraten um Nachfolge ... a.a.O.

42 Willy Brandt in: Gestern 13 Uhr 45: Albertz und Senat traten zurück. Und was nun? In: *B.Z.* vom 27. September 1967.

43 Hans-Peter Hempel im Gespräch mit dem Verfasser am 25. November 1993.

44 »Es grüßte ihn keiner mehr; es sah in keiner mehr.« Ilse Albertz im Gespräch mit dem Verfasser am 3. November 1993.

45 Kurt Mattick, Rückblick und Vorschau ... a.a.O.

46 Willy Brandt, Debattenbeitrag in der Sitzung des Landesausschusses vom 2. Oktober 1967. In: Protokoll über die außerordentliche Landesausschußsitzung vom 2. Oktober 1967, S. 4. In: AdsD, Bestand des SPD-Landesverbandes Berlin, Prov. Sign. 349.

47 Klaus Schütz, Rede vor dem 24. Landesparteitag der Berliner SPD, außerordentliche Tagung vom 15. Oktober 1967, S. 27, Unveröffentlichte Ausfertigung. In: Bibliothek des SPD-Landesverbandes Berlin.

48 Heinrich Albertz in: Keiner dankte Albertz. In: *Berliner Morgenpost* vom 18. Oktober 1967.

49 Heinz Fanselau im Gespräch mit dem Verfasser am 4. März 1993. Vgl. Heinrich Albertz, Blumen ... a.a.O., S. 244.

50 Ders. an Otto Dehnhardt, Brief vom 5. Oktober 1967. In: AdsD, Nachlaß Heinrich Albertz, Allgemeine und persönliche Korrespondenz, 1967, Prov. Sign. 18.

51 Heinrich Albertz an Hartmut von Grolmann, Brief vom 5. Oktober 1967. In: AdsD, Nachlaß Heinrich Albertz, Allgemeine und persönliche Korrespondenz, 1967, Prov. Sign. 18.

52 Karl Barth, Kurze Kommentierung des ersten Satzes der Theologischen Erklärung der Barmer Synode vom 31. Mai 1934. In: ders., Texte zur Barmer Theologischen Erklärung, hrsg. von Martin Rohkrämer, Zürich 1984, S. 83.

Der Übertritt in ein neues Leben

1 Vgl. Heinrich Albertz, Dagegen gelebt. Von den Schwierigkeiten, ein politischer Christ zu sein. Gespräche mit Gerhard Rein, Reinbek bei Hamburg 1976, S. 51 f.

2 Vgl. Irmela Körner, »Auch ich bin Pilatus gewesen«. Ein Gespräch über die Bibel. In: Rolf Thoma (Hg.), Die Mauer wird ein grünes Gitter. In: Erinnerung an Heinrich Albertz. Nachrufe und Dokumente, Stuttgart 1993, S. 81.

3 Heinrich Albertz in: Doris Weber, Heinrich Albertz 1915–1993. In: Hans Jürgen Schultz (Hg.), Der Tod nimmt, die Liebe gibt. Porträts vom Leben und Sterben aus drei Jahrhunderten, Stuttgart 1994, S. 21.

4 Scharf wollte, daß »mein Mann ... erst einmal Abstand gewinnt und seine Blessuren, die ihm die Partei geschlagen hatte, ausheilen konnte. Erst wenn sein Kopf sich wieder völlig frei fühlte, sollte er sich wieder bei ihm melden. Die Aufgaben in Brüssel waren wohl ökumenischer Art.« Brief von Ilse Albertz an den Verfasser vom 9. November 1994.

5 Ilse Albertz im Gespräch mit dem Verfasser am 3. November 1993.

6 Bernd Rabehl im Gespräch mit dem Verfasser am 31. Oktober 1994. Siehe auch Tilman Fichter/Siegward Lönnendonker, Kleine Geschichte des SDS. Der Sozialistische Deutsche Studentenbund von 1946 bis zur Selbstauflösung, Berlin 1977, S. 123.

7 Rudi Dutschke in: Dutschke kündigt »heißen Frühling« an. Ruhige Demonstrationen in Berlin und Hamburg. Freiburger Burgfrieden. In: *Frankfurter Allgemeine Zeitung* vom 12. Februar 1968. Und: ders. in: Jürgen Miermeister, Rudi Dutschke. Mit Selbstzeugnissen und Bilddokumenten, Reinbek bei Hamburg 1986, S. 84.

8 Vgl. Freie Universität Berlin 1948–1973. Hochschule im Umbruch, Teil V, 1967–1969, Gewalt und Gegengewalt, ausgewählt und dokumentiert von Siegward Lönnendonker und Tilman Fichter, im Auftrag des Präsidenten der Freien Universität Berlin unter Mitarbeit von Klaus Schroeder, Berlin 1983, S. 69.

9 Alle direkten und indirekten Zitate aus: Kai Hermann, Einheitsfront gegen Studenten. In: *Die Zeit* vom 16. Februar 1968.

10 Klaus Schütz in: Freie Universität Berlin 1948–1973 ... a.a.O., S. 72.

11 Vgl. Berlin sucht sich vor Krawallen zu schützen. Dringlichkeitsanträge der großen Parteien. Verbot des SDS wird erwogen. Die FDP rät ab. Vorwürfe der Innenminister an die Universitäten. In: *Frankfurter Allgemeine Zeitung* vom 9. Februar 1968.

12 Kurt Neubauer in: Freie Universität Berlin 1948–1973 ... a.a.O., S. 72.

13 Vgl. Bericht über die auf der »Internationalen Vietnam-Konferenz« gehaltenen Reden, Der Senator für Inneres, Abteilung IV. In: AdsD: Nachlaß Kurt Mattick, Sachakten, Sign. 96. Zitat aus: »An die Teilnehmer der Internationalen Demonstration«, abgedruckt in: Gerhard Bauß, Die Studentenbewegung der sechziger Jahre in der Bundesrepublik und Westberlin. Handbuch, Köln 1977, S. 197.

14 Bernd Rabehl im Gespräch mit dem Verfasser am 31. Oktober 1994. Vgl. Ulrich Chaussy, Die drei Leben des Rudi Dutschke. Eine Biographie, Berlin 1993, S. 204f.

15 Vgl. Heinrich Albertz, Ein radikaler Demokrat möchte ich schon sein, Frankfurt a.M. 1986, S. 45.

16 Ilse Albertz im Gespräch mit dem Verfasser am 3. November 1993.

17 Der Begriff der »Charaktermaske« wurde damals häufig verwendet und bezog sich nicht nur auf Albertz. Zur genauen Bedeutung des Begriffs siehe Rudi Dutschke, Mein langer Marsch. Reden, Schriften und Tagebücher aus zwanzig Jahren, hrsg. von Gretchen Dutschke-Klotz, Helmut Gollwitzer und Jürgen Miermeister, Hamburg 1980, S. 105f.

18 Vgl. Jürgen Treulieb, Erinnerungen an Heinrich Albertz. In: *Freitag* vom 28. Mai 1993.

19 Bernd Rabehl im Gespräch mit dem Verfasser am 31. Oktober 1994.

20 Vgl. Heinrich Albertz, Debattenbeitrag im SPD-Landesvorstand, Protokoll über die Sitzung des Landesvorstandes vom 19. Februar 1968, S. 7. In: AdsD, Bestand des SPD-Landesverbandes Berlin, Prov. Sign. 348.

21 Vgl. Diethart Goos, Schütz: Senat wird illegale Demonstrationen verhindern. Berliner sollen Polizei unterstützen. Keine Selbstjustiz. In: *Berliner Morgenpost* vom 17. Februar 1968.

22 Vgl. Heinrich Albertz, Ein radikaler Demokrat ... a.a.O., S. 45.

23 Vgl. Manfred Rexin, Notwendige Anmerkungen zum Berliner Vietnam-Kongreß. In: *jg-aktuell. Informationsblatt der Sozialistischen Jugend*, 20. Jg., März 1968, S. 3.

24 Bericht Innensenator Kurt Neubauers vor dem SPD-Landesvorstand am 19. Februar 1968 ... a.a.O., S. 4. Lee Oswald war Kennedys Mörder.

25 Heinrich Albertz, Debattenbeitrag im SPD-Landesvorstand, Protokoll über die Sitzung des Landesvorstandes vom 14. März 1968, S. 15 ... a.a.O.

26 In Wirklichkeit blieben die Studenten Heinrich Albertz gegenüber zunächst argwöhnisch. Ähnlich seinen Genossen von der SPD konnten sie – jedenfalls im Februar 1968 – seine Wandlung nicht nachvollziehen. Dazu Bernd Rabehl:»Wir haben oft über Heinrich Albertz gesprochen und waren der Auffassung, wenn jemand tief fällt, fällt er immer auf den Kopf. Albertz hatte seine Karriere ausgereizt und war auf der Suche nach einer neuen Rolle ... Scharf und Gollwitzer haben wir die Bereitschaft abgenommen, Menschen helfen zu wollen, Heinrich Albertz nicht. Gollwitzer setzte sich bei uns für Albertz ein. Er hat versucht, uns seine Wende plausibel zu machen ... Wir haben das nicht nachvollziehen können.« Bernd Rabehl im Gespräch mit dem Verfasser am 31. Oktober 1994.

27 Heinrich Albertz in: Berlin. Demonstrationen. Sei es mit Gewalt. In: *Der Spiegel* vom 26. Februar 1968, S. 24.

28 Vgl. Kurt Neubauer in: Berlin. Demonstrationen. Sei es mit Gewalt ... a.a.O., S. 23.

29 Vgl. auch Freie Universität Berlin 1948–1973 ... a.a.O., S. 76.

30 Gerhard Bauß, Die Studentenbewegung ... a.a.O., S. 106.

31 Vgl. Tilman Fichter/Siegward Lönnendonker, Kleine Geschichte des SDS ... a.a.O., S. 127f.

32 Vgl. Grundsatzerklärung des SDS zur Kampagne für die Enteignung des Springer-Konzerns. In: *neue kritik*, Nr. 47, April 1968, S. 7ff.

33 Vgl. Irmela Körner,»Auch ich bin Pilatus gewesen« ... a.a.O., S. 74.

34 Heinrich Albertz, Wort zum Sonntag vom 23. Oktober 1976, 1. Programm/ARD. In: Pressearchiv des Konsistoriums der Evangelischen Kirche von Berlin-Brandenburg.

35 »Das war der Tag, an dem ich mich am meisten in meinem Leben gefürchtet habe.« Heinrich Albertz, Ein radikaler Demokrat … a.a.O., S. 45.

36 Vgl. Willi Kinnigkeit, Der veränderte Heinrich Albertz. Auch nach seiner »Wandlung« bleiben ihm Vorwürfe nicht erspart. In: *Süddeutsche Zeitung* vom 14. Juni 1968.

37 Heinrich Albertz, Rede am Hammarskjöldplatz vom 15. April 1968, 16 Uhr, Abschrift, S. 1. In: Nachlaß Kurt Mattick, Sign. 96.

38 Ebda.

39 Ebda., S. 5.

40 Gustav Heinemann, Reden und Schriften, Band III, »Es gibt schwierige Vaterländer …«. Reden und Aufsätze 1919–1969, hrsg. von Helmut Lindemann, Frankfurt a.M. 1977, S. 334.

41 Heinrich Albertz, Rede am Hammarskjöldplatz … a.a.O., S. 3.

42 Ebda., S. 5f.

43 Heinrich Albertz, Ein radikaler Demokrat … a.a.O., S. 46.

44 Ders., Am Ende des Weges. Nachdenken über das Alter, München 1989, S. 112.

45 Ders., Dagegen gelebt … a.a.O., S. 62.

46 Dietrich Goldschmidt charakterisiert Helmut Gollwitzer als Anwalt der Menschlichkeit. Die Beschreibung trifft aber auch auf Scharf und Albertz zu. Vgl. ders., Anwalt der Menschlichkeit. In: Wolfgang Brinkel (Hg.), Helmut Gollwitzer. Es geht nichts verloren, 1908 bis 1993, Berlin 1994, S. 43.

47 Der Begriff »Dreierbande« war Scharf, Gollwitzer und Albertz von außen aufgedrückt worden und eher verächtlich gemeint. Später schmückten sich die drei damit. Wann er zum ersten Mal auftaucht, konnte der Verfasser nicht ermitteln. Vgl. auch Axel Eggebrecht (Hg.), Die zornigen alten Männer. Gedanken über Deutschland seit 1945, Reinbek bei Hamburg 1979.

48 Vgl. Arnulf Baring: Machtwechsel. Die Ära Brandt-Scheel, Stuttgart 1982, S. 69.

49 »Noch als Regierender Bürgermeister während der Studentenunruhen hatte Albertz Gollwitzer Dinge anvertraut, die jener an die Studenten unautorisiert weitergegeben hatte.« Ilse Albertz im Gespräch mit dem Verfasser am 3. November 1993.

50 Dietrich Goldschmidt im Gespräch mit dem Verfasser am 13. Oktober 1994.

51 Sepp Schelz, Der Stellenwert des Bürgerkomitees, Rede vom 2. November 1968, S. 2. In: Pressearchiv des Konsistoriums der Evangelischen Kirche von Berlin-Brandenburg, Stichwort Heinrich Albertz.

52 »Albertz machte einen ungeheuren Lernprozeß durch. Er traf sich immer wieder mit Studenten.« Carl-Heinz Evers im Gespräch mit dem Verfasser am 17. Januar 1994.
»Im Bürgerkomitee trafen wir uns wöchentlich. Scherzhaft bezeichneten wir uns als ›Notgemeinschaft‹. Das Komitee hatte im Grunde vornehmlich die Aufgabe, seinen Mitgliedern eine psychische Stütze zu geben.« Otto Jörg Weis im Gespräch mit dem Verfasser am 18. November 1994.

53 Heinrich Albertz, Rede am Hammarskjöldplatz vom 15. April 1968 ... a.a.O., S. 3.

54 Berliner Bürgerkomitee, Politische und wirtschaftliche Chancen der Stadt, Juli 1968. In: Pressearchiv des Konsistoriums der Evangelischen Kirche von Berlin-Brandenburg, Stichwort Heinrich Albertz.

55 Vgl. Denkschrift für eine realistische Deutschlandpolitik, abgedruckt in: Heinrich Albertz und Dietrich Goldschmidt (Hg.), Konsequenzen, Thesen, Analysen und Dokumente zur Deutschlandpolitik, Reinbek 1969, S. 19 f.

56 Kurt Neubauer in: Albertz: »Wie ein Pferd in bestimmter Bahn«. Ex-Regierender nimmt kritisch zu Kurt Neubauer und seiner eigenen Amtszeit Stellung. In: Die Welt vom 10. Juni 1968.

57 Heinrich Albertz in: »Wir brauchen die Weisheit eines Opportunisten nicht«. Polizeigewerkschaft über Äußerungen des früheren Bürgermeisters Albertz empört. In: Die Welt vom 11. Juni 1968.

58 Abgedruckt in: Heinrich Albertz und Dietrich Goldschmidt (Hg.), Konsequenzen, Thesen ... a.a.O., S. 8–20.

59 Vgl. Heinrich Albertz an den Vorsitzenden der SPD-Fraktion im Abgeordnetenhaus, Herrn Alexander Voelker, Brief vom 5. November 1969. In: AdsD, Nachlaß Heinrich Albertz, Allgemeine und persönliche Korrespondenz, Prov. Sign. 19.

60 Vgl. Jürgen Treulieb, Erinnerungen an Heinrich Albertz ... a.a.O.

61 Heinrich Albertz, Unsere Partei. In: Berliner Blätter für Sozialdemokraten vom 15. November 1969, S. 1.

62 Vgl. ders., Dagegen gelebt ... a.a.O., S. 51.

63 Dirk Sager, »... wie heißt er doch gleich? Ach ja, Albertz«. Trauriger Sieg der Berliner Sozialdemokraten. In: Publik vom 28. August 1970.

64 Vgl. Heinrich Albertz, Rede vor dem Abgeordnetenhaus am 11. Juni 1970, 75. Sitzung. In: Stenographische Berichte des Abgeordnetenhauses von Berlin, V. Wahlperiode, Band IV, von der 66. Sitzung am 15. Januar 1970 bis zur 95. Sitzung am 25. Februar 1971, Berlin 1971, S. 373 f.

65 Heinrich Albertz, Pervertierte Demokratie. In: Berliner Blätter für Sozialdemokraten vom Juni/Juli 1970, S. 16.

66 Vgl. ders. an den Präsidenten des Abgeordnetenhauses von Berlin, Brief vom 13. Juni 1967. In: Nachlaß Heinrich Albertz, Allgemeine und persönliche Korrespondenz, Prov. Sign. 19.

67 Heinrich Albertz an Alexander Voelker vom 13. Juni 1970. In: AdsD, Nachlaß Heinrich Albertz, Allgemeine und persönliche Korrespondenz, Prov. Sign. 19.

68 Ders. an Bischof Kurt Scharf vom 21. Juni 1970. In: Evangelisches Konsistorium Berlin-Brandenburg, Personalakten betr. Heinrich Albertz, Band I von 1969 bis Band II 1979.

69 Rainer Albertz im Gespräch mit dem Verfasser am 14. Mai 1994.

70 Pfarrer Jürgen Quandt im Gespräch mit dem Verfasser am 18. Juni 1993.

71 Günter von Drenkmann wurde am 10. November 1974 erschossen, als er sich

seinen Entführern widersetzte. Vgl. dazu Uwe Backes, Bleierne Jahre. Baader-Meinhof und danach, Erlangen 1991, S. 215.

72 Den Teufelskreis der Gewalt durchbrechen. Interview mit Heinrich Albertz vom 2. Dezember 1974. In:»Pfarrer, die dem Terror dienen?« Bischof Scharf und der Berliner Kirchenstreit 1974. Eine Dokumentation von Heinrich Albertz, Heinrich Böll, Helmut Gollwitzer u.a., Reinbek bei Hamburg 1975, S. 39.

73 Kurz kommentiert: Standortpfarrer. In: *Berliner Stimme* vom 8. August 1970.

74 Vgl. Klaus Schütz, Mit Mut angeeckt. Heinrich Albertz wird 60. In: *Berliner Stimme* vom 18. Januar 1975.

Lorenz-Entführung

1 Vgl. Heinrich Albertz, Blumen für Stukenbrock, Stuttgart 1981, S. 187. Regine Kost im Gespräch mit dem Verfasser am 11. Juni 1994.

2 Heinrich Albertz, Blumen ... a.a.O., S. 187.

3 1. Mitteilung der »Bewegung 2. Juni«, abgedruckt in: *Süddeutsche Zeitung* vom 1. März 1975.

4 Ebda.

5 Vgl. Heinrich Albertz, Blumen ... a.a.O., S. 188.

6 »Der Rachegedanke war sofort da ... Er fragte schon am Telefon, ob das wohl Rache für Benno Ohnesorg sei. Das lag am Namen der Gruppe. Ich sagte, darüber hätten wir keine Erkenntnis.« Heinz Fanselau im Gespräch mit dem Verfasser am 19. Januar 1995.

7 Situationsanalyse des SDS in: Dieter Claessens und Karin de Ahna, Das Milieu der Westberliner »scene« und die »Bewegung 2. Juni«. In: Analysen zum Terrorismus, Band 3, Wanda von Baeyer-Katte, Dieter Claessens, Hubert Feger, Friedhelm Neidhardt, Gruppenprozesse, hrsg. vom Bundesministerium des Innern, Opladen 1982, S. 81.

8 Bommi Baumann, Wie alles anfing, Frankfurt a.M. 1976, S. 99f.

9 Peter Boock, Brief an Heinrich Albertz, abgedruckt in: Heinrich Albertz, Die Reise. 4 Tage und 70 Jahre, München 1985, S. 105.

10 Heinrich Albertz, Interview vom 7. März 1975 in SFB I, 18.15 Uhr, S. 1. In: Pressearchiv des Konsistoriums der Evangelischen Kirche in Berlin-Brandenburg, Stichwort Heinrich Albertz.

11 Otto Jörg Weis im Gespräch mit dem Verfasser am 18. November 1994.

12 Lorenz stellte seinen Wahlkampf unter das Motto:»Mehr Tatkraft schafft mehr Sicherheit.« Vgl. Otto Jörg Weis, Zehlendorf Ecke Quermaten- und Ithweg, 8.58 Uhr. In: *Stuttgarter Zeitung* vom 28. Februar 1975.

13 »Ich stellte klar, daß ich diesen Auftrag nur als Pfarrer der Ev. Kirche durchführen könnte und daß ich die feste Zusage der politisch Verantwortlichen

brauchte, nicht an einem Unternehmen beteiligt zu werden, das etwa wie in Fürstenfeldbruck enden sollte.« Dort endete mit vielen Toten die Geiselnahme anläßlich der Olympiade 1972 in München. Heinrich Albertz, zeugenschaftliche Vernehmung vor Staatsanwalt Przytarski vom 21. Mai 1975, S. 1 f. In: Der Generalbundesanwalt beim Bundesgerichtshof, Strafsache gegen Ralf Reinders u. a. wegen Geiselnahme u. a., 2 P JS 165/75, Bd. 89 130. In dieser Hinsicht war Schütz mit Albertz einer Meinung. Dem Regierenden Bürgermeister war von Anfang an klar, »daß ich nicht im Amt bleiben würde, sollte die Sache blutig enden«. Klaus Schütz, Logenplatz und Schleudersitz. Erinnerungen, Berlin 1992, S. 150. Ders. im Gespräch mit dem Verfasser am 25. August 1993.

14 Vgl. ders., Logenplatz ... a. a. O., S. 151.

15 Der Krisenstab beschloß, die Häftlinge nach Frankfurt zu überstellen. Eine Entscheidung über die Freilassung war damit noch nicht getroffen. Man gedachte zunächst nur, die von den Entführern gesetzten Fristen einzuhalten. Vgl. Anklageschrift gegen Ralf Reinders u. a. wegen Geiselnahme u. a. vom 29. Juni 1977, S. 201. In: Der Generalbundesanwalt beim Bundesgerichtshof, Strafsache gegen Ralf Reinders u. a. wegen Geiselnahme u. a. Die Anklageschrift wurde mir vom Generalbundesanwalt in Kopie überlassen.

16 Vgl. Anklageschrift gegen Ralf Reinders ... a. a. O., S. 187 f.

17 Heinz Fanselau im Gespräch mit dem Verfasser am 19. Januar 1995.

18 Heinrich Albertz in: Otto Jörg Weis, Warum sie ausgerechnet Heinrich Albertz ausgewählt haben. Berlins einstiger Regierender findet Anerkennung durch unerwünschte Bundesgenossen. In: *Frankfurter Rundschau* vom 3. März 1975.

19 3. Mitteilung der Entführer, abgedruckt in: Anklageschrift gegen Ralf Reinders ... a: a. O., S. 193.

20 Vgl. Heinrich Albertz, Fernsehrede in der »Abendschau«, abgedruckt in: Dramatischer Appell von Pfarrer Albertz. In: *Welt am Sonntag* vom 2. März 1975.

21 Peter Bender, Bericht über die Predigt von Heinrich Albertz am 2. März 1975, maschinenschriftliches Manuskript, S. 1. Das Manuskript überließ dem Verfasser Peter Bender.

22 Vgl. Heinrich Albertz, Predigt in Berlin-Schlachtensee am 2. März 1975, S. 1. In: Pressearchiv des Konsistoriums der Evangelischen Kirche von Berlin-Brandenburg, Stichwort Heinrich Albertz.

23 Ders., Predigt in Berlin-Schlachtensee am 2. März 1975 ... a. a. O., S. 2.

24 Ebda.

25 Heinrich Albertz verwandte diese Redewendung häufig.

26 »Ich bin in den Jahren nach meinem Rücktritt – nehmen wir noch ein Jahr dazu, '68 bis eigentlich '75, bis der liebe Gott diese Aden-Geschichte arrangierte –, da bin ich doch völlig ›out of bounce‹ (sic!) gewesen.« Ders., Wir dürfen nicht schweigen. Ein politisches Gespräch mit Wolfgang Herles, München 1993, S. 52 (Hervorhebung durch den Verf.).

27 Ders., Blumen ... a.a.O., S. 188.

28 Ebda., S. 194.

29 Ders., Blumen ... a.a.O., S. 194.

30 Ders., Zeugenschaftliche Vernehmung vor Staatsanwalt Przytarski vom 21. Mai 1975, S. 4. In: Der Generalbundesanwalt beim Bundesgerichtshof, Strafsache gegen Ralf Reinders u.a. wg. Geiselnahme, 2 PJS 165/75, Bd. 89130.

31 Vgl. ders., »Kein First-Class-Gefühl«. Heinrich Albertz über den Geisel-Flug nach Aden. In: Der Spiegel vom 10. März 1975, S. 16.

32 Fernseherklärung von Ina Siepmann in: Die Chronik des Sonntags und Montags. In: Der Tagesspiegel vom 4. März 1975.

33 Klaus Bölling in: H. J. Medler und E. Nitschke, Um Mitternacht fiel im Bungalow die Entscheidung. In: Die Welt vom 4. März 1975.

34 Heinrich Albertz, Blumen ... a.a.O., S. 195.

35 Heinz Fanselau im Gespräch mit dem Verfasser am 19. Januar 1995.

36 Heinrich Albertz, »Kein First-Class-Gefühl« ... a.a.O., S. 16.

37 Vgl. ders., Predigt in Berlin-Schlachtensee am 9. März 1975, S. 4. In: Pressearchiv des Konsistoriums der Evangelischen Kirche in Berlin-Brandenburg, Stichwort Heinrich Albertz. Vgl. außerdem ders., Dagegen gelebt ... a.a.O., S. 75.

38 Ders. in: Gabriele Tiedemann, Beitrag zum Gedenkgottesdienst für Heinrich Albertz, Evangelische Johanneskirche Berlin-Schlachtensee am 5. Juni 1993, Kopie des maschinenschriftlichen Manuskripts des Presse- und Informationsamtes der Senatskanzlei, S. 1.

39 Ders., »Kein First-Class-Gefühl« ... a.a.O., S. 16.

40 »Sein Mut, inmitten eines Meers aus Heuchelei und Ausreden Fehler einzugestehen, nötigte uns Respekt ab.« Gabriele Tiedemann, Beitrag zum Gedenkgottesdienst für Heinrich Albertz ... a.a.O., S. 2.

41 Ebda.

42 Heinrich Albertz, Blumen ... a.a.O., S. 195.

43 Ders., »Kein First-Class-Gefühl« ... a.a.O., S. 16.

44 »Tiefe Depression, als die Verhandlungen über die Landeerlaubnis sich hinzögern. Nun überließen die Befreiten die flugtechnischen Gespräche über Funk allein dem Kommandanten, mir die politischen Abklärungen in meinem schlichten Schulenglisch.« Ders., »Kein First-Class-Gefühl« ... a.a.O., S. 16.

45 Vgl. Ders., Zeugenschaftliche Vernehmung ... a.a.O., S. 9.

46 Ders., Blumen ... a.a.O., S. 196.

47 Ders., Predigt in Berlin-Schlachtensee am 9. März 1975 ... a.a.O., S. 3.

48 Ders., Zeugenschaftliche Vernehmung ... a.a.O., S. 11.

49 Ders., »Kein First-Class-Gefühl« ... a.a.O., S. 16.

50 Ders., Blumen ... a.a.O., S. 196.

51 Heinz Fanselau im Gespräch mit dem Verfasser am 19. Januar 1995.

52 Erklärung der fünf freigelassenen Häftlinge, vorgelesen von Heinrich Albertz

in: Peter Lorenz nach Mitternacht freigelassen. *Der Tagesspiegel* vom 5. März 1975 (2. Ausgabe).

53 Vgl. Joachim Nawrocki, »Die Entführung hat Narben geschlagen«. In: *Die Zeit* vom 7. März 1975.

54 Heinrich Albertz, Am Ende des Weges. Nachdenken über das Alter, München 1989, S. 112.

55 Ders. in: Über Nacht »Held der Nation«. Volksblatt Interview mit Heinrich Albertz. Seit seiner Rückkehr aus dem Jemen ist auch die Kirche wieder überfüllt. In: *Spandauer Volksblatt* vom 16. März 1975.

56 Otto Jörg Weis im Gespräch mit dem Verfasser am 18. November 1994. Jürgen Engert im Gespräch mit dem Verfasser am 9. Dezember 1994.

57 Heinrich Albertz, Dagegen gelebt. Von den Schwierigkeiten, ein politischer Christ zu sein, Gespräche mit Gerhard Rein, Reinbek bei Hamburg 1976, S. 76. Vgl. Respekt vor Pastor Albertz. *Bild*-Kommentar. In: *Bild* vom 5. März 1975.

58 Ders., Ein radikaler Demokrat möchte ich schon sein, Frankfurt a.M. 1986, S. 50.

59 Ebda.

60 Ders., Wir dürfen nicht schweigen ... a.a.O., S. 52.

Quellenverzeichnis

Friedrich-Ebert-Stiftung, Archiv der sozialen Demokratie (AdsD), Bonn:
1. Nachlaß Heinrich Albertz
2. Nachlaß Kurt Mattick
3. Nachlaß Erich Ollenhauer
4. Nachlaß Kurt Schumacher

Landesarchiv Berlin
1. Regierender Bürgermeister von Berlin. Akten der Senatskanzlei
2. Senatskanzlei, Allgemeine Verwaltungsangelegenheiten und Geschäftsanweisungen
3. Nachlaß Otto Suhr
4. Nachlaß Joachim Tiburtius
5. Presseauswertung Schahbesuch und seine Folgen

Niedersächsisches Hauptstaatsarchiv, Hannover
1. Nachlaß Hinrich Wilhelm Kopf
2. Nachlaß Günther Gereke
3. Niedersächsisches Sozialministerium, Nds. 300
4. Staatskanzlei, Nds. 50

Archiv für christlich-demokratische Politik Sankt Augustin (ACDP), Bonn
1. Nachlaß Franz Amrehn
2. Nachlaß Peter Lorenz
3. Akten des Landesverbandes der Berliner CDU

Stiftung Archiv der Parteien und Massenorganisationen der DDR im Bundesarchiv (SAPMO), Berlin
Bestand Politbüro des ZK
Bestand Zentralkomitee
Teilbestand Westarbeit, Bezirksleitung Berlin der SED

Freie Universität Berlin Hochschularchiv
Kuratoriumsprotokolle
Zeitungsausschnittsammlung

Evangelische Kirche in Berlin-Brandenburg, Berlin
Evangelisches Konsistorium Berlin-Brandenburg, Personalakten betr. Heinrich
Albertz Band I von 1969 bis Band II 1979.
Evangelisches Konsistorium der Mark Brandenburg, Akten betr. Heinrich Franz
Martin Lic. Albertz, Band I–II.
Evangelisches Konsistorium Berlin-Brandenburg, Akten betr. Hinterbliebenen des
Sup. Martin Albertz.
Pressearchiv des Konsistoriums Berlin-Brandenburg, Stichwort Heinrich Albertz.

**Der Bundesbeauftragte für die Unterlagen des Staatssicherheitsdienstes der
ehemaligen Deutschen Demokratischen Republik, Berlin**
Akten über Heinrich Albertz
PA 24 98
HA XX KK
HA XX 14–W

Der Generalstaatsanwalt beim Bundesgerichtshof, Karlsruhe
Akten zur Strafsache Ralf Reinders u. a. (Lorenz-Entführung)

Privatarchiv von Manfred Rexin

Privatarchiv von Carl-Heinz Evers

Danksagung

Eine Biographie läßt sich nur schreiben, wenn genügend Äußerungen und Aufzeichnungen des Porträtierten überliefert sind. Heinrich Albertz selbst hat mir den Zugang zu seinen Unterlagen gestattet, die im Archiv der sozialen Demokratie der Friedrich-Ebert- Stiftung in Bonn aufbewahrt werden; der umfangreiche Nachlaß bildet zusammen mit den autobiographischen Schriften das Fundament dieses Buches. Allerdings muß mit dem archivierten Material – so unentbehrlich es ist – vorsichtig umgegangen werden. Auch der gelassenste, ausgeglichenste, uneitelste Mensch wird der Versuchung nicht widerstehen, der Nachwelt seine Notizen, Briefe und Redemanuskripte so zu überlassen, wie es ihm behagt. Um ein möglichst vollständiges, objektives Bild zu erhalten, ist es daher notwendig, Nachlässe ehemaliger Freunde, Kollegen und Gegner zu Rate zu ziehen. Im Fall von Heinrich Albertz konnten die Unterlagen von Willy Brandt, Kurt Schumacher, Erich Ollenhauer, Hinrich Wilhelm Kopf, Günther Gereke, Otto Suhr, Kurt Mattick, Joachim Tiburtius, Franz Amrehn und Peter Lorenz eingesehen werden.

Eine weitere wesentliche Quelle besonders für die Berlinpolitik bilden die Aufzeichnungen, Memoranden und Protokolle der Berliner Senatskanzlei. Diese sechshundert Meter Akten sind dem Historiker bis heute verschlossen geblieben und konnten nur mit Erlaubnis des Chefs der Senatskanzlei, Volker Kähne, gesichtet werden, dem dafür besonders zu danken ist. Ohne seine Genehmigung wäre eine umfassende Forschungsarbeit über Heinrich Albertz in Berlin zu Beginn der sechziger Jahre nicht möglich gewesen. Neben diesen Akten wurden Bestände der Berliner Bezirksleitung der SED sowie des Politbüros und des Zentralkomitees der DDR durchgesehen, deren Unterlagen im Archiv der Parteien und Massenorganisationen in Berlin zu finden sind. Sie vervollständigen das Bild der Passierscheinpolitik und geben Hinweise darauf, wie intensiv die Verhandlungen zwischen Senat und SED in jener Zeit gewesen sind.

Was den Parteimann Albertz angeht, stützt sich die Studie auf die Protokolle des Landesvorstandes, des Landesausschusses, des Fraktionsvorstandes, der Fraktion und der Landesparteitage der Berliner SPD, deren Durchsicht mir der damalige Landesvorsitzende Walter Momper ermöglicht hat. Neben diesen Unterlagen konnten die Bestände des Landesverbandes der CDU, ein Teil der Akten der staatsanwaltlichen Ermittlungen des Generalbundesanwaltes gegen Ralf Reinders im Falle der Entführung von Peter Lorenz, ein Ausschnitt der Prozeßakten des Berliner

Landgerichts gegen den Polizeibeamten Kurras, die Personalakten von Heinrich Albertz im Konsistorium der Evangelischen Kirche in Berlin-Brandenburg, seine Stasi-Akte in der Gauck-Behörde, sowie die Kuratoriumsprotokolle der Freien Universität Berlin ausgewertet werden. Einen weiteren Pfeiler der Studie stellt die Befragung von Zeitzeugen dar. Zu längeren Besprechungen Zeit genommen haben sich Egon Bahr, Peter Bender, Wolfgang Büsch, Rolf Cyriax, Jürgen Engert, Georg Flor, Dietrich Goldschmidt, Horst Grabert, Hans-Peter Hempel, Hanns-Peter Herz, Hans-Jürgen Heß, Manfred Karnetzki, Helmut Kindler, Edith Krappe, Bischof Martin Kruse, Gerhard Kunze, Gerd Löffler, Jürgen Loos, Peter Merseburger, Egon Erwin Müller, Hermann Oxfort, Bernd Rabehl, Klaus Riebschläger, Klaus Schütz, Horst Schulze, Dieter Schwäbl, Hildegard Schwartz, Peter Sötje, Dietrich Stobbe, Heinz Strieck, Otto Jörg Weis, Pfarrer Jürgen Quandt, Reymar von Wedel und Wolf-Dieter Zimmermann. Ihnen allen gilt mein Dank. Man kann nicht einmal andeuten, welche Fülle von Einsichten diese Interviews zutage förderten, und Ähnliches gilt für die wissenschaftliche und publizistische, inzwischen überaus reichhaltige Literatur, auch wenn auf eine Bibliographie in diesem Buch aus Platzgründen verzichtet worden ist. Wesentliche Veröffentlichungen findet der Leser jedoch in den Anmerkungen.

Sehr viel verdanke ich ebenfalls den Gesprächen mit Carl-Heinz Evers, Heinz Fanselau, Manfred Rexin und Gisela Spangenberg. Ihr Wissen, ihre Beobachtungsgabe und Bereitschaft zu helfen waren überwältigend. Ohne ihre Aussagen hätte die Wiedergabe von Stimmungen, die Charakterisierung von Personen, die Ausdeutung der Archivmaterialien keinesfalls in der jetzigen Breite und Farbigkeit gelingen können. Zu größtem Dank verpflichtet bin ich jedoch vor allem Ilse Albertz. Schon kurz nach dem Tod ihres Mannes hat sie alle meine Fragen freimütig beantwortet, meine Ansichten und Gedanken mit mir diskutiert und mich trotz mancher unterschiedlicher Auffassungen in der Arbeit bestärkt. Viele meiner Beobachtungen schienen ihr zu kritisch. Doch war sie es auch, die Fehler und Schwächen ihres Mannes nicht verschwieg, weil sie ihr – völlig zu Recht – Zeichen von Menschlichkeit waren.

Ähnlich offen war die Unterhaltung mit anderen Familienmitgliedern, namentlich mit Regine Kost und Rainer Albertz, dem ich über dies entscheidende Anregungen, auch Korrekturen verdanke. Dasselbe gilt für das Gespräch mit Heinrich Albertz selbst. Es ist ein nicht unbeträchtlicher Vorteil des Zeithistorikers, seinen »Helden« persönlich gekannt, ihn beobachtet und sprechen gehört zu haben. Auch mir gewährte die Unterredung mit Heinrich Albertz nicht nur wichtige Einblicke in seine frühere Tätigkeit, sie offenbarte zugleich den Menschen mit seinen Hochs und Tiefs, seinen guten wie schlechten Launen und ermöglichte somit, den Pastor genauer zu portratieren.

Nach Abschluß der Zeitungsanalyse, der Akten- und Archivdurchsicht sowie der Auswertung von Gesprächen mit Zeitzeugen und Betroffenen stand mir vor allem ein Gesprächspartner zur Seite: mein Berliner Kollege und Freund Raphael Krüger. Er hat das Manuskript immer wieder kritisch gelesen und zahllose Anregungen gegeben. Juliane Haacke half mir über manche Schwierigkeit mit Text und Fußnoten hinweg, ebenso Philipp Heyde. Gunda Ernst sorgte für grammatische Richtigkeit. Ihnen allen bin ich dankbar verbunden.

Besonderen Dank schulde ich Arnulf Baring, meinem Doktorvater, der mir hilfreich zur Seite stand, wenn ich Rat brauchte, mir Kontakt zu einigen Gesprächspartnern vermittelte und die Arbeit an diesem Buch mit Wohlwollen und Interesse begleitete. Bedeutenden Anteil am Gelingen dieser Studie hatte auch Mascha Becker, die gelegentlich Mut- und Ratlosigkeit mit Optimismus und Geduld überwinden half.

All diese Unterstützung machte es mir möglich, ein Porträt zu entwerfen von dem Menschen, der Politik nach seinem protestantischen Glauben, seiner Liebe zum preußischen Breslau und seiner nationalen Auffassung gestaltete – Heinrich Albertz.

Register

Bildnachweis: